Zum 95.

der lieben M

von

Gudrun und Bert

Werner Maser · Helmut Kohl

HELMUT KOHL
DER DEUTSCHE KANZLER

BIOGRAPHIE VON
WERNER MASER

ULLSTEIN

© 1990 Verlag Ullstein GmbH, Berlin · Frankfurt am Main
Alle Rechte vorbehalten
Satz: Dörlemann Satz, Lemförde
Druck und Verarbeitung: Mohndruck Gütersloh
Printed in Germany 1990
ISBN 3 550 07401 8

CIP-Titelaufnahme der Deutschen Bibliothek

Maser, Werner:
Helmut Kohl: der deutsche Kanzler; Biographie / von Werner
Maser. – Berlin; Frankfurt am Main: Ullstein, 1990
ISBN 3-550-07401-8

INHALT

I.

ANSTELLE EINES VORWORTS

»Wie groß ist Deutschland?«, fragt der in Ludwigshafen am Rhein erscheinende »General-Anzeiger« am 3. April 1930 und weist auf die territorialen Verluste des Reiches infolge des Ersten Weltkrieges hin. »Deutschland, das vor dem Kriege 540 858 Quadratkilometer mit 65 Millionen Einwohnern umfaßte, ist heute«, so resümiert er, »auf 472 082 Quadratkilometer zurückgegangen.«

Am Tage danach, es ist ein Freitag, meldet der mit seiner Familie in Frankenthal lebende Franke Johann Kaspar Kohl, ein 43jähriger Steuersekretär und Oberleutnant der Reserve, sowohl bei der Gemeindeverwaltung in Frankenthal als auch beim katholischen Pfarramt in Ludwigshafen die Geburt seines dritten Kindes an, das am 3. April um 6.30 Uhr im Städtischen Krankenhaus in Ludwigshafen* zur Welt gekommen ist und von ihm und seiner Frau Cäcilie die Vornamen Helmut Josef Michael bekommen hat.

Fünfzehn Jahre später, als der Beamtensohn Helmut, wie sein Rufname lautet, das Elternhaus als Folge des Zweiten Weltkrieges hat verlassen müssen, steht die Frage, was mit dem Begriff Deutschland zu verbinden sei, erneut zur Debatte. In Potsdam diskutieren am 18. Juli 1945 US-Präsident Harry S. Truman, der britische Premier Winston Churchill und der sowjetische Diktator Josef Stalin, was Deutschland jetzt sei – und ob es denn überhaupt noch existiere. Das sowjetische Sitzungsprotokoll spricht für sich:

---

* Johann Kaspar Kohl brachte seine Frau im April 1930 zur Entbindung in die Klinik nach Ludwigshafen, wo seine Schwiegermutter wohnte und ein Anwesen besaß.

»*Churchill*: Ich möchte nur eine Frage stellen. Ich bemerke, daß hier das Wort ›Deutschland‹ gebraucht wird. Was bedeutet ›Deutschland‹ jetzt? Kann man es in dem Sinne verstehen wie vor dem Kriege?
Truman: Wie faßt die sowjetische Delegation diese Frage auf?
Stalin: Deutschland ist das, was es nach dem Krieg wurde. Ein anderes Deutschland gibt es jetzt nicht. So verstehe ich diese Frage.
Truman: Kann man von Deutschland sprechen, wie es 1937, vor dem Krieg, war?
Stalin: So wie es 1945 ist.
Truman: Es hat 1945 alles eingebüßt. Deutschland existiert jetzt faktisch nicht.
Stalin: Deutschland ist, wie man bei uns sagt, ein geographischer Begriff. Wollen wir es vorläufig so auffassen! Man darf nicht von den Ergebnissen des Krieges abstrahieren.«

Schließlich einigen sich die Staatschefs der Siegermächte, als Diskussions- und Entscheidungsgrundlage von Deutschland in den Grenzen von 1937 auszugehen, von dem Territorium, das dem geschlagenen Deutschen Reich von den Westmächten im September 1944 in London schon als zukünftiges Staatsgebiet zugedacht worden war. Im Potsdamer Sitzungs-protokoll, in dem der Londoner Beschluß von 1944 nicht erwähnt wird, heißt es unter anderem:

»*Stalin:* Lassen Sie uns die Westgrenze Polens festlegen, und dann wird die deutsche Frage klarer werden. Es ist für mich sehr schwierig auszu-drücken, was jetzt unter Deutschland zu verstehen ist. Das ist ein Land, das keine Regierung, das keine fixierten Grenzen hat, weil die Grenzen nicht von unseren Truppen festgelegt werden. Deutschland hat über-haupt keine Truppen, Grenztruppen eingeschlossen, es ist in Besat-zungszonen zerteilt. Und nun definieren Sie, was Deutschland ist! Es ist ein zerschlagenes Land.
Truman: Vielleicht nehmen wir die Grenzen Deutschlands von 1937 zum Ausgangspunkt?
Stalin: Ausgehen kann man von überall. Von irgend etwas muß man ausgehen. In diesem Sinne kann man auch das Jahr 1937 nehmen.
Truman: Das war Deutschland nach dem Versailler Vertrag.

Stalin: Ja, man kann das Deutschland des Jahres 1937 nehmen, aber nur als ... eine Arbeitshypothese zur Erleichterung unserer Arbeit. *Churchill:* Nur als Ausgangspunkt. Das heißt nicht, daß wir uns darauf beschränken.«

Die von den Sowjets akzeptierte polnische Regierung hat in den deutschen Gebieten bis zur Oder-Neiße-Linie bereits Anfang 1945 unter dem Schirm und Schutz der nach Westen vordringenden Roten Armee polnische Verwaltungen aufgebaut und im Sinne Stalins vollendete Tatsachen geschaffen. Die West-Alliierten sehen sich vor zusätzliche Konsequenzen der Stalin-Politik gestellt. Fünf Millionen Deutsche sind aus den Ostgebieten in den Westen des Reiches geflohen, drei weitere Millionen befinden sich auf dem Weg dorthin. Wohnungs- und Hungersnöte, Krankheiten und andere akute Probleme sind zwangsläufige Folgen, so daß Churchill, der die Vertreibung der Deutschen aus den Ostgebieten anfänglich noch als »das befriedigendste und dauerhafteste Mittel« bezeichnet hatte, angesichts der Flüchtlingsströme erschrocken ist und erklärt: »Wir haben nicht den geringsten Wunsch, uns mit einem überbevölkerten Rumpfdeutschland belastet zu sehen.«[1]

Die Deutschen frieren und hungern.[2] Waschmittel, Arzneien, Holz und Kohlen sind Mangelware. Aus humanitären Erwägungen geleistete anglo-amerikanische und – zeitlich nachhinkende – französische materielle Hilfen sollen den Hunger mildern, Krankheiten verhindern oder eindämmen, Wohnungen und Bekleidung beschaffen helfen und andere Folgen des Krieges lindern. Übergreifende, zielgerichtete und langfristig angelegte politische und wirtschaftliche Maßnahmen gibt es in den Westzonen nicht.[3]

Johann Kaspar Kohl, der einstige Zentrum-Wähler und seit jeher patriotisch gesinnte Finanz-Obersekretär, ist infolge eines Herzleidens 1944 als 58jähriger Hauptmann der Reserve aus der Wehrmacht ausgeschieden[4] und in das zuletzt zu 80 Prozent zerstörte Ludwigshafen[5] zurückgekehrt, sein ältester Sohn, der 18jährige Fallschirmjäger Walter Kohl, während des Rückzuges seiner militärischen Einheit in Haltern in Westfalen gefallen und Helmut, der 15jährige Gymnasiast, im Frühsommer 1945 auf Umwegen aus einem Berchtesgadener Lager der »Kinderlandverschickung« wieder in seinem Elternhaus eingetroffen.

Zwei Tage vor dem offiziellen Ende des Krieges hat Helmut Kohl sich zu Fuß von Berchtesgaden über Freilassing und Augsburg in Richtung Heimat auf den Weg gemacht. Seit August, seit die Sieger in Potsdam über ihre Maßnahmen gegenüber dem geschlagenen und besetzten Deutschland entschieden haben, verdient er sich bis Mitte November 1945 auf dem 1200 Morgen großen Landwirtschaftsbetrieb der Süddeutschen Zucker AG in Düllstadt bei Münster/Schwarzach am Main seinen Lebensunterhalt als landwirtschaftlicher Lehrling. Da arbeitsfähige männliche Landarbeiter infolge des Krieges und der nachträglichen Konsequenzen nicht einmal entfernt ausreichend vorhanden sind, muß er für einen monatlichen Nettolohn von rund 26 Mark von früh bis spät auf den Beinen sein, Kühe melken und betreuen, mit Ochsen pflügen und eggen, Schweine füttern und weitere Arbeiten verrichten, die ihm als »Städter« bis dahin fremd gewesen sind. Verwandte und Bekannte, die ihn angesichts des grassierenden Hungers nicht ungern als künftigen Bauern sehen möchten, müssen jedoch akzeptieren, daß gegen den Willen des Fünfzehnjährigen wenig auszurichten ist, auch wenn er seinen Tätigkeiten mit jugendlichem Elan nachzugehen scheint.

Während er den durch den Krieg unterbrochenen Schulbesuch im November 1945 zielstrebig wieder aufnimmt, vollzieht sich die Geschichte in Bahnen und auf Ziele hin, die zumindest noch zur Zeit der Potsdamer Konferenz weder prophezeit noch gewollt worden waren. Den im Umgang mit der Sowjetunion noch relativ unerfahrenen Westmächten fehlen die Perspektiven für eine Deutschland-Politik, die über den Tag hinausreicht. »Ich sehe die Entwicklung in Deutschland mit ›steigender‹ Sorge«, schreibt beispielsweise Konrad Adenauer, der von ausländischen Medien später zum »Großvater« Kohls erklärte Mitbegründer der – am 26. Juni 1945 auf Besatzungszonen- und Länderebene mit gesamtdeutscher Orientierung gegründeten – Christlich Demokratischen Union (CDU) und nachmalige erste Bundeskanzler der Bundesrepublik Deutschland, am 5. Juli 1945 an einen in Bern lebenden deutschen Journalisten und fährt fort: »Rußland läßt einen eisernen Vorhang herunter. Ich glaube nicht, daß es sich bei der Verwaltung der Hälfte Deutschlands, die ihm überantwortet ist, von der Zentralen Kontrollkommission irgendwie beeinflussen lassen wird. Die weiterblickenden englischen und amerikanischen Stellen teilen wohl diesen Standpunkt, denn sie haben keine Hoffnung, in Zukunft aus diesem Teil Deutschlands noch Zufuhren an Lebensmitteln zu erhalten. Hinsichtlich der Verwaltung der britischen, der amerikanischen und der demnächstigen französischen Zone herrscht ein verhängnisvolles Durcheinander. Ich glaube wohl, daß die Mehrzahl der militärischen Stellen, die sich zur Zeit mit der Verwaltung dieser Gebiete befaßt, nicht schlechten Willen hat, aber es geht ihnen völlig ab die Kenntnis Deutschlands, Verwaltungserfahrung, namentlich die Einsicht dafür, was auch dieses Restdeutschland für Europa, insbesondere für Mitteleuropa und damit für England und Frankreich und letzten Endes auch für Amerika bedeutet.«[6]

Viereinhalb Jahrzehnte später sehen die Verhältnisse in Europa gänzlich anders aus. Die Staatsoberhäupter der USA, der Sowjetunion, Frankreichs und Großbritanniens blicken hoffnungsvoll auf den deutschen Kanzler Helmut Kohl, der für sie, wie die »Financial Times« vom 18. November 1989 schreibt, »der wichtigste Mann in Europa« ist. Die französische Öffentlichkeit hat ihn – einer vom »Figaro-Magazine« veranlaßten repräsentativen Umfrage durch das Meinungsforschungsinstitut »SORFES« zufolge – schon im Juni 1989 nach Michail Gorbatschow zum Staatsmann mit dem »höchsten Ansehen« erhoben.[7] Die Amerikaner, die Briten und die Russen sehen ihn nicht anders.[8] Daß ein Großteil der deutschen Medien Helmut Kohl nach und nach als den am meisten unterschätzten Mann des Jahrzehnts[9] porträtiert, resultiert nicht nur aus parteipolitisch orientierten Voraussetzungen, sondern liegt nicht zuletzt auch an der Tatsache, daß die Deutschen schlechthin nicht erst seit Hitler spezifische Probleme bei der Beurteilung und historischen Einordnung ihrer Staatsmänner haben.

Wer und wie ist dieser Dr. Helmut Josef Michael Kohl, der am 1. Oktober 1982 von der Mehrheit des Deutschen Bundestages durch ein konstruktives Mißtrauensvotum zum Kanzler der Bundesrepublik Deutschland gewählt wurde?

Verdankt er sein Image seinen politischen Fähigkeiten, seiner Mentalität, Charakterstruktur, Führungsfähigkeit und politischen Weitsicht, oder hat er immer nur Glück gehabt?

Am ersten Weihnachtstag des Jahres 1898 begann die »Berliner Illustrirte Zeitung« mit einer Befragung über die »Bilanz des Jahrhunderts«. Sie forderte ihre Leser – aller »Altersklassen« beider »Geschlechter« – auf,

»frisch ans Werk zu gehen« und 27 vorgegebene Fragen zu beantworten, was Tausende taten. Mit überwältigender Mehrheit wurde Otto von Bismarck sowohl zum »bedeutendsten Mann Deutschlands« als auch zum »größten Staatsmann des Jahrhunderts« gewählt.

Ist legitim und realistisch, davon auszugehen, daß am Ende des 20. Jahrhunderts bei der Frage nach dem erfolgreichsten deutschen Staatsmann der zweiten Hälfte des Säkulums der Name Helmut Kohl die Ergebnisliste anführt? Ist in ihm angelegt, als Kanzler aller Deutschen nach Otto von Bismarck, anders als sämtliche Kabinettchefs des Kaiserreiches nach Bismarck, der Weimarer Republik und der Bundesrepublik Deutschland, die lediglich den jeweiligen Status quo staatlich begrenzter deutscher Territorien bewahrten, zukunftsträchtige Strategien nicht nur für Deutschland zu entwickeln und dauerhaft zu realisieren?

Verfügt er, der zielstrebig in die praktische Politik gegangene Historiker, der spätestens seit Herbst 1966 ständig und konsequent die Wiedervereinigung der beiden deutschen Staaten gefordert, 1989 die Situation genutzt und in seinem Sinne durchgesetzt hat,[10] über die Gaben und Mittel, seine historisch angelegte Vision im Wechselspiel der widerstrebenden Mächte und Kräfte zu verwirklichen?

Diese Biographie versucht nicht nur diese Fragen zu beantworten.

II.

»DIE GNADE DER SPÄTEN GEBURT«

An dem Tag, an dem Helmut Kohl geboren wird, berichtet der »General-Anzeiger«, daß im Etat der Stadt Ludwigshafen ein Betrag von 1 625 000 Mark fehle. Das »Amt für Wirtschaft und Statistik« nennt als Indexziffer für die Lebenshaltungskosten pro Kopf und Monat 157,70 Mark. Hoffnungsvoll sieht es wenige Monate nach dem »Schwarzen Freitag« an der New Yorker Börse, der die »Weltwirtschaftskrise« auslöste, in den Industrienationen zwar nirgendwo mehr aus; aber Deutschland – mit 3,8 Millionen Arbeitslosen im April 1930 – ist darüber hinaus gezwungen, schier unübersehbare und nicht aufzubringende Reparationsleistungen[1] an die Siegermächte des Ersten Weltkrieges zu entrichten. Das Reich steht finanziell vor dem Bankrott, den der vor allem in Großbritannien hoch angesehene Reichspräsident Paul von Hindenburg schließlich im Juni 1931 durch das von ihm initiierte einjährige Hoover-Memorandum abzuwenden vermag.[2]

Der Finanzbeamte Johann Kaspar Kohl, der von seinem jüngsten Sohn später als »Mann mit Stehvermögen« charakterisiert wird, verfügt zwar durchgehend über ein festes Gehalt; aber es läßt ihm und seiner Familie keine »großen Sprünge« zu, zumal sich die eben erst etablierte neue Reichsregierung angesichts der finanziellen Krisen gezwungen sieht, die Gehälter der Beamten zu reduzieren. In Ludwigshafen kommt als bedrückender Unruheherd zu all dem noch hinzu, daß gerade in diesen Wochen die von Frankreich unterstützten und um die Herauslösung der Pfalz aus dem Reichsverband bemühten Separatisten ein nicht zu übersehendes Unwesen treiben, den deutschen Verwaltungsapparat lahmzulegen versuchen und unter dem Schutz der immer noch als Besatzungstruppe präsenten französischen Rhein-Armee die Bevölkerung geradezu terrorisieren.

In Berlin hat sich am 2. April das nach dem Sturz der Regierung des in Mannheim geborenen Reichskanzlers Hermann Müller vom Reichspräsidenten berufene Kabinett Heinrich Brüning vorgestellt, dem neben dem Kanzler zwei weitere Zentrums-Politiker, je zwei Minister der Deutschen Demokratischen Partei und der Deutschen Volkspartei, ein Vertreter der Deutschnationalen Volkspartei, ein Repräsentant der Wirtschaftspartei und ein parteiloser Politiker angehören. Hermann Müller, der von Juni 1928 bis Ende März 1930 mit einer großen Koalititon regierende erste SPD-Kanzler seit 1920, hat als Folge eines simplen Koalitionsstreites über eine Beitragserhöhung der Arbeitslosenversicherung[3] dem Zentrums-Kanzler Brüning Platz gemacht, der nur noch des Vertrauens des Reichspräsidenten bedarf. Aus einem strittigen sozialen Problem ist augenblicklich – für das Verhalten der politischen Parteien in der Weimarer Republik allerdings exemplarisch – eine ideologische Grundsatzdiskussion geworden, die rasch die Flügelparteien der Koalition, die SPD und die DVP, so voneinander trennt, daß die fast zweijährige Gemeinsamkeit nicht fortgesetzt werden kann.

»Das neue Reichskabinett ist entsprechend dem mir vom Herrn Reichspräsidenten erteilten Auftrag an keine Koalition gebunden«, hat Heinrich Brüning, der neue Kanzler, am 1. April vor dem Reichstag erklärt und programmatisch ergänzt: »Es wird der letzte Versuch sein, die Lösung mit diesem Reichstag durchzuführen. Einen Aufschub der lebensnotwendigen Arbeiten kann niemand verantworten ... Die Reichsregierung fühlt sich stark genug, mit den Mitteln, welche das Grundgesetz unserer staatlichen Ordnung ... zur Verfügung stellt, allen gefahrvollen Bedrohungen entgegenzuwirken.«

Die SPD hat sich der staats- und demokratieerhaltenden Verantwortung entzogen und den nun folgenden Präsidialkabinetten den Weg frei gemacht. Es »rächte sich furchtbar«, schreibt der prominente SPD-Reichstagsabgeordnete und einstige Leutnant Julius Leber und fährt in seiner Beurteilung der Politik seiner Partei fort: »Aus der Furcht vor der Verantwortung hatte ... die Sozialdemokratie Einfluß und Macht von sich geworfen. Jetzt muß sie Verantwortung über Verantwortung auf sich nehmen, ohne dafür im geringsten Macht und Einfluß einzutauschen. Das war das Schlimmste, was ihr passieren konnte. Viele Anhänger verstanden ihre Partei nicht mehr, denn sie sahen die Schuld der Mutlosigkeit und der

Halbheit nicht, sie sahen nicht das innere Versagen der Parteiführung in den letzten Jahren.«

Als 52 Jahre später, am 1. Oktober 1982, im geteilten Deutschland erstmals wieder ein von seiner Partei im Stich gelassener SPD-Kanzler mit seinem Kabinett gestürzt wird, ist der 52jährige Helmut Kohl es, der das Amt übernimmt und eine bürgerliche Koalitionsregierung bildet.

Der 3. April 1930, ein Tag, an dem in der Chemiestadt am Rhein die Mittagstemperaturen fast 20 Grad aufweisen, wird nicht nur in der Hohenzollernstraße 89 im Ludwigshafener Stadtteil Friesenheim, wo Helmuts Großmutter lebt, als besonders ereignisreich registriert. Das Luftschiff »Graf Zeppelin« ist zur ersten »Fahrt« des Jahres aufgestiegen, Cosima Wagner, die 1837 geborene berühmte Tochter Franz Liszts, in Bayreuth eingeäschert, in Leipzig der fünfzehn Jahre später auf Weisung Hitlers als maßgeblicher Verschwörer um Graf Stauffenberg hingerichtete Hitler-Gegner Friedrich Karl Goerdeler, Oberbürgermeister geworden.

Ludwigshafen, die ein Jahr vor Hitlers Einzug in die Reichskanzlei rund 35 000 Erwerbstätige zählende Chemiestadt, der Bayerns König Maximilian II. 1859 die Rechte einer selbständigen Kommune verliehen hat, ist zu der Zeit kein Platz, der seinen Einwohnern eine sichere Zukunft verheißt. 12 000 Arbeitslose sind registriert. Dies und die hier bis Ende Juni 1930 stationierten verhaßten französischen Besatzungstruppen und der von ihnen unterstützte aggressive Separatismus haben sich als besonders fruchtbarer Boden für radikale politische Ideologien erwiesen, die dem unzufriedenen und seit 1918 in seinem nationalen Identitätsbewußtsein – oft neurotisch – geschädigten Bürgertum baldige »Restaurationsmöglichkeiten« versprechen. Die beschädigte Kontinuität der Geschichte produzierte in Ludwigshafen ein spezifisches Nationalgefühl.

Die Nationalsozialisten wußten dies früh zu nutzen. Bereits im Frühjahr 1922 etablieren sie ihre erste Ortsgruppe außerhalb Bayerns in Mannheim. Mehr als zehn Jahre vor Hitlers Machtübernahme hatten sich der NSDAP dort innerhalb weniger Monate 178 Mitglieder angeschlossen.[4] Und dies sind nicht Arbeiter oder gestrandete bürgerliche »Elemente«, sondern Akademiker beispielsweise der seit 1865[5] im benachbarten – nur durch den Rhein von Mannheim getrennten – Ludwigshafen ansässigen Badischen Anilin- und Soda-Fabrik (BASF), Beamte, Angestellte, Kaufleute und Geschäftsinhaber gewesen.

Als Kohl am 25. Januar 1984 als Bundeskanzler der Bundesrepublik Deutschland in der Knesset in Jerusalem von der – in Deutschland durchweg geschichtsfremd definierten und stereotyp hämisch kolportierten – »Gnade der späten Geburt« spricht[6], weiß er, worüber er redet. »Ich will«, so sagt er dort, »hier eines vorweg ganz klar sagen, gerade weil ich der erste Bundeskanzler bin aus der Generation nach Hitler – ich habe den Krieg noch erlebt als Kind, die Nazizeit habe ich sehr bewußt in einem Elternhaus erlebt, das gegen die Nazis stand. Was immer Sie lesen oder hören über die Bundesrepublik Deutschland – in dieser Bundesrepublik gibt es die Gefahr eines neuen Rechtsradikalismus nicht . . . Das gilt ganz besonders für die junge Generation, die diese Geschichte nicht erlebt hat – die Geschichte jener Zeit . . . Ich habe eben die Freude gehabt, Herr Präsident, Ihnen ein Werk von Reuchlin, den Sie besonders schätzen, überreichen zu dürfen. Er verkörpert ein Stück der großen humanistischen Tradition unseres Volkes und unserer Republik, die in diesem Geist lebt. Das gilt für alle, vor allem für die junge Generation . . . das füge ich hinzu als einer, der in der Nazizeit nicht in Schuld geraten konnte, weil er die Gnade der späten Geburt und das Glück eines besonderen Elternhauses gehabt hat.«

Wer immer sich zur Zeit des NS-Regimes in einem Alter befand, in dem allgemeine äußere Einflüsse und spezielle Umweltgegebenheiten gewöhnlich dauerhaft prägend zu wirken pflegen, konnte es nach 1945 schwer haben, mit den geistig-moralischen Blessuren und berechtigten Schuldgefühlen aus der Zeit vor 1945 fertig zu werden. Nicht wenige exponierte ältere deutsche Politiker haben dies erfahren müssen. Helmut Kohl, der angesichts seiner Kenntnis sowohl der Geschichte als auch der Verführbarkeit junger Menschen offen zugibt, solchen Gefährdungen infolge seiner »späten Geburt« nicht ausgesetzt gewesen zu sein, hat in dieser Hinsicht Glück gehabt.

Ihn prägte vor allem das Vorbild des nach preußischem Muster geführten Beamten-Haushalts seiner religiös orientierten und kirchlich aktiven Eltern, über die er als Sechzigjähriger sagt, daß sie ihren katholischen Glauben »ernst nahmen«. Die katholische Kirche, sinniert er, war für sie »schützende und schöpferische Mitte«. Ihr Gottvertrauen, ihre Lebenstüchtigkeit, Gelassenheit und Beharrlichkeit bei der Bewältigung der Probleme des Lebens resultierten daraus. Die Mutter ist nicht nur »bibelfest«, sondern kennt sich auch in der Geschichte der katholischen »Heiligen« aus, die sie »je nach Bedarf und Zuständigkeit anruft«. Dennoch verhält sie sich in religiöser Hinsicht ausgesprochen tolerant und respektiert den Protestantismus in jedweder Weise. Und nicht nur dies. Werden Gottesdienste vom Rundfunk übertragen, hört sie gewöhnlich nicht katholische, sondern evangelische Predigten, die ihr »gründlicher, tiefer und besser« als katholische erscheinen. Für den Vater ist religiöse Toleranz so selbstverständlich, daß er – auch am Ende seines Lebens noch – darüber gar nicht erst redet.

Johann Kaspar Kohl, ein typischer Vertreter der Staatsdienerschaft aus der Zeit nach dem Ersten Weltkrieg, lebt seiner Familie und Umgebung die Idealkategorien seines Standes soweit wie möglich vor: unermüdliche Arbeitskraft, unbestechliches Pflichtgefühl, Hingabe an den Staatsgedanken und Identifizierung mit dem Staat, auch wenn er nicht unbedingt den eigenen Vorstellungen entspricht. Sein Gehalt läßt keine Extravaganzen zu. Eigenen Wünschen und Ambitionen der Familienmitglieder sind relativ enge und feste Grenzen gesetzt, auch wenn Kohl mit dem Bauernhof seines in Unterfranken ansässigen Vaters über ein Naturalienreservoir verfügen kann, das ihm zuweilen ermöglicht, auf bestimmte Lebensmitteleinkäufe zu verzichten. Doch auch diese Basis, ein ursprünglich insgesamt dreizehn Familienmitglieder – die Eltern und elf Kinder[7] – zählender Haushalt, ist eng begrenzt. Zwar braucht er seit 1932, seit er mit seiner Familie in dem von seiner Schwiegermutter – nach deren Tod am 6. April 1932 – hinterlassenen großräumigen Haus[8] in Friesenheim lebt, keine Miete zu zahlen; aber das ändert die Verhältnisse nicht so grundlegend, daß »große Sprünge« möglich sind. Und auch die von ihm gehaltenen Haustiere, die vierzig Obstbäume und der Kartoffel- und Gemüseacker im 150 Meter langen Garten, tragen nicht so viel zusätzlich zum Lebensunterhalt bei, daß er und seine Familie einfach in den Tag hineinleben können.

Helmut Kohl erinnert sich im Februar 1990: Das Gehalt des Vaters reichte aus, die Familie »standesgemäß« zu unterhalten. »Sorgen um das tägliche Brot brauchten wir uns nicht zu machen. Hungern mußte niemand.« Selbst auf Fleischgerichte, zu der Zeit durchaus keine Selbstverständlichkeit, brauchten die Kohls nicht zu verzichten, auch wenn es sie gewöhnlich nur zweimal in der Woche gab. Montags, dienstags, mittwochs und donnerstags kochte Frau Kohl Mehl- und Eierspeisen, freitags

Fisch und samstags Eintopfgerichte. Jeder hatte zu essen, was auf den Tisch kam. »Extrawürste«, sagt Kohl, »gab es für niemanden.« An Sonn- und Feiertagen, an denen sich der Vater sein Bier ins Haus bringen ließ, gab es den traditionellen »Familienbraten«.

Cäcilie Kohl nutzte systematisch die Möglichkeiten, Lebensmittel, die es im eigenen Garten nicht gab, billiger zu erwerben. Sie ging gewöhnlich erst zum Markt, wenn die Händler schon dabei waren, ihre Stände abzu- bauen und ihre bis dahin nicht verkauften Waren verbilligt abzugeben. »Jeder von uns«, erinnert Kohl sich, »mußte sparen, wo immer es nur ging. Schon sehr früh habe ich gelernt, Maß zu halten, nüchtern Gegebenheiten abzuschätzen, Einschränkungen zu akzeptieren und mit Verzichten zu leben.« Nur an Helmuts Geburtstagen war »das Haus voll«, waren seine zahlreichen Spiel- und Schulkameraden seine – von der Mutter verwöhn- ten – Gäste. »Dann gab es«, erzählt er, »Unmassen der von meiner Mutter selbst gebackenen Kuchen. Kakao und Süßigkeiten, die meine Gäste und ich liebten, standen an diesen Tagen geradezu in Hülle und Fülle zur Verfügung.« Geschenke gab es zwar zu Weihnachten und an Geburtsta- gen; aber es handelte sich dabei meist um »praktische Sachen«, um Socken, Hemden und Pullover. Zur Kommunion hat er eine Taschenuhr unter der Bedingung geschenkt bekommen, daß er sie »für später« aufhebe, für dann, wenn er »groß« sei. Ein Fahrrad, das ihm sein Vater 1935 aus der Stadt mitbrachte, war gebraucht und hatte »gerade acht Mark« gekostet.

In dem christlich orientierten Elternhaus dominieren zwar traditionelle katholische Vorgaben; aber sie »gängeln« niemanden. Die Eltern sind liberal und gemäßigt national gesinnt. Religiöses und nationales oder gar nationalistisches Missionarsgehabe ist ihnen verpönt. Sie hatten, wie Helmut Kohl sagt, »die Daten der deutschen Geschichte im Kopf, und sie waren stolz auf die kulturellen Leistungen ihres Volkes und des Vater- landes, mit dessen Geschichte sie sich identifizierten; aber sie ließen ebenso auch die Traditionen und Auffassungen ›der anderen‹ gelten und respektierten sie.« Ihren Lebensstil und dessen Rhythmus bestimmten letztlich die materiellen Voraussetzungen. So sehr sie beispielsweise Musik- und Theaterveranstaltungen liebten, so wenig konnten sie sich leisten, sie häufiger zu besuchen.

Mit ähnlichem Aufwand wie Helmuts Geburtstage, wenn auch nicht so jugendbetont und ausgelassen, wird das Weihnachtsfest gefeiert. Die

Familie besucht – auch während des ganzen Krieges – die Christmette. Danach lesen der Vater oder die Mutter den Kindern die Weihnachtsgeschichte aus dem Neuen Testament vor. Helmuts Schwester spielt auf dem Klavier Weihnachtslieder, die alle inbrünstig mitsingen. Noch als Sechzigjähriger sinniert er: »Die schönen, alten Weihnachtslieder!« Helmut ist seit seiner frühen Kindheit in den familiären Arbeitsplan einbezogen. Er betreut die Hühner, Puten und Kaninchen, die er systematisch züchtet und gelegentlich auf Kaninchen-Schauen ausstellt. Er lernt Obstbäume zu veredeln und trägt sich vorübergehend mit dem Gedanken, Bauer oder Förster zu werden.

Obwohl Hausbesitzer, Beamter und gutsituierter Bürger ohne besondere Geldsorgen, fährt der Vater mit dem Fahrrad »ins Amt«. Nur bei besonders schlechtem Wetter leistet er sich den Luxus, die Straßenbahn zu benutzen. Seinen Urlaub verbringt er im Garten oder – mit der Familie – bei seinen Verwandten in Unterfranken, wo alle – Vater, Mutter und Kinder – bei der Arbeit Hand anlegen müssen. Im Hause Kohl existiert seit der zweiten Hälfte der dreißiger Jahre ein sogenannter »Volksempfänger«, ein Rundfunkgerät, das weniger als vierzig Mark kostet. Der Ludwigshafener »General-Anzeiger« wird als Zeitung gehalten.

Helmut Kohl erlebt als Kind, was der 37 Jahre vor ihm geborene Beamtensohn Hans Fallada auch schon erfahren hat. Er muß die Kleidungsstücke des älteren Bruders auftragen, verschiedenste Arbeiten verrichten und den Wert des Geldes schätzen lernen. »Man rechnete«, schrieb Fallada, »eben mit jedem Pfennig, und man war glücklich über jede neue Möglichkeit, wieder ein paar Pfennige zu sparen ... Geld war Arbeit, oft sehr schlecht bezahlte Arbeit, und es war darum sündlich und verächtlich, mit Geld schlecht umzugehen.«

In Ludwigshafen fängt der Schüler Helmut in aller Frühe vor Schulbeginn im Rhein Flußkrebse und verkauft sie ebenso, wie er die Kokons der von ihm mühselig gezüchteten Seidenraupen für zwanzig Mark pro Kilo an »den Staat« abliefert. Ohne sein Verdienst durch kontinuierliche Arbeit und praktische Ideen fällt ihm nichts in den Schoß.

Nicht nur der religiöse Glaube und die intensive Bindung an die katholische Kirche, das zur Zeit der Weimarer Republik lebendige Staatsdiener-Ethos, ein angestammtes bäuerliches Traditionsverständnis und ein von neurotischen Verbrämungen freies nationales Identitätsbewußtsein bewahren Johann Kaspar Kohl davor, sich der »Weltanschauung« der Nationalsozialisten zu öffnen. Der Finanzbeamte ist vor allem dank zweier Aspekte, mit denen er täglich dienstlich zu tun hat, früher und differenzierter als der Großteil der Bevölkerung zu der Erkenntnis gelangt, daß Hitler und seine NSDAP trotz ihrer effektvollen Propaganda auch keine Wunder zu vollbringen in der Lage sind. Während ihre – von ihnen als Kernstück ihrer Ideologie interpretierte – Bauernpolitik[9] nicht nur in Deutschland als beispiellos gerühmt wird, weiß Kohl infolge seiner beruflichen Tätigkeit, daß Schein und Wirklichkeit keineswegs einander decken. Und er erfährt durch seine Arbeit nahezu täglich auch, daß es sich mit dem vielgerühmten staatlichen Ehestandsdarlehen[10] gänzlich anders verhält, als die NS-Propaganda es darstellt.

Einen religiös orientierten Finanzbeamten bäuerlicher Herkunft müssen die eklatanten Differenzen zwischen Propaganda und Wirklichkeit so nachdenklich stimmen, daß zur Ablehnung des Regimes und seiner »Weltanschauung« weitere Kriterien nicht mehr unbedingt nötig sind. Johann Kaspar Kohl widersteht den zunehmend drückender werdenden Bemühungen des Regimes, sich die Beamten gefügig zu machen – zweifellos zum Nachteil seiner Karriere, der bei sichtlichem Wohlwollen und demonstrierter Gefügigkeit die Tore jetzt weit offen stehen würden. Er, der aus einer kinderreichen Familie stammende Bauernsohn, der in Greußenheim bei Würzburg dieselbe Volksschule besucht hat wie Adam Stegerwald, der elf Jahre vor ihm in »seinem« Dorf geborene katholische Sozialpolitiker, zeitweilige Reichsverkehrs- und Reichsarbeitsminister der Weimarer Republik, verfügt nämlich über biographische Details, die in der Perspektive der NS-Ideologen zu den günstigsten Voraussetzungen für eine Karriere im nationalsozialistischen Staat gehören. Obwohl nur Volksschüler und danach vorübergehend Mühlenarbeiter, ist er aus dem Ersten Weltkrieg als sogenannter Tapferkeits-Offizier eines bayerischen Regiments heimgekehrt und 1918 schließlich bei der bayerischen Finanzverwaltung Beamter geworden.

1936, als sein jüngster Sohn zur Osterzeit die Volksschule im Stadtbezirk Friesenheim zu besuchen beginnt, verlangt das Reichsfinanzministerium als seine oberste Behörde durch einen vom Staatssekretär gezeichneten Runderlaß: »Der Beamte muß die Gewähr dafür bieten, daß er jederzeit rückhaltlos für den nationalsozialistischen Staat und die ihn tragende NSDAP eintritt.« Die Beamten vor allem der Finanz- und Reichsbahnbehörden, sollen sich der SA anschließen. Doch der Kelch geht an Johann Kaspar Kohl vorüber. Er ist bereits 49 Jahre alt und längst Beamter auf Lebenszeit. Der SA haben lediglich alle diejenigen anzugehören, die sich künftig um die Anstellung in der Finanzverwaltung bemühen.

Albert Grießner, ein im selben Finanzamt wie Johann Kaspar Kohl beschäftigter promovierter jüngerer Finanzbeamter, der um jeden Preis Karriere machen will, dies aber nicht kann, weil er ebenfalls keiner NS-Organisation angehört und in seiner Personalakte zudem den Vermerk stehen hat, daß er während eines Rom-Besuches einem Papst-Empfang beigewohnt habe, überrascht seinen Kollegen plötzlich mit einem äußerlichen Bekenntnis zum NS-Regime. Er tritt trotz seiner religiösen Bindungen in die NSDAP ein – und wird Oberregierungsrat. Die Beziehungn zwischen Kohl und Grießner erfahren dennoch keine gravierende Trübung. Kohl weiß, daß Grießner seine Seele dem Teufel nicht verschrieben hat. Der Oberregierungsrat braucht ihm gegenüber nicht »falsch Zeugnis« zu reden. Bei Schwierigkeiten, mit denen Kohl gelegentlich konfrontiert wird, weil er dem NS-Regime nicht gewogen ist, bürgt der Oberregierungsrat für ihn.

Im Hause Kohl bleibt nach wie vor alles intakt. Den einstigen Tapferkeits-Offizier, der 1933 zum Nachteil für seine Karriere demonstrativ selbst aus dem politisch konservativ orientierten Frontsoldatenbund »Stahlhelm« austritt, in dem er sich als engagierter Zentrum-Wähler bis dahin besonders gut aufgehoben gefühlt hat, ficht nichts an, was ängstlichen Zeitgenossen Probleme bereitet. Er bleibt der souveräne Haushaltsvorstand und schirmt von seiner Familie ab, was ihr überflüssige Sorgen bereiten könnte. »Die Orientierung, der rote Faden, ging keinen Augenblick verloren«, resümiert der Sohn und differenziert: »Der Nationalsozialismus und seine Ideologie fanden keinen Eingang in mein Elternhaus. Einen Nährboden für totalitäre Ideologien gab es in ihm nicht.«

Bei Schulbeginn ist der gerade sechsjährige Helmut der kleinste und schmächtigste der insgesamt 37 »ABC-Schützen«, zu denen 19 Jungen und 18 Mädchen gehören. Doch dies hindert ihn, wie sich Mitschüler später übereinstimmend erinnern, keineswegs daran, aufmüpfig zu sein und möglichst überall den Ton anzugeben. Seine Lehrerinnen haben in ihm einen aufgeweckten und guten Schüler, der mühelos begreift und verarbeitet, was ihn interessiert. Doch der Enkel des im Januar 1930 verstorbenen Friesenheimer Lehrers Peter Josef Schnur, in dessen Haus er seit 1932 mit seinen Eltern und Geschwistern lebt, sieht die Lehrer aus einer anderen Perspektive als seine Mitschüler. Sowohl die Klassenlehrer als auch der Rektor der Schule vermissen gelegentlich bei ihm den sonst üblichen kindlich ehrfurchtsvollen Respekt vor ihnen. Das in seiner Charakterstruktur und Mentalität angelegte Führungsbedürfnis, das »institutionelle« Bestätigung durch seine Klassen- und Schulsprecherpositionen in der Oberschule erfährt, beginnt sich bereits in der Volksschule zu entfalten. Die gelegentlichen Prügelstrafen, die der Rektor ihm verabreicht, weil er sich unbotmäßig verhalten oder heimlich geraucht hat, bleiben für ihn bedeutungslos. Im Deutschen Jungvolk (DJ), der männlichen Kinder-Organisation der NSDAP, wird er »Jungenschaftsführer« und übt sich zwangsläufig in der Führung Gleichaltriger, die während des »Dienstes« vor ihm »stramm«zustehen und seine Befehle auszuführen haben. Seine Mitschüler und Freunde, Arbeiter- und Beamtensöhne, akzeptieren ihn, der weder Offizier (wie sein Bruder Walter) noch Beamter wie der Vater, sondern Bauer oder Förster werden will, als ihren Wort- und Anführer.

Als er Ostern 1940 nach dem Abschluß der 4. Klasse die Volksschule verläßt und auf die Friesenheimer Oberschule wechselt, weist sein Zeugnis für das letzte Halbjahr sechsmal die 2 und dreimal die 3 auf. Im ersten Halbjahr hat er bei insgesamt acht bewerteten Fächern dreimal eine 3, viermal eine 2 und einmal eine 4 bekommen. Aus der 3 in »Fleiß« ist in den letzten sechs Monaten eine 2 und aus der 4 im Rechnen eine 3 geworden.

Einige Monate zuvor hat der Zweite Weltkrieg begonnen, der sofort nicht nur seine kindlichen Vorstellungen, sondern auch seinen Lebensrhythmus beeinflußt. Er selbst resümiert: »Der Krieg beendete meine bis dahin kaum getrübte Kindheit abrupt und gnadenlos. Der Alltag veränderte sich, er wurde dunkler, schmerzlicher, beklemmender.« Schon »am ersten Kriegstag«, berichtet er, »begegnete ich Bauern vom vielgerühmten Westwall, die aus dem bedrohten Frontgebiet evakuiert waren und nun mitsamt der spärlichen Habe, die sie mitführen durften, zu irgendwelchen Sammelstellen fuhren.« »Für mich«, erklärt er, »sah die Welt nun anders aus.« Zwar geht er weiter in die Schule, doch die Unbefangenheit des Neunjährigen ist plötzlich wie weggewischt. »Ich spürte«, sinniert er, Jahrzehnte danach, »den bisher nicht gekannten Ernst des Lebens.«

II.

Die Anstellung des (interim.) Schulverwesers Peter Josef Schnur be- treffend	Nach Einsicht eines Gesuches nebst Schlußzeugnisses des seit 1. Mai 1884 dahier angestellten interim. Schulverwesers Peter Josef Schnur (unleserlich) und nach Antrag der Ortsschulcommission vom 11.lfd.Mts. beschließt der Gemeinderath, daß Peter Josef Schnur als Verweser an der 5. kath. Schulstelle vom 1. Juni 1884 bei hoher kgl. Regierung in Vorschlag ge- bracht werden soll und bittet um hochgeneigte
. . . 20.VI.84. Unterschrift	Genehmigung.

Eintragung über Helmut Kohls Großvater Peter Josef Schnur —
im Gemeinderatsprotokoll-Buch von Friesenheim von 1849–1891,
vom 20. Juni 1884, S. 1009.

Der Vater findet seine vor der Familie häufig wiederholte Prognose bestätigt, daß Hitler »Krieg« bedeute, und der zuweilen auch daheim recht rebellische und keineswegs immer autoritätsgläubige Sohn begreift schockartig, was Lebenserfahrungen bedeuten können. Die Familie hat auf den Vater, der bereits in der Nacht zum 1. September 1939 reaktiviert worden ist, augenblicklich zu verzichten. Er muß als Offizier in den Feldzug gegen Polen ziehen. In der Schule, erinnert sich Helmut Kohl, wurden weiterhin »Arbeiten geschrieben und die üblichen ›Probleme‹ bewältigt. Zeugnisse und Versetzungen belasteten den kindlichen Alltag, doch wir, meine Freunde und ich, versuchten die von den Ereignissen diktierten Neuerungen buchstäblich zu ›überspielen‹.« Nichts ist mehr, wie es bis zum 1. September 1939 war.

Mit dem Beginn des Krieges kommt es zu Schwierigkeiten vor allem in der Wirtschaft und in der Industrie. Die Umstellung auf die Kriegswirtschaft verschärft den schon vor dem Krieg stark spürbaren Arbeitskräftemangel, da ein beträchtlicher Teil der Arbeitskräfte »zu den Fahnen« gerufen worden ist. Zwar sind bereits vor der Mobilmachung Vorbereitungen getroffen worden und besonders ausgebildete oder an »unabkömmlichen Stellen« tätige Arbeiter und Angestellte der für die drei Wehrmachtsteile Heer, Marine und Luftwaffe arbeitenden Werke vom Waffendienst befreit worden; aber dies hat bestimmte Probleme zur Folge. Zwangsverpflichtungen von Arbeitern durch die Arbeitsämter und ihr Einsatz in kriegswirtschaftlich wichtigen Betrieben bringen für viele die Trennung von ihren Familien, die Unterbringung in provisorischen Unterkünften und vielfach auch Lohnverschlechterung mit sich. Zwangsstillegungen »kriegsunwichtiger Betriebe« und die von Sonderkommissionen der Arbeitsämter vorgenommenen »Auskämm-Aktionen« entbehrlicher Facharbeiter aus kriegswirtschaftlich weniger wichtigen Unternehmen sorgen für Unzufriedenheit. Als besonders schwierig erweist sich bald, daß die dienstverpflichteten Arbeitskräfte das Klima in den Betrieben und Werken stören, in denen sie (nach Vermittlung durch Arbeitsämter, die ihnen gewöhnlich mehr versprechen, als die Arbeitgeber schließlich halten können) arbeiten müssen. Besondere Beunruhigung lösen unter der Arbeiterschaft die durch die Kriegswirtschafts-Verordnungen vom 4. September 1939[11] angekündigten lohn- und sozialpolitischen Maßnahmen aus, die unter anderem den Wegfall von Mehrbezahlung für Überstunden und krasse Urlaubseinschränkungen vorsehen und im Zusammenhang mit den im Krieg erhöhten Lohn- und Verbrauchssteuern eine erhebliche Verschlechterung der materiellen und sozialen Lage der Arbeiterschaft bedeuten, die zur gleichen Zeit auch noch aufgefordert wird, ihre Leistungen zu steigern und in zwei Schichten zu arbeiten.

Seit Kriegsbeginn gehören, durch Regierungserlasse und Verordnungen geregelt, in allen Betrieben Appelle zur Tagesordnung, in denen die jeweiligen Erlasse und Verordnungen als notwendige Maßnahmen begreiflich gemacht werden sollen. Träger dieser Propagandakampagne sind die Kreisverwaltungen der Deutschen Arbeitsfront, die dabei keinen leichten Stand hat, was bald jedermann sehen und hören kann.

Zur Ausdehnung der Arbeitszeit auf täglich bis zu zehn und zum Teil sogar bis auf zwölf Stunden an wöchentlich sechs Arbeitstagen kommt die Einschränkung der Lebensmittelversorgung durch das Bezugsscheinsystem. Um die fehlenden männlichen Arbeitskräfte ersetzen zu können, wird zunehmend die (nach 1933 zunächst verfemte) Frauenarbeit propagiert, was rasch auf starken Widerstand der weiblichen Arbeitskräfte stößt, weil die Frauen nicht die Arbeitsplätze der an der Front und im Ersatzheer dienenden Männer übernehmen und deren Arbeit verrichten wollen, ohne auch (von in einzelnen Fällen individuell geregelten Ausnahmen abgesehen) deren Löhne und Gehälter zu bekommen. Dienstverpflichtete, Frauen und der in der Ende 1939 auch in der Industrie beginnende Einsatz von Kriegsgefangenen, die bald neben ausländischen »Fremdarbeitern« tätig sein müssen, verwandeln die Arbeitslandschaft drastisch, die seit dem Beginn des Krieges unter besonders strenger Überwachung der zunehmend nicht nur mit der Bekämpfung politischer Gegner, sondern auch mit der Feststellung und Ahndung von Verstößen gegen die Arbeitsdisziplin befaßten Gestapo steht. Vor allem in Rüstungsfirmen sollen, offen und demonstrativ angedrohte drakonische Strafen, Sabotage und Arbeitsverweigerungen unterbinden und jede erkennbare politische Opposition unter der Arbeiterschaft ausschalten.

Daß die anfängliche Aufsässigkeit innerhalb der in der Heimat verbliebenen Arbeiterschaft nicht auch zu nennenswerten Konsequenzen im Rahmen der illegalen politischen Opposition führt, hängt zweifellos mit den großen Kriegserfolgen der deutschen Wehrmacht bis zum Beginn des Winters 1941 zusammen, auch wenn die Bevölkerung ganz allgemein

schon im Juli des zweiten Kriegsjahres skeptisch auf die Darstellung der
Ereignisse zu reagieren beginnt. Zwar haben viele gehofft, daß die schnelle
Kapitulation Polens, Hitlers Vertrag mit Stalin und die abwartende Hal-
tung der seit September 1939 mit dem Reich im Krieg befindlichen
Westmächte nach und nach wieder so etwas wie eine Normalisierung der
Verhältnisse zulassen würden, doch die Geschichte bestätigt sie nicht.

Als in den frühen Morgenstunden des 10. Mai 1940 deutsche Truppen
mit dem Westfeldzug beginnen, fallen bereits in der Nacht zum 11. Mai die
ersten Bomben auf Ludwigshafen. In Kohls Garten schlägt ein Blindgän-
ger ein, den ein aus dem Elsaß kommendes französisches Flugzeug
abgeworfen hat. Von nun an bereiten sich die Ludwigshafener darauf vor,
dies als »Normalzustand« zu begreifen.

Die deutsche Luftwaffe und die in der Heimat stationierten Flakver-
bände sind nicht in der Lage, die immer massiver werdenden feindlichen
Luftangriffe zu verhindern. Am Ende des Krieges hat allein Ludwigshafen
als Folge der Bombardierungen 1778 Tote zu beklagen. Bereits 1942
müssen Kinder helfen, Tote und Verletzte zu bergen und materielle
Schäden notdürftig zu beseitigen. Eines dieser Kinder ist auch Helmut
Kohl. Sein Bericht spricht für sich: »Als Zwölfjähriger gehörte ich einem
Trupp von Schülern an, der nach Luftangriffen auf Ludwigshafen Feuer
löschen, Verschüttete, Verwundete, Tote und Wohnungseinrichtungen
aus zerstörten Häusern bergen mußte. Wir waren verwegen, risikobereit
und unerfahren, doch unser kindlicher Elan machte manches wett.« Was
ihn am meisten irritierte und beeindruckte, war »die tiefe Verstörtheit der
unmittelbar betroffenen Menschen«.

Im Elternhaus erlebt er während eines Fronturlaubs seines Vaters etwas,
was es bis dahin in der Familie nicht gegeben hat. Er und seine älteren
Geschwister werden aus dem Zimmer geschickt, weil der Vater, der
heimlich die Berichte der feindlichen Sender »Beromünster« und »Radio
London« hört, mit Freunden über Dinge sprechen will, die ihm für
Kinderohren nicht geeignet erscheinen. »Beim Rausgehen«, erinnert sich
Helmut Kohl fast fünf Jahrzehnte danach, »haben wir . . . mitgekriegt«,
daß »von Juden« die Rede war. Was dahintersteckt, erfährt und begreift
der während dieses Geschehens zwölfjährige Oberschüler jedoch erst sehr
viel später.

Angesichts der in Ludwigshafen immer katastrophaler werdenden Zustände geht nach und nach die gewohnte Ordnung verloren. Der kontinuierliche Unterricht in den Schulen ist nicht mehr möglich, solange die Kinder in den gefährdeten Wohnungen leben müssen, so daß die sechs- bis zehnjährigen Schüler bei Familien fernab der Stadt und die Zehn- bis Vierzehnjährigen in rasch errichteten Gemeinschaftslagern, in Herbergen und Schullandheimen, Hotels und Gaststätten in weniger gefährdeten Gebieten untergebracht werden. Ab Herbst 1943 werden auch obdachlos gewordene ältere Menschen evakuiert und die bis dahin noch in der Stadt verbliebenen Kinder durch die sogenannte »Kinderlandverschickung« nach und nach in abgelegenen Orten in »Sicherheit« gebracht.

Helmut Kohl kommt im Oktober 1944 zusammen mit Schulkameraden nach Erbach im Odenwald, wo er mit einem Mitschüler beim Kastellan des Grafen von Erbach untergebracht wird. Der Schulunterricht fällt dort zwar nicht aus; aber »es war eben doch nur mühsam«, witzelt er fünfundvierzig Jahre später. Im Dezember 1945 werden die in »Hitler- Jugend«-Uniformen gesteckten Halbwüchsigen – wiederum durch die »Kinderlandverschickung« – nach Berchtesgaden verfrachtet, wo militärische Ausbilder sie im Rahmen einer sogenannten »Wehrertüchtigung« jungendgemäß militärisch »drillen«. Unter »sorgfältiger Verachtung des schulischen Unterrichts«, wie Kohl sich später ausdrückt, werden ihnen dort »die Grundbegriffe militärischer Ordnung und Disziplin vermittelt«.

Auch in Berchtesgaden und Umgebung, wo seit Jahr und Tag Hitler und die weitere Prominenz der Reichs- und NS-Führung ihre Wohnsitze (und teilweise auch Büros) haben, ist die Bevölkerung zwangsläufig längst an massierte Bombenangriffe gewöhnt. Doch Kohl ist es ebenso. Die militärischen Vorgesetzten, die seine Zuverlässigkeit rasch erkennen, lassen ihn Kurierdienste leisten und wichtige Akten aus dem Lager nach München und Wien schaffen, während seine Kameraden Nebelfässer öffnen und die Gegend »einnebeln« müssen, um Feindflugzeugen die Sicht zu erschweren.

Vier Tage nachdem der »Deutsche Wehrmachtbericht« am 2. Mai 1945 wahrheitswidrig gemeldet hat, daß Hitler »an der Spitze der heldenmütigen Verteidiger der Reichshauptstadt ... gefallen« sei, herrscht in Berchtesgaden ein unübersichtliches Durcheinander. Uniformen und NS- Fahnen werden versteckt oder verbrannt. Soldaten, Unteroffiziere und Offiziere verlassen ihre Quartiere. Kohl und seine Kameraden aus den beiden Ludwigshafener Oberschulen registrieren dies nicht nur, sondern bereiten sich ebenfalls darauf vor, Berchtesgaden auch unerlaubt zu verlassen. Zwar hängt an einem Baum ein »desertierter« Kamerad ihres Alters, der hingerichtet worden ist, weil er, wie ein Pappschild auf seiner Brust besagt, ein »Vaterlandsverräter« gewesen sei; aber die Kinder und Jugendlichen zieht es nun gewaltsam nach Hause. Nachdem der Ludwigshafener Architekt und nachmalige CDU-Landtagsabgeordnete Ludwig Reichling dort erschienen ist, um seine beiden Söhne abzuholen, nehmen deren Mitschüler dies zum Anlaß, sich gruppenweise zu entfernen. Kohl, so mutmaßen heute seine damaligen Gefährten, hatte Glück, daß er ohne Maßregelungen seitens der irritierten Lagerleitung davongekommen ist; denn anstatt sich unauffällig zu »verabschieden«, hat er, die neue Situation augenblicklich richtig einschätzend, in einer Weise laut und offen Kritik an den Verhältnissen und Vorgesetzten geübt, wie es bis dahin absolut unmöglich gewesen wäre.

Kohl, dem sich drei Mitschüler angeschlossen haben, verläßt das »Lager« zwölf Stunden bevor die Amerikaner Berchtesgaden besetzen. Die Halbwüchsigen fahren zunächst mit der Bahn über Freilassing in Richtung Norden und gehen dann zwei Tage lang zu Fuß nach Augsburg weiter. In der Nähe des Lechfeldes kommen sie zunächst in einem Barackenlager der deutschen Luftwaffe unter. Als sie am Morgen des nächsten Tages, immer noch in Uniform, von einer Gruppe polnischer Zwangsarbeiter entdeckt werden, sehen sie sich nicht in der Lage, einer handfesten Prügelei auszuweichen, in der sie den kürzeren ziehen. Sie werden von den erregten Polen den US-Soldaten »überstellt«, die sie kurzerhand »verurteilen«, für einige Zeit auf einem Bauernhof hart zu arbeiten und sich zweimal wöchentlich bei den Amerikanern zu melden. Drei Wochen später dürfen sie schließlich »nach Hause« gehen. Doch erst fünf Wochen danach stehen sie vor ihrer von den Franzosen besetzten Vaterstadt Ludwigshafen, die sie vorerst jedoch nicht betreten dürfen. US-Soldaten halten sie – trotz der Tränen der müden und hungrigen Kindersoldaten – zwei Tage lang auf der Mannheimer Seite des Rheins fest. Und als sie endlich in der Trümmerlandschaft Ludwigshafens ihre Angehörigen begrüßen können, sehen sie sich sofort vor neue Probleme gestellt: Wohnungsnot, Krankheiten und Hunger beherrschen das Leben. In einem TV-Interview vom 8. Mai 1988 erinnert sich Kohl: »In

August 1945: Lohnabrechnung für den Landarbeiter Helmut Kohl.

Ludwigshafen war . . . eine schlimme Zeit. Es gab kaum etwas zu essen; es war französische Besatzungszeit in einer Form, wie man sie sich heute nicht mehr vorstellt. Es war die Zeit, als Charles de Gaulle noch davon geträumt hat, das linke Rheinufer für Frankreich zu okkupieren, und da fing ich an . . ., politisch tätig zu werden.« Doch zunächst geht er nach Düllstadt bei Münster, um ab 1. August in der Landwirtschaft zu arbeiten.

III.

»ICH WERDE EINMAL DER ERSTE MANN IN DIESEM LANDE«

Am 30. August 1945 hat der von den Besatzungsmächten am 5. Juni errichtete Kontrollrat die gesamte Regierungsgewalt in Deutschland übernommen. Bereits am nächsten Tag – Helmut Kohl hat sich in Düllstadt eben erst mit dem Gedanken angefreundet, eventuell Berufslandwirt zu werden – beschließt die sowjetische Besatzungsmacht entgegen der von ihren Vertretern vier Wochen zuvor in Potsdam unterzeichneten Erklärung, die Deutschen in ganz Deutschland, »soweit dies praktisch durchführbar ist«, gleich zu behandeln und Deutschland während der Besatzung als wirtschaftliche Einheit zu betrachten, in der Provinz Sachsen, der Mark Brandenburg, in Mecklenburg-Vorpommern, dem Land Sachsen und dem Land Thüringen eine »Bodenreform«. Sie begründet sie als »unaufschiebbare nationale, wirtschaftliche und soziale Notwendigkeit« und veranlaßt die entschädigungslose Enteignung aller über hundert Hektar großen landwirtschaftlichen Privatbetriebe und die Aussiedelung und Vertreibung der Besitzer. Am 17. September wird das Berufsbeamtentum gesetzlich abgeschafft.

Anders als in Sowjetrußland, wo nach dem Ersten Weltkrieg in der Landwirtschaft ähnliche Maßnahmen als unumgängliche Voraussetzungen für den Aufbau des Sozialismus ergriffen wurden, der keinen selbständigen Bauernstand dulden durfte, gibt es in der Sowjetzone keine revolutionäre Bewegung auf dem Lande, so daß die Deutschen den Beginn einer Revolution von oben erleben müssen. Wie in der Sowjetunion zwischen 1917 und 1928, so werden auch in der sowjetisch besetzten Zone zunächst der bäuerliche Kleinbetrieb propagiert, die abhängige Bauernschaft neutralisiert, der Klassenkampf auf dem Dorf gefördert und als Endziel der sozialistische Großbetrieb angestrebt.

Bis zum 1. Janur 1949 wechseln 7112 Güter mit 2,5 Millionen Hektar ihre Struktur und ihre Besitzer und Inhaber. Doch auch 4278 kleinere Landbesitzer verlieren ihr Eigentum. So ergeben die enteigneten Böden, einschließlich des staatlichen Landbesitzes, des Besitzes der Länder, Provinzen, Städte und Gemeinden, einen Bodenfonds von 3,22 Millionen Hektar land- und forstwirtschaftlicher Fläche, von der 924 365 Hektar zunächst an 119 530 landlose Bauern und Landarbeiter verteilt werden. Rund 550 Betriebe werden zu Spezialunternehmen für Saatzucht-, Tierzucht- und Forschungszwecke umgestaltet und in »Volkseigentum« umgewandelt.

Die alten Besitzer werden enteignet, inhaftiert oder davongejagt, die neuen Inhaber dennoch zur Kasse gebeten. Pro Hektar Landes muß der jeweilige Gegenwert von 1000 bis 1500 kg Roggen abgeliefert werden. Neue Waldbesitzer haben in bar oder in Naturalien zu zahlen. Obwohl jedermann das ihm zugeteilte Land bezahlen muß, wird niemandem erlaubt, es ganz oder teilweise weiterzuverkaufen, zu teilen oder zu verpfänden. Um die Endgültigkeit des revolutionären kommunistischen Aktes zu demonstrieren, werden sämtliche Grundbuchblätter mit den Eintragungen über die vorausgegangenen Besitzverhältnisse amtlich verbrannt und für die neuen Besitzer, deren Eigentumsrecht am Boden als formal anerkannt gilt, neue Dokumente angelegt.

Die Signatarmächte halten sich wenig an ihre Versicherung – und an ihre eben erst formulierten Potsdamer Erklärungen. Obwohl das Abkommen keinerlei Blankovollmacht für Vertreibungen darstellt, geschieht dies in den deutschen Ostgebieten nun in einer schier unvorstellbaren Weise. Selbst Churchill, einer der Urheber (aber auch einer der ersten Kritiker) der Vertreibungspolitik, bekennt am 16. August 1945 vor dem Unterhaus: »Besonders beschäftigen mich in diesem Augenblick die Berichte, die uns über die Bedingungen zukommen, unter denen die Vertreibung und der Auszug der Deutschen aus dem neuen Polen durchgeführt werden. Vor dem Krieg lebten acht bis neun Millionen Menschen in diesen Gebieten. Die polnische Regierung sagt, von diesen befänden sich noch 1 500 000, die bisher nicht vertrieben wurden, innerhalb der neuen Grenzen. Andere Millionen müssen hinter den britischen und amerikanischen Linien Zuflucht genommen haben ... Über eine riesige Anzahl fehlt jede Nachricht ... was war ihr Schicksal? ... Spärliche und vorsichtige Berichte über die Dinge, die vor sich gingen und gehen, sind durchgesickert; es ist ... nicht ausgeschlossen, daß eine Tragödie ungeheuren Ausmaßes sich hinter dem Eisernen Vorhang, der Europa gegenwärtig entzweischneidet, abspielt.«

Und der spätere britische Literatur-Nobelpreisträger Bertrand Russell, dessen sozialistisch-pazifistische Vorstellungen auch von den Sowjetes gern propagandistisch ins Feld geführt wurden, wenn sie meinten, auf renommierte westliche Stimmen angewiesen zu sein, schreibt in der »Times« vom 19. Oktober 1945 beschwörend: »In Osteuropa werden jetzt von unseren Verbündeten Massendeportationen in einem unerhörten Ausmaß durchgeführt, und man hat ganz offensichtlich die Absicht, viele Millionen Deutsche auszulöschen, nicht durch Gas, sondern dadurch, daß man ihnen ihr Zuhause und ihre Nahrung nimmt und sie einem langen, schmerzhaften Hungertod ausliefert. Das gilt nicht als Kriegsakt, sondern als Teil einer bewußten ›Friedens‹politik... Im Potsdamer Protokoll wird vorgeschrieben, daß die Ausweisungen von Deutschen in ›geregelter und humaner‹ Weise durchgeführt werden sollten. Und es ist wohl bekannt ... daß diese Bedingung von unseren russischen und polnischen Verbündeten nicht beachtet worden ist. Es ist richtig, wenn man der ungeheuren öffentlichen Entrüstung, die dadurch ausgelöst wurde, auch Ausdruck gibt, damit unsere Verbündeten erfahren, daß die britische Freundschaft durch die Fortsetzung einer solchen Politik vollständig verlorengehen könnte.« Und im »New Leader« vom 8. Dezember 1945 erklärt er: »Genaue Statistiken über die Zahl der auf diese Weise Vertriebenen sind nicht zu erhalten, denn nur die Russen könnten sie vorlegen. Ernest Bevin schätzt sie auf neun Millionen. Nach der Aussage eines britischen Offiziers, der sich jetzt in Berlin aufhält, sterben ganze Bevölkerungen, und die Berliner Krankenhäuser ›lassen den Anblick von Konzentrationslagern ganz normal erscheinen‹.«

Bauern und Landwirte aus dem Osten Deutschlands überschwemmen die Westzonen, wo viele von ihnen Arbeit auf den landwirtschaftlichen Höfen suchen. Da sie ihr Handwerk verstehen, ihren Besitz verloren haben und an hartes Arbeiten gewöhnt sind, die bäuerlichen Probleme und Risiken kennen und augenblicklich jede Tätigkeit ohne lange Erklärungen übernehmen können, stehen ihnen vielerorts die Tore offen. Helmut Kohl erkennt rasch, daß unter solchen Voraussetzungen für ihn eine

Zukunft als Bauer nicht gerade verlockende Perspektiven aufweist. Am 15. November 1945 verläßt er das Düllstädter Gut der Süddeutschen Zucker AG und geht wieder nach Ludwigshafen zurück, wo seine Schule, die nun »Naturwissenschaftliches Gymnasium Leuschnerstraße«* heißt, infolge von Bombenschäden zwar noch reparaturbedürftig ist, ihren Betrieb jedoch wieder aufgenommen hat – und zu seinem Kummer die Fächer Mathematik, Physik und Chemie unterrichtet, die er als Oberrealschüler zwangsläufig kaum mehr als nur vom Hörensagen kennt. Er wird in eine der drei sechsten Klassen mit je rund fünfzig Schülern aufgenommen und muß versuchen, wissensmäßig wieder dort anzuknüpfen, wo er mit seinen Schulkenntnissen drei Jahre zuvor gestanden hat.

Den Mitschülern erscheint der von Kriegserlebnissen geprägte »Neue« als einer, der nicht nur altersmäßig aus dem Rahmen fällt. Er hat nicht nur einiges hinter sich, sondern paßt auch hinsichtlich seiner Vorstellungen von der Gegenwart und Zukunft nicht gerade in den Kreis der jüngeren Schüler der sechsten Klasse, die durch den Krieg keine Zeit verloren haben. Automatisch sehen die Mitschüler in ihm einen Gefährten, dem ihr besonderer Respekt gebührt, und auch die Pädagogen sehen sich rasch veranlaßt, ihm ein ganz besonderes Augenmerk zu widmen. Was den finanzschwachen Stadtvätern, den in praktischen Handarbeiten unkundigen Lehrern, den mit diversen eigenen Problemen belasteten Eltern und den Mitschülern Kopfzerbrechen verursacht, nämlich der zum Teil immer noch nicht reparierte Klassenraum, schafft der praktisch orientierte und in Organisationsfragen erfahrene Kohl auf seine Weise aus der Welt. Er vereinbart mit der Schulleitung, daß er die Mitschüler dazu bewegen werde, unter seiner Regie ihren Klassenraum selbst zu renovieren, was er auch durchsetzt.

Im Mathematik-Unterricht, der ihm nicht behagt, hat er durch das Engagement eines 35jährigen Fachlehrers zunächst Glück. Otto Stamfort, ein 1933 nach Frankreich emigrierter, nach dem Frankreich-Feldzug von der Gestapo verhafteter jüdischer Kommunist, der das Ende des Krieges im KZ erlebt hat, ist ihm besonders wohl gesonnen. Er nimmt nicht nur auf seine mangelnden mathematischen Kenntnisse Rücksicht, sondern

---

* Wilhelm Leuschner (geb. 1890) war 1944 als maßgeblicher Angehöriger der Widerstandsbewegung gegen Hitler und das NS-Regime hingerichtet worden.

nimmt ihn schließlich auch in seine nur rund hundertfünfzig Meter vom Elternhaus Kohls entfernte Wohnung mit und macht ihn dort im Rahmen einer seiner wöchentlich für fünf bis zehn Teilnehmer veranstalteten Gratis-Seminare über politische Philosophie mit Max Reimann, dem Vorsitzenden der KPD, bekannt. Er und seine Frau, die vorübergehend als Vorsitzende der kommunistischen »Freien Deutschen Jugend« (FDJ) in der französischen Besatzungszone Deutschlands fungiert, diskutieren mit ihren Gästen über Lenin, Stalin und den Marxismus-Leninismus. Als Stamfort 1948 in die sowjetisch besetzte Zone Deutschlands geht, überläßt er Kohl, der seit zwei Jahren bereits Mitglied der CDU ist, eine Werkausgabe von Karl Marx zum weiteren Studium.

Kohls Lehrer und Mitschüler bestätigen übereinstimmend, daß ihn als Schüler – und später auch als Student – »Elfenbeinturm-Theorien« immer nur dann interessiert haben, wenn sie die Gewähr zu bieten schienen, nutzbringend realisiert werden zu können. Immer hat er theoretische Erkenntnisse an der Realität zu messen versucht und sich bemüht, bestimmte Ergebnisse umzusetzen.

Der in London lebende Schriftsteller Arno Reinfrank, einer der Ludwigshafener Mitschüler Kohls, attestiert seinem einstigen Schulkameraden, während der gemeinsamen Schulzeit ein »durch und durch demokratisches Selbstverständnis und Verhalten« personifiziert zu haben. Kohl habe, sagt er, zwar immer dominiert; aber er sei ebenso immer auch bemüht gewesen, sich kameradschaftlich zu verhalten und »Demokratie möglichst in allen Lebensbereichen verwirklicht zu sehen«. Andere ehemalige Mitschüler berichten, Kohls selbstlose und fürsorgliche Hilfe in vielfältiger Hinsicht erfahren zu haben. Er sorgte dafür, daß bedürftigere Schüler die aus US-Mitteln finanzierte »Hoover-Speisung« erhielten und setzte sich, ohne dafür gewählt worden zu sein, von sich aus bei der Schulleitung für Kameraden ein, die besondere Probleme, Sorgen und Schwierigkeiten hatten.

Die »Klasse hörte auf ihn, und die Lehrer taten es auf bestimmte Weise auch«, bestätigt im März 1990 Günther Schmich, einer der Religionslehrer des Gymnasiums. Kohls Offenheit, Gelassenheit und ungekünstelte Direktheit, die frei von Anbiederung und Aufdringlichkeit ist, sind es nicht zuletzt auch, die seinen »Sonderstatus« begründen. Lehrer und Schüler wissen, daß Kohl sagt, was er denkt. Was zuweilen ironisch

klingt, ist auch so gemeint. Und sie wissen auch, daß er sich durch
Hindernisse nicht so einfach von seinem Weg abbringen läßt.

Günther Schmich erinnert sich im März 1990: »Ich war in der Bischofs-
und Domstadt Speyer als Lehrer tätig gewesen, bevor ich nach Ludwigshafen versetzt wurde. Dort sah ich in der Klasse erstmals Helmut Kohl,
der mir sofort auffallen mußte. Noch während ich mich tastend mit
den Schülern bekannt zu machen bemühte, meldete Kohl sich ›zur
Geschäftsordnung‹. Gleich mit seiner ersten Frage versuchte er, mich
offensichtlich in Verlegenheit zu bringen. ›Wir haben‹, sagte er, ›zwei
Fragen an Sie zu stellen.‹ Und diese Fragen hatten es, zumal zu jener Zeit,
›in sich‹.«

Kohl will von Schmich wissen, wie die katholische Kirche über
»Sexualität bei Schülern und Studenten« denke und wie der Lehrer persönlich darüber urteile.

»Ich nahm es ihm nicht übel«, sinniert Schmich, »es war eine Falle
für den neuen Religionslehrer, ein Test. Der Reaktion seiner Mitschüler
konnte ich entnehmen, daß er selbst auch der Initiator dieser Fragen
gewesen ist.«

Als es eines Tages zu Differenzen zwischen Schmich und Kohl kommt,
weil der Schüler einige Interpretationen des Lehrers nicht akzeptieren will,
verlangt Schmich, mit ihm gemeinsam ins Speyerer Bischofsamt zu gehen
und »dort das Problem auf höherer Ebene auszudiskutieren«. In Speyer
nimmt Kohl auch angesichts des kirchlichen Oberhirten kein Blatt vor
den Mund. Er argumentiert in gleicher Weise wie zuvor – und trinkt dabei
seine Gesprächspartner buchstäblich unter den Tisch. »Sieger«, erinnert
sich Schmich 1990, »blieb er.«

Während die Schulkameraden Kohl als zuverlässigen Anführer respektieren und schätzen, akzeptieren die Lehrer ihn als einen Schüler, der nicht
leicht zu »handhaben« ist und gewöhnlich kommentarlos nur tut, was er
selbst für richtig und gut hält. Wo und wann immer möglich, nutzen beide
Seiten ihn als verlängerten Arm: die Schulleitung als Hebel zur Diszipli-
nierung und Harmonisierung der Schülerschaft, die Mitschüler dagegen
als Schild, der sie vor Ungerechtigkeiten und Benachteiligungen schützen
soll. Und er selbst? Er nutzt beide Parteien zur Modellierung seines auf
bestimmte Leistungen fixierten Ansehens, das ein genau kalkuliertes Maß
an Progressivität sichtbar werden läßt. Die von ihm für spezifische Funk-

tionen ausgewählten Mitschüler läßt er meist zum rechten Zeitpunkt und an der richtigen Stelle wirksam werden, die so nicht verfügbaren Lehrer auf Voraussetzungen treffen, die er zumindest mitgestaltet hat.

Wie Schmich, so bestätigt auch sein einstiger Kollege Helmut Loeb, der Chemielehrer, mit dessen Lehrdisziplin Kohl wenig im Sinn hatte, dem Schüler ein nicht zu übersehendes politisches Engagement, eine besonders ausgeprägte Fairneß, ein gutes kameradschaftliches Verhältnis zu seinen Mitschülern und ein ausgeprägtes Bedürfnis, sowohl mit den Schülern als auch mit den Lehrern zu debattieren, ohne dabei die »erforderliche Distanz zwischen Lehrer und Schüler« zu überschreiten. Daß der Klassen- und Schulsprecher sich indes seinen Gefährten mehr als den Lehrern verbunden fühlte, bezeugen seine einstigen Mitschüler. So erinnert sich beispielsweise Lothar Wittmann, der später selbst Oberstudiendirektor und schließlich Leiter der Europa-Schule in Brüssel wurde, daß der drei Jahre ältere Helmut Kohl während seiner meist offen und direkt geführten Auseinandersetzungen und Verhandlungen mit den Lehrkräften ohne Bedenken »persönliche Nachteile« in Kauf genommen habe.

In dieser Funktion und Position zieht Kohl alle Register, wozu nicht zuletzt auch seine Körpergröße und die nicht selten von ihm – auch dezidiert warnend – ins Spiel gebrachten bemerkenswerten physischen Kräfte gehören.* In der Schul-Fußballmannschaft, die den bezeichnenden Namen »Gut Holz« trägt, ist er der Mittelstürmer, dem die Gegner während der Spiele tunlichst aus dem Weg gehen. Er schwimmt vor den Augen seiner Kameraden mit zusammengebundenen Beinen, um die Kraft seiner Arme zu demonstrieren und läßt gern mehr als nur ahnen, daß er die Quertreiber innerhalb seines Rudels gegebenenfalls auch gewaltsam zur Raison bringen kann. Die gelegentlichen Äußerungen seiner einstigen Schulkameraden, daß ihm »nicht seine Körperlänge allein« sowohl bei den Schülern als auch bei den Lehrern die exponierte Mittler-Position eingebracht habe, ist durchsichtig. Auch nach der Schulzeit, selbst als Bundeskanzler noch, bewirkt er infolge dieser natürlichen »Vor-

---

* In einem Interview mit dem »Mannheimer Morgen« (28./29. August 1966) sagte Kohl auf die Frage, was er zu dem oft zu hörenden Vorwurf, arrogant zu sein, sagen könne: Der Vorwurf ». . . ist mir wohl bekannt. Ich bin es aber nicht . . . Allerdings tragen meine ein Meter dreiundneunzig auch nicht dazu bei, das Vorurteil der Arroganz optisch abzubauen.«

züge« nicht selten, daß Kontrahenten nachgeben und schließlich zu einem von ihm angestrebten Konsens bereit sind. Nach wie vor setzt er seine Gestalt – gewöhnlich erfolgreich – als ein zwangsläufig nicht jedermann gegebenes Führungsmittel ein. Selbst wenn er schweigt, ist er in der Lage, seine Gegenspieler zu »erdrücken«.

Wann und wo immer es darauf ankommt, etwas in die Wege zu leiten und durchzusetzen, ist Kohl es, der die Richtung und den Ton angibt. Musik- und Tanzveranstaltungen, gemeinsame Theaterbesuche – wie beispielsweise eine für 1500 Schüler angesetzte »Götz von Berlichingen«-Aufführung im Mannheimer Nationaltheater – und andere Gemeinschaftsunternehmungen haben ihn als Initiator und Organisator. Bei alledem überzieht er sein »Regime« jedoch nicht. Sein Instinkt beim Gebrauch demokratischer Spielregeln und bei der Einschätzung der gegebenen Machtstrukturen bewahrt ihn davor, womöglich Schiffbruch zu erleiden. Er regt Diskussionen zwischen Schülergruppen und zwischen Schülern und Lehrern an, wobei er für sich selbst allerdings immer den Part eines »Oberrichters« in Anspruch nimmt und ihn von beiden Seiten auch selbstverständlich eingeräumt bekommt.

Seit 1949, dem Jahr vor dem Abitur, vollziehen sich Ereignisse, die seine Ansicht zu bestätigen scheinen, daß es gerade in dieser Zeit vor allem für die Deutschen wichtiger sei, die Geschichte zu kennen und daraus mögliche Konsequenzen abzuleiten, als sich mit Mathematik, Chemie und Physik zu befassen, wenn man sie nicht beruflich brauche. Schon 1947 hatten die Landtage der Länder der Sowjetzone die von der Sowjetischen Militäradministration gebilligten Verfassungen angenommen und die SED und die »Blockparteien« auf sowjetische Weisung – rund zwanzig Monate vor den westzonalen politischen Parteien – damit begonnen, eine Verfassung für ganz Deutschland als zentralistischen Einheitsstaat zu entwerfen. Nach richtungsweisenden Äußerungen Molotows während der Moskauer Außenministerkonferenz vom 10. März bis 24. April 1947 und mehrfachen, von den Sowjets veranlaßten Änderungen wurde sie in der Sowjetzone öffentlich seit dem 22. Oktober 1948 als Verfassung für Gesamtdeutschland diskutiert. In der Nacht vom 18. zum 19. März 1949 hatte ein dreihundert Mitglieder zählender »Dritter Deutscher Volkskongreß« in Ost-Berlin beschlossen, aus Mitgliedern der politischen Parteien und Delegierten der »Massenorganisationen« einen »Deutschen Volksrat«

zu bilden und sich zur »Provisorischen Deutschen Volkskammer« zu erklären.

Eingedenk der negativen Haltung der Westmächte während der Moskauer Außenministerkonferenz im Frühjahr 1947 hinsichtlich einer von den Deutschen formulierten Verfassung, hatte die Sowjetunion diesen Aspekt im Sinne ihrer deutschlandpolitischen Vorstellungen seitdem zielstrebig ins Spiel gebracht und nachdrücklich bewirkt, daß »ihre« Verfassung für Deutschland vor dem seit Juli 1948 auf Empfehlung der Londoner Konferenz diskutierten und seit September 1948 vom Parlamentarischen Rat unter Adenauers Vorsitz zögernd vorbereiteten Grundgesetz für den Teilstaat Bundesrepublik Deutschland vorlag.

Wie der sowjetische Außenminister 1947 in Moskau effektvoll erklärt hatte, daß das deutsche Volk zur gegebenen Zeit selbst über seine Verfassung und Staatsform entscheiden solle, so praktizierte die UdSSR diese These gegen den Willen der Westmächte, die 1947 auf Frankreichs Betreiben Deutschland lediglich hatten erlauben wollen, über eine von den Alliierten vorgelegte Verfassung abzustimmen. Jetzt waren sie dabei, legitime deutsche Ansprüche zu suspendieren und ein »Besatzungsstatut« zu schaffen, das die Rechte der Deutschen auch nach der Verkündung ihres Grundgesetzes noch einschränkte.

Zwar sollte sich »das deutsche Volk in dem Zeitraum, währenddessen das Fortdauern der Besatzung notwendig ist«, nach den Bestimmungen des am 12. Mai 1949, vier Tage nach der Verabschiedung des Grundgesetzes, verkündeten Besatzungsstatuts im »größtmöglichen Maße selbst« regieren; aber ihm wurden die Hände gebunden, nicht nur soweit es sich um Entscheidungen über Berlin, über die Besatzungsarmeen, über die Wiedervereinigung und um den Friedensvertrag handelte. Die Westmächte behielten sich vor, »nach ihrem Ermessen ihre Beschlüsse entweder unmittelbar oder durch Anweisungen an die zuständigen deutschen Behörden zur Ausführung zu bringen«. Und der Katalog ihrer diesbezüglichen Vorbehalte zur »Erreichung der Grundziele der Besatzung« war lang.

Daß die deutschen »Väter des Grundgesetzes« – die Anfang März 1949 auf Veranlassung der westlichen Militärgouverneure beispielsweise den von ihnen mit Nachdruck vertretenen und die Stellung Berlins betreffenden Artikel 23 suspendieren mußten, weil die Westmächte die »vorgesehene vollständige Einbeziehung Berlins in die künftige Bundesrepublik

mit Rücksicht auf die gegenwärtige Lage« nicht für opportun hielten – ihre
ehrenvolle Tätigkeit keineswegs mit Enthusiasmus betrieben, wie die
Medien behaupteten, ist eine historische Tatsache. Schon angesichts des
erst nach der Verkündung des Grundgesetzes bekanntgegebenen westalli-
ierten Besatzungsstatuts, einiger vorausgegangener »Empfehlungen« und
Weisungen der westlichen Siegermächte und der von ihnen nicht nur
gebilligten Spaltung Deutschlands sahen sie keinen besonderen Anlaß,
den auf Empfehlung der von Februar bis Juni 1948 in London tagenden
Außenminister der drei Westmächte gebildeten und am 1. September
1948 in Bonn zusammengetretenen Parlamentarischen Rat als souveränes
verfassunggebendes Organ eines neuen deutschen Staates zu feiern.

Der ostzonale Deutsche Volksrat, der dem Bonner Parlamentarischen
Rat hinsichtlich der Verfassungsformulierung zuvorgekommen war und
im Gegensatz zu den in der Sowjetzone geschaffenen Tatsachen behaupten konnte, die Wiedervereinigung anzustreben, versuchte den Parlamentarischen Rat in die Defensive zu drängen. Seine gesamtdeutsch angelegte
Verfassung, die infolge ihrer Strukturelemente und -prinzipien auf ein
parlamentarisch-demokratisches System zugeschnitten war, föderalisti-
sche und rechtsstaatliche Züge trug, dem Grundsatz der Volkssouveräni-
tät huldigte und einen breiten Grundrechtskatalog enthielt, konnte nicht
einfach von der Hand gewiesen werden. Daß die Grundrechte vielfach
mit Grundpflichten verknüpft erschienen, eine Verfassungsgerichtsbarkeit
nicht vorgesehen war, verfassungsrechtlich auf eine Wirtschaftsplanung
ausgerichtet und die Ergebnisse der Industrie- und Bodenreform ausdrücklich bestätigt worden waren, berechtigte nicht dazu, die Verfassung
westlicherseits als Diskussionsgrundlage gar nicht erst zur Kenntnis zu
nehmen, auch wenn sich längst erwiesen hatte, daß in der Sowjetunion
und in der sowjetischen Besatzungszone oft Welten zwischen Theorie
und Praxis klafften.

Am 12. April 1949, vier Wochen nach der Annahme der ostzonalen
Verfassung durch den Deutschen Volksrat, wurden die in den Westzonen
tätigen Korrespondenten des Deutschlandsenders der sowjetischen Besatzungszone angewiesen, die propagandistische Arbeit in Westdeutschland »stark zu intensivieren«, die sich dort »bildenden Friedenskräfte« zu
wecken und sämtliche oppositionellen Strömungen »zu registrieren und
auszuwerten«.

Nachdem am 8. Mai 1949, auf den Tag genau vier Jahre nach der Kapitulation, vom Parlamentarischen Rat in Dritter Lesung des Grundgesetz der künftigen Bundesrepublik Deutschland mit 53 gegen 12 Stimmen verabschiedet worden war, reagierte das Präsidium des sowjetzonalen Deutschen Volksrates am 9. Mai mit einer Resolution, die Verhandlungen mit dem Bonner Parlamentarischen Rat und »eine gesamtdeutsche Willenserklärung« forderte und die Annahme des Grundgesetzes als eine »im Widerspruch zu den nationalen Interessen Deutschlands« stehende Maßnahme charakterisierte.

Gegen alle Propagandaversionen der SED sprachen die für jedermann täglich spür- und sichtbaren Tatsachen. So nützte der SED und der Sowjetunion wenig, daß sie den von ihnen beherrschten Deutschen unentwegt einredeten, »die Westdeutschen« würden die materiellen Vorteile, die sie infolge der Zuwendungspolitik der »auf Exporte angewiesenen imperialistischen Westmächte« genössen, bald sehr teuer in Form von Reparationsleistungen bezahlen müssen. Im Gegensatz zu den Verhältnissen in den Westzonen, wo es sich seit der Währungsreform versorgungsmäßig wieder einigermaßen leben ließ, entbehrten die Deutschen in der Sowjetzone infolge der sowjetischen Demontagemaßnahmen und Reparationsansprüche noch sehr lange Lebensmittel, Früchte, Haushaltsgeräte, Radios, Waschmittel, Textilien, Schuhwerk, Lederwaren aller Art, Heizmaterialien, Elektrogeräte, Arzneien und Bekleidungsstücke. Kraftfahrzeuge für private Zwecke gab es nahezu gar nicht.

Zwar gab es im September 1949, zur Zeit der Wahl des Bundespräsidenten und des Bundeskanzlers, auch in der Bundesrepublik Deutschland noch so wenige Autos, daß selbst die Abgeordneten des Bundestages und die Ministerpräsidenten der Länder mit nur notdürftig reparierten Fahrzeugen aus der »Hitler-Zeit« und alten Taxis zur Wahl fahren mußten, doch die Produktion neuer Fahrzeuge, die die Werke und Werkstätten nicht als Reparationsleistungen verließen, konnte bald auf bemerkenswerte Erfolge verweisen. Auch Wohnungen und Bekleidungsstücke fehlten; aber es ging auch da sichtlich bergauf. Die Deutsche (West-)Mark war stabil und wurde hoch bewertet. Während 1950 im Gebiet der Bundesrepublik mit 49 843 000 Einwohnern beispielsweise 11 814 000 Tonnen Rohstahl erzeugt wurden, produzierte die Industrie der 18 388 000 Einwohner zählenden Sowjetzone mit 999 000 Tonnen nur rund ein Zwölftel. 219 400 Autos und 257 700 Motorräder stellten Unternehmen in der Bundesrepublik im Jahre 1950 her, 7200 Autos und 9600 Motorräder waren es in der DDR. Zwar wurden dort, beispielsweise von der chemischen Industrie, verhältnismäßig zahlreiche Produkte für den täglichen Gebrauch erzeugt, doch sie gelangten nicht in deutsche Haushalte. So stammten von den 1950 in der Bundesrepublik und in der DDR insgesamt produzierten 230 000 Tonnen Waschpulver 72 000 Tonnen aus der DDR, deren Bevölkerung nicht davon profitierte, weil die Sowjetunion den weitaus größten Teil als Reparationsleistungen kassierte.

Angesichts der Jaltaer Reparationsabsprachen und der diesbezüglichen Potsdamer Erklärungen konnte die Sowjetunion trotz ihrer Spaltungsmaßnahmen und entsprechender deutschlandpolitischen Alternativen nicht daran interessiert sein, Westdeutschland konsequent und in jeder Form von der von ihr beherrschten Zone abgekoppelt zu sehen. Daß diese Abkoppelung, die schließlich zwei selbständige deutsche Staaten mit kraß entgegengesetzten gesellschaftspolitischen Systemen im gespaltenen Europa zur Folge hatte, jedoch auch die in der Sowjetzone lebenden Deutschen zwang, ihr traditionelles Deutschlandbild aufzugeben und ihre aktuellen deutschlandpolitischen Hoffnungen und Träume zu verabschieden, war eine andere Folge.

Am 4. Juli 1949 – das Grundgesetz war am 23. Mai in Kraft gesetzt und in Ost-Berlin am 30. Mai vom Dritten Deutschen Volksrat ein Volkskongreß eingesetzt worden, der als Vorparlament fungierte – wandte sich der Vorsitzende der auf sowjetische Weisung am 27. Juni 1947 als deutsche Verwaltungszentrale mit Zentralverwaltungen für Industrie, Finanzen, Verkehr, Handel und Versorgung, Arbeit und Sozialfürsorge, Land- und Forstwirtschaft, Brennstoffindustrie und Energie, Interzonen- und Außenhandel und Statistik gegründeten Deutschen Wirtschaftskommission für die sowjetische Besatzungszone an den deutschen Oberdirektor der anglo-amerikanischen (Bi-)Zone. Er schlug dem Westdeutschen erfolglos vor, »gemeinsam Verhandlungen leitender Persönlichkeiten beider Institutionen« einzuleiten, einen »gesamtdeutschen Wirtschaftsausschuß aus Vertretern der wirtschaftlichen Verwaltungsorgane der Besatzungszonen« zu bilden, »Sonderkommissionen zur Ausdehnung des Interzonenhandels« und zur »Erleichterung des Verkehrs zwischen den Zonen« zu schaffen und »währungspolitische Maßnahmen« und »Richtlinien für eine gemeinsame Außenhandelspolitik Deutschlands« zu entwickeln.

In den ersten Bundestag zogen am 14. August 1949, nach dem wohl intensivsten – auch von dem 19jährigen Ludwigshafener Gymnasiasten und CDU-Mitglied Helmut Kohl engagiert unterstützten – Wahlkampf[1] nach 1945 139 Abgeordnete der CDU, 131 der SPD, 52 der FDP, 15 der KPD, je 17 der Bayernpartei und der Deutschen Partei, zehn des Zentrums und einige wenige Volksvertreter kleinerer Parteien ein, so daß am 12. September Abgeordnete von insgesamt zwölf politischen Parteien an der Wahl des ersten Bundespräsidenten beteiligt waren.

Die erste Regierung Adenauers, der weder eine große Koalition noch eine Allparteienregierung wünschte und in der SPD die Partei erblickte, die Deutschland schaden würde, bildeten die CDU, die FDP und die DP. Aus Kohls Heimat gingen 13 CDU-Mitglieder, 7 Sozialdemokraten, 4 FDP-Angehörige und ein Kommunist als Abgeordnete in den ersten Bundestag. Während des Wahlkampfes, in dem Kohl als Plakatkleber fungierte, hatte Kohl auf dem Heidelberger Schloß erstmals Konrad Adenauer gesehen und als Wahlredner erlebt, ohne von ihm beeindruckt worden zu sein. Adenauer ist ihm, der seit zwei Jahren für den Sozialdemokraten Kurt Schumacher »schwärmte«, damals »sehr alt« erschienen, »zu alt«.

Der von den vier Mächten mit unterschiedlichen Vorbehalten erzwungene Verzicht der Bundesregierung auf Berlin als Hauptstadt[2] brachte dem jungen Staat, der 36 Prozent seines Haushaltes allein für Besatzungskosten ausgeben und für die neue »Residenz« Bonn mehr als das Hundertfache der Kostenvoranschläge aufbringen mußte, Probleme mit sich, mit denen zuvor kaum jemand gerechnet hatte. Die Besatzungsmacht, die Häuser und Wohnungen requiriert hatte und dies infolge des Besatzungsstatuts auch nach der Gründung der Bundesrepublik noch tun durfte, bemühte sich zwar, den Parlamentarischen Rat, die Abgeordneten und die Bundesregierung auch hinsichtlich der Wahl Bonns als Hauptstadt zu unterstützen, doch die demonstrative Wahrnehmung ihrer Vorrechte als Sieger, die ihre Privilegien – vier Jahre nach Kriegsende – noch besonders spüren ließen, wirkten sich in der kleinen Stadt, in der »jeder jeden kannte«, zwangsläufig als unübersehbar – auch im Zusammenhang mit dem nötigen neuen Selbstverständnis – aus. Daß der Verzicht auf Berlin ein empfindliches kulturpolitisches – die Spaltung vertiefendes und einer

Wiedervereinigung entgegenwirkendes – Vakuum schaffen mußte, sahen 1949 viele noch als ein nur sekundäres Problem an, auch wenn schwerlich zu verkennen war, daß einer weiteren Schädigung der deutschen historischen Substanz am ehesten durch eine gravierende Unterstützung Berlins Einhalt geboten werden konnte. Rund zwei Millionen Arbeitslose, ungezählte Kriegsgeschädigte und etwa zehn Millionen Einwohner mehr als 1939 auf dem Gebiet der Bundesrepublik belasteten die Wahl der »Hauptstadt des Provisoriums Bundesrepublik Deutschland« zusätzlich; denn nicht wenige Deutsche sahen die Kausalzusammenhänge nicht.

Am 19. August 1949, knapp vier Wochen vor der Wahl des Bundespräsidenten und des Bundeskanzlers, tagte im Ost-Berliner »Haus des Deutschen Volksrates« erstmals demonstrativ der sogenannte »Demokratische Block«, dem die sogenannten »antifaschistischen« Parteien, alle kommunistisch beeinflußten Massenorganisationen und der Freie Deutsche Gewerkschaftsbund (FDGB) angehörten. Seine Mitglieder, die Entscheidungen nicht durch »Mehrheitsabstimmungen, sondern durch Einmütigkeit« zustimmen sollten, plädierten »für die Einheit Deutschlands, einen gerechten Frieden und den Abzug aller Besatzungstruppen«. doch der in Richtung auf die Spaltung Deutschlands getane weitere Schritt konnte ebensowenig rückgängig gemacht werden wie die Folge dieser Maßnahme: Die Gründung des zweiten deutschen Teilstaates im anderen Teil Europas.

Am 21. Oktober 1949 erklärte Adenauer im Bundestag im Namen der Bundesregierung, wie er die deutsche Frage kurz nach der Gründung des zweiten deutschen Staates beurteilte: »Entgegen dem Potsdamer Abkommen ... in dem beschlossen wurde, Deutschland während der Besatzungszeit als eine politische und wirtschaftliche Einheit zu betrachten, trat schon sehr bald eine verschiedene Auffassung über die Deutschland gegenüber zu beachtende Haltung unter den Alliierten zutage. In der Sowjetzone wurden schon im Jahre 1945, im Gegensatz zu den drei anderen Zonen, Zentralverwaltungen eingerichtet, die den unverkennbaren Zweck hatten, die ganze sowjetische Zone staatlich einheitlich zu organisieren. Diese Bestrebungen wurden aufs Nachdrücklichste gefördert durch die am 12. Juni 1947 erfolgte Bildung einer Wirtschaftskommission. Die wirtschaftliche und die politische Trennung der Sowjetzone von dem übrigen Deutschland wurde weiter gefördert durch die Einsetzung des sogenannten Ersten Volkskongresses am 6. Dezember 1947, die Einberufung des Zweiten Volkskongresses am 18. März 1948, die Schaffung eines Volksrats am gleichen Tag, die Erteilung des Auftrags an den Volksrat, eine Verfassung auszuarbeiten, und schließlich durch die Verabschiedung dieser Verfassung durch den Volksrat am 19. März 1949.«

Diesem Katalog berechtigter Vorwürfe hätte der Kanzler anfügen können: Die Bodenreform, die Enteignungen, die Umgestaltung der Wirtschaft und des Handels, die Sowjetisierung des kulturellen und politischen Lebens, die Spaltung Berlins, das Fernbleiben der sowjetischen Vertreter von der inoffiziellen Londoner Sechs-Mächte-Konferenz vom 23. Februar bis zum 3. Juni 1948, ihr Verlassen des Kontrollrates, dessen Blockierung und die Berlin-Blockade, die vereinbarungswidrige »Sonderbehandlung« der mitteldeutschen Bevölkerung und die Vertreibung der Deutschen aus den deutschen Ostgebieten.

In seiner Haus-Zeitung »Die Rheinpfalz« hat Helmut Kohl am 22. Oktober 1949 lesen können, daß die Bundesregierung »bis zum Erreichen der deutschen Einheit die alleinige staatlich legitimierte Organisation des deutschen Volkes« sei und ihre »Treue und Sorge« auch den achtzehn Millionen Deutschen in Mitteldeutschland gelte. Mit einigen seiner Mitschüler diskutiert Kohl über Deutschland und dessen Zukunft in einem »Arbeitskreis für europäische Wirklichkeit«, den Hans Bardens, der spätere SPD-Bundestagsabgeordnete und Kohl als Zweiter Vorsitzender, der seit 1947 zugleich auch als Zweiter Vorsitzender der Jungen Union agiert, in der Schule gegründet haben.

Am 22. März 1950 reagierte die Bundesregierung auf eine Äußerung des amerikanischen Hohen Kommissars John J. McCloy vom 28. Februar 1950, der erklärt hatte, daß »das Bestreben der Deutschen nach Einheit und Freiheit . . . jetzt von den Kommunisten herausgefordert« würde und daß die Kommunisten versuchten, eine »demokratische Einheit« durch eine sogenannte »Nationale Front« zu realisieren, während das »Hauptziel der Politik« der US-Regierung auf »die politische Einigung Deutschlands auf der Grundlage freier gesamtdeutscher Wahlen« gerichtet sei.

Die Bundesregierung unterstrich ihre Forderung nach gesamtdeutschen Wahlen und betonte, daß sie »keine verpflichtendere Aufgabe als die Wiederherstellung der deutschen Einheit« kenne. Gleichzeitig erinnerte sie daran, daß nicht nur die USA und Großbritannien, sondern auch Frankreich und die Sowjetunion auf Außenministerkonferenzen und in amtlichen Verlautbarungen für ein geeintes Deutschland eingetreten seien – und dies wohl auch weiterhin täten. Konkret schlug sie als Antwort auf McCloys Anstoß vor:

– Erlaß eines Wahlgesetzes durch die vier Besatzungsmächte und Ausschreibung gesamtdeutscher Wahlen zu einer verfassunggebenden deutschen Nationalversammlung;
– Kontrolle der Wahlen »in allen Teilen Deutschlands« durch Kommissionen aus Vertretern aller Besatzungsmächte oder aus Beauftragten der Vereinten Nationen;
– Einzige Aufgabe der Nationalversammlung: »Ausarbeitung einer deutschen Verfassung« und deren Vorlage zur Bestätigung durch das deutsche Volk;
– Betätigungsfreiheit für alle Parteien in ganz Deutschland und Verzicht aller Besatzungsmächte, die Bildung und Betätigung politischer Parteien zu beeinflussen;
– Gewährleistung der persönlichen Sicherheit und des Schutzes vor wirtschaftlichen Benachteiligungen für alle für politische Parteien tätigen Personen durch die Besatzungsmächte;
– Zulassung und Vertriebsfreiheit für alle Zeitungen in ganz Deutschland und
– Freiheit des Personenverkehrs innerhalb ganz Deutschlands und Abschaffung der Interzonenpässe.

Abschließend hieß es: »Schaffung und Sicherung dieser Freiheiten liegt bei den vier Besatzungsmächten. Den Deutschen muß die Möglichkeit gegeben werden, jederzeit zum Schutze dieser Rechte Viermächte-Instanzen anrufen zu können.«

Erst rund vierzig Jahre später, nach jahrzehntelangen Bestrebungen sowohl der deutschen Regierungen als auch der einstigen Siegermächte, den Status quo der Teilung Deutschlands zu hüten und ihn als Staatsraison für die Deutschen anzusehen, ist diese historische Frage wieder aktuell geworden.

1950 jedenfalls, als der Beginn der Teilung Deutschlands erst fünf Jahre zurückliegt und die weitaus meisten Deutschen auf eine möglichst baldige

Überwindung der nationalen Identitätskrise durch eine Wiedervereinigung seitens der Siegermächte hoffen, ist Bundeskanzler Konrad Adenauer, der unter Hitler sein Amt als Oberbürgermeister von Köln hatte aufgeben müssen, der Mann der Stunde. Helmut Kohl, der bereits 1946 – als Mitglied Nr. 00 246 – in die CDU eingetreten war und 1947 bei der Gründung der Jungen Union in Ludwigshafen mitgewirkt hatte, war jedoch zunächst enttäuscht. Der 75jährige Adenauer ist ihm, dem 20jährigen Oberprimaner, zwar als ein außergewöhnlich bemerkenswerter politischer Repräsentant einer neuen Politik erschienen; aber er hat sich auch gefragt, ob es der jungen Generation gelingen werde, sich mit den Wortführern dieses Alters so zu identifizieren, wie es nötig sei.

Helmut Kohl, der sich im Frühjahr 1950 auf das Abitur vorbereitet, muß zwangsläufig auf einige seiner Liebhabereien, nicht unerläßlichen Verpflichtungen und aufwendigen Gewohnheiten verzichten – oder seinen persönlichen Aufwand für sie zumindest spürbar reduzieren. Nicht nur der Sport gehört dazu. Daß auch die Katholische Jugend ihn zu der Zeit weniger als zuvor gesehen habe, wie immer wieder behauptet wird, ist eine Legende. Der Katholischen Jugend gehörte er damals gar nicht an. Auch die stereotyp kolportierte Vermutung einiger seiner Mitschüler, daß seine 1933 in Berlin als Tochter eines pfälzischen Oberingenieurs geborene evangelische Freundin Hannelore Renner »schuld« an seiner reduzierten Präsenz gewesen sei, resultiert aus unzutreffenden Spekulationen.

Der CDU-Ortsverband Ludwigshafen und die Junge Union, die ihn zu ihren »Gründungsvätern« zählt, können auf Kohl und sein Engagement jedoch auch während der Zeit uneingeschränkt zählen. Ihnen bleibt er »erhalten«. Sorgen um seinen Lebensunterhalt braucht er sich nicht zu bereiten, auf materielle Lebenshilfen nicht zu verzichten. Das Elternhaus ist trotz der Kriegsgeschehnisse und deren Folgen intakt geblieben. Johann Kaspar Kohl versieht im Ludwigshafener Finanzamt nach wie vor in höherer Position als Finanz-Obersekretär seinen Dienst und verfügt über jederzeit kalkulierbare Bezüge. Die nach dem Kriege in Deutschland vor allem in den Städten grassierende drückende Hungersnot und die infolge der zerstörten Produktionsstätten, der veralteten Maschinen und Geräte, fehlenden Materialien und Transportmittel überall sichtbaren Mängel, sind um 1950 bereits wieder weithin aus der Welt geschafft, nachdem der US-Außenminister George Catlett Marshall am

5. Juni 1947 in der Harvard-Universität (als Startzeichen für eine schließlich insgesamt rund 13 Milliarden Dollar umfassende US-Hilfsaktion für Westeuropa) verkündet hatte:

»Bei unseren Erwägungen über die Bedürfnisse Europas für den Wiederaufbau wurden die Menschenverluste, die sichtbare Zerstörung der Städte, Fabriken, Bergwerke und Eisenbahnen richtig einkalkuliert, aber es hat sich in den letzten Monaten herausgestellt, daß diese sichtbare Zerstörung wahrscheinlich weniger schwerwiegend ist als die Tatsache, daß das gesamte europäische Wirtschaftssystem aus den Angeln gehoben wurde... Die fieberhaften Kriegsvorbereitungen und die noch fieberhaftere Aufrechterhaltung der Kriegsanstrengungen haben alle Gebiete der Volkswirtschaft in Mitleidenschaft gezogen... Alte Handelsverbindungen, private Einrichtungen, Schiffahrtsgesellschaften und Versicherungsgesellschaften verschwanden durch Kapitalverlust, Verstaatlichung oder einfach durch Vernichtung... Das Geschäftsleben hat in Europa während des Krieges einen vollkommenen Zusammenbruch erlitten... Der Bauer hat schon immer Nahrungsmittel zum Tausch gegen andere lebenswichtige Güter für den Städter produziert. Diese Arbeitsteilung ist die Grundlage der modernen Zivilisation. Im Augenblick steht sie vor dem Zusammenbruch. Die städtischen Industrien bringen keine ausreichende Warenmenge zum Tausch gegen Nahrungsmittel der Landbevölkerung hervor, Rohmaterialien und Brennstoffe sind knapp... Der Landwirt oder Bauer kann die Waren nicht finden, die er kaufen möchte... Inzwischen leidet die Stadtbevölkerung unter dem Mangel an Nahrungsmitteln und Brennstoffen... Der Fabrikant und der Landwirt in weiten Gebieten müsen gewillt und in der Lage sein, ihre Produkte für eine Währung in Tausch zu geben, deren fester Wert außer Zweifel steht. Abgesehen von der demoralisierenden Wirkung auf die ganze Welt... dürfte es auch offensichtlich sein, welche Folgen dieser Zustand auf die Wirtschaft der Vereinigten Staaten haben muß. Es ist nur logisch, daß die Vereinigten Staaten alles tun... um die Wiederherstellung gesunder wirtschaftlicher Verhältnisse in der Welt zu fördern...«

In der jungen Bundesrepublik Deutschland entfaltet sich ein beispielloses »Wirtschaftswunder«. Jeder kann seit der Ende Juni 1948 in West-Berlin und in den westlichen Besatzungszonen von den Westmächten ohne vorherige Information der Russen eingeleiteten Währungsreform kaufen, was immer er begehrt und zu bezahlen in der Lage ist. In der unter französischem Einfluß erscheinenden »Rheinpfalz« wird die »Geldreform«, wie es dort heißt, am 23. Juni 1948 wie folgt kommentiert: »Die Einführung der Währungsreform in den drei Westzonen hat . . . eine weitreichende politische Entwicklung angebahnt. Anscheinend wurden die Russen durch die getrennte Währungsreform im Westen überrascht und hatten ihrerseits noch keine Vorkehrungen für eine ähnliche Maßnahme in ihrer Zone getroffen.«

Kohl sieht in dieser – die Westzonen gravierend unterstützenden – Maßnahme der Westmächte eine Bestätigung dafür, daß seine frühe Entscheidung für die CDU richtig gewesen ist. Und auch seine gelegentliche Vernachlässigung der Schule zugunsten seiner politischen Aktivitäten erscheint ihm aus dieser Sicht als durchaus legitimiert. Er bleibt hinsichtlich des bevorstehenden Abiturs unbefangen optimistisch, obwohl seine schulischen Leistungen in Mathematik geradezu katastrophal sind. Während einige seiner Mitschüler, die auf durchweg gute Noten verweisen können, sich um ihre Zukunft sorgen, ist er überzeugt, durch seine Deutsch- und Geschichtskenntnisse für den Notendurchschnitt ausgleichen zu können, was ihm anderswo fehle. Von Weggefährten auf seine Vorstellungen über sein späteres Leben angesprochen, wiederholte er, was er vielen von ihnen – wie beispielsweise der Koblenzer Regierungspräsident Heinz Korbach berichtete – bereits als Siebzehnjähriger »eröffnet« hatte: »Ich werde einmal der erste Mann in diesem Lande!«[3]

»Erster Mann« beim Abitur wird er im Juni 1950 indes nicht. Eine 6 in Mathematik, 1950 die schlechteste Mathematik-Note in ganz Rheinland-Pfalz, verhindert dies. Doch er kann, wie er gemutmaßt hat, dieses eigentlich nur schwer zu »neutralisierende« Manko durch besonders gute Leistungen in den Fächern Geschichte und Deutsch ausgleichen. Günther Schmich, einer seiner damaligen Religionslehrer, erinnert sich im März 1990, daß Kohls Abiturprüfung für Debatten sowohl unter den Lehrern als auch unter den Schülern gesorgt habe. »Während der Prüfung im Fach Geschichte«, berichtet Schmich, »wartete er mit Antworten und

Angaben auf, die von den Kollegen als falsch oder zumindest als fragwürdig bezeichnet wurden. Vollends irritierte er sie, als er darauf bestand, mitten in der Prüfung ›im Schnellverfahren‹ Unterlagen herbeischaffen zu wollen, die seine Feststellungen belegen könnten.« Nachdem dies geschehen ist und Kohls Feststellungen als zutreffend akzeptiert werden müssen, hat er eine der Voraussetzungen für einen Notenausgleich geschaffen. Und auch sein Deutsch-Aufsatz »Ist die soziale Frage eine Marktfrage?« wird mit »sehr gut« bewertet. Seine Literatur-Kenntnisse beeindrucken die Prüfer, von denen einer dem Religionslehrer »außeramtlich«, wie dieser sich ausdrückt, die Möglichkeit gibt, Kohls Abitur-Aufsatz zu lesen. Kohl hat von Schmich, der ihm sichtlich gewogen ist, Bücher bekommen und durchgearbeitet, die dem Deutschlehrer der Schule zu der Zeit nur vom »Hörensagen« vertraut sind. James Joyce, Charles Pierre Péguy, Georges Bernanos, Werner Bergengruen und Franz Kafka, über die der lesehungrige 20jährige Oberschüler redet, befinden sich nicht in der Schulbibliothek.

Daß Walter Ulbricht, der Generalsekretär der kommunistischen SED, in Warschau ein Abkommen unterzeichnet und die Oder-Neiße-Linie als endgültige deutsch-polnische Grenze anerkennt, als Helmut Kohl am 8. Juni seine mündliche Abiturprüfung ablegt, mag manchen Zeitgenossen zu hypothetischen Kombinationen anregen.

IV.

RÜSTKAMMER ALMA MATER

Im Wintersemester 1950/51 beginnt Kohl an der Frankfurter Wolfgang-Goethe-Universität mit dem Studium der Nationalökonomie, Rechtswissenschaft und Psychologie. Viele seiner Kommilitonen sind, auch in den ersten Semestern, wesentlich älter, als es später üblich ist. Spätheimkehrer aus sowjetischer Gefangenschaft sind darunter, immer noch an Kriegsverwundungen laborierende und durch sie behinderte einstige Offiziere und Soldaten, Flüchtlinge aus den deutschen Ostgebieten und infolge des Krieges auf andere Weise am rechtzeitigen Studium gehinderte Abiturienten. Sie wissen, was und wohin sie wollen. Sie studieren ausdauernd, konzentriert und trachten danach, ihr Studium möglichst bald abschließen zu können. Daß sie den gerade erst aus den Schulen kommenden jüngeren Studenten als Vorbilder erscheinen, denen es nachzueifern gelte, ist selbstverständlich. Helmut Kohl gehört zwar zu den »Jüngeren«; aber er hat im Krieg bereits als Kind und Heranwachsender manches von dem erleben müssen, was seine älteren Kommilitonen prägte. Er kann »mitreden«, und er tut es ungeniert. Erfahrungen, auf die Ältere gelegentlich verweisen, gleicht er durch seine – in dem Rahmen – nahezu singulären Kenntnisse über politische Details und Zusammenhänge aus, die ihm aus seiner intensiven Arbeit innerhalb der CDU und der Jungen Union zur Verfügung stehen.

In Frankfurt besucht er die Vorlesungen der zu der Zeit besonders renommierten Rechtsgelehrten Walter Hallstein, Franz Böhm und Carlo Schmid, deren dortige Lehrtätigkeit ihn vor allem bewogen hat, an Wochentagen täglich in die Stadt am Main zu fahren. Er hat sich Wissenschaftsexponenten als Lehrer ausgesucht, die der breiten Öffentlichkeit nicht eigentlich als Wissenschaftler, sondern weitaus mehr als Politiker bekannt sind. Hallstein ist Staatssekretär in Adenauers Bundeskanzleramt gewesen und fungiert seit 1951 neben seiner Tätigkeit an der Universität als Staatssekretär im Auswärtigen Amt. Franz Böhm, der Schwiegersohn der 1947 verstorbenen großen deutschen Dichterin Ricarda Huch, leitet 1952 die deutsche Delegation bei den Wiedergutmachungsverhandlungen mit Israel. Carlo Schmid, der Staatsrechtslehrer und außerordentlich renommierte Sozialdemokrat, ist einer der »Väter des Grundgesetzes«. Bei Ernst Michael hört Kohl Psychologie.

Länger als zwei Semester hält es ihn an der Frankfurter Hochschule jedoch nicht. Trotz der Überzeugung, Hochschullehrer solchen Formats nicht überall finden zu können, entschließt er sich, das Studium in Frankfurt aufzugeben. Der nötige Zeitaufwand und das Fahrgeld für die Eisenbahn belasten ihn mehr, als er ursprünglich erwartet hat. Der Zug, mit dem er Ludwigshafen allmorgendlich verlassen muß, fährt täglich kurz nach 6 Uhr ab. Erst gegen 23 Uhr trifft er an den Abenden wieder auf dem Ludwigshafener Hauptbahnhof ein. Als nächste Hochschule wählt er die 1386 vom Kurfürsten Ruprecht I. als zweite deutsche Universität gegründete »Ruprecht-Karls-Universität« in Heidelberg, an der er sich zum Beginn des Wintersemesters 1951/1952 sowohl an der juristischen als auch an der philosophischen Fakultät einschreibt.

In Heidelberg, wo zu der Zeit unter anderem Karl Jaspers, Alfred Weber, Alexander Rüstow, Dolf Sternberger, Gustav Radbruch und Willy Hellpach lehren und Geist und Repräsentation der Hochschule prägen, fühlt sich Kohl, der die Nähe seiner unmittelbaren Heimat braucht, besonders wohl. Seine Geburtsstadt ist nur rund dreißig Kilometer von der Universität entfernt, ehemalige Schulkameraden sind seine Studiengenossen. Hinsichtlich der Struktur und Lebensverhältnisse der Studentenschaft verhält es sich in Heidelberg nicht anders als in Frankfurt. Viele der – zu der Zeit dort – nicht einmal 5000 Studenten, schrieb Kohls Heidelberger Doktorvater Walter Peter Fuchs Anfang der achtziger Jahre, »waren auf Nebenverdienste angewiesen. Die nächsten Angehörigen, namentlich die Heimatvertriebenen, hatten mit dem Wiederaufbau der eigenen Existenz mehr als genug zu tun. Es war nur zu verständlich, wenn die ehemaligen Soldaten so schnell wie möglich verlorene Jahre wieder aufholen wollten ... Selten hat es eine Studentengeneration gegeben, die so ... arbeitete wie diese.«

Auf »Nebenverdienste« ist auch Kohl angewiesen. Zwar fährt er einen Motorroller, was seine Kommilitonen belustigt, ihn jedoch demonstrativ in den Mittelpunkt rückt, weil das außergewöhnlich niedrige Zweirad-Gefährt seine große und kräftige Gestalt besonders kontrastreich wirken läßt; aber seine finanziellen Verhältnisse sind von Haus aus dennoch mehr als bescheiden. Um seinen täglichen Verpflichtungen nachkommen zu können, arbeitet er neben seinem Studium – und in den Semesterferien – seit 1951 regelmäßig als Steinschleifer bei der BASF. Die Zeit des allgemeinen Hungers in Ruinenlandschaften ist zwar bereits vorüber, doch die studentischen Existenzformen erinnern in mancher Hinsicht noch daran.

Sein Studienziel hat Kohl jedoch zunächst auch in Heidelberg noch nicht endgültig festgelegt. Noch gilt sein besonderes Interesse der Jurisprudenz. Der im Nürnberger Justizgebäude von 1945 bis 1946 von den Siegermächten veranstaltete Prozeß gegen die von ihnen als Hauptkriegsverbrecher angeklagten und verurteilten ehemaligen nationalsozialistischen Funktionsträger, Militärs und Minister und die von US-Gerichten 1947, 1948 und 1949 in Nürnberg gefällten Urteile im Rahmen der zwölf Nachfolgeprozesse[1] haben nicht nur in Deutschland großes Aufsehen erregt und die juristischen Berufe in einem ganz besonderen Licht erscheinen lassen. Kohl hat als Oberschüler besonders irritiert, daß »Rechtsprechungen zuweilen in fataler Weise Unrecht initiieren können«. »Etwas staunend«, sagt er am 8. Mai 1988 in einem Fernseh-Interview, habe er beispielsweise wahrgenommen, wie »unverständlich« es bei der von den Siegermächten verordneten »Entnazifizierung« zugegangen sei: ». . . wie nach einer Art Steuertarif. . . eher bürokratisch als im Sinne eines gelebten Stückes Gerechtigkeit«.

Im Sommersemester 1952 entscheidet sich Kohl, zielgerichtet Geschichte, Staatsrecht, Politische Wisseschaft und Öffentliches Recht zu studieren und schließlich über ein historisches Thema zu promovieren. Obwohl er mit der Tatsache konfrontiert wird, daß sein Latein als ehemaliger Oberrealschüler keineswegs ausreicht, den Übungen in den Seminaren über die Geschichte des Mittelalters hinreichend zu folgen, bleibt er bei seinem Entschluß, absolviert zusätzliche Lateinkurse – und wendet sich, nachdem ersichtlich wird, daß sich die durch das Große Latinum ausgewiesenen Kenntnisse nicht so nebenbei erwerben lassen, folgerichtig dem Studium der Neueren Geschichte zu. Er besucht die in klassischer akade-

mischer Tradition gehaltenen Vorlesungen und Übungen von Fritz Ernst,
Johannes Kühn und Werner Conze und beschäftigt sich darüber hinaus
sowohl mit Wirtschaftsgeschichte und Kultursoziologie als auch mit dem
zu der Zeit besonders populären Lehrstoff des evangelischen Theologen
Helmut Gollwitzer.

In Heidelberg erlebt Kohl die Entfaltung und Etablierung seiner umstrittenen und als »zu wenig wissenschaftlich« diffamierten neuen akademischen Disziplin, der Politikwissenschaft. Er hört die Vorlesungen der
Fachvertreter Arnold Bergstraesser und Dolf Sternberger, der ihn besonders anzieht. Der zum Honorarprofessor berufene renommierte Journalist, der nicht eigentlich als Hochschullehrer im traditionellen Sinne angesehen werden kann, imponiert Kohl vor allem infolge der Tatsache, daß er
sich selbstbewußt und souverän über die Reserven hinwegsetzt, die ihm
von den meisten Professoren zumindest anfänglich entgegengebracht
werden. Kohl fällt dank seiner Kenntnisse auf und wird 1956 in eine von
Sternberger für besonders ausgewählte Studenten und Doktoranden der
Sozialwissenschaften eingerichtete Forschungsgruppe aufgenommen. Im
Rahmen dieses »roten Vereins«, wie der seit 1947 von dem bedeutenden
Sozialdemokraten Kurt Schumacher faszinierte Student Kohl den Kreis
zuweilen witzelnd nennt, weil sich die Sozialwissenschaftler – im Gegensatz zu den Historikern – zu der Zeit mehrheitlich der politisch Linken
zurechnen, wird sein Wort bald respektiert. Kommilitonen aus jenen
Tagen berichten übereinstimmend, daß Kohl schon wegen seiner Größe
auffiel, auch wenn er kein Einzelgänger und meistens von Freunden
umgeben war. Zudem war er »kein gewöhnlicher Student«, sondern der
Exponent der Ludwigshafener CDU.

Daß es letztlich nicht allein die körperliche Größe Kohls und seine –
nicht mehr nur lokale – parteipolitische Position sind, die ihn zu einem
auffallenden und respektierten Mitglied der kleinen »Elite-Truppe« machen, bezeugt Dolf Sternbergers Entschluß, ihn nach sorgfältiger Beobachtung beim Alfred-Weber-Institut der Universität als Hilfsassistent –
mit einem Monatssalär von 150 Mark – unterzubringen und ihm ein
Stipendium der Deutschen Forschungsgemeinschaft zu vermitteln.

An Kohls Argumentation fällt auf, daß sie nahezu immer an spezifischen Erfahrungswerten orientiert und politikbezogen ist. Daß er die
Universität lediglich als eine Station innerhalb seiner Karriere als Berufs-

politiker sieht, ist zumindest in Heidelberg ebenfalls nicht zu verkennen. Ohne besondere Ausbildung will er die Realisierung seines Traumes nicht anstreben. »Ich halte es für einen schweren Fehler«, meint er 1988, »wenn jemand . . . ohne Boden unter den eigenen Füßen zu haben . . . sofort in die Politik« geht. Sein Doktorvater Walter Peter Fuchs erklärte am 9. März 1990: »Daß Kohl nach der Promotion in die Politik gehen würde, war mir aufgrund seiner Biographie klar. Er selbst ließ auch darüber keinen Zweifel. Was er auf diesem Felde erreichen werde, darüber haben wir beide weder reflektiert noch diskutiert. Zunächst kam es darauf an, daß er nach der Promotion Mitglied des rheinland-pfälzischen Landtags werde. Das geschah nach wenigen Monaten als Referent in einer Ludwigshafener Firma überraschend schnell. Eine akademische Karriere wurde weder von Kohl noch von mir je in Betracht gezogen.«

Kohl wählt innerhalb der Lehrveranstaltungen zielstrebig aus, was ihm dereinst bei seiner politischen Karriere nützen soll. Vorlesungen und Seminare mit primär pädagogischer Ausrichtung gehören ebensowenig dazu wie Übungen in den klassischen Disziplinen der historischen Hilfswissenschaften. Mit besonderem Engagement befaßt er sich – wie er sich als Bundeskanzler erinnert – »als Angehöriger der Generation, die noch den Krieg erlebt hat«, mit Abrüstungs- und Entspannungspolitik und immer wieder auch mit Henning von Tresckow, Graf Stauffenberg und der Geschichte des Widerstandes. Daß die lokale Hochschulpolitik und die studentische Selbstverwaltung ihn wenig interessieren, erweist sich als eine Folge seiner Zukunftsperspektiven.

Ein Staatsexamen nützt Kohl nichts – oder doch nur wenig, wenn er, wie es für ihn spätestens seit 1947 feststeht, hauptberuflicher Politiker werden will. Anders verhält es sich dagegen mit dem Doktor-Titel. Nach der Meinung seines Doktorvaters ist Kohl seinen anderen Hochschullehrern »sicherlich aufgefallen«. Schon seine Tätigkeit als studentischer Mitarbeiter am Alfred-Weber-Institut für Sozialwissenschaften muß die Blicke nicht nur der Studenten und Assistenten auf ihn gelenkt haben. Obwohl bei den Juristen eingeschrieben, engagiert Kohl sich besonders bei den Sozialwissenschaftlern und Historikern. 1956 stellt er sich dem Historiker Fuchs vor und bittet ihn, sich seiner als Doktoranden anzunehmen. Da Fuchs zu der Zeit nicht Ordinarius ist, kann er Kohls Bitte nicht ohne Zustimmung des ordentlichen Lehrstuhlinhabers (in diesem Fall Fritz

Ernst) erfüllen. Fuchs spricht mit seinem Kollegen und bittet ihn, einer solchen Prozedur nichts in den Weg zu legen. Er darf die Betreuung des Doktoranden Kohl übernehmen, der ihm während des Vorstellungsgesprächs offen dargelegt hatte, um was es ihm bei der Promotion ginge und welche Testate ihm noch fehlten. Der 51jährige Doktorvater empfiehlt seinem Doktoranden, möglichst umgehend wenigstens einen Teil der bisher nicht erfüllten Forderungen des Studienplanes »nachzuexerzieren«. Typisch für Kohl ist, daß er gleich mit einem »fix und fertigen Thema« aufwartet. Daß keiner seiner späteren Betreuer über ein unmittelbares Verhältnis zu der Thematik verfügt, die er sich als Forschungsgegenstand gewählt hat, hat er einkalkuliert. Mit seinem Thema »Die politische Entwicklung der Pfalz und das Wiedererstehen der politischen Parteien nach 1945« weiß zu der Zeit kaum jemand etwas zu beginnen. Untersuchungen und Darstellungen gibt es bis dahin noch nicht.

Kohl ist, und auch das erscheint als typisch sowohl für seine Denkweise als auch für sein Verhalten, bei Fuchs nicht ohne sachbezogene Vorbereitungen erschienen. Er hat bereits systematisch vorgearbeitet: Zeitzeugen mit nützlichen Kenntnissen und Erfahrungen befragt, nach Dokumenten gefahndet und sich zumindest umrißhaft über die Möglichkeiten informiert, die ihm gegebenenfalls für weitere Forschungen offenstehen. Seine Tätigkeit in der Ludwigshafener Jungen Union und in der CDU haben ihn seit 1946 mit Funktionären und einflußreichen Persönlichkeiten nicht nur aus seiner Partei in Verbindung gebracht.

Nachdem Fuchs ihn als Doktoranden akzeptiert hat, setzt Kohl seine »Forschungs«-Arbeit fort. Von Frühjahr 1957 bis Februar 1958 sucht er in den Jahrbüchern vor allem der CDU und der SPD nach verwertbaren Details und Zusammenhängen, die er in der Neustädter SPD-Bezirksleitung, in der dortigen CDU-Bezirksgeschäftsstelle und bei der Bezirksregierung durch Akten, Protokolle und mündliche Berichte auf ihre Zuverlässigkeit überprüft und ergänzt. Im Nachlaß seines einstigen Mentors, des katholischen Priesters Johannes Fink aus Limburgerhof bei Ludwigshafen, findet er Dokumente und nützliche Hinweise, wie sie ihm auch von Herbert Müller, dem ehemaligen Reichstagsabgeordneten der KPD und nachmaligen sozialdemokratischen Landtagsabgeordneten und von dem Landauer Lehrer und Bürgermeister Gustav Wolf zur Verfügung gestellt werden. Die – bei Sternberger in der Universität von allen Seiten beleuchteten – Bundestagswahlen von 1957 bieten ihm nicht nur Stoff zum Nachvollzug, sondern auch manchen konkreten Hinweis, den er für seine Arbeit auswerten kann.

Die lebhaften, von Sternberger geschickt gesteuerten kontroversen Diskussionen innerhalb der »Forschungsgruppe« bewahren Kohl davor, einseitig zu werden und Vorurteile womöglich »unbesehen« weiterzugeben. Bernhard Vogel, sein Studienkollege und Nachfolger als rheinland-pfälzischer Ministerpräsident von 1976 bis 1988, erinnert sich mehr als drei Jahrzehnte später an die gemeinsamen akademischen Übungen: In den Seminaren, so berichtet er, »verhielt Kohl sich weder herausfordernd noch respektlos. Meist saß er geduldig zuhörend, nachdenkend oder überlegen ironisch dreinblickend gegenüber dem Seminarleiter, was sicherlich kein Zufall war. Bewußt oder unbewußt bot er den Eindruck eines zweiten Schwerpunkts«.

Die kameradschaftlich orientierten Zusammenkünfte mit ihren lebhaften Debatten gefallen Kohl. Was ihm nicht behagt, sind die bürokratischen Umständlichkeiten des akademischen Promotionsverfahrens. Der junge, selbstbewußte Mann, der bereits als 23jähriger Mitglied des Geschäftsführenden Bezirksvorstandes der pfälzischen CDU und zwei Jahre danach auch des Landesvorstandes geworden ist, reagiert ungehalten auf professorale Kritik, die seine – zuweilen sichtlich von der persönlichen Erfahrungswelt bestimmten – Formulierungen betrifft. In seiner Doktorarbeit müssen sie schließlich lesen: »Die Pfalz beheimatet ... einen fröhlichen und weltoffenen Menschenschlag, der viel Sinn für gesellschaftliches Zusammenleben und die Freuden der Zeit hat und dem dogmatischen Denken abgeneigt ist ... Neben einem ausgeprägten Sinn für Toleranz besteht jedoch häufig ein allzu starkes und unangenehmes Selbstgefühl.«

Trotz seines zeit- und kräfteraubenden Einsatzes für die Partei, für die er sich beispielsweise 1957 während des Bundestagswahlkampfes als Kreiswahlkampfleiter zur Verfügung stellt und in dieser Funktion selbst an den Abenden und in den Nächten die Plakatklebekolonnen begleitet, ist er Anfang 1958 soweit. Seine Dissertation ist abgeschlossen. Der Doktorand legt seinem Lehrer Fuchs eine Doktorarbeit vor, die der vor allem als Ranke-Forscher ausgewiesene Historiker später angesichts der zu jener Zeit mangelnden Quellenlage als »bravouröse Leistung« charakterisiert.

Kohl untersucht in seiner 160 Seiten umfassenden Dissertation die Frage der deutschen Westgrenze und das Rheinlandproblem in der alliierten Deutschlandpolitik, die Deutschlandpolitik Frankreichs und dessen Ostgrenze, die staatsrechtliche Stellung der Pfalz von 1945 bis zur Gründung des Landes Rheinland-Pfalz im Jahre 1947, die Übernahme der Regierungsgewalt und die Auflösung der Provinz Mittelrhein-Saar. Er schildert die Geschichte der politischen Parteien in der Pfalz vor 1933, den Einfluß der nach 1945 neu erstandenen politischen Parteien auf die Regierung und die Verwaltung in der Pfalz, die Gründung der pfälzischen CDU, die Entwicklung ihres Parteiprogramms und den Aufbau ihrer Parteiorganisation. Es folgen Betrachtungen über die Gründung des sozialen Volksbundes in der Pfalz, sein Programm und seine Leitideen, über die Neugründungen der KPD und SPD in der Pfalz und deren programmatische Erklärungen, Forderungen und Richtlinien. Eine Auswertung der ersten Nachkriegswahlen in der Pfalz, ein Nachvollzug der Auseinandersetzungen um die Landesverfassung und eine Schilderung über den Separatismus in der Pfalz bis 1945 schließen die Arbeit ab.

Im Rigorosum, dem mündlichen Doktorexamen, prüfen ihn am 28. Juli 1958 Fuchs und der Ordinarius Ernst eine Stunde lang im Fach Geschichte, ohne die in der Dissertation behandelten Themen zu tangieren. In den Nebenfächern Jura und Politikwissenschaft sind es Forsthoff und Sternberger, denen Kohl – je eine halbe Stunde – Rede und Antwort zu stehen hat. Walter Peter Fuchs erinnert sich 32 Jahre danach: »Wie jeder Kandidat hatte er drei große historische Bereiche anzugeben, von denen der Prüfer ausging, ohne sich sklavisch an sie zu halten. Zensiert wurde am Ende das Niveau des wissenschaftlichen Gesprächs, und das war ›befriedigend‹.« Das endgültige Prüfungsergebnis, das sich aus den Gutachten über die Dissertation und den Noten für die mündlichen Prüfungen zusammensetzt, lautet schließlich: cum laude, »mit Lob«. Es ist das drittbeste Ergebnis bei Doktorprüfungen.

Eine nachträgliche Konfrontation des Doktoranden mit seinen Voraussagen, seiner wissenschaftlichen Arbeit und der Summe seiner politischen und staatsmännischen Leistungen kann leicht dazu verführen, die Dissertation als weitsichtig geplantes und zielgerichtetes Mittel zum besonderen Zweck zu definieren. Sie behandelte Aspekte und Kriterien, die noch im Fluß waren und realistische Möglichkeiten zur Anknüpfung und

Fortführung boten. Wo dies nicht der Fall war, mußten die selbst erarbeiteten und nirgendwo publizierten differenzierten Kenntnisse den Autor in die Lage versetzen, seinen politischen Konkurrenten hinsichtlich der wesentlichen Details und Zusammenhänge, die in Rheinland-Pfalz politisch eine Rolle spielten, überlegen zu sein.

Wie Kohl den Kontakt zu den Lehrern seines einstigen Ludwigshafener Gymnasiums niemals unterbrochen hat, so hält er dies auch mit seinen akademischen Lehrern von der Heidelberger Universität. Sein Doktorvater Fuchs berichtet 32 Jahre nach Kohls Promotion: »Obwohl ich nie Mitglied der CDU gewesen bin, hat Kohl bis heute die persönliche Verbindung zu mir nicht abreißen lassen. Auch nach seiner Promotion hat er als Landtagsabgeordneter und Fraktionsvorsitzender meine Kolloquien für Doktoranden und Examenskandidaten in meiner Heidelberger Wohnung, soweit er die Zeit dafür fand, besucht. Nach meiner Berufung nach Erlangen (1962) hat er bei dem bayerischen Ministerpräsidenten Alfons Goppel veranlaßt, daß mir für meine angeblichen Verdienste als Leiter des Collegium Academicum der Universität Heidelberg (1948–1952) – Kohl war nie Mitglied des CA, kannte aber von seiner AStA-Tätigkeit her meine Bemühungen um diese Institution und das Studium generale in Heidelberg und Karlsruhe – und als Beauftragter der Westdeutschen Rektorenkonferenz für akademische Kollegien und studentische Wohnheime in der Bundesrepublik das große Bundesverdienstkreuz verliehen wurde. Nach Jahren noch lud er meine Frau und mich zu einem Abendessen in seinem Haus in Oggersheim ein, wo es zu einem sehr persönlichen Gespräch kam. Wenn er als Parteivorsitzender nach Erlangen kommt, so treffen wir uns kurz, trotz gedrängter Zeit. Zweimal besuchte er mich in meinem Haus, zum letztenmal am 4. November 1989.«

Kohl fühlt sich nicht gedrängt, Geschichte mit den Mitteln der Fachwissenschaft selbst zu untersuchen und publizistisch nachzuvollziehen. Er will sie, seit er sich mit ihr beschäftigt, als »Leitlinie« für eigenes politisches Handeln nutzen. »Die Kenntnis der Geschichte ist eine zuverlässige Leitlinie für verantwortungsbewußtes politisches Handeln«, sagt er dreißig Jahre später, als er längst überzeugt ist, bereits »Geschichte gemacht« zu haben. Seine Bemerkungen über Bücher und deren Lektüre passen fugenlos in dieses Bild. »Lesen«, sagt er, »ist eine ... durch nichts zu ersetzende intellektuelle Leistung. Es legt den Grundstein für eine Bildung, die nicht auf die kritiklose Aufnahme von Vorgegebenem aufbaut, sondern Auseinandersetzung, selbstkritische Prüfung und Vergleich mit bereits Bekanntem ermöglicht. Ein Buch setzt den Leser nicht dem Zwang aus«, sofort »alles verstehen zu müssen . . . alles sofort verstanden zu haben: Er kann nachlesen, die Intensität und Dauer seiner Arbeit am Lesestoff selbst bestimmen. So lernt er selbständiges Arbeiten, übt sein Urteilsvermögen und trainiert . . . sein Gedächtnis.« Das sind nicht Vorstellungen eines forschenden, lehrenden oder publizierenden Historikers, sondern Maxime und Vorstellungen eines Politikers. Wichtig »scheint mir«, sinniert er exemplarisch, »die Entfaltung der Phantasie und der schöpferischen Fähigkeiten . . . die der Lesende bei der Begegnung mit Literatur erfährt. Lesen kann die musischen Fähigkeiten fördern und verstärkt die Neugierde auf die künstlerischen Äußerungen der Umwelt. Es eröffnet neue Wege, Geist, Kultur und Phantasie anderer aufzunehmen. Damit trägt es zur Fähigkeit zur Kommunikation bei.«

Auch dies sind Einsichten eines Politikers, der die Geschichte kennt und in ihr nicht nur die Kriterien für sein Handeln sucht, sondern sie auch kontinuierlich ergänzen oder fortsetzen zu können hofft. So betrachtet er denn auch die Religion nicht als »schiere Religion im Sinne einer Religionsgemeinschaft«, vor deren Wirkungsmöglichkeiten bis hin zum blinden Fanatismus sein Heidelberger Lehrer Dolf Sternberger sinnfällig warnte, sondern sieht sie als eine Erscheinung, die durch Bildung systematisch gemäßigt werden müsse.[2] Kohl will registrierte Kenntnisse und Vorstellungen nicht bloß wiederholen, sondern angemessen umgestaltet sehen. Für ihn ist Vergangenheit nachträglich nicht zu ändern oder ungeschehen zu machen, »Vergangenheitsbewältigung« nicht möglich. Die Geschichte, von der sich kein Volk abwenden dürfe, wenn es sich nicht aufgeben wolle, wie er am 21. April 1985 in Bergen-Belsen sagt, muß ohne Abstriche »angenommen« und von der Nachwelt auch ohne Verfälschung oder Verharmlosung zur Nacheiferung oder zur Bewahrung vor negativen Tendenzen und Wiederholungen von »historisch« gewordenen Geschehnissen genutzt werden. »Wir . . . können uns unserer Geschichte nicht entziehen«, erklärt er beispielsweise am 4. Dezember 1986 vor dem Bundestag und differenziert: »Wir bekennen uns zu den schrecklichen und dunklen Kapiteln. Wir bagatellisieren sie nicht . . . Aber gerade weil wir uns dem nicht entziehen, dürfen wir auch dankbar sein für das andere, deutlich sichtbare großartige Erbe unseres Volkes. Zur Geschichte gehört eben beides.«

Er will die »Kulturgesellschaft« im Sinne der Kulturdefinition Paul Tillichs »ausgestalten«, der die Kultur als »das vom Menschen inszenierte symbolische Universum« bezeichnet hat. Wie viele Historiker, die nicht forschend oder lehrend in ihrem »gelernten« Beruf tätig sind, ist er den Bildungsvorstellungen des 19. Jahrhunderts mit der Doppelgestalt von Kunst und Religion einerseits und Wissenschaft andererseits verpflichtet. Die Konsequenzen des einst verkündeten »Wahren, Guten und Schönen«, die seinen individuellen Bedürfnissen schon infolge seiner Mentalität entgegenkommen, sind bei ihm sowohl in persönlichen Gesprächen als auch in der von ihm individuell gestalteten Umwelt seit jeher stets sicht- und spürbar gegenwärtig.

Archivierte und abrufbare Erinnerungen, Traditionen, Zitate, Eindrücke und Momentaufnahmen des Gedächtnisses, die eigentlichen Kriterien, aus denen sich Bildung zusammensetzt, bestimmen seine Gespräche und Stegreif-Reden, sein politisches Handeln indes immer nur dann, wenn sich aus ihnen zukunftsträchtige Elemente entwickeln lassen, wenn mit ihnen – nach seinen Vorstellungen – Geschichte kontinuierlich fortgesetzt werden kann. Er respektiert Traditionen, doch er sanktioniert sie nicht einfach. Für Kohl, der spätestens während seiner Heidelberger Studienzeit in historischen Dimensionen zu denken gelernt hat, gelten als Maxime: Wahrung der Kontinuität der Geschichte, Berücksichtigung der in ihr waltenden spezifischen Gesetzmäßigkeiten, Grundelemente und Eigenheiten und hütende Förderung ihrer positiven Elemente. Sein roter Faden, dem er als Politiker unbeirrt folgt, wird aus Reflexionen des »gelernten« Historikers gesponnen, der sich nicht damit abfinden will, Vergangenheit nur darstellend nachzuvollziehen. »Nebensächlichkeiten« sind denn auch niemals sein tatsächliches Thema.

V.

IMMER DER JÜNGSTE

Seine politische Karriere, sagt Kohl im Mai 1988, mehr als fünf Jahre nach seiner Wahl zum Bundeskanzler, ist nicht ohne »viele Prügel« abgelaufen, nicht ohne Blessuren, die er allerdings »häufig auch . . . selbst herbeigefordert oder heraufbeschworen« hat, wie er offen bekennt. Er akzeptiert zwar die Tatsache, daß er in allen wichtigen Ämtern und auf allen Posten stets der Jüngste gewesen ist, als nicht gerade alltäglich; aber die vielfach kolportierte Feststellung, daß seine Karriere immer ungewöhnlich schnell und komplikationslos verlaufen sei, bezeichnet er als »Gerücht«.

Mit sechzehn Jahren hat er, wie er sagt, damit begonnen, »politisch tätig zu sein«. Dokumente bestätigen es. Seit 1946 ist er Mitglied der CDU, seit 1947 auch der Jungen Union. Der eigentliche Anstoß ist jedoch von einem außergewöhnlichen Politiker der Nachkriegszeit ausgegangen, von dem damaligen SPD-Vorsitzenden Kurt Schumacher. Nachdem Kohl 1947 mit falschem Paß aus Ludwigshafen in der französischen Besatzungszone nach Mannheim in die US-Zone gelangt ist und im dortigen »Rosengarten« Schumacher als Redner erlebt hat, haben ihn die faszinierenden Eindrücke nicht mehr verlassen. Es war »ein unglaubliches Erlebnis«, erinnert er sich: ». . . in einem zerstörten, mühsam ausgebesserten Saal, diesen Mann mit seiner ganzen Leidenschaft [zu hören]. Ich war damals als junger Kerl schon Mitglied der Christlich Demokratischen Union; aber der Eindruck dieses Mannes war überwältigend, wie . . . dieser kranke Körper, von Überlebenskraft verzehrt und gezeichnet, dabei war, neue Hoffnung in die Menschen hinzugeben . . . Ich bin damals ein Schumacher-Fan geworden, bin es eigentlich geblieben – bei einer schroffen anderen Meinung in Details der Politik, aber die Persönlichkeit hat mich fasziniert.«

Die Vision des preußischen Zentralisten, der Schumacher im Grunde seines Herzens war, daß Deutschland »auf ... der Grundlage der Länder ... auf einer föderativen Grundlage ... zu dem Reiche hingehen muß«, hat bei Kohl Spuren hinterlassen. Bei den SPD-Wählern dagegen kam der gesamtdeutsch agierende Sozialdemokrat nur bedingt an. Für sie war die Forderung nach der staatlichen Einheit Deutschlands nicht zeitgemäß. Nur 29,2 Prozent wählten die von Schumacher repräsentierte SPD 1949 bei den Bundestagswahlen. Willy Brandt schrieb über Schumacher noch 1982 in seinem vielbeachteten Buch »Links und frei«: »Er machte sich Illusionen über die Wiederherstellung der nationalen Einheit.« 1989 urteilte Brandt in seinen »Erinnerungen« über ihn: »Sein Drang, Gerechtigkeit durch radikale soziale Veränderungen zu bewirken, stand dem Ruhebedürfnis der Menschen ebenso entgegen wie sein aggressives Streben nach nationaler Einheit ... Antieuropäisch war Schumacher nicht.«

Anders als Brandt, der noch 1989 die Vorstellung verfocht, daß die deutsche Einheit eine Illusion sei, hat Kohl die Vision Schumachers, den französische Zeitungen nach 1945 als »Hitler Nr. 2« diffamierten und britische Militärbehörden wegen seiner vehement vorgetragenen Ablehnung der Oder-Neiße-Linie mit Haftstrafen bedrohten, seit seiner Primanerzeit für erstrebenswert und realistisch, seit Ende 1989 schließlich auch für umgehend realisierbar gehalten. Ende 1989 hat die Geschichte die Sozialdemokraten drastisch belehrt.[1] Brandts Einstufung der Wiedervereinigung – noch 1988 – als »Lebenslüge der Bundesrepublik« und Egon Bahrs Urteil, daß die Forderung nach Wiederherstellung der staatlichen deutschen Einheit »objektive und subjektive Lüge, Heuchelei und politische Umweltverschmutzung« sei, sind aus der Geschichte, die nach einem Wort Michail Gorbatschows jeden bestrafe, der zu spät komme, nicht spurlos zu tilgen.

Helmut Kohls Forderung nach einer staatlich geeinten deutschen Nation »unter einem europäischen Dach« ist trotz der »schroffen anderen Meinung in Details der Politik« von Schumachers Anspruch auf Wiedervereinigung im Zeichen eines »sauberen Nationalbewußtseins, das sich seiner internationalen Verpflichtungen bewußt ist«, durchaus nicht weit entfernt. Daß sie angesichts des Verlaufes der Geschichte nach 1945 auf gänzlich andere und wesentlich schwierigere Hindernisse trifft, beweist nicht nur Kohls Zehn-Punkte-Programm vom 28. November 1989.

Der unmenschlich geschundene KZ-Häftling Kurt Schumacher war 1945 50, der 1933 über Dänemark nach Norwegen emigrierte und 1940 von dort nach Schweden geflohene Emigrant Willy Brandt 32, der Ludwigshafener Beamtensohn Helmut Kohl 15 Jahre alt.

Wie das Erlebnis mit Kurt Schumacher einen unauslöschlichen Eindruck auf Kohl ausgeübt hat, so ist es sechs Jahre später, als er in Heidelberg studiert, ein deutschlandpolitisches Ereignis von besonderer historischer Qualität: Der Arbeiteraufstand vom 17. Juni 1953 in der DDR. Drei Monate nach Stalins Tod stehen an der Heidelberger Universität plötzlich die um ihre akademische Anerkennung bemühten Politologen im Mittelpunkt des aktuellen Interesses.[2] Bestürzt sind im »roten Assistentenhaufen« nicht nur die als konservativ geltenden Historiker, als angesichts des dramatischen Geschehens in der SED-Zeitung »Neues Deutschland« ein Offener Brief von Bertold Brecht an Walter Ulbricht zu lesen ist, in dem es unter Vorwegnahme des vermeintlichen Urteils der Geschichte unter anderem heißt: »Die Geschichte wird der revolutionären Ungeduld der Sozialistischen Einheitspartei Deutschlands ihren Respekt zollen. Die große Aussprache mit den Massen über das Tempo des sozialistischen Aufbaues wird zu einer Sichtung und Sicherung der sozialistischen Errungenschaften führen. Es ist mir ein Bedürfnis, Ihnen in diesem Augenblick meine Verbundenheit mit der Sozialistischen Einheitspartei Deutschlands auszusprechen. Ihr Brecht.«[3]

Im Jahre 1952 hat Kohls einstiger Ludwigshafener Lehrer Schmich, der ihn seit der Schulzeit oft in seiner Wohnung in Ludwigshafen als Diskussionspartner sah, mit ihm »um eine Kiste Wein« gewettet, daß er, Kohl, einmal zumindest Minister werden würde. Schmich erinnert sich 48 Jahre später: »Mir war damals absolut klar, daß der Homo politicus Helmut Kohl die Universität als Vorschule für das begriff, was er wirklich werden wollte: Politiker. Und ich war ebenso überzeugt, daß er sehr weit oben ankommen würde.« Kohl habe bei politischen Diskussionen, sinniert der knapp achtzigjährige einstige Religionspädagoge, niemals das Amt oder die Würde eines Kontrahenten, sondern immer nur dessen Argumente respektiert.

1953 wird Kohl, obwohl erst 23 Jahre alt, Mitglied des Geschäftsführenden Vorstandes der CDU in der Pfalz. 1954 ist er Stellvertretender Vorsitzender der Jungen Union des Landes. In ungewöhnlicher Eile und

Manier erklimmt er Sprosse für Sprosse der Karriereleiter. Am 16. Dezember 1961 heißt es in der »Rheinpfalz« über den 31jährigen, der zu der Zeit bereits Stellvertretender Fraktionsvorsitzender der CDU im rheinland-pfälzischen Landtag ist, was er rückblickend als eine der entscheidenden Stationen seiner Karriere bezeichnet: »Der passionierte Pfeifenraucher... betrachtet es als sein Schicksal, immer der Jüngste zu sein.« 1954 ist er Mitglied des Landesvorstandes der CDU, 1959 Vorsitzender des CDU-Kreisverbandes Ludwigshafen, Abgeordneter des rheinland-pfälzischen Landtages und sowohl Mitglied des Fraktionsvorstandes der Landtagsfraktion als auch des Haushalts- und Finanzausschusses, 1960 Vorsitzender der Ludwigshafener Stadtratsfraktion und am 25. Oktober 1961 Stellvertretender Vorsitzender der CDU-Fraktion im Landtag.

Und dabei ist es nicht geblieben. Bis hin zum Amt des Bundeskanzlers der Bundesrepublik Deutschland, das er 1982 als 52jähriger CDU-Vorsitzender übernimmt, hat sich daran nichts geändert. Im Gegenteil! Der Name Helmut Kohl ist zum Synonym für »der Jüngste« auf allen Posten und in allen Ämtern der Politik geworden. Konrad Adenauer war 73 Jahre alt, als er das höchste Regierungsamt übernahm, Ludwig Erhard 66, Kurt Georg Kiesinger 62, Willy Brandt 56 und Helmut Schmidt ebenfalls 56.

Sicher, manchmal sind Kohl die Voraussetzungen »maßgerecht« entgegengekommen, zuweilen hat er ausgesprochenes Glück gehabt. Immer aber ist er der Tüchtige gewesen, dem das vielzitierte Sprichwort das Glück verheißt, zumal sein »Startplatz« nahezu ausnahmslos die Opposition war.

Seit Kohl studiert, ist die CDU Bundespartei. Ihre Nachwuchsorganisation Junge Union bereitet ihr in Rheinland-Pfalz sogleich Probleme. Sie hat die Partei aufgefordert, »Doppelmandate unverzüglich abzuschaffen« und den Nachwuchskräften »den Weg in die wirkliche politische Verantwortung« nicht »zu versperren«. Kohl, der in beiden Institutionen eine Rolle spielt und auf der Bezirks- und Landesebene vielfältige Initiativen entfaltet, will verhindern, daß die »Großväter« allein entscheiden, was künftig zu geschehen hat. Die junge Generation beginnt sich innerpolitisch zu profilieren und auf sachliche und personelle Entscheidungen Einfluß zu nehmen, die ohne Kohls Zustimmung nicht mehr problemlos durchgesetzt werden können. Sie rebelliert gegen Filz- und Vetternwirtschaft und »meutert« wirksam gegen die Alten in der Partei.

Peter Altmeier, der rheinland-pfälzische Ministerpräsident und Partei-
und Landesvater Kohls, erwartet hingegen, daß ihm von den Jungen der
bis dahin übliche »Vaterrespekt« entgegengebracht werde. Er behandelt sie
wie ein autoritäres Familienoberhaupt und ignoriert die – nicht selten von
Kohl ausgehenden – Ideen des Nachwuchses. Er unterstützt nur diejenigen, die Wohlverhalten bekunden und sich nicht durch eigene Initiativen und »Abweichungen« verdächtig machen. So ist kein Wunder, daß
Kohl im Landesverband als »Rebell« betrachtet wird. Als er im Mai 1969
als 39jähriger vom Landtag mit 57 von 96 Stimmen zum neuen Ministerpräsidenten von Rheinland-Pfalz gewählt wird und damit den seit 22 Jahren regierenden Altmeier ablöst, der in dieser für ihn bitteren Stunde
betroffen versichert, daß er der neuen Staatsleitung mit derselben Achtung
begegnen werde, die er erfahren habe, hat sich nicht nur eine seiner
Visionen erfüllt. Er ist nicht nur »der erste Mann in diesem Lande«
geworden, sondern auch derjenige, der sich nun anschicken kann, sein
Versprechen einzulösen, das er den Jüngeren gegeben hat. Vor dem
Parlament erklärt er zwar rückblickend, daß »wir auf den Schultern der
Männer der ersten Stunde stehen«; aber er sagt auch ebenso deutlich
vorwärtsgewandt, daß sich durch seine Wahl zum Chef des Landeskabinetts ein Generationswechsel in der deutschen Politik vollziehen werde.
Sicher, er ist »der Jüngste«; aber er hat mehr als fünfzehn Jahre hindurch
zielstrebig an dieser Karriere gearbeitet. Die Tatsache, daß seine – der SPD
und der FDP angehörenden – Kommilitonen der Heidelberger Stern-
berger-Seminare schon 1955 ihren Professoren prophezeien, daß Kohl
sicher einmal Ministerpräsident von Rheinland-Pfalz werde, kommt nicht
von ungefähr.

Systematisch hat er seit Beginn der fünfziger Jahre Gleichgesinnte an
sich gezogen und sie zu einer Kohl-»Mannschaft« formiert, deren Substanz ihm gegebenenfalls die Möglichkeit bot, neue Ideen zu entwickeln
und durchzusetzen. Wer ihn seitdem zu übergehen versucht, stößt auf
eine geschlossene Front, deren Mitte er bildet. Daß bald auch ältere und
inzwischen allgemein bekannte Funktionsträger seine Nähe suchen –
oder zumindest »wohlwollend« akzeptieren –, ist eine zwangsläufige Folge
seiner Politik.

In Heinrich Holkenbrink, dem Bezirksvorsitzenden der Jungen Union
in Trier, findet er einen erfahrenen und einflußreichen Parteifreund, der

ihn besonders schätzt und mit den ihm zur Verfügung stehenden Mitteln fördert. Als dieser 1954 den langjährigen Landesvorsitzenden Peter Josten ablöst, der sich auf seine Funktion als Bundestagsabgeordneter konzentrieren will, soll Helmut Kohl, obwohl erst 24jährig, Landesvorsitzender der Jungen Union werden. Doch dazu ist er noch nicht bereit. Noch ist er nicht überzeugt, bereits über die »Mannschaft« zu verfügen, die er nach seiner Ansicht braucht. Die Wahl zum Zweiten Landesvorsitzenden dagegen nimmt er an – und behält diese Position bis 1961. Mit Holkenbrink dirigiert er die Junge Union und arbeitet zielstrebig daran, seine Position in der »Mutterpartei«, in der er bereits 1955 Mitglied des Landesvorstandes wird, auszuweiten und zu etablieren.

Noch Ende August 1966, als er inzwischen (am 6. März 1966 mit 415 von 477 Delegiertenstimmen gewählt) auch Landesvorsitzender der CDU Rheinland-Pfalz und damit zugleich Mitglied des Bundesvorstandes der Partei ist, antwortet er einem Journalisten des »Mannheimer Morgen« auf die Frage, wie er sich seine politische Zukunft vorstelle: »Als 36jähriger stehe ich außerhalb jedes Zeitdrucks. Auch in Bonn konnte ich schon Ämter übernehmen; aber ich warte noch ab.«

Im April 1959 gelangt Kohl dank seiner »Personalpolitik« im Rahmen der Partei und seines Bekanntheitsgrades in ganz Rheinland-Pfalz geradezu mühelos in den Landtag. Anders ergeht es seinen Freunden Holkenbrink aus Trier und Heinz Schwarz aus Koblenz, denen er vorweg bereits eine bestimmte Rolle im Parlament zugedacht hat. Peter Altmeier, der die drei »Kohlisten«, wie sie bald genannt werden, mißtrauisch beobachtet, hat ihre Wahl nicht verhindern können. Und auch die Unterbindung der auf Kohls eigene Veranlassung zurückgehenden Einbeziehung in den Haushalts- und Finanzausschuß ist weder ihm noch dem 70jährigen Fraktionsvorsitzenden Wilhelm Boden gelungen. Kohl weiß, was ihn im Landtag erwartet, und er ist darauf vorbereitet. »Die Alten«, der 31 Jahre ältere einstige Kaufmann Altmeier und Wilhelm Boden, der Vorgänger Altmeiers und derzeitige Fraktionsvorsitzende, mögen ihn nicht. Boden bezeichnet ihn vor Zeugen offen als anmaßend und nimmt ihm übel, daß er die angestammten Vorrechte und »Erbhöfe« der Veteranen ignoriert. Der 29jährige Kohl ist ihnen zu jung, zu stürmisch und zu unbekümmert. »Schlechter Stil. Pfiffikus«, überschreibt beispielsweise die Zeitung »Die Freiheit« am 20. Dezember 1961 ihren Bericht über Landtagssitzungen in

Mainz und schildert Kohl als den von »der christdemokratischen Nach-
wuchsfabrik, der ›Jungen Union‹, gelieferten Jungparlamentarier«, der
neue parlamentarische Umgangsformen eingeführt habe. Dieser »CDU-
Hans-Dampf-in-allen-Gassen«, wie das Blatt Kohl nennt, lasse mit seinem
»Stoßtrupp Dr. Kohl« selbst den wegen seiner Verdienste gerühmten
bisherigen Ministerpräsidenten »um seine geliebte Landesvaterschaft« bangen. Auf wissenschaftlich abgesicherte Kenntnisse über das gesamte
Spektrum der politischen Parteien gestützt, die zwei Jahre zuvor ja erst
Gegenstand seiner Doktorarbeit gewesen sind, gibt er sich kompro-
mißlos, seiner Sache sicher, unbekümmert, schlagfertig und nicht selten
auch ironisch. Da und dort wird er von Journalisten mit Herbert Wehner
verglichen, wobei nicht nur seine gelegentliche Wortwahl im Parlament
eine Rolle spielt. »Sie wollen ja nur selbst auf den Ministersessel«, irritiert
er den SPD-Sprecher, der die sozialdemokratischen Bedenken zur CDU-
Kultur- und Schulpolitik in Rheinland-Pfalz vorträgt. »Ihr Grinsen ändert
daran nichts!« ruft er einem anderen Kontrahenten im Dezember 1961 im
»Hohen Haus« zu. Schlagartig hat er sich im Landtag – wie seit 1960 schon
im Ludwigshafener Stadtrat – mehr als nur Respekt verschafft.

Bei den Stadtratswahlen im Oktober 1960 in Ludwigshafen hat die seit
1946 von der SPD durchgehend weit überflügelte CDU mit dem Landtagsabgeordneten Helmut Kohl als Spitzenkandidaten einer maßgeblich von
ihm zusammengestellten Mannschaft jüngeren Zuschnitts zwar 34,7 Prozent der Stimmen erreicht; aber sie hat nicht vermocht, die Hochburg der
SPD zu »stürmen«. »Dr. Helmut Kohl, kaufmännischer Angestellter,
30 Jahre alt«, hat der Ludwigshafener »General-Anzeiger« am 3. September
1960 in seinem Bericht über eine Kohl-Vorstellung im Süddeutschen
Rundfunk geschrieben, sei »einer der jüngsten Parlamentarier überhaupt«.
Die Zeitung, obwohl ein Blatt der Heimatstadt Kohls, beruft sich in ihrer
Schilderung des in Ludwigshafen lebenden Mitgliedes des Geschäftsführenden Landesvorstandes der CDU und künftigen CDU-Stadtrates so auf
das Rundfunk-Interview, als würde sie ihn selbst noch gar nicht näher
kennen.

Als Vorsitzender der CDU-Stadtratsfraktion, was er unmittelbar nach
seinem Einzug in das Stadtparlament geworden ist, hat er dort parlamentarische Umgangsformen eingeführt, die im städtischen »Altherren-
Parlament« bis dahin als tabu gegolten haben. Selbstbewußt überfährt er

Diskussionsredner ohne Respekt vor deren Alter und Ansehen. Er korrigiert ihre Äußerungen und unterbricht durch Hinweise auf Verletzungen der Geschäftsordnung jedermann, wenn es nach seiner Auffassung sinnvoll erscheint, vorgetragene Erfolgsberichte um ihre Wirkung zu bringen. Will er dagegen etwas »durchbringen«, stören ihn weder die Glocke des Sitzungspräsidenten noch Ordnungs- und Zwischenrufe. Seine Politik trägt den Stempel der Konfrontation, die zwar bald zu unübersehbaren Problemen mit der SPD führt, aber Schule macht. Den seit 1957 »regierenden« SPD-Oberbürgermeister Hans Klüber bringt er durch seine manchmal kaum anders als »naßforsch« zu bezeichnenden Einwände häufig um sein Gleichgewicht. Obwohl Klüber als Verwaltungsjurist, ehemaliger Landrat und Oberbürgermeister von Offenbach über ein gerüttelt Maß an Verwaltungserfahrungen verfügt, unterliegt er im parlamentarischen Wettstreit oft dem jungen CDU-Chef im Stadtrat, der ständig die Überwindung verkrusteter Strukturen und bürokratischer Gewohnheiten fordert.

1964, gerade 62 Jahre alt, ist Klüber am Ende. Er überläßt das Kampffeld seinem Genossen Werner Ludwig, der sich inzwischen auf Kohls Taktik eingestellt hat. Doch zur Überraschung der Stadträte bietet Kohl dem neuen Oberbürgermeister keine Möglichkeiten, sein vorsorglich zusammengetragenes Repertoire an dialektisch artikulierten Einwänden an den Mann zu bringen. Kohl hat schon kurz vor Ludwigs Wahl auf seine Sticheleien, Herausforderungen und Anträge zur Geschäftsordnung verzichtet, damit den künftigen SPD-Exponenten irritiert und vorweg um einen wesentlichen Teil seiner Stoßkraft gebracht. Und mehr noch. Politisch geschickt, arrangiert er sich mit seinem bisherigen Gegner Klüber, dessen politischen Instinkt und Politik er plötzlich lobt und als durchaus akzeptabel auch für politisch Andersdenkende darstellt. Welchen Stellenwert Kohl der Mitarbeit im Stadtrat zuordnet, beweist nicht zuletzt die Tatsache, daß er sein dortiges Mandat auch nach seiner Wahl zum Ministerpräsidenten beibehält. »Ich bin Ludwigshafener und hänge an meiner Heimatstadt... und möchte durch die Beibehaltung des Stadtratsmandats ein Beispiel für die Mitarbeit auf kommunaler Ebene geben«, antwortet er einem Journalisten der »Rheinpfalz« am 19. Mai 1969 auf die Frage, »welche Vorteile« er sich denn durch sein Verbleiben im Stadtparlament verspreche. Dennoch kann im Rahmen dieser Biographie auf den weiteren Nachvollzug der Tätigkeiten des Stadtrats Kohl verzichtet werden.

Da Funktionsträger der Jungen Union und der CDU ohne zusätzliche
Einnahmen sowenig existieren können wie Stadtrats- und Landtagsabge-
ordnete, ist auch Helmut Kohl zwangsläufig darauf angewiesen, sich um
einen regelmäßigen Broterwerb im Rahmen eines ausreichend honorier-
ten Berufszweiges zu bemühen. Als Abgeordneter des Ludwigshafener
Stadtrates erhält er 1960 monatlich fünfzig, als Landtagsabgeordneter
fünfhundert Mark.[4] Seine Funktionen in der Partei übt er ohne Honorie-
rung aus. Wie er von 1952 bis 1955 beim »Baubetrieb« der BASF als
Steinschleifer und in der Holzwerkstätte für Akkordlöhne und von 1956
bis zur Promotion als Hilfsassistent am »Alfred-Weber-Institut« der Universität – neben dem Studium und der Tätigkeit in der Partei – gearbeitet
hat, so setzt er dies nach dem Abschluß des Universitätsstudiums fort.
Nur geschieht das jetzt nicht mehr nur nebenbei. Er tritt 1958 in die
Ludwigshafener Eisengießerei Willi Mock als »Direktionsassistent« ein,
wie der rund 250 Mitarbeiter beschäftigende Unternehmer den für Helmut
Kohl geschaffenen und mit einen Monatssalär von achthundert Mark
versehenen Posten anspruchsvoll nennt. »Mein Mann«, sagt Friedel Mock
Anfang 1990, »stellte ihn ein, weil er überzeugt war, daß ihm vorübergehend geholfen werden mußte«. Kohl und Mock, dem der Ruf vorauseilt,
trotz seiner pfälzischen Frohnatur und sinnenfrohen Lebensart ein diszi-
pliniertes »Arbeitstier« zu sein, verstehen sich auf Anhieb. Wann immer
möglich, essen und trinken sie gemeinsam – auf Kosten Mocks – bis tief in
die Nacht hinein. Der »Direktionsassistent« wird in der Buchhaltung
beschäftigt und verhandelt mit Grundstücksbesitzern, deren Gelände
neben dem Firmensitz Mocks liegen und von diesem – durch Kohls
Vermittlung – teilweise auch erworben werden können.

Bei Mock gewinnt Kohl Einblick in die Struktur mittelständischer
Betriebe. Als er zehn Jahre später zum Ministerpräsidenten« gewählt worden ist, sagt er in seiner Regierungserklärung denn auch: »Investitionen
für Rationalisierung und Modernisierung in den Betrieben des selbständigen mittelständischen Gewerbes werden auch weiterhin finanziell gefördert. Auf direkte Finanzierungshilfen für betriebliche Rationalisierungs-
investitionen kann vorerst noch nicht verzichtet werden; denn die
Kapitalausstattung mittelständischer Betriebe ist in vielen Fällen ungenü-
gend, und die Betriebe selbst sind gegenüber der Großwirtschaft bei der
Beschaffung von zusätzlichem Eigen- und Fremdkapital eindeutig be-

nachteiligt. Die Kooperation zwischen kleinen und mittleren Unternehmen ist als eine Chance zur Erhaltung und Stärkung der Wettbewerbsfähigkeit anzusehen.«

Während seiner Tätigkeit in der Firma Willi Mocks bereitet Kohl die Gründung einer Familie vor, ohne zunächst jedoch finanziell ausreichend gesichert zu sein. Doch er ist überzeugt, die Lage solide meistern zu können. Er schildert Jakob Wenz, dem bei der Bayerischen Hypotheken- und Wechsel-Bank für Darlehnsvergaben zuständigen Bankbeamten, seine Situation und Ziele und beantragt ein Darlehen für einen Hausbau. Wenz, der sich als erfahrener »Banker« zunächst skeptisch nach Sicherheiten erkundigt, die Kohl als Berufsanfänger schwerlich bieten kann, informiert sich bei Willi Mock über den Antragsteller, dessen »Vertrauenswürdigkeit und erdrückende Geradlinigkeit« ihm auf Anhieb »imponiert haben«. Kohl kann in der Ludwigshafener Tiroler Straße sein erstes eigenes Haus bauen – und im Juni 1960 schließlich seine langjährige Freundin Hannelore Renner heiraten. Da er zunächst an der Frankfurter und danach bis Mitte 1958 an der Heidelberger Universität, im Landkreis Ludwigshafen und seit 1959 auch noch im Landtag in Mainz präsent sein mußte und sie, die im Jahr nach ihm Abitur gemacht hat und nach ihrem – 1952 aus finanziellen Gründen abgebrochenen – Sprachstudium in Germersheim und einem Sprachtrainingsaufenthalt in Paris von 1952 bis 1960 als Übersetzerin für Französisch und Englisch bei der BASF tätig gewesen ist, hat es für beide zuweilen kaum eine andere Kommunikationsmöglichkeit als die Korrespondenz gegeben. Daß Helmut Kohl seiner Verlobten tausend Briefe geschrieben habe, wie gelegentlich behauptet wird, ist jedoch eine Legende.

Die evangelische Ingenieurs-Tochter Hannelore Kohl, die gern Mathematik und Physik studiert hätte, als Flüchtlingskind aus Leipzig jedoch von Anbeginn gezwungen war, ein Studium von kürzerer Dauer zu wählen und möglichst bald selbst Geld zu verdienen, schirmt den Privatbereich der Familie Kohl prinzipiell vor Neugier von außen hermetisch ab. »Woher nehme ich denn das Recht, Kinder in eine Szene hineinzuziehen, der sie aufgrund ihres Alters geistig und seelisch nicht gewachsen sind?«, antwortet sie beispielsweise einer Journalistin des Wochenblattes »Sonntag aktuell« im Dezember 1980 auf den Hinweis, daß »andere Politiker« dem Vorbild ihrer amerikanischen Berufskollegen folgten und »mit Kind und Kegel auf Stimmenfang« gingen. Entsprechend konsequent und zurückhaltend verhält sie sich denn auch gegenüber der Presse. »Sachliche Fragen«, sagt sie, »beantworte ich gern, persönlicher Quatsch ist mir zuwider.« Interviews gibt sie »gezwungenermaßen« lediglich, weil sie sich als »mithelfende Ehefrau« sieht. Daß sie den Frauen ganz allgemein den Vorwurf macht, »nicht kämpferisch ihre Anliegen« zu verfechten, paßt nur auf den ersten Blick nicht ins Bild. Sie selbst nimmt sich dabei nicht aus, will aber als Frau des Bundeskanzlers angemessene Zurückhaltung üben. Ihre mathematische Begabung, die sie den beiden Söhnen Walter und Peter vererbt hat, ist nicht zu übersehen. Präzision bestimmt ihre Antworten und Fragen. So sehr sie den eigenen »familiären Freiraum« fordert und verteidigt, so einfühlsam, zuverlässig und konsequent führt sie ihren »Petitionsbetrieb«, wie sie ihr Engagement für Menschen in Not nennt, die sich seit den sechziger Jahren hilfesuchend an sie wenden. »Zu Frau Kohl«, sagt ein Fahrer des Bundeskanzleramtes im März 1990, »kann man jederzeit kommen, ohne Angst haben zu müssen, einfach abgefertigt zu werden. Sie hat für alles ein offenes Ohr und hilft, wo sie nur kann. Mit der kann man ›Pferde stehlen‹, wie es im Volksmund heißt.« Daß sie allerdings stets Disziplin und angemessene Konsequenzen erwartet, spiegelt ihr persönliches Verhalten wider. Als sie ihre beiden Söhne und deren Freunde einmal selbst zur Schule fuhr, hielt sie kurzerhand am Straßenrand an und befahl den Jungen, den weiteren Weg »gefälligst zu Fuß« zurückzulegen. Sie hatten trotz mehrfacher Ermahnungen auf den Rücksitzen »getollt und herumgealbert«. Wie realistisch und sachbezogen sie auch als Hannelore Renner dachte, zeigt eine Antwort, die sie 1959 der Frau des einstigen »Junge Union«-Landesvorsitzenden und späteren Staatsministers Heinrich Holkenbrink auf die Frage gab, wieso sie ihren Helmut denn noch nicht heirate. »Ich heirate Helmut«, hatte sie gesagt, »sobald er mir eine Waschmaschine kaufen kann!«

Erstmals begegnet ist Hannelore Renner ihrem späteren Mann 1948 im Ludwigshafener Ortsteil Friesenheim beim Tanzstundenball. Das zu der Zeit fünfzehnjährige selbstbewußte Mädchen hatte als Flüchtlingskind Erfahrungen hinter sich, die auch Kohl nicht unbedingt fremd waren. Nach unbeschwerter Jugend in Berlin und Leipzig, wo ihr in Mutterstadt in der Pfalz geborener Vater* – nach vorübergehender Tätigkeit in Berlin –

---

* Wilhelm Renner starb 62jährig im Oktober 1952.

bei der Hugo Steiner AG als Oberingenieur beschäftigt gewesen war, hatte sie 1945 mit ihrer Mutter vor der Roten Armee in den Westen fliehen müssen. Da beide während der Flucht kaum mehr als ein bloßes Handgepäck mitführen konnten, waren sie noch lange auf ihre Fähigkeit zur Improvisation angewiesen. Das Tanzkleid beispielsweise, das Hannelore während ihrer ersten Zusammenkunft mit dem drei Jahre älteren Ludwigshafener Oberschüler trug, hatte die Mutter aus Resten von Fahnenstoffen selbst geschneidert.

Da Willi Mock seinen politisch zunächst nebenberuflich engagierten Direktionsassistenten, der im April 1959 in den Mainzer Landtag als Abgeordneter einzuziehen gedenkt, nicht länger beschäftigen kann, muß der sehen, wo er bleibt. Er hat es rechtzeitig getan und sich vorsorglich beim »Landesverband Chemische Industrie Rheinland-Pfalz« beworben, dem der christlich-demokratische Parlamentarier eher nützen als schaden kann. Drei Wochen vor seinem Einzug in den Landtag wird er eingestellt.

Am 1. April 1959 beginnt Kohl mit seiner Tätigkeit als Referent für Wirtschafts- und Steuerpolitik im »Landesverband Chemische Industrie Rheinland-Pfalz« in Ludwigshafen. Sein Anfangsgehalt beträgt monatlich 1000 DM. Angesichts seiner von der Verbandsleitung als besonders bemerkenswert eingestuften Leistungen »auch außerhalb der Geschäftsstelle« steigt sein Gehalt rasch und kontinuierlich. Ab Oktober 1959 bekommt er 1100 DM, ab Januar 1960 1200 DM, ab Januar 1962 1350 DM, ab April 1965 1700 DM und ab Januar 1968 3000 DM. Im Verband betreut er die mit Problemen des Umweltschutzes befaßten Arbeitsgemeinschaften »Wasserwirtschaft« und »Luftreinhaltung« der rheinland-pfälzischen Industrie und gewinnt sachbezogene Einblicke in Themenkreise, die in der Bundesrepublik Deutschland erst zwei Jahrzehnte später politische Bedeutung erlangten.

Wie das zu der Zeit recht attraktive Gehalt, Anerkennungsschreiben der Verbandsleitung und Berichte ehemaliger Kollegen ausweisen, hat Kohl sein für ihn neues »Handwerk« nicht nur schnell erlernt, sondern auch mit Engagement ausgeübt. Für Finanz-, Zoll- und Umweltprobleme zuständig, bezieht er ein eigenes Büro des am Ludwigshafener Ludwigsplatz ansässigen Verbandes. Seine Sekretärin, Ina Pappe, wird nach einem Vorstellungsgespräch mit ihm, in Abwesenheit des Chefs, der sie später heiratet, am 1. Oktober 1959 eingestellt. Sie ist in dem Arbeitsbereich

LANDESVERBAND CHEMISCHE INDUSTRIE
RHEINLAND-PFALZ E. V.

⑳ LUDWIGSHAFEN A. RH., den   31. März 1959
Ludwigsplatz 2

Dr.H/M.

Ruf: Ludwigshafen a. Rh. Nr. 62776
Bankkonto: Rhein-Main Bank Ludwigshafen am Rhein Nr. 2654
Postscheckkonto: Ludwigshafen a. Rh Nr. 21861

Herrn

Dr. Helmut K o h l

Ludwigshafen/Rh.
Hohenzollernstr. 89

Betr.: Anstellungsvertrag

Wir bestätigen unsere mündliche Vereinbarung wie folgt:

1. Sie werden mit Wirkung vom 1. April 1959 als Referent bei
   der Geschäftsstelle Ludwigshafen des Landesverbandes für
   eine Probezeit von sechs Monaten eingestellt. Während dieser
   Zeit kann das Arbeitsverhältnis beiderseits mit Monatsfrist
   zum Monatsende gekündigt werden.

2. Wird das Arbeitsverhältnis über den 30. September 1959
   hinaus fortgesetzt, so gilt es als unbefristet und kann
   mit der gesetzlichen Kündigungsfrist von sechs Wochen zum
   Quartalsschluß beendet werden.

3. Die monatliche Vergütung wird auf brutto 1.000,- festgesetzt.

4. Das Arbeitsgebiet wird in seinen Einzelheiten später festgelegt werden.

5. Ihr Jahresurlaub beträgt 18 Werktage und kann im Einver-
   nehmen mit dem Geschäftsführer genommen werden.

6. Sie verpflichten sich, über alle dienstlichen Vorgänge
   und Schriftstücke innerhalb und außerhalb des Dienstes
   strengstes Stillschweigen zu bewahren.

Wir bitten Sie, Ihr Einverständnis zu diesem Vertrag durch Ihre
Unterschrift auf dem beigefügten Durchschlag zu erklären.

                    LANDESVERBAND CHEMISCHE INDUSTRIE
                         RHEINLAND-PFALZ E.V.
                       Die Geschäftsführung

                        (Dr.Hemmer)

April 1959: Anstellungsvertrag des Landesverbandes Chemische Industrie.

zunächst so unerfahren wie ihr Vorgesetzter auch. Doch Kohl lernt rasch.
Er gewinnt in kurzer Zeit einen so guten Überblick, daß der Vertrags-
passus »für eine Probezeit von sechs Monaten« beide Partner, den Landesverband und dessen neuen Referenten, nicht weiter zu interessieren
braucht. Bald berät er rheinland-pfälzische und saarländische Chemieun-
ternehmen, veranstaltet Seminare und Tagungen und wird zum unent-
behrlichen Mitarbeiter des Chefs Willi Hämmer, der angesichts der Mobi-
lität Kohls anfänglich sogar um seinen eigenen Stuhl im Rahmen des
Landesverbandes gebangt hat. Der Chefstatistiker Hämmer, der zunächst
nicht genau wußte, wohin der 29jährige Doktor steuerte und welche
übergreifenden Ziele er verfolgte, hatte in dessen Aktivität, Lernbereit-
schaft und schneller Intelligenz Anzeichen dafür vermutet, daß sein eigener Schreibtisch womöglich gefährdet werden könnte. Doch als er sah,
daß Kohls Interessen völlig anders geartet waren, änderte sich dies.

Der Name Kohl steht im Verband bald als Synonym für Teamgeist,
persönliche Kontaktbereitschaft und vertrauensvolle Offenheit. Er, der
von 1951 bis 1954 während seines Studiums nebenher bei der BASF
gearbeitet und die Sorgen, Erwartungen und Ängste der Arbeiter aus
unmittelbarer Nähe kennengelernt hat, will jetzt, als er auf der anderen
Seite agiert, seit er »oben« ist, vermittelnd wirken. Schon im Anstel-
lungsgespräch hat er sich ausbedungen, zu keinen Tarifverhandlungen
und Arbeitsgerichtsverfahren als Arbeitgebervertreter hinzugezogen zu
werden.

Die »Rheinpfalz« charakterisiert Helmut Kohl am 16. Dezember 1961 in
einer Weise, die mit den Erinnerungen aller seiner Weggefährten überein-
stimmt: »Den Ausruf: ›Hilfe, ich habe keine Zeit!‹ könnte Dr. Kohl
geprägt haben. Und doch nimmt er sich Zeit für all die kleinen und großen
Anliegen seiner Mitmenschen. Er hat immer ein offenes Ohr. ›Meine Frau
nimmt nicht allzu gerne Glückwünsche für ein neues mir übertragenes
Amt entgegen‹, urteilte der junge Politiker hinsichtlich der ihm verbliebenen Freizeit. Für kurze Stunden dem Alltag entfliehend, schwitzt er hin
und wieder in der Sauna: ›Dort ist kein Telefon‹.«

Selbst in aller Frühe immer schon auf »vollen Touren laufend« und Optimismus verbreitend, spornt er die Mitarbeiter an, sich entsprechend zu
orientieren. Sie lernen ihn als humorvollen, jovialen, beredsamen und ziel-
strebigen Mitarbeiter kennen, dem nichts zuviel ist, nichts unmöglich zu

sein scheint. Wenn es darum geht, den Damen etwas abzunehmen, was sie womöglich kräftemäßig überfordern könnte, ist er unaufgefordert zur Stelle; noch zwei Jahrzehnte nach seinem Ausscheiden am 18. Mai 1969 rühmen sie seine Liebenswürdigkeit, seinen Humor und seine chevalereske Großzügigkeit. Nicht selten lädt er die »ganze Mannschaft« zum gemeinsamen Kuchenessen ein und bezahlt alles aus eigener Tasche. Schickt er jemanden in das benachbarte »Café König«, um Kuchen oder Süßigkeiten zu kaufen, gibt er seine Geldbörse mit, ohne sich zuvor von deren genauem Inhalt überzeugt zu haben. Frei von Mißtrauen, vertraut er den Mitarbeitern, denen infolge seiner Bestimmtheit allerdings klar ist, was auf sie zukäme, wenn er von ihnen hinters Licht geführt und womöglich betrogen werden sollte.

Er liebt Tiere, und zwar »alles, was Fell hat«, wie er sich ausdrückt: Hunde, Katzen, Pferde. Nur findet er nicht Zeit genug, sich mit ihnen so ausreichend zu beschäftigen, wie er es gern möchte. Manchmal nimmt er seinen langhaarigen Schäferhund »Igo« in das Büro mit, um mit ihm wenigstens in der 45minütigen Mittagspause oder nach Arbeitsschluß ein wenig spazierengehen zu können.

Seinen nicht selten mit massivem Durchsetzungsvermögen gepaarten Humor verliert er auch bei Strapazen nicht. Er demonstriert ihn zuweilen so überzeugend und ausgefallen, daß es seiner Umgebung buchstäblich die Sprache verschlägt. So »zwingt« er während eines Betriebsausfluges beispielsweise einen Kollegen, der Karriere machen will und später tatsächlich Chef des Landesverbandes wird, durch herausfordernde Bemerkungen dazu, seine akademische Zurückhaltung aufzugeben und zur »Gaudi« seiner verblüfften Mitarbeiter widerstrebend einen Hochsitz zu erklimmen, was Kohl von ihm mit aufgesetztem Ernst verlangt hat. »Wer den Kanzler im Fernsehen sieht«, sagte Erna Knoll, die jene zehn Jahre hindurch für Kohls Gehalt zuständig war, »ahnt nicht, wie humorvoll er sein und wie gelassen er Frotzeleien auch über sich selbst ergehen lassen kann.« Der preußisch straffe und nicht gerade von Kohls pfälzischer Jovialität, Anziehungs- und Überzeugungskraft eingenommene Willi Hämmer, mit dem Kohl trotz mancher Mentalitätsunterschiede im Laufe der Zeit eine herzliche Kollegialität verbindet, hat in dem »großen Doktor« aus der »ihm fremden Fakultät«, wie seine Frau drei Jahrzehnte später berichtet, einen Mann schätzen gelernt, der Ziele selbst dann ohne sichtlichen Zwang erreicht, wenn sie hinter schier unüberwindbaren Hindernissen liegen.

»Pappine«, wie Kohl seine Sekretärin Ina Pappe seit 1960 nennt, schildert die Arbeitseinteilung ihres einstigen Chefs wie folgt: »Ungefähr 75 Prozent seiner Arbeitskraft stellte er – während seiner meist 12 bis 14 Stunden dauernden täglichen Arbeitszeit – dem Verband zur Verfügung, 20 Prozent der Partei. 5 Prozent seines Aufwandes galten seinen privaten Ambitionen.« »Gelobt«, sagt sie 1990, »hat er eigentlich niemals. Für ihn war Leistung immer selbstverständlich. Er arbeitete wie ein unermüdliches Pferd. Von anderen erwartete er dasselbe. Ich mußte ihm neben meiner Bürotätigkeit für den Verband auch – im Büro und zu Hause – für seine Partei zur Verfügung stehen.« Kohl lädt die Sekretärin, mit der er sich bald duzt, dann und wann auf eigene Kosten zum Essen ein. Das ist sein Dank. Überstunden läßt er weder verrechnen noch bezahlen. Wer sein Vertrauen genießt und mit ihm arbeitet, muß ihm zur Verfügung stehen, wann, wo und wie immer er es für nötig hält. Obwohl er im Büro »regiert«, läßt er sich raten und beraten – und dankt auf seine Weise für gute Vorschläge.

»Keiner von uns«, sagt Ina Hämmer, »hat sich damals gefragt, wie weit er es einmal bringen würde. Sicher erschien uns nur, daß unser Landtagsabgeordneter und CDU-Vorsitzender von Rheinland-Pfalz noch längst nicht auf der obersten Sprosse der Karriereleiter stünde.« Kohl selbst prophezeite nicht, nannte keine Etappenziele, bot wissentlich keinen Anlaß für Spekulationen. In Zeitungen konnten seine Mitarbeiter gelegentlich zwar lesen, welche Ämter er nicht wollte, doch welche er anstrebte, offenbarte er nicht. So antwortete er einem Redakteur des »Mannheimer Morgen«, der wissen wollte, ob ihn denn das Amt des Ludwigshafener Oberbürgermeisters nicht interessierte, im August 1966: »Ich hänge außerordentlich an dieser Stadt, in der schon seit vielen Generationen unsere Familie mütterlicherseits lebt. Aber ich habe noch nie Interesse am Amt des Oberbürgermeisters gehabt.« Sein zwei Jahrzehnte zuvor genanntes Ziel, »erster Mann in diesem Lande« werden zu wollen, hat er so wenig aufgegeben wie seine Gewohnheit, jeweils abzuwarten, bis die von ihm gewünschten – und wenn möglich auch von ihm beeinflußten – vollendeten Tatsachen geschaffen sind. Daß er dennoch auf allen Posten und in allen Ämtern immer der Jüngste gewesen ist, kann nachträglich nur als Beweis für seinen sicheren politischen Instinkt ange-

BUNDESREPUBLIK DEUTSCHLAND
DER BUNDESKANZLER
5300 Bonn, im Dezember 1989

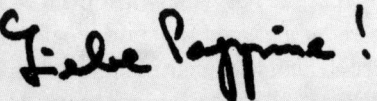

Dir und Deiner Tochter wünsche ich ein gesegnetes Weihnachtsfest und uns allen ein friedvolles und erfolgreiches Neues Jahr.

Das Weihnachtsfest mit seiner Frohen Botschaft hat uns stets Kraft gespendet - auch in schwieriger Zeit. In diesem Jahr haben wir erneut die Erfahrung gemacht, wie nahe Freude und Leid beieinander liegen.

Unsere Landsleute in der DDR erkämpfen gewaltlos Freiheit, Menschenrechte und Selbstbestimmung. Mauer und Sperren zwischen den beiden Teilen Deutschlands wurden friedlich überwunden. Niemand von uns wird je das Glück der Menschen vergessen, die nach den langen Jahren der Trennung wieder zusammenfanden.

Gleichzeitig müssen wir erleben, daß terroristische Gewalttäter bei uns immer noch Leid und Schrecken verbreiten. Es wird ihnen jedoch nicht gelingen, unsere Hoffnung auf eine bessere und friedlichere Welt zu zerstören - eine Welt, in der die Menschen in Freiheit und Frieden vereint sind. Dafür wollen wir uns auch im kommenden Jahr mit ganzer Kraft einsetzen.

Auch persönlich habe ich in diesem Jahr wieder allen Grund zur Dankbarkeit - vor allem auch für Deine freundschaftliche Verbundenheit und für manchen guten Rat.

Mit besten Grüßen

Dezember 1989: Weihnachtsgruß an die einstige Sekretärin Ina Pappe.

sehen werden. Bismarcks Rat an Politiker und Staatsmänner folgend, pflückt er die Früchte gewöhnlich erst, wenn sie reif sind. Seine gesicherte Position als Referent des Chemie-Verbandes füllt er voll aus; aber die Erfüllung seiner Wünsche stellt sie nicht dar.

Was ihn zuweilen vergessen läßt, in einem »Pantoffelberuf« tätig zu sein, wie er Arbeiten nennt, die gelegentlich durchaus auch »in Pantoffeln« geleistet werden können, ist eine Tatsache, die erst zwei Jahrzehnte später zum Themenbereich der Politik geworden ist: »Umweltschutz«. In übergreifenden politischen Dimensionen denkend, wozu ihm das Konzept des Chemie-Verbandes genügende Kriterien bietet, hat er – in der unmittelbaren Nachbarschaft der BASF »sitzend« – bald erkannt, daß der industriellen Abwasserbewältigung ein besonderes politisches Augenmerk gelten müsse. Er macht dies zu einem tragenden Aspekt der Verbandspolitik der chemischen Industrie und engagiert sich aufwendig sowohl bei der Gründung als auch bei der Tätigkeit der »Arbeitsgemeinschaft Wasserwirtschaft und Luftreinhaltung«, die weiterhin als Arbeitsgemeinschaft »Umweltfragen« existiert und die Belange der gesamten Industrie vertritt. Das Landeswassergesetz und das Landesimmissionsgesetz gehen auf ihre differenzierten Anregungen und Vorbereitungen zurück.

Nachdem Kohl den Verband am 18. Mai 1969 verlassen hat, um das Amt des Ministerpräsidenten zu übernehmen, erklärt er vor dem Mainzer Parlament: »Die Entwicklung der modernen Industriegesellschaft weist der Landschaftspflege einen besonderen Rang zu. Durch die ständige Ausweitung der Wohnsiedlungen, Industriegebiete und Verkehrsflächen werden immer größere Teile der freien Landschaft in Anspruch genommen, und der Landschaftshaushalt wird oftmals nachteilig verändert. Verschmutzungen der Luft und Gewässer gefährden zusätzlich die Erhaltung gesunder Lebensbedingungen. Der Schutz der natürlichen Lebensgrundlagen ist daher unumgänglich. Diese Aufgaben verlangen eine Koordination aller Planungen und Maßnahmen im Bereich der Landschaftspflege.« Wachsende Wirtschaft und fortschreitende Zivilisation vermehren den Energiebedarf. Der technische Fortschritt verändert das Verhältnis der Energieträger untereinander ständig. Die Energieversorgung aller Regionen des Landes muß daher verbessert werden.«

Seit Kohl im Mainzer Parlament sitzt, funktioniert die traditionelle Politik des Landesvaters Peter Altmeier nicht mehr reibungslos. Er kann

nicht mehr darauf bauen, daß alle CDU-Abgeordneten seinen Weisungen
einfach folgen, wie es bis zum Frühjahr 1959 geschehen ist. Und er muß
zur Kenntnis nehmen, daß Kohl während der Landtagsdebatten eine
Regie führt, die nicht nur ihn und den Fraktionsvorsitzenden Wilhelm
Boden irritiert. Hat Kohl gesprochen und danach einem Gegenredner
Platz gemacht, tritt als nächster sein mit seinen Ambitionen, Vorstellungen, Methoden und Fähigkeiten seit Beginn der fünfziger Jahre vertrauter
Freund Heinrich Holkenbrink auf, um Kohls Vorstellungen erneut zu
präsentieren und den Kontrahenten zu demontieren. Scheitert er, ist – in
dieser konzertierten Aktion – Heinz Schwarz zur Stelle, dem erneut Kohl
folgt.

Die Debatten werden zunehmend zu effektvollen Kohl-Arrangements.
Zwar gelingt es Altmeier und seiner »Truppe« Anfang 1960 einmal, Kohl
den Schneid abzukaufen, aber der erhoffte Erfolg bleibt aus. Nachdem
Kohl bei der ihm von Altmeier als Fallstrick zugedachten Darlegung des
Haushalts- und Wirtschaftsetats im Parlament eine miserable Figur gemacht hat, ist der Ministerpräsident davon ausgegangen, daß der Benja-
min des Landtags endlich »klein beigeben« und sich schließlich auch in die
Phalanx der von ihm dirigierten Abgeordneten widerspruchslos einglie-
dern werde. Doch Kohl hat seine blamable Jungfern-Vorstellung, bei der
nahezu nichts paßte und funktionierte, das Mikrophon nicht, die weiteren
technischen Hilfsmittel nicht und die Wiedergabe der ebenfalls nicht
sorgfältig genug vorbereiteten Rede auch nicht, ohne blaue Flecken über-
standen. Mehr noch, er hat sie zum Anlaß genommen, künftig so perfekt
wie nur irgend möglich aufzutreten. Für nicht wenige Abgeordnete ist er
bald der künftige Fraktionsvorsitzende. Die Front Altmeiers beginnt
zugunsten Kohls zu bröckeln, an dessen Seite längst nicht mehr nur
die bewährten Mitstreiter Holkenbrink und Schwarz, sondern ebenso
zuverlässig auch der Fraktionsgeschäftsführer Willibald Hilf und andere
»Kohlisten« stehen. Im Ministerpräsidenten sehen einige Fraktionsmit-
glieder bereits 1961 nicht mehr den Mann, der berufen scheint, ihre eigene
Zukunft zu garantieren.

Als Boden im Oktober 1961 stirbt, verliert Altmeier eine weitere Ba-
stion. Sein von massiven Pressionen gegenüber den CDU-Abgeordneten
begleiteter Versuch, Heinz Korbach, den mit Kohls Vorstellungen aus
persönlichen Begegnungen und Konfrontationen seit 1947 vertrauten

vormaligen langjährigen Landessekretär der Jungen Union und Landesge-
schäftsführer der CDU, auf die Position des stellvertretenden Fraktionsvorsitzenden zu hieven, endet für ihn mit einer – wenn auch knappen –
Niederlage. Mit einer Stimme Mehrheit wird Kohl das Amt übertragen,
der nunmehr Stellvertreter des automatisch an die erste Stelle gerückten
Diakons Hermann Matthes geworden ist. In ihm hat Kohl keinen Gegner, sondern einen Freund, der ihn unterstützt. »Für mich«, sagt er
am 7. Februar 1990 in einem Gespräch, »war das eine entscheidende
Zäsur.« Jedermann war klar, daß Matthes ihm das Amt des ersten Mannes
in der Fraktion über kurz oder lang würde übergeben müssen. Faktisch
führt Kohl, dem es 1967 gegen den Willen Altmeiers gelingt, seinen
einstigen Heidelberger Studiengenossen Bernhard Vogel und Heiner Geißler zu Ministern im Altmeier-Kabinett zu »machen«, schon jetzt die
Fraktion.

Altmeiers Einfluß ist bereits 1961 gravierend geschrumpft. Endgültig
gebrochen wird seine Machtfülle, als die CDU-Fraktion Helmut Kohl am
9. Mai 1963 mit 38 von 41 Stimmen (ohne Gegenvotum) zum Vorsitzenden wählt. »Diese Wahl kam nicht unerwartet«, kommentiert der »Rheinische Merkur« am 4. Oktober 1963 den Führungswechsel in der Fraktion
und fährt fort: »Immerhin war Kohl bereits während der letzten Legislaturperiode – obgleich Neuling und jüngster Abgeordneter – zum stellvertretenden Fraktionsvorsitzenden avanciert und häufigster und wohl profi-
liertester Sprecher der CDU im Landtag gewesen.« Die Zeitung bescheinigt
dem neuen Fraktionsvorsitzenden unter anderem »Tüchtigkeit« und die
Fähigkeit, im Parlament nüchterne, sachbezogene Reden »mit einer Fülle
fundierter Argumente« halten zu können und in Stegreif-Reden zu glän-
zen. Doch auch seine nicht von jedem Abgeordneten als »angenehm«
empfundene »forsche, selbstbewußte und gegen Freund und Gegner
unbekümmerte und kritische Gangart« wird als alles andere als alltäglich
eingestuft. Und noch etwas findet das Blatt bemerkenswert: »Gönner oder
Förderer aus der höheren Parteihierarchie« waren »für ihn weit und breit
nicht zu sehen«. Kohl hat auf seine »Mannschaft« aus der Jungen Union
und auf die Unterstützung aus der CDU-Basis seines »Stammlandes« Pfalz
vertraut. »In der Hauptsache war es aber doch die Persönlichkeit dieses jungen Politikers, die mehr und mehr überzeugt hat«, schreibt der
»Rheinische Merkur«. Die Kriterien seiner Kohl-Analyse: »ausgespro-

chene Begabung für die Politik« und für den »Umgang mit der Macht«. Kohl »liebt die Verantwortung und Führung und weiß sie zu gebrauchen. Dabei kommen ihm sein scharfer Intellekt, ein starker Wille und nicht zuletzt eine robuste körperliche Konstitution zustatten, die ihm ein großes und langes Arbeits- und Tagespensum ermöglicht. Für Pünktlichkeit ist er bekannt. Jede Stunde ist vorausgeplant, und so trifft man trotz der Überfülle von Terminen, Konferenzen und Versammlungen in Kohl nie einen nervösen, aufgeregten oder gereizten Gesprächspartner . . . Für die CDU-Landtagsfraktion . . . bedeutet der Fraktionsvorsitz Dr. Kohl naturgemäß frischen Wind, den die CDU nach der letzten Landtagswahl gut vertragen kann . . . Genauso wie Kohl von sich selbst viel verlangt, wird er auch seinen Kollegen nichts ersparen.«

Im Oktober 1963 setzt Kohl auf dem außerordentlichen Parteitag der Landes-CDU in Neustadt, auf dem er – als Nachfolger des Staatsministers Eduard Orth – zum Bezirksvorsitzenden gewählt worden ist, einen Generationswechsel in der Parteispitze durch. Systematisch und zielgerichtet geht er seinen Weg in die Zukunft mit der Gewißheit, zahlreiche Widerstände, geliebte und eingefahrene Gewohnheiten ausräumen und verkrustete Strukturen beseitigen zu müssen. 1965, als er seine Macht und seinen persönlichen Einfluß auf die Geschehnisse längst etabliert hat, prophezeit er nach einem Bericht des »Pfälzer« vom 16. Mai: »Rheinland-Pfalz wird in den nächsten Jahren eine Strukturveränderung erfahren, wie sie in den letzten 100 Jahren in diesem Land nicht eingetreten ist.«

Kohl engagiert sich innenpolitisch vornehmlich auf den Gebieten des Schulwesens, der Kindergarten- und Kindertagesstätten, der Gleichstellung der Frau im Berufs- und Gesellschaftsleben und der Vorbereitung von Justiz- und Verwaltungsreformen und weist dabei immer wieder auf Grundprinzipien des »christlich-demokratischen Gedankengutes« hin, die er als Richtlinien gewertet sehen möchte. Er fordert öffentlich – nicht nur innerhalb der Partei – »ein Umdenken« und »Abschied nehmen« von alten Strukturen und Gewohnheiten und appelliert an das Engagement aller Bürger für einen »deutschen demokratischen Staat«, der »weder eine Gemeinschaft von Steuerzahlern noch eine Addition von Verbänden« und auch »kein glatter, kalter, bürokratischer Mechanismus« sein dürfe, wie der »Pfälzer« vom 16. Mai 1965 Kohls Vorstellungen zitiert.

Altmeier wird jetzt ebenso mit seinem Mißerfolg identifiziert wie zuvor mit den Erfolgen der Union. Während er sich am tiefsten Punkt seiner politischen Karriere befindet, hat Kohl den bis dahin größten Erfolg seiner Laufbahn erreicht. Er hat, wie die »Frankfurter Allgemeine Zeitung« vom 30. April 1965 feststellt, »den Fraktionsvorstand und die Fraktion zu einem zweiten Machtzentrum neben dem Ministerpräsidenten und der Staatskanzlei ausgebaut« und weiß dieses »Machtzentrum« zu nutzen. Seit dieser Zeit gehört das Thema »Wachablösung« nicht nur in den Mainzer Büros und Amtsstuben zu den Tagesgesprächen. »Die junge Generation«, heißt es in der FAZ, identifiziere sich gern mit Kohl und sehe in ihm »so etwas wie einen jugendlichen Helden auf der politischen Bühne, auf der die ältere Generation anderthalb Jahrzehnte nahezu unumschränkt die Handlung bestimmte«. Respektvoll anerkennend heißt es in der Zeitung »Die Freiheit« vom 9. Februar 1966: »Nun hat es indes auch eine – nicht eben kurze – Zeit gegeben, in der es im Landtag noch kcinen Dr. Kohl gegeben hat; und es gab einige Jahre, während er noch nicht die ihm mittlerweile zugekommene einflußreiche Rolle spielen durfte. Aber auch zur Stunde ist die CDU dieses Landes einschließlich der von ihr getragenen Regierung noch keineswegs identisch mit ihrem dynamischen Landtagsfraktionsvorsitzenden«, der »mit Riesenschritten auf den CDU-Landesvorsitzendenstuhl und auf den Ministerpräsidentensessel« zueilt.

Dem seit seiner Wahlniederlage im Jahre 1963 verbitterten und durch den ständigen politischen Kampf physisch merklich angeschlagenen Ministerpräsidenten wird von kaum jemandem noch die Fähigkeit zugetraut, die drohende Spaltung der CDU in zwei rivalisierende Lager zu verhindern. Daß er in seiner Amtszeit das aus Teilen Preußens, Hessens und Bayerns (die Pfalz) gebildete Land nicht nur vor der anfänglich von der SPD und von den Heimatbünden geforderten Auflösung bewahrt und nach dem Kriege viele der von der französischen Besatzungsmacht angestrebten Betriebsdemontagen verhindert hat, wird – auch von Kohl – dankbar registriert und anerkannt. Doch als Garantie für eine »sorgenfreie« Zukunft sowohl der CDU als auch des Landes meinen selbst viele seiner Anhänger ihn nicht mehr sehen zu können. Bei Kohl hingegen wird vor allem bemängelt, daß er noch keine »Verwaltungsverantwortung« getragen hat. Daß er 1964 nicht bereit gewesen ist, ein Ministeramt im Kabinett Altmeier zu übernehmen, halten nicht wenige Kritiker auch nicht gerade für eine besondere Empfehlung. In den Parteizentren und in

den Büros der Ministerialbürokratie beginnt sich die Vorstellung breitzu-
machen, daß es sicherlich die beste Lösung wäre, wenn Altmeier noch
einmal Ministerpräsident werden und das Amt dann nach etwa zwei
Jahren an Kohl weitergeben würde. Doch dieses Rezept ist nicht auf den
Schreibtischen Kohls »entwickelt« worden.

Helmut Kohl ist der Ansicht, daß seine Stunde noch nicht gekommen
sei. Bevor er sich im Mai 1969 als Ministerpräsident an den Schreibtisch
der Vorgänger Boden und Altmeier setzen kann, muß er noch einige der
Voraussetzungen erfüllen, die diese Karriere gewissermaßen vorschreibt.
Er muß sich am 7. November 1965 der Wiederwahl zum Vorsitzenden des
Bezirksverbandes der pfälzischen CDU stellen. Er tut es und hat Erfolg.
263 der 274 votierenden Delegierten entscheiden sich im Sinne der Wahl
vom 12. Oktober 1963. Am 6. März 1966 wird er mit 415 von 477 Stimmen
Landesvorsitzender und damit zugleich auch automatisch Mitglied des
Bundesvorstandes der CDU. Am 23. Mai 1967 bestätigen 398 der 566
abstimmenden Delegierten seine innerparteiliche Position während des
15. Parteitages der CDU. Die Bestätigung als Landesvorsitzender der
rheinland-pfälzischen CDU am 27. April 1968 ist für ihn zwar eine Selbstverständlichkeit, aber er braucht sie dennoch. 347 von 428 Delegierten
entscheiden sich für ihn.

Jetzt auch offiziell legitimiert, wirksame politische Entscheidungen zu
treffen und durchzusetzen, lanciert er zunächst seine wichtigsten Mitstreiter auf Positionen, an die sie zuvor nicht einmal haben denken können.[5]
Bernhard Vogel, von 1976 bis 1988 Nachfolger Kohls als Ministerpräsident, erinnert sich unmittelbar nach Kohls Rückkehr von seinem Treffen
mit Michail Gorbatschow in Moskau im Februar 1990: »Für den doppelt
so alten Ministerpräsidenten Peter Altmeier war ich 1967 mit meinen
34 Jahren selbstverständlich noch lange nicht ministrabel. Nicht anders
verhielt es sich mit Heiner Geißler, der zu der Zeit zwar ›schon‹ 37 Jahre alt
war, aber nach Altmeiers Vorstellungen eben auch noch viel zu jung für
ein Ministeramt. Doch Helmut Kohl, auch erst 37jährig, setzte sich durch.
Kohl bewies zum ersten Male auf höherer Ebene seine untrügliche Fähigkeit, Personen zu entdecken und sie gegen alle Widerstände in verantwortliche Ämter zu führen. Ein Beispiel ist die ›Entdeckung‹ eines Industriean-
waltes und seine Verankerung im Bundestagswahlkreis Worms. Aus ihm
wurde später der populärste Bundespräsident: Richard von Weizsäcker.«

Kohl und Vogel kennen sich aus ihrer gemeinsamen Heidelberger Studienzeit, wo sie zusammen in Dolf Sternbergers Seminaren gesessen und zu den ganz wenigen Studenten gehört haben, die sich politisch betätigten und offen bekannten, CDU-Mitglieder zu sein. »Dort«, sagt Vogel, der 1967 nach Kohls ursprünglichen Vorstellungen Sozialminister hatte werden sollen[6], »gaben immer nur SPD- und FDP-Anhänger ihre Parteiorientierung zu.« Heiner Geißler, 1967 Vorsitzender der Jungen Union in Baden-Württemberg und CDU-Bundestagsabgeordneter des Tübinger Wahlkreises, ist zu der Zeit in Rheinland-Pfalz ein so unbeschriebenes Blatt wie Richard von Weizsäcker; aber Bernhard Vogel bürgt für ihn, und Kohl setzt bei Altmeier seine Ernennung zum Sozialminister durch.

Bei diesen Entscheidungen zeigt sich, daß der engagierte »Pfälzer« Kohl keineswegs darauf bedacht ist, ausschließlich Landsleute zu fördern. Dies waren weder Weizsäcker, Vogel und Geißler noch der 1930 in Berlin geborene Protestant Johann-Wilhelm Gaddum, den er 1971 zum Finanzminister berief und 1976 gar vorübergehend zu seinem »Kronprinzen« erhob.[7] Und auch der von Kohl 1967 zu Beginn der Legislaturperiode zum Staatssekretär im Wirtschaftsministerium »gemachte« und 1971 ebenfalls zum Minister ernannte Westfale Heinrich Holkenbrink kam nicht aus Rheinland-Pfalz. Pfälzer unter den »Kohlisten« sind der 1921 in Herold geborene und 1968 von Kohl auf den Stuhl des Landwirtschaftsministers lancierte Otto Meyer und der ein Jahr vor Kohl in Ludwigshafen geborene und 1976 zum Staatssekretär berufene Protestant Waldemar Schreckenberger.

Kohl ist stets bemüht, jeweils die richtigen Personen mit den Aufgaben zu betrauen, die sie nach seiner Überzeugung besser als andere zu lösen in der Lage sind. Wie wenig er sich um der Sache willen dabei zuweilen um traditionelle Amtswege und Gepflogenheiten schert, mag folgendes Beispiel illustrieren. Nachdem Heinrich Holkenbrink, seit 1961 CDU-Bundestagsabgeordneter und Mitglied des Verkehrs- und Wissenschaftsausschusses, ein modernes Verkehrskonzept für Rheinland-Pfalz entwickelt und es Kohl vorgetragen hat, fragt dieser ihn im April 1967 während des Adenauer-Begräbnisses in Bonn, ob er das Konzept denn nicht verwirklichen wolle. Er, Kohl, werde dafür sorgen, daß Holkenbrink Staatssekretär im rheinland-pfälzischen Wirtschafts- und Verkehrsministerium werde

und für seine Aufgabe freie Hand bekomme. Als Holkenbrink, der Kohl
zwar »sehr viel« zutraut, jedoch davon ausgeht, daß er als Fraktionsvorsitzender im Mainzer Landtag schwerlich derartige Zusagen einhalten
könne, zögert und um Bedenkzeit bittet, gibt Kohl sich zunächst mit dem
Versprechen Holkenbrinks zufrieden, daß er ihm seine Entscheidung
innerhalb von acht Tagen telefonisch mitteilen werde. Da Holkenbrink
sich infolge seiner Bedenken nicht verabredungsgemäß meldet, ruft Kohl
ihn an und erklärt ihm, daß er dies als Zusage betrachte. Holkenbrink wird
1967 Staatssekretär und kann im »Land der Rüben und Reben« sein
Verkehrskonzept realisieren. Im Mai 1990 erinnert er sich: »Rückblickend
muß ich sagen, es war eine sehr unkonventionelle Entscheidung. Ich war
von Beruf Germanist und Historiker. Nicht einmal die Tatsache, Philosophie studiert zu haben, machte Helmut Kohl scheu. Die vier Jahre
Staatssekretärzeit hat er sicher zunächst als Probezeit angesehen. Er ver-
traute und riskierte begrenzt und erneuerte das Vertrauen nach vier Jahren
und ernannte den Staatssekretär zum Minister und sorgte in den Jahren
unserer Zusammenarbeit für volle Rückendeckung bei der Durchführung
des Konzeptes und ließ dabei freie Hand.«

»Kohl will«, so kommentiert »Der Spiegel« vom 16. Dezember 1968 die
Ereignisse in Rheinland-Pfalz, »die ›Erbhöfe‹ lokaler Würdenträger ab-
schaffen und der – im Unterbau profillosen – Partei ›ein neues Reservoir
an politischen Kräften erschließen‹.« Kohl hat Schreiner, Heiner Geißler,
Hans Bachem und Georg Goelter von der rheinland-pfälzischen Jungen
Union beauftragt, nach seinen Richtlinien einen Qualitätskatalog zu fixieren und ihn so zu formulieren, daß der »Sprengstoff« den altgedienten
Mandatsträgern unter den Delegierten nicht auffalle. Seine Regie hat sich
als effektvoll erwiesen. Die Delegierten stimmen zu, ohne zu begreifen, daß
sie damit auch über ihr eigenes Schicksal entscheiden. Kohl fordert von
den Führungsrepräsentanten der CDU, deren gute Allgemeinbildung und
Berufsausbildung er ebenso voraussetzt wie »geordnete Verhältnisse«, daß
sie »mit der Technik der Massenmedien umgehen können«, die politische
Meinung ihrer Gegner ernst nehmen, »jeder Art von Cliquenwirtschaft«
abschwören, keine »politischen Entscheidungen unter rein egoistischen
Gesichtspunkten« treffen und jederzeit »parteipolitische Solidarität« üben.
Daß beispielsweise die von der Verwaltungsreform ausgelösten Fusions-
querelen verfeindeter Nachbardörfer schließlich in der innerparteilichen

Abmeldung bei der AOK am 28. Mai 1969. Ab 29. Mai Ministerpräsident.

Opposition offene Ohren finden würden, hat Kohl vorausgesetzt. Sein
»Bündnis« mit dem sozialdemokratischen Oppositionsführer Hans Kö-
nig, den er rechtzeitig für seine Reformen gewonnen hat, macht ihm das
Leben leichter. Buchstäblich über Nacht kann er Anfang Juli 1968 mit
einem gemeinsamen Antrag der CDU, SPD und FDP aufwarten, der die
Eingemeindungen kategorisch verfügt. »Dieser Zug fährt nur alle paar
Jahrzehnte mal durch die Geschichte. Wir dürfen ihn nicht verpassen«,
zitiert ihn »Der Spiegel« vom 23. Dezember 1968.

Fünf Monate später ist es für Kohl soweit. Am 19. Mai 1969 wird er von
57 der 96 votierenden Abgeordneten des Landtages zum »ersten Mann im
Lande« gewählt.[8] Eine Woche danach, am 28. Mai 1969, meldet das
Personalbüro des Landesverbandes der Chemischen Industrie den Ministerpräsidenten Dr. Helmut Kohl, der bei ihm seit dem 1. April 1959 als
Referent beschäftigt gewesen ist, bei der Allgemeinen Ortskrankenkasse
ab.

Er nimmt von den Mitarbeitern des Chemie-Verbandes Abschied, lädt
alle noch einmal zu einem Umtrunk mit Kuchen-Essen ein, setzt sich
anschließend in seinen »Peugeot« und fährt davon. Im Februar 1990,
unmittelbar bevor er nach Moskau fliegt, um mit Michail Gorbatschow
über die dramatisch in Bewegung geratene »deutsche Frage« und die Ende
November 1989 erstmals von ihm zum operativen Ziel der Politik erho-
bene Wiedervereinigung Deutschlands zu beraten, sinniert er: »Die zehn
Jahre beim Verband waren eine schöne Zeit.«

VI.

DER ERSTE MANN IM LANDE

Der neue Ministerpräsident, der nicht viel mehr als halb so alt ist wie sein Vorgänger, verfügt über ein gerüttelt Maß an Erfahrungen – nicht nur in der Personalpolitik. Winston Churchill, mit dessen Biographie sich Kohl seit seiner Schulzeit – zeitweilig zwangsläufig – immer wieder befaßt, hat einmal gesagt, der Politiker müsse »voraussehen können, was in der Politik morgen geschieht, was übermorgen geschehen und was sich im kommenden Jahr ereignen wird. Und dann muß er natürlich die Gabe haben, überzeugend erklären zu können, warum nichts von alledem eingetreten ist.« Kohl hingegen erwartet vom erfolgreichen Politiker, daß er neben »einem Stück Glauben« leicht erkenn- und fixierbare persönliche Voraussetzungen aufzuweisen habe. Schnelle Intelligenz und Auffassungsgabe, Gesundheit, physische Kraft, Stehvermögen und die Fähigkeit, auf Menschen einzugehen, dominieren in seinem Bild. Doch auch ein bestimmter Humor müsse, wie er infolge seiner eigenen Mentalität und Charakterstruktur präjudiziert, in ihm angelegt sein. Ein – die eigenen Fähigkeiten und überzogenen Selbsteinschätzungen relativierender und in Frage stellender – Humor, wie Papst Johannes XXIII. ihn liebte, erscheint ihm dabei als besonders wünschenswert. Wie der Pontifex maximus gelegentlich zu sich selbst gesagt habe, »Giovanni, nimm dich doch nicht so ernst«, so solle auch der Politiker in bestimmten Situationen dazu in der Lage sein.

In Rheinland-Pfalz, wo ihn jedermann zumindest aus den dort erscheinenden Zeitungen wie eine Münze kennt, wird er zunächst erst einmal auch von parteipolitisch anders orientierten Landsleuten als der erste Ministerpräsident gefeiert, der »aus dem eigenen Lande kommt«. Und er, der dies gern hört und sieht, zumal er sich selbst »mit Leib und Seele« als

Pfälzer fühlt, weiß dies multiplizierend zu nutzen. So stellt er am 20. Mai 1969 in einem Interview für die »Rheinpfalz« heraus: »Ich darf darauf hinweisen . . . daß mit meiner Wahl zum Ministerpräsidenten in Rheinland-Pfalz erstmals ein Pfälzer dieses wichtigste Amt unseres Landes übernommen hat.«

Schon deshalb werden ihm – spezifisch patriotisch artikuliert – Sympathien entgegengebracht, wie es dem Saarbrücker Peter Altmeier trotz seiner unbestrittenen Leistungen für das nach dem Zweiten Weltkrieg »auf dem Schreibtisch« entstandene Land niemals zuteil geworden ist. Kohl, der »joviale Pfälzer«, will die von ihm methodisch gepflegte unmittelbare Kommunikation mit jedermann zum Programm seiner Regierung machen. Er verheißt einen neuen Regierungsstil. »Wesentliches Merkmal dieses neuen Regierungsstils«, sagt er in einem am 20. Mai in der »Rheinpfalz« veröffentlichten Interview, »ist der Versuch einer Verkürzung der Distanz zwischen Bürger und Staat ganz allgemein. Dem dient nicht nur die Verwaltungsreform in einem territorialen und funktionalen Bereich, dem wird auch das Bemühen der neuen Landesregierung gelten, wichtige oder auch kritische Punkte der Gesetzgebung mit den Bürgern direkt zu diskutieren.« Er verspricht, der »Skepsis gegenüber Staat und Gesellschaft« durch den Abbau des »Immobilismus«, der sowohl in der Gesellschaft insgesamt als auch in der Verwaltung, im Staat und in den Hochschulen »zu Erstarrung und Verkrustungen geführt hat«, ein Ende zu bereiten. »Nicht der Staat selbst«, sagt er, »sondern einige seiner Erscheinungsformen und Repräsentanten sind das Ziel der Kritik. Hier muß eine vernünftige Politik ansetzen. Die Reformen . . . sind ein solcher Ansatz.«

Wer Helmut Kohls Karriere verfolgt hat, weiß seinen Hinweis auf kritikwürdige »Repräsentanten« und »Erscheinungsformen« des Staates richtig zu deuten. Nicht nur in Mainz bereiten sich zahlreiche Funktionsträger, Ministerialbürokraten und »Pächter von Erbhöfen« politischer Art seit der letzten Mai-Woche 1969 darauf vor, bald anderswo tätig sein zu müssen. Neue Staatssekretäre wie Willibald Hilf und Heinrich Schreiner, frisch ernannte und mit wichtigen Funktionen betraute Abteilungsleiter wie Hanns Schreiner, Ferdinand Stark und Waldemar Schreckenberger, werden berufen, den »neuen Regierungsstil« sichtbar werden zu lassen. Nicht wenige der später namhaften Politiker der Bundesrepublik Deutschland haben in dieser Zeit und auch davor schon in Kohl ihren Förderer gefunden. Bruno Hecks Installierung als Generalsekretär der CDU im Jahre 1967 und 1966 die Wahl des baden-württembergischen Ministerpräsidenten Kurt Georg Kiesinger zum Bundeskanzler haben ihn als einen der Weichensteller im Hintergrund gehabt. Ziehvater war er unter anderem für Norbert Blüm und für Richard von Weizsäcker.

Der 1954 in die CDU eingetretene von Weizsäcker, der von 1950 bis 1958 Leiter der Wirtschaftspolitischen Abteilung der Mannesmann AG in Düsseldorf, bis 1962 Teilhaber des Bankhauses Waldthausen in Essen und Düsseldorf und bis 1966 geschäftsführender Gesellschafter der Ingelheimer Firma C. H. Boehringer Sohn gewesen ist, verdankt Kohl den ihm 1969 in Rheinland-Pfalz zugesprochenen Wahlkreis und den sicheren Listenplatz für die Bundestagswahlen. Auch daß er am 5. November 1969 seine Jungfernrede im Bundestag halten kann, geht letztlich auf Kohl zurück, der ihm zudem, obwohl noch nicht einmal Ministerpräsident, bereits im Jahr zuvor die Chance geboten hatte, sich – im Wettstreit mit Gerhard Schröder – um das Amt des Bundespräsidenten zu bewerben. Richard von Weizsäcker hat es seinem Förderer zunächst gedankt. Als er im September 1971 unter Rainer Barzels Parteivorsitz Generalsekretär der CDU werden sollte, war er – nach längerer »Bedenkzeit« – nicht bereit, sich Barzel zur Verfügung zu stellen. Barzel mußte, eine Woche vor dem Saarbrücker Parteitag, der ihn zum Vorsitzenden wählen sollte, überhastet einen neuen Kandidaten finden. Was für viele wie eine Verweigerung aussah, hatte besondere Gründe. Weizsäcker fühlte sich nicht nur Kohl verpflichtet, sondern war auch überzeugt, daß Kohl, der für den Fall seiner Wahl nicht ihn, sondern Bruno Heck als Generalsekretär wünschte, in Zukunft die besseren Karten als Barzel haben würde.

Die Episode »Bundesvorsitzenden-Wahl« der CDU Anfang Oktober 1971, die Kohl eine schwere Niederlage gegen Barzel einträgt, hat er 1976 rückschauend als Folge eigener »amateurhafter Fehler« interpretiert. Obwohl die Landesverbände und das Parteipräsidium schon Anfang August 1971 eindeutig für Barzel votiert hatten, ist Kohl dennoch auf dem 19. Bundesparteitag der CDU in Saarbrücken kämpferisch »in den Ring« gestiegen. Für ihn hatten sich von den Landesverbänden lediglich Hamburg, Niedersachsen, Rheinland-Pfalz und die Junge Union und die Sozialausschüsse des Rheinlandes ausgesprochen. Die Spitzen der Landesverbände Berlin, Schleswig-Holstein, Bremen, Westfalen (»90 Prozent oder mehr«), Rheinland, Hessen (Landesvorsitzender Alfred Dregger: »höchstens eine Handvoll« für Kohl), Saarland und Baden-Württemberg sind sich zwei Monate vor der Wahl darüber einig gewesen, Barzel zu wählen, der am 4. Oktober dann auch mit 344 von 520 Stimmen gegen Kohl gewinnt, für den lediglich 175 Delegierte votieren.

Daß Kohl die »gki-A 31/71«-Analyse vom 5. August 1971 nicht nur gekannt, sondern auch »studiert« hat, ohne sich dadurch von seinem Vorhaben abbringen zu lassen, spricht sowohl für seine Kämpfernatur als auch für seine Bereitschaft, sich gegebenenfalls Niederlagen einzuhandeln. Offen und trotzig, mehr hoffend als zuversichtlich, sagt er: »Wer etwas um der Sache willen tut, muß auch bereit sein, den Hut in den Ring zu werfen.« Er wirft ihn in Saarbrücken in den Ring und muß zweierlei rasch feststellen: Er hat seinen agilen, äußerst wortgewandten und von einigen der populärsten Landesvorsitzenden der CDU – wie Heinrich Windelen, Gerhard Stoltenberg, Heinrich Köppler, Alfred Dregger und Hans Filbinger – unterstützten Kontrahenten Barzel sträflich unterschätzt, und er hat die aus systematischen Befragungen resultierenden »Wahlvoraussagen« ignoriert. Daß er diese Fehler selbstkritisch als »peinlich amateurhaft« begreift, nützt ihm später nicht nur, weil er seine bis Saarbrücken hin systematisch und kontinuierlich gepflegte »Personalpolitik« auf eine besondere Weise von einer gegnerischen Seite als nützlich bestätigt gefunden hat.

Rainer Barzel, der Fraktionsvorsitzende der Union[1], hat die Vereinigung der Ämter des Partei- und des Fraktionsvorsitzenden gefordert, Kohl ihre jeweilige Selbständigkeit propagiert. Kohl, der die Brandt-Scheel-Koalition zwar nicht als Eintagserscheinung einstuft, jedoch überzeugt ist, daß sie keinen »Ewigkeitswert« haben werde, will dem von der Fraktion »unabhängigen« Parteivorsitzenden größere operative Möglichkeiten eröffnen und die CDU/CSU wieder in die Offensive führen, Barzel dagegen seine eigene Doppelfunktion etablieren und die von ihm und einigen seiner Mitstreiter als »Episode« angesehene SPD/FDP-Koalition so aus den Angeln heben.

Doch nicht nur Helmut Kohl hat aus dieser persönlichen Niederlage Lehren gezogen, die CDU hat es auch. Rund zwanzig Monate später, am 12. Juni 1973, wird Kohl auf dem 21. Bundesparteitag in Bonn von 520 der insgesamt 600 Delegierten zum Bundesvorsitzenden der CDU gewählt.

Der Bonner Politik-Professor Wolfgang Bergsdorf, seit 1982 Leiter der Inland-Abteilung im Bundespresseamt, 1971 Stellvertretender Sprecher der CDU, beobachtete unmittelbar am Ort sowohl als Insider als auch als Fachmann den Versuch Helmut Kohls, in Saarbrücken eine weitere Hürde auf seinem Weg zu nehmen. Anfang 1990 stellte er fest:

»In der Saarland-Halle fand im Oktober 1971 eine ›Deutschland-Uraufführung‹ statt. Erstmals in der jüngeren Geschichte der Christlich-Demokratischen Union Deutschlands kandidierten zwei Politiker um das Erbe Konrad Adenauers als Parteivorsitzender. Kurt Georg Kiesinger, der Kanzler der Großen Koalition 1966–1969, trat als Vorsitzender der CDU zurück und sollte einem jüngeren Platz machen.
Rainer Barzel, Vorsitzender der CDU/CSU-Bundestagsfraktion, hatte die zurückliegenden Monate benutzt, um seinen Platzvorteil als Bonner Oppositionsführer ins Spiel zu bringen. Er wollte bei der für 1973 geplanten Bundestagswahl als quasi-natürlicher Herausforderer des Bundeskanzlers Brandt in den Wahlkampf ziehen. Seine Kandidatur zum Parteivorsitzenden in Saarbrücken war so die Vorentscheidung über die Kanzlerkandidatur der Union. Sie bedeutete für die Partei, die sich 1969 durch die sozialliberale Koalition aus der Regierung gedrängt sah, eine Fortführung des bisher betriebenen Oppositionskonzeptes, das Kritiker immer wieder als Regierungspartei im Wartestand gekennzeichnet hatten. Die Union hatte sich noch nicht in die für sie neue Rolle der Opposition hineingefunden. Sie agierte im Bundestag so, als trüge sie noch Regierungsverantwortung oder würde sie bald übernehmen, da die Regierung Brandt unmittelbar vor dem Zusammenbruch stünde.
Die Gegenposition vertrat der junge Ministerpräsident von Rheinland-Pfalz, Dr. Helmut Kohl. Er plädierte seit geraumer Zeit für eine gründliche Erneuerung von Programm und Organisation der CDU, er verlangte die Annahme der Oppositionsrolle, um die Union auf die künftige Regierungsverantwortung gründlich vorzubereiten. Er bot sich als Parteivorsitzender jenen an, für die eine Erneuerung der CDU an Haupt und Gliedern Voraussetzung für den Wahlerfolg war. Er hatte sich mit Gerhard Schröder, dem langjährigen Innen-, Außen- und Verteidigungsminister, geeinigt, daß dieser die Kanzlerkandidatur übernehmen

sollte. Kohl hatte Rainer Barzel die Aufgabe zugedacht, die er schon
wahrnahm: als Oppositionsführer parlamentarische Speerspitze einer
erneuerten Union zu bleiben.

Bevor der entscheidende Akt der Deutschland-Uraufführung über die
Bühne ging, kennzeichneten hektische Diskussionen und nervöse Span-
nung die Stimmung der Delegierten. Beide Kandidaten hatten ihre
Truppen mobilisiert. Die Mehrheit der Landesverbände und Bundes-
vorstandsmitglieder hatte Rainer Barzel auf seine Seite ziehen können. Dementsprechend standen auch die Wetten der Journalisten mit
Mehrheit für Barzel und gegen Kohl. Die Anhänger des Mainzer
Ministerpräsidenten rekrutierten sich aus seinem und dem gastgeben-
den saarländischen Landesverband, aus der Jungen Union und den
Sozialausschüssen und aus prominenten Politikern wie dem Vorsitzenden Dr. Kiesinger, dem Generalsekretär der CDU, Dr. Bruno Heck,
sowie Dr. Schröder, seinem Wunschkanzlerkandidaten.

Zuvor hatten die beiden Rivalen gesprochen. Kohl, beide Hände fest
ans Pult geklammert, begründete die Notwendigkeit der Erneuerung.
Er hatte – entgegen seiner Gewohnheit – noch kurz zuvor in einer Ecke
des Foyers an seiner Rede gefeilt.

Rainer Barzel präsentierte sein Programm in fünf Punkten und nannte
im Gegensatz zu Kohl auch die Namen seiner wichtigsten Mitarbeiter
in der Parteiführung. Er wollte Konrad Kraske als Generalsekretär
vorschlagen und Walter Leisler Kiep als Bundesschatzmeister. Anschließend meldete sich Gerhard Schröder zu Wort und sprach sich
weniger für Helmut Kohl als gegen eine Ämterhäufung aus. Sein
Plädoyer für eine funktionsgerechte Arbeitsteilung in der Parteiführung
wurde nur mit dünnem Beifall quittiert, und dann sprach Kiesinger.
Zunächst lobte er ausführlich Barzels parlamentarische Arbeit und
bekannte sich dazu, Helmut Kohl zur Kandidatur ermutigt zu haben;
gleichzeitig verwies er auf die Notwendigkeit, daß Kohl nach einer
gewonnenen Bundestagswahl 1973 den Parteivorsitz an Gerhard Schröder abgeben muß, weil Kanzlerschaft und Parteivorsitz in einer Hand
zu sein hätten. Von seinem Plädoyer hatte sich Helmut Kohl besonders
viel erwartet. Zur Verblüffung der Delegierten und zur Enttäuschung
der Kohl-Anhänger fiel seine Intervention zugunsten des Mainzer
Ministerpräsidenten äußerst zwiespältig aus.

Nach diesem mißglückten Plädoyer am Abschluß der Personaldiskussion mußte Helmut Kohl ziemlich klar sein, daß er in Saarbrücken chancenlos gegen Barzel war. Er holte sich eine veritable Abfuhr, aber das beste Ergebnis bei der Wahl der stellvertretenden Parteivorsitzenden. Damit war klar, daß er die weitere Chance hatte, der Nachfolger von Barzel zu werden, falls bis zu diesem nicht absehbaren Zeitpunkt gelingen sollte, als Hoffnungsträger der neuen CDU präsent zu bleiben.«

Wie Kohl mit der Niederlage von Saarbrücken persönlich fertig wurde, schildert er zwei Jahrzehnte danach selbst: »Für mich kam die Niederlage gegen Rainer Barzel nicht überraschend. Mir war klar, daß er die stärkeren Bataillone auf seiner Seite hatte. Und auch die wenig geglückten Einlassungen von Gerhard Schröder und Kurt Georg Kiesinger hatten meine Erwartungen auf ein gutes Ergebnis weiter gedämpft. Entscheidend war für mich, daß ich meinen Hut in den Ring geworfen und damit für die Zukunft meinen Anspruch angemeldet hatte. Deshalb wurde die Zusammenkunft mit meinen rheinland-pfälzischen Freunden am Abend der Saarbrücker Niederlage keine Leichenfeier. Wir trafen uns in einem Kaiserslauterner Hotel, weil wir in Saarbrücken keine Übernachtungsmöglichkeit gefunden hatten. Es wurde ein feucht-fröhlicher Abend, ohne Schmerz, ohne depressive Stimmung. Bruno Heck, der unvergessene Freund, gab die Parole aus: Jetzt erst recht.«

Doch zurück zur Amtsübernahme Helmut Kohls als rheinland-pfälzischer Ministerpräsident im Mai 1969. In Ludwigshafen, der traditionell von einem SPD-Oberbürgermeister regierten Heimatstadt, wird der neue Landesvater emphatisch gefeiert. Daß er nach seiner Wahl sofort in den dortigen »Ebert-Park« eilt und vor einer spontan zusammengelaufenen Volksmenge im betont pfälzischen Dialekt mit akademischer Prägung spricht, ist für beide Seiten, für die Ludwigshafener und für ihn, eine Selbstverständlichkeit. Er, der dann und wann das »Bad in der Menge« braucht, ist glücklich und überwältigt. Selbst eingefleischte Sozialdemokraten[2], die ihm sonst keine sonderliche Sympathie entgegenbringen, reagieren emotional lokalpatriotisch, als er sagt, daß er auf heimatlichem Boden stehe, auf einem Boden, der einmal Jakob Josef Schnur, seinem Urgroßvater mütterlicherseits, gehört habe.

Der Historiker Kohl, der seit Jahren die Geschichte bemüht, wenn es darum geht, jedermann deutlich zu machen, wohin er will, tut dies nun geradezu mit Inbrunst. Wo immer es sich anbietet, »verordnet« er seinen pfälzischen Landsleuten ein gehobenes Selbstgefühl und erinnert sie daran, daß sie Glieder einer historischen Kette sind, die nicht reißen dürfe. »Wer die Geschichte der Landschaften dieses Landes . . . und . . . ihre jahrhundertealte Grenzsituation kennt«, sagt er in seiner Regierungserklärung vom 20. Mai 1969, »weiß, daß die Zugehörigkeit zu einem geeinten Deutschland für uns selbstverständlich ist. Die Landesregierung hat schon aus diesem Grund besonderen Anlaß, eine Politik zu unterstützen, die möglichst bald die gewaltsame Teilung unseres Vaterlandes beendet.«

Vier Monate nachdem Kohl im rheinland-pfälzischen Landtag die Wiedervereinigung Deutschlands beschwört, diskutiert der »Spiegel« mit dem amtierenden sozialdemokratischen Außenminister Willy Brandt über die Frage der Anerkennung der DDR als Ausland. Brandt erklärt zwar, daß »Möglichkeiten diesseits der Anerkennung als Ausland« bestünden, geht jedoch mit keinem Wort auf die Wiederherstellung der deutschen Einheit ein. Noch 1988, vierzehn Monate bevor Helmut Kohl in der DDR öffentlich als »unser Kanzler« und »Wiedervereinigungskanzler« gefeiert wird, bezeichnet Brandt die Forderung nach Wiedervereinigung als »Lebenslüge«, »Fiktion« und »wirklichkeitsfremd«. Am 11. September 1988 erklärt er: »Durch den Kalten Krieg und dessen Nachwirkungen gefördert, wurde die Wiedervereinigung zu jener spezifischen Lebenslüge der zweiten deutschen Republik.« Und am 14. September 1988 sagt er: »Die Einheit zu beschwören, war mehr als eine Fiktion . . . Wie der Begriff Wiedervereinigung im Bundesverfassungsurteil[3] zum Grundlagenvertrag[4] in Anspruch genommen wurde, das habe ich in der Tat für wirklichkeitsfremd und schon deshalb nicht für hilfreich gehalten.«

Anders als Kohl, der nicht erst seit seiner ersten Regierungserklärung als Ministerpräsident unentwegt für die staatliche Wiedervereinigung Deutschlands eintritt, ging es Willy Brandt immer nur darum, durch die »Lösung« der »Verkrampfungen« die »Einheit der Nation zu wahren«, wie er sich in seiner Regierungserklärung vom 18. Januar 1973 ausdrückte. Nicht die Wiederherstellung der deutschen Einheit war sein Ziel, sondern die Etablierung einer erträglichen Nachbarschaft.

Bismarck hat als Student, vor seinen eigenen Möglichkeiten, Geschichte zu gestalten, mit seinem amerikanischen Freund Dutken Sauer gewettet, daß Deutschland »in zwanzig Jahren geeint« sein werde. Wie sich diese Vereinigung vollziehen würde, wußte oder ahnte er nicht. Noch als Gesandter beim Bundestag in Frankfurt am Main, drei Jahre vor seiner Ernennung zum preußischen Ministerpräsidenten im Jahre 1862, schrieb er an seine Frau: »Jeder von uns stellt sich, als glaube er vom anderen, daß er voller Gedanken und Entwürfe sei ... und dabei wissen wir alle zusammen nicht ... was aus Deutschland werden wird.« Helmut Kohl wettet nicht; er fordert beim Antritt seines Amtes als Ministerpräsident die Wiedervereinigung Deutschlands. Und er erinnert ständig daran.* Zwanzig Jahre danach, Ende 1989, erklärt er der – zum Teil betroffenen – Weltöffentlichkeit, wie sie zustande kommen solle.

Um »seinen« Pfälzern die historische Kontinuität vor Augen zu halten, nennt er Nikolaus von Cues, Johannes Gutenberg, Klemens Fürst von Metternich, Karl vom und zum Stein, Karl Marx, Friedrich Wilhelm Raiffeisen und Bischof Emanuel Ketteler als historische Gestalten des Kulturraumes und weist darauf hin, daß die Pfälzer und ihr Land aus der Retorte einen festgefügten Platz unter den anderen Bundesländern und ihren angestammten Bevölkerungen behalten werden. Die historische Formel »Der König ist tot, es lebe der König«, ist nach diesem Regierungswechsel in vieler Munde. Der aus dem klerikalen Flügel des Weimarer Zentrums kommende Saarländer Altmeier hat für den modernen und zukunftsorientierten Pfälzer Kohl den Platz räumen müssen. An »Restauration« denkt niemand mehr. Auf der Waage des Vergleichs zählen hier Kohls Engagement und seine programmatischen Erklärungen mehr als zwei Jahrzehnte vielgerühmter Regierungsarbeit.

Im Landtag kann Kohl auf eine solche Zustimmung und Einmütigkeit zwangsläufig nicht rechnen, obwohl auch da nicht wenige »Linke« in ihm den einzigen Mann sehen, der mit den verkrusteten Strukturen und mit dem in zwei Jahrzehnten parteipolitisch verfilzten Personalkarussel aufräumen könne. Oskar Munzinger, der Fraktionsvorsitzende der SPD,

---

* Niemals ließ er – im Gegensatz zu den weitaus meisten Politikern der Bundesrepublik Deutschland – Zweifel an seiner Antwort auf die Bewältigung der deutschen Frage aufkommen.

wahrt am 21. Mai nach Kohls Regierungserklärung vom Vortage Distanz, soweit es um Vergleiche zwischen dem gestürzten und dem neuen Ministerpräsidenten geht. Es sei unmöglich, so sagt er, angesichts der »Melancholie des Abschieds« und der »Euphorie des ersten Auftretens des jungen Helden« die »Landespolitik kritisch zu beleuchten, die ... Altmeier zu verantworten« habe. Dennoch versichert Munzinger, daß die SPD sich von Kohl, der ja »zumindest in den letzten zwei Jahren die Politik der Landesregierung entscheidend bestimmt« habe, sehr viel mehr verspreche als von Altmeier, der nicht bereit gewesen sei, sich »von der rheinischorthodoxen Politik« zu »lösen«. Der Sozialdemokrat bemängelt zwar »eine alte konservative« Kulturpolitik der besonders in der Frühzeit von Kohl beeinflußten Jungen Union und wirft der CDU vor, die Gründe für die seit 1968 massive »Rebellion« vieler Jugendlicher falsch einzuschätzen; aber er sagt auch, daß er bedauern würde, wenn der neue Ministerpräsident sein Amt in Mainz nur als Sprungbrett »für eine maßgebliche Rolle in Bonn« benutzte oder »unter Überspringung des Landes Rheinland-Pfalz gleich nach Bonn« ginge.

Auch Jockel Fuchs, der seit 1955 im Landtag sitzende und seit 1965 als Mainzer Oberbürgermeister amtierende SPD-Landespolitiker, erklärt im Landesparlament offen, daß es für die SPD selbstverständlich sei, »dem neuen Ministerpräsidenten eine Anlaufzeit« zu gewähren. Die Sozialdemokraten möchten, so beteuert Fuchs, ihm zwar keine »Vorschußlorbeeren« kredenzen, doch sie seien bereit, seine Ankündigungen als ein proportionsgerechtes Programm zu akzeptieren.

Kohl, über den gut informierte Insider sagen, daß er sein Ohr immer »am Puls der Zeit« habe und – nicht nur dank der Informationen seitens des Allensbacher Demoskopischen Instituts – kaum jemals von Wahlergebnissen tatsächlich überrascht worden sei, kann mit der Reaktion der linken Parlamentarier zufrieden sein.[5] Zwei Jahrzehnte später schildert Fuchs den damaligen Ministerpräsidenten als einen undogmatischen, instinktsicheren, durchsetzungsfähigen und kooperativ zuverlässigen Politiker, der im Landtag und in der Landespolitik gegen das »fast absolute Regiment« Altmeiers aufgemuckt und die »erstarrten und verkrusteten Strukturen seiner Partei« schon vor seiner Wahl zum Chef des Landeskabinetts merklich aufgeweicht habe. Kohl, so meinte Fuchs später anerkennend, folgte einer festgefügten Vorstellung, in der sowohl die Vergangenheit als auch die Gegenwart und Zukunft realistische Positionen einnahmen.

Um die Unterstützung der Freien Demokraten, die 1969 seit achtzehn Jahren mit der CDU die Regierung bilden, braucht Kohl sich nicht zu sorgen. Die Bemerkung des seit 1967 im Landtag sitzenden 46jährigen Kreuznacher FDP-Abgeordneten Werner Danz, der »das Eintreten des Ministerpräsidenten für die Erhaltung des parlamentarisch-demokratischen« Regierungssystems begrüßt, ist durchsichtig und beeindruckt Kohl sowenig wie die Feststellung des einstigen Hauptgeschäftsführers der FDP und derzeitigen persönlichen Referenten des Landesministers für Finanzen und Wiederaufbau, daß die Jugend »Anteil am politischen Leben« nehme und auch ihren »Anspruch auf Mitgestaltung des politischen Lebens« artikuliere. Kohl kann auf den ersten Blick erkennen, daß der Freie Demokrat ihn lediglich selbst zitiert und zumindest um der FDP willen um sein Wohlwollen buhlt. Danz will sich bei dem »Neuen« nicht in ein schlechtes Licht setzen, zumal als offenes Geheimnis gilt, daß Kohl nicht nur über das Gedächtnis eines Elefanten verfügt, sondern auch, daß er es bei personalpolitischen Entscheidungen besonders artikuliert zu »befragen« pflegt.

In seiner Regierungserklärung vom 20. Mai, die der »Staats-Anzeiger« am 25. Mai veröffentlicht, hat Kohl einleitend unter anderem gesagt: »Die heutige Regierungserklärung folgt nicht wie üblich auf eine Neuwahl des Parlaments. Die Bildung der neuen Regierung fällt mitten in die Wahlperiode und damit mitten in die Arbeit dieses Parlaments. Die neue Landesregierung wird von den gleichen politischen Kräften wie bisher getragen. Diese Koalition von CDU/FDP hat sich bewährt. Beide Parteien sind aus diesem Grund übereingekommen, diese Zusammenarbeit fortzusetzen. Die Neubildung der Landesregierung kam durch den Rücktritt von Ministerpräsident Dr. Peter Altmeier zustande.« Dann ist er – wie in einem Nekrolog – pflichtgemäß auf Altmeiers Verdienste für das Land eingegangen und hat erklärt: »Die neue Landesregierung kann ... an eine erfolgreiche Regierungsarbeit seit der Neubegründung der demokratischen Tradition in Rheinland-Pfalz anknüpfen ... Aus unserer Grenzsituation ergeben sich natürliche Beziehungen zu unseren Nachbarn und in ganz besonderer Weise zu Frankreich. Die deutsch-französische Freundschaft ist Bestandteil unserer Politik. Die Landesregierung hofft, die Partnerschaft Rhein-

land-Pfalz/Burgund weiter ausbauen zu können. Wir wünschen Partnerschaft vor allem im Sinne einer Begegnung der Menschen, insbesondere
der jungen Generation in beiden Ländern. Das Land Rheinland-Pfalz
hatte als neue politische Einheit nach dem Zweiten Weltkrieg nicht nur
das demokratische politische Leben neu zu begründen; das politische
Erbe einer jahrhundertelangen Grenzlage hat weite Teile des Landes
von der wirtschaftlichen und sozialen Entwicklung der anderen Gebiete
Deutschlands ausgeschlossen. Der Ausbau der Infrastruktur in wirtschaftlicher, sozialer und kultureller Beziehung unterblieb nur allzu oft aus
militärischen Gründen.«

Hier kann Kohl – dank seiner Doktorarbeit von 1958 – auf weitaus
differenziertere Kenntnisse als irgend jemand sonst zurückgreifen. Und er
genießt diesen Vorteil, der ihm auch in den folgenden Debatten zur
besonderen Überlegenheit verhilft, sichtlich in staatsmännischer Attitüde.

Die primär von Rudi Dutschke im Jahr zuvor ausgelösten Kampagnen
streifend, stellt er fest: »Diese Generation trägt ihre Forderungen unbe-
schwert von der jüngsten Geschichte rigoros und radikal vor. Die Landesregierung wird Kritik ernst nehmen und sich dem Dialog – wo immer er
möglich ist – stellen. Es muß jedoch eine Kritik sein, die davon ausgeht,
die bestehenden Verhältnisse zu verbessern. Entzündete sich die politische Kritik bisher in erster Linie an Einzelmaßnahmen und politischen
Entscheidungen, so hat sie sich nunmehr in einer Weise ausgeweitet, die
das Verhältnis von Bürger und Staat radikal verändern und die Grundlagen
unserer freiheitlich rechtsstaatlichen Ordnung gänzlich in Frage stellen
will. Es ist also die Zeit und das Parlament der Ort, sich mit der Kritik an
diesem Staat und seiner demokratischen Wirklichkeit auseinanderzusetzen. Vor diesem Hintergrund werden die Konturen der künftigen Politik
deutlich zu machen sein ... Die Demokratie lebt mehr als jede andere
Staatsform von der Zustimmung ihrer Bürger und deren Teilnahme am
politischen Leben. Diese Zustimmung zum demokratischen Staat kann
die politische Führung aber nur dann erwarten, wenn es ihr auch gelingt,
auf die Existenzfragen der Gesellschaft überzeugende Antworten zu finden. Deshalb darf die kritische Frage nach der Funktionsfähigkeit des
modernen Staates, der Verbesserung seiner Praxis und seiner Institutionen
nie verstummen.«

Instinktsicher hat Kohl kritischen Vorwürfen vorweg den Wind aus

den Segeln genommen und – auch über seinen eigenen Anteil an bestimmten Aspekten der vor allem von Altmeier zu verantwortenden
Politik Rechenschaft ablegend – dozierend erklärt: »Die staatlichen Organe sind verpflichtet, alles, was das Verhältnis von Bürger und Staat stört
oder belastet, zu beseitigen. Es ist nicht zu verkennen, daß es unserem
Staat nicht immer gelungen ist, sein demokratisches Selbstverständnis
überzeugend darzustellen.[6] Autoritäres Gehabe und Machtdemonstratio-
nen – gleichgültig in welchen Bereichen – passen nicht zum Selbstverständnis des demokratischen Staats.«

Die Einwände der – ebenfalls im Landtag sitzenden – NPD, die sich
von der Regierung benachteiligt fühlt, berühren Kohl gar nicht. Den
NPD-Abgeordneten May, der Kohls Bezeichnung der NPD-Mitglieder
als »Ewiggestrige« moniert, fertigt er mit der Feststellung ab, daß er (May)
infolge seiner Kenntnis der »Mitgliederschaft doch am besten wissen«
müsse, wie es sich damit verhalte. In seiner Regierungserklärung hatte
Kohl festgestellt: »Ein Staat, der eine möglichst offene Verständigung mit
seinen Bürgern sucht, weckt auch das Interesse und die Bereitschaft des
Bürgers, sich für Aufgaben des allgemeinen Wohls zur Verfügung zu
stellen. Das ist um so notwendiger, als Staat und Verwaltung ihre Aufgabe
nur dann erfüllen können, wenn ein hohes Maß an aktiver Mitwirkungs-
bereitschaft der Bürger vorhanden ist ... So notwendig diese Korrekturen
im heutigen Verhältnis von Bürger und Staat auch sind, sie allein bieten
noch keine zureichende Antwort auf die teilweise radikale Ablehnung des
parlamentarisch-demokratischen Rechtsstaats. Diese Kritik kommt von
verschiedenen Seiten und ist sehr unterschiedlich motiviert. Die eine
Seite – häufig als ›Neue Linke‹ apostrophiert – bestreitet die Fähigkeit unseres politischen Systems und den ernsten Willen der politischen Führung,
die Gesellschaft grundlegend zu verändern. Die andere Seite, die ›Extreme
Rechte‹, sieht in der parlamentarischen Demokratie keine ausreichende
Gewähr dafür, daß ihre restaurativen Vorstellungen von Recht und Ordnung wirksam werden. Beiden Seiten, der ›Neuen Linken‹ und den
Ewiggestrigen, ist gemeinsam, daß sie Totalanschauungen als für Staat
und Gesellschaft schlechthin verbindlich anbieten, die man notfalls auch
gegen den Willen der Mehrheit sogar gewaltsam durchzusetzen bereit ist.
Sie stehen damit in einem klaren Gegensatz zur Offenheit unserer politischen Ordnung, die gerade durch das Bekenntnis zur politischen Freiheit

und Gleichheit aller Bürger und durch das Prinzip der stets korrigierbaren
Mehrheitsentscheidung alle Kräfte an den Existenzfragen der Gesellschaft
beteiligt.«

Mehr als in den Jahren zuvor, und mehr dozierend als vorher, läßt Kohl
erkennen, daß er in keiner Hinsicht womöglich so etwas wie ein Ab-
klatsch seines Vorgängers sein oder werden wolle. Die Abgeordneten,
denen er nicht fremd ist, wissen zwar aus Erfahrung, daß er gern die
Geschichte und »ihre Gesetze« bemüht; aber am 20. Mai 1969 müssen sie
erleben, daß er dies auf eine ganz besondere Weise tut. Sein Vorgänger
Altmeier, der lediglich die Volksschule und danach eine Handelsschule
besucht hatte, bevor er Kaufmann geworden – und als Ministerpräsident
mit dem Titel eines Ehrendoktors der Medizin der Universität des von
ihm regierten Landes ausgezeichnet worden – ist, hätte derartig artikulierte
Kombinationen von Vergangenheit und Gegenwart nicht glaubwürdig
vortragen und zu seinem individuellen Stil zählen können. Kohl doziert
nach seiner Kurzanalyse der Links- und Rechtsradikalen von oben herab
lehrhaft: »Jede andere Form der Entscheidung politischer Fragen bedarf –
wie die Geschichte lehrt – eines irgendwie gearteten Rückgriffs auf irratio-
nale Kriterien, wie zum Beispiel das ›Gesetz der Geschichte‹ oder den
›wahren Volkswillen‹ und daraus abgeleitete politische Rezepte. Solche
Kriterien werden bewußt der freien Diskussion entzogen. Gerade die aber
ist wesentliche Grundlage der demokratischen Ordnung. Gegen diese
Kritik und solche Angriffe müssen wir den parlamentarisch-demokratischen Rechtsstaat entschlossen verteidigen.«

Wie er die Forderung nach der staatlichen Wiedervereinigung Deutschlands als selbstverständlich voraussetzt, so läßt er in seiner Definition des
modernen demokratischen Staates eine Konfrontation Bundesrepublik
Deutschland – Deutsche Demokratische Republik als ebenso selbstverständlich erscheinen. »Nach den schrecklichen Erfahrungen unseres Volkes
lassen wir es nicht zu«, sagt er beispielsweise im Landtag, »daß unsere mit
großen Opfern aufgebaute freiheitliche Ordnung, sei es von links oder
rechts, erneut in ein Chaos gestürzt wird. Dieser freiheitliche Staat ist auch
die Hoffnung für jenen Teil unseres Volkes, der bis zur Stunde über sein
politisches Schicksal nicht frei entscheiden kann. Wir bejahen diesen Staat
und seine politische Verfassung, nicht weil wir sie für einen fraglosen
Selbstzweck halten, sondern weil sie mehr Freiheit und mehr Frieden

sichern als jedes andere System . . . Es darf daher nicht befremden, daß ein solcher Staat emotionale Identifikationen eines kollektiven Hochgefühls nicht auslösen kann. Die Demokratie fordert ein Pathos der Nüchternheit; denn die Probleme der industriellen Gesellschaft können nur mit der Leidenschaft geklärt werden, die Sachlichkeit als existenzielle Bedingung eines menschenwürdigen Lebens anerkennt.«

Hinsichtlich der Kulturpolitik, die er bereits im Herbst 1960 vor den Ludwigshafener Stadtratswahlen als besonderes Interessengebiet im Rahmen der Stadtpolitik genannt hat, erklärt er jetzt als Ministerpräsident: »Das Ziel einer modernen Kulturpolitik kann . . . nicht darin bestehen, lediglich bestehende Mängel und Rückstände zu beseitigen. Im Vordergrund steht . . . die Aufgabe, eine kulturpolitische Konzeption durchzuführen, die ein tragfähiges Fundament für die Zukunft unserer Gesellschaft bildet. Kulturpolitik ist daher mehr als bloße Schulpolitik. Sie ist eine politische Aufgabe, die alle Bereiche der Gesellschaft durchdringt und die darauf zielt, die kulturellen Bedingungen zu fördern, die ein sinnerfülltes, menschenwürdiges Dasein ermöglichen. Die Landesregierung ist sich bewußt, daß der Staat für diese große Aufgabe lediglich versuchen kann, die materiellen Voraussetzungen zu schaffen. Die eigentliche Arbeit obliegt den Künstlern, Wissenschaftlern und den Pädagogen. Ihre Leistung . . . bedarf mehr denn je der gesellschaftlichen Anerkennung und der staatlichen Förderung . . . Für unsere Schulpolitik[7] folgt aus dieser kulturpolitischen Konzeption die Forderung nach einem anpassungsfähigen Schulwesen, das das gleiche Recht auf Bildung mit den Erfordernissen einer möglichst leistungsfähigen Schule verbindet.«[8]

Er verspricht, die Erwachsenenbildung und das private und freie Schulwesen ebenso zu fördern wie die traditionellen berufsbildenden Schulen. Die Folgen der von der französischen Besatzungsmacht nach 1945 verordneten Schulpolitik, die Konfessionsschulen und die konfessionelle Lehrerbildung, sollen beseitigt, Ausbildungsinstitutionen in Form von Erziehungswissenschaftlichen Hochschulen in Koblenz, Worms und Landau errichtet und in Trier eine Universität (Trier-Kaiserslautern) gegründet werden. Studienplätze seien zu schaffen, Theater, Museen und Bibliotheken zu unterstützen und »das reiche Erbe an Kunstdenkmälern des Landes auch der künftigen Generation« zu erhalten.

Kohl hat das amtierende Altmeier-Kabinett übernommen. Bis 1976, bis er als Oppositionsführer nach Bonn geht, läßt er es unverändert. Die Minister Bernhard Vogel und Heiner Geißler sind ohnehin schon 1967 durch ihn in ihre Ämter gelangt. Heinrich Holkenbrink, der sich ihm im Laufe der zurückliegenden zwanzig Jahre nicht zuletzt auch deshalb eng angeschlossen hatte, weil ihn Kohls intimes intellektuelles Verhältnis zum Weimarer Reichskanzler Heinrich Brüning und dessen Verteidigung vor Diffamierungen »sehr beeindruckte«*, wurde erst 1971 mit dem Wirtschaftsministerium betraut.

Über den Umgang des neuen Ministerpräsidenten mit seinen Ministern sagt Bernhard Vogel: »Kohl duzte sich mit vielen Leuten, vor allem aus seiner Anfangszeit, ohne sich jedoch jemandem auszuliefern. Er war und blieb so etwas wie ein ›Hordenführer‹. Ein kameradschaftlicher, freundschaftlicher Ton war das, was er wollte – und sich unter seiner Regie auch durchsetzte.« Mit den Exponenten der anderen politischen Parteien verkehrt er fair und nobel. Der sozialdemokratische Fraktionsvorsitzende von 1971 bis 1976, der Pfälzer Karl Thorwirt, attestiert ihm Anfang 1990, nur durch seine einsichtige Politik und Bereitschaft zur Zusammenarbeit auch im Zusammenhang mit der Verwaltungsreform erreicht zu haben, was unter Altmeiers Regie bis 1969 nicht gerade als politisch »machbar« erschienen sei.

Der Ministerpräsident kanzelt niemanden öffentlich ab, und er schlägt da auch nicht mit der Faust auf den Tisch, wenn er sich ärgert. Seine nächste Umgebung erkennt auch so, wie es in ihm aussieht. Seine Stirn rötet sich, die Augen »sprühen Blitze«, die Hände werden fahrig. Er steht unvermittelt ruckartig auf und läßt seine wuchtige Gestalt schroff »sprechen«. Wer diese Anzeichen nicht erleben will, muß – wie er selbst – einen aufgeräumten Schreibtisch haben, absolut pünktlich, ständig wach, immer aufnahmebereit und jederzeit gut über seine Sache informiert sein. Obwohl er immer will, daß jeder Gesprächspartner möglichst sofort »auf den Punkt kommt«, kann er zuhören. Nicht nur aus Höflichkeit unterbricht er eigene Ausführungen, wenn sein Gegenüber etwas einzuwenden hat. Die Minister müssen gegen Irritationen gewappnet sein; denn wenn er mit ihnen spricht, können sie nicht sicher sein, daß er ein angeschnittenes

---

* Kohl hatten nach 1950 Heinrich Brünings (Reichskanzler vom 30. März 1930 bis zum 31. Mai 1932) Selbstlosigkeit und Einsatz für sein Amt besonders imponiert.

Thema durchgehend und ohne Abweichungen behandelt. Er weicht gern auf »Nebenschauplätze« aus, nennt oder verlangt unvermittelt genaue Details und kehrt plötzlich wieder zum ursprünglichen »Stoff« zurück. Wer nicht über einen flexiblen Intellekt verfügt, hat bei ihm rasch schlechte Karten.

Sein hervorstechendster positiver Zug drückt sich in dem Bedürfnis und in der Fähigkeit aus, menschliche Wärme und Teilnahme zu multiplizieren, sein negativster in der brüsken Unterbindung der Kommunikation. Seinen Gefolgsleuten Treue und Sorgepflicht bezeugend und bewahrend, seinen Gegnern eisige Ablehnung entgegenbringend, kann er bei seinem Gegenüber bedingungslose Zuneigung produzieren, aber ebenso augenblicklich auch Irritation, Abwehrhaltung und Betroffenheit. Infolge seiner Mentalität und Charakterstruktur erweist sich seine meist maßvolle Offenbarung von Traditionsgebundenheit und Sentimentalität als ein Ausdruck tiefsten Gefühls. Auch wenn dieser Wesenszug in den meisten Fällen für Politiker und Staatsmänner weder als sonderlich nützlich noch als erstrebenswert angesehen wird: Helmut Kohl steht er gut, weil er Gefühle nicht vortäuscht und Selbstmitleid nicht kultiviert.

Jetzt, Ministerpräsident und »erster Mann im Lande«, setzt Kohl die von ihm seit Jahr und Tag praktizierte »Personalpolitik« fugenlos fort. Selbst der »Spiegel«, der dem Mainzer Kabinettschef nicht gerade sonderlich gewogen ist, attestiert ihm am 21. März 1973:

»Wie bei kaum einem anderen westdeutschen Politiker kommt es bei Kohl auf die Mannschaft an . . . Selbst seine Gegner in der Union konzedieren, daß der Kandidat stets die richtigen Leute zum richtigen Zeitpunkt an die richtige Stelle gesetzt habe. Kohls Profilmacher sind
- Kulturpolitiker wie Minister Bernhard Vogel . . . und seine Staatssekretärin Hanna-Renate Laurien . . . die ohne Streit mit der Kirche an Rhein und Mosel die Konfessionsschule liquidierten und Kohls Universitäten von Studentenunruhen freihielten,
- Sozialpolitiker wie der gelernte Jurist Heinrich Geissler . . . der mit fortschrittlichen Kindergarten- und Krankenhausgesetzen Kohl als reformfreudigen Landesvater auswies,
- Finanzpolitiker wie Landesminister Johann Wilhelm Gaddum . . . der in Kohls Bonn-Dependance stationierte Ministerialdirektor Franz

Klein ... der einst als Steuerreform-Experte der Bundesregierung
diente. Beide sollen den Dienstherrn für wirtschafts- und finanz-
politische Streitfragen aufrüsten.
- Innenpolitiker wie der gebürtige Bayer Herzog ... der von Bonn aus
den Mainzer Premier in Fragen der Gesellschaftspolitik berät und
dem zwei Experten aus dem Geissler-Ministerium zugeordnet wurden, die aus den Stäben der CDU/CSU-Fraktion abgeworbenen
hochkarätigen Fachleute Baldur Wagner (Soziales) und Ulf Fink
(Renten).«

Daß der Ministerpräsident Kohl seine – immer auf künftige Entscheidungen und Zäsuren fixierte – »Personalpolitik« spätestens seit seiner
Amtsübernahme im Mai 1969 auch über den Bereich seines Landes Rheinland-Pfalz hinaus angelegt hat, zeigt nicht nur seine hilfreiche Sorgfalt für
von Weizsäcker und Blüm. Der »Spiegel«, der dies registriert, Kohl jedoch
noch nicht zutraut, was er selbst für selbstverständlich hält, geht am
21. März 1973 lediglich von der nächsten Station aus, als er schreibt:»In
Bonn sorgte Kohl für eine anschauliche Mainzer Präsenz: Richard von
Weizsäcker, stellvertretender Fraktionsvorsitzender, und Norbert Blüm,
CDU-MdB und Hauptgeschäftsführer der CDU-Sozialausschüsse, verdanken dem Ministerpräsidenten ihr Bundestagsmandat [von 1969] und
helfen gelegentlich mit innen- und außenpolitischen Tips aus ... Mit
Biedenkopfs Beistand und dem gewohnten Arbeitsstil will Kohl auch die
Fähigsten unter den CDU-Angestellten der christdemokratischen Partei-
zentrale für sich gewinnen, wenn er nach dem 12. Juni in die Chefetage
des Konrad-Adenauer-Hauses einzieht. Kohls Schreiner baut auf das
Talent seines Chefs im Umgang mit Personal: ›Er wird die Frustrationen
abbauen. Die werden merken, daß sie mal nicht nur für den Papierkorb
arbeiten dürfen.‹ «
Die vom Fraktionsvorsitzenden der SPD im Mai 1969 im Mainzer
Landtag als nicht gerade bemerkenswerte »geistige Leistung« bezeichnete
Verwaltungsreform Helmut Kohls trägt relativ rasch bemerkenswerte
Früchte – vor allem im Zusammenhang mit der Territorial- und Funk-
tionalreform. Aus den bis dahin fünf Regierungsbezirken des Landes
werden drei, aus den 39 Landkreisen 24. Die 2460 Städte und Gemeinden
erhalten 212 Verwaltungseinheiten. Ein Kindergartengesetz und die Kran-

kenhausreform machen Schule auch in anderen Bundesländern. Das seit April 1956 kontinuierlich vorhandene und zeitweilig sowohl von der SPD als auch ständig von Heimatverbänden unterstützte Bestreben, das junge Bundesland aufzulösen und zu »zerstückeln«, macht dank Kohls spezifisch artikulierter Politik zunehmend Bekenntnissen zur neuen Heimat Rheinland-Pfalz Platz. Im Mai 1975, ein Jahr bevor Kohl als Oppositionsführer nach Bonn geht, sprechen sich dreiviertel der im Rahmen eines Volksentscheides in den Regierungsbezirken Koblenz, Trier, Montabaur und Rheinhessen votierenden Bewohner des Landes für das Verbleiben in Rheinland-Pfalz aus.

Vor Kohls Regierungsübernahme war im Norden des Landes – von der SPD unterstützt – die Angliederung der Regierungsbezirke Trier und Koblenz an Nordrhein-Westfalen gefordert worden, im Osten – vom »Heimatbund Hessen-Nassau« propagiert – die Einbeziehung des Regierungsbezirkes Montabaur in das Land Hessen. Der »Rheinhessenbund« hatte die Eingliederung des gleichnamigen Bezirks ebenfalls in das Bundesland Hessen verlangt, der »Bund Bayern und Pfalz« die Rückgliederung des bis zum Ende der Weimarer Republik zu Bayern gehörenden Regierungsbezirkes Pfalz an Bayern und der »Verein Kurpfalz« den Anschluß des pfälzischen Regierungsbezirks an Baden-Württemberg.[9]

Wie sich diese Reformen und gravierenden Neugestaltungen lediglich als Realisierungen des von Kohl angekündigten Programms vom 20. Mai 1969 erwiesen, so verhält es sich auch hinsichtlich anderer Aspekte, auch wenn sie von der Öffentlichkeit nicht als so spektakuläre Maßnahmen wie die – von anderen Bundesländern als Vorbildmodelle anerkannten – Verwaltungsreformen aufgenommen wurden.

Daß durch die Verwaltungsreform zahlreiche Verwaltungsstellen überflüssig – und damit Amtsinhaber »freigestellt« und für andere Positionen disponiert – werden, ist eine logische Konsequenz. Gegner Kohls bemühen sein »Elefantengedächtnis« und werfen ihm vor, nur unbotmäßige Stelleninhaber zu versetzen oder gar »in die Wüste« zu schicken.

Kritiker, die dem Ministerpräsidenten mangelnde Voraussetzungen nachsagen, werden rasch durch dessen Leistungen ad absurdum geführt. Nicht nur, daß er sich als »Personalpolitiker« mit einem nahezu unübertrefflichen strategischen Blick und sicherem Instinkt erweist. Augenblicklich erkennt er negative und positive Kriterien. Wo Kontrahenten in seinen Entscheidungen und Maßnahmen nach gegenwärtig erkennbaren Notwendigkeiten suchen, ohne sie identifizieren zu können, ist nicht unbedingt Kohl schuld, der infolge seines unverhüllten Verhältnisses zu historischen Traditionen primär und prinzipiell nicht die »subalternen« Forderungen der Tagespolitik, sondern immer die Kontinuität der Geschichte im Auge hat. Seit jeher in der Lage, komplizierte Verwaltungsmechanismen überschaubar und effektvoll nutzbar zu machen, kennt er sich infolge der Stationen und spezifischen Phasen seiner Karriere erstaunlich gut auch in kommunalpolitischen Fragen aus. Im Mai 1969, unmittelbar nach seinem Amtsantritt als Ministerpräsident, von einem Journalisten der »Rheinpfalz« gefragt, wie er nachträglich seine Tätigkeit in lokalen Funktionen beurteile, antwortet er: ». . . mit meiner bisherigen Funktion als Vorsitzender der Landtagsfraktion der CDU war für mich die Tätigkeit im Stadtrat wichtig und nützlich. Sie gibt mir die Chance, fernab vom grünen Tisch die Praxis der Verwirklichung der von uns erlassenen Gesetze zu beobachten. In unseren Nachbarländern ist ein kommunalpolitisches Engagement führender Politiker häufig zu finden. Ich verweise auf viele Beispiele in Frankreich, in dem maßgebliche Repräsentanten der französischen Politik gleichzeitig sogar in großen Städten Bürgermeisterfunktionen wahrnehmen.«

Exemplarisch für Kohls »Hineinwachsen« in Ämter und Kompetenzen ist nicht zuletzt, daß er immer in der Opposition mit seinem Weg nach oben begonnen hat. In den Schoß gefallen ist ihm niemals etwas. In Ludwigshafen hat die CDU angesichts der großen SPD-Mehrheit nicht einmal als Koalitionspartei zur Debatte gestanden, als er 1960 in den Stadtrat gewählt wurde. Im Mainzer Landtag gehörte er zwar der Partei des Ministerpräsidenten an, aber er war die Spitze der Opposition in der Fraktion, die ihn nach vier Jahren zu ihrem Vorsitzenden wählte. Bei der Wahl zum Bundesvorsitzenden der CDU am 4. Oktober 1971 stand er in Opposition zu Rainer Barzel, Ende 1976 zu Franz Josef Strauß – und Kreuth. Als Oppositionsführer ist er Mitte Dezember 1976 schließlich auch nach Bonn gegangen. Ohne gediegene konkrete Kompetenzen hätte er seinen Weg niemals »machen« können.

Der französische Politikwissenschaftler Joseph Rovan beurteilt Kohl in seiner 1990 in Frankreich erschienenen Kohl-Darstellung »Helmut Kohl – L'Europe est notre destin – Discours actuels« denn auch entsprechend:

»Eine solche Karriere kann man sich nicht aufbauen ohne wirkliche
Führungsqualitäten oder Organisationstalent, ohne eine strategisch-
politische Begabung. Die Medien, die [ihn] nicht mögen, vergessen ...
gern, daß [er] ein solides Universitätsstudium mit einer Promotion ...
abschloß ... Nach sieben Jahren Regierungszeit – die Dauer der sieben-
jährigen Amtszeit französischer Präsidenten – weist das Phänomen Kohl
in mancher Hinsicht sehr überraschende Licht- und Schattenseiten auf.
Ein Politiker aus der Provinz, der seit seiner frühesten Jugend eine uner-
schütterliche Selbstsicherheit hinsichtlich seines ›nationalen Schicksals‹
an den Tag legt und immer geschickter zunächst seinen Aufstieg bewerk-
stelligt und dann seine Machtposition innerhalb der Strukturen und
Ambitionen, die das Leben einer großen Partei beherrschen, sichert ... Die
Kanzler Erhard und Kiesinger und der Kanzlerkandidat Barzel, die kurz
nacheinander an der Parteispitze scheitern, beweisen das zur Genüge:
Konrad Adenauer, Parteiführer von 1948 bis 1965, und Helmut Kohl,
Parteichef seit 1973, haben dagegen eine Langlebigkeit in diesem Amt
bewiesen, die ohne tatsächliche Fähigkeiten als Chef, Steuermann und
sogar Kommunikator nicht zu erreichen ist ... Helmut Kohl, der Mann
der Demokratie, der Mann des Atlantischen Bündnisses, der Mann des
geeinten Europa auf der Grundlage der deutsch-französischen Einigung,
der Mann der sozialen Marktwirtschaft, die im Lichte der Soziallehre der
Kirche interpretiert wird, der Mann der Moral, der Familie und der
traditionellen Tugenden, verblüfft die einen, ohne die anderen wirklich zu
mobilisieren.«

Viele der von Kohl-Gegnern und Beckmessern kolportierten Behauptungen richten sich angesichts des tatsächlichen Sachverhalts selbst, wobei gleichgültig ist, mit welchen Kriterien die angeblich fehlenden Kompetenzen kombiniert erscheinen. Alte Makulaturpolemiken bilden für die
weitaus meisten Unterstellungen und »Darstellungen« die Quellen. Daß
selbst weltpolitische Ereignisse, in denen Kohl und dessen Kompetenzen
eine zumindest maßgebliche Rolle spielten, wenig an solchen Porträtver-
hunzungen ändern, beweist in geradezu exemplarischer Manier eine 1990
in Erlangen erschienene skizzenhafte Kohl-Biographie Anatolij Frenkins.
Dem an der Moskauer Universität politische Philosophie lehrenden,
Deutsch sprechenden Russen bietet beispielsweise die von Kohl Ende
1989 im Zusammenhang mit der Wiedervereinigung Deutschlands in

Gang gebrachte operative Politik keinen Anlaß, Kohl so zu zeichnen, wie er wirklich ist. Für Frenkin ist der deutsche Kanzler »kein guter Fachmann auf irgendwelchem spezifischen Gebiet«.

Kohls langjähriger Nachfolger als Ministerpräsident von Rheinland-Pfalz, der 1976 nicht nur seinen Schreibtisch übernahm, sondern auch viele der von ihm geplanten, begonnenen und gesteuerten wirtschafts-, kultur- und verwaltungspolitischen Vorgaben erfolgreich fortsetzte, beurteilt die Kompetenzen seines Vorgängers in konkreten Bereichen außerordentlich positiv. »Kohl hat«, so faßt Bernhard Vogel vierzehn Jahre nach seiner Übernahme der Ministerpräsidentschaft in Mainz zusammen, »stets den Satz des Freiherrn von Stein berücksichtigt, daß die genaue Kenntnis der örtlichen und sachlichen Gegebenheiten die Voraussetzungen für richtige Entscheidungen seien. Er hat aus Rheinland-Pfalz ein ›junges Land mit Zukunft‹ gemacht. Die von Altmeier zu einem Land zusammengefügten Provinzen sind durch Helmut Kohl zu einem dynamischen Teil der Bundesrepublik gemacht worden. Durch die Verwaltungsreform, durch die Hochschul-Neugründungen, durch wesentliche Impulse in der Sozialpolitik wurde Rheinland-Pfalz nahezu über Nacht – dank Kohls Politik – zu einem Vorreiter unter den deutschen Bundesländern – insbesondere im Bundesrat.«

Auch hinsichtlich seiner politischen Terminologie verfehlen die weitaus meisten Kritiken den tatsächlichen Sachverhalt. Seit Kohl am 12. Juni 1973 Bundesvorsitzender der CDU geworden ist, konfrontieren politische Kontrahenten und Gegner anderer Art seine dialektgefärbte Sprechweise mit der Sprache Willy Brandts, der das Amt des Bundeskanzlers in dem Jahr übernommen hat, in dem Kohl Ministerpräsident geworden ist. Doch die Vergleiche hinken schon infolge der unterschiedlichen Vorgaben, da Kohl – bis 1976 – in Mainz nicht als Bundeskanzler, sondern lediglich als ein in vieler Hinsicht mit gänzlich anderen Voraussetzungen und Problemen konfrontierter Ministerpräsident spricht.

Gleiches gilt für den diesbezüglichen Vergleich zwischen Helmut Kohl und Helmut Schmidt, dem Bundeskanzler von 1974 bis 1982. Schon in Mainz zeigt sich, daß Kohl anders artikuliert als die amtierenden Bundeskanzler. An dieser Stelle genügt zunächst der Hinweis, daß Schmidt bereits bei seiner Regierungserklärung vom 17. Mai 1974 auf die von Brandt gern benutzten Schlüsselwörter zur Mobilisierung der Vorstel-

lungskraft verzichtet und einer Ernüchterungsterminologie das Wort geredet hat. Während Schmidt nach Brandts Guillaume-Debakel und Sturz auf
»wachsende Probleme« und »steigende Risiken« im Zusammenhang mit
der wiederherzustellenden »Funktionsfähigkeit« der ruinierten Kanzlerkompetenzen verweist und problemorientiert bleibt, ohne Perspektiven
für die Zukunft zu fixieren, kann Kohl nicht nur dank seiner erfolgreichen
Politik auf Landesebene von anderen Kriterien ausgehen. Ohnehin gänzlich anders als Schmidt strukturiert und orientiert, verwendet er prinzipiell
Termini, die nicht nur positiv zukunftsweisend sind, sondern auch als
vorweg ausrechenbar erscheinen. Angesichts der Politik der bis Oktober
1982 von Schmidt geführten Bundesregierung mißrät der Vergleich vielfach
zu einer Karikatur, in der die jeweilige Basis deckungsgleich bewertet worden ist. Da Kohls Argumente mit pfälzischem Dialekt vorgetragen werden, der nach einer Untersuchung der Freiburger Universität von 1990 in
der untersten Region der Beliebtheitsskala deutscher Dialekte angesiedelt
ist, sehen Beckmesser sich besonders herausgefordert. Während der Hamburger Schmidt »dialektfrei« redet und bewußt auf Herkunftssignale verzichtet, legt der Ministerpräsident von Rheinland-Pfalz betont Wert drauf,
sich auch im Tonfall engagiert mit der Kulturlandschaft zu identifizieren,
die ihn geprägt hat. Daß seine Sprache – besonders exemplarisch im
Zusammenhang mit dem Freiheitsbegriff sichtbar – meist personenbezogen ist, paßt ins Bild. Seine gelegentlich überschnellen sprachlichen
Reaktionen auf Bemerkungen und Einwände anderer »schaden« ihm
zuweilen; aber er weiß dies immer zumindest zu neutralisieren. Während
sich mancher Politiker beispielsweise erst umständlich seine Pfeife stopft
oder anzündet, bevor er – nach längeren Überlegungen – »opportun« auf
eine Frage antwortet, »schießt« Kohl seine Antworten gewöhnlich geradezu heraus und sagt augenblicklich, was er denkt. Daß die emotional
bedingte Spontaneität nicht immer »schöne«, gelungene oder präzise
Formulierungen hervorbringen kann, ist selbstverständlich; daß sie den
Wahrheitsgehalt dagegen nahezu immer am wenigsten beschädigt, ist es
auch.

Die ambivalente Haltung vieler Intellektueller, die Kohl ein unzureichendes Verhältnis zu akademisch stilisierten Kriterien vorwerfen, interpretiert er aus seiner historisch orientierten Perspektive als ein Relikt
spezifisch deutscher Tradition, wobei er vor allem zweierlei vor Augen

hat: Die politische Machtlosigkeit der Intellektuellen im 18. und die
wirklichkeitsfremden Vorstellungen zahlreicher politisch engagierter Gei-
stesgrößen aus der Zeit der Paulskirchen-Ereignisse in der Mitte des 19.
Jahrhunderts. Er verweist auf Goethes Brief vom September 1794 an den
Schriftsteller Hans Christoph Ernst von Gagern, in dem es unter anderem
heißt: »Leider muß man ... meistens verstummen, um nicht, wie Kas-
sandra, für wahnsinnig gehalten zu werden, wenn man das weissagt, was
schon vor der Tür ist ...«, und er zitiert zugleich auch die Feststellung
Goethes, daß es leichter sei, »die gebietende Klasse« in Deutschland »zu
einem übereinstimmend wirkenden Verteidigungsplan zu bewegen«, als
ihr »Zutrauen gegen ihre Schriftsteller einzuflößen«.[10] In Kohls Bild, in
dem das »Für und Wider« gegeneinander abgewogen wird, erscheinen die
an ihn gestellten Forderungen als eine »auf typisch deutsche Art« verfochtene »Überforderung« der Politik. »Das Aktionsfeld des Politikers«, so sagt
er im März 1973 in einem Vortrag vor der Katholischen Akademie in
Trier, »ist immer multidimensional«. Der Politiker könne sich »nicht
leisten, nur ein Ziel – und sei es noch so gut – zu verfolgen. Er muß statt
dessen immer verschiedene Werte zugleich optimieren«. Das im Oktober
1978 auf dem 26. CDU-Bundesparteitag in Ludwigshafen verabschiedete Grundsatzprogramm, das von einer von Kohls Protegé Richard von
Weizsäcker geleiteten Kommission formuliert worden ist, enthält in
Punkt 11 eine wesentliche Devise Kohls. »Jeder Mensch«, so heißt es
dort, »ist Irrtum und Schuld ausgesetzt. Die Einsicht bewahrt uns vor
der Gefahr, Politik zu ideologisieren. Sie läßt uns den Menschen nüchtern sehen und gibt unserer Leidenschaft in der Politik ein menschliches
Maß.«

Der betonte Optimismus, der seine Regierungserklärung vom 20. Mai
1969 hinsichtlich der zu erwartenden Schul-, Bildungs- und Kulturpolitik
auffällig dominierte, hat trotz der erfolgreichen Umsetzung während
seiner Ministerpräsidentschaft einen sichtlichen Läuterungsprozeß erfahren. Doch es ist nicht dieser Sachverhalt, der ihn davon abhält, die zu der
Zeit vornehmlich auf den amtierenden Bundeskanzler Brandt fixierten
intellektuellen Kritiker womöglich zu beschimpfen oder gar zu diffamieren, wie der unmittelbare Adenauer-Nachfolger Ludwig Erhard es einmal
aus Verärgerung zänkisch getan hat. Kohl, der in seinem Bundesland in
kulturpolitischer Hinsicht auf besonders gute Bilanzen verweisen kann,

orientiert sich an historischen Beispielen und stellt den ins Spiel gebrachten intellektuellen Idealkategorien nüchtern die Realkategorie Politik gegenüber.

In Rheinland-Pfalz steht der Ministerpräsident Kohl unangefochten an der Spitze der CDU, der Regierung und des Landes. Diskussionen über Kompetenzfragen gibt es selbst bei politischen Gegnern nicht einmal im Vorfeld von Wahlen. Bei den Landtagswahlen 1975 erreicht »seine« Partei mit 53,9 Prozent der abgegebenen Stimmen ihr bestes Ergebnis seit der Gründung der Bundesrepublik Deutschland. Kohl, der nun im ganzen Bundesgebiet als strahlender Sieger erscheint, wird am 20. Mai 1975 im Landtag mit 55 von 105 Stimmen in seinem Amt als Ministerpräsident bestätigt. Seine Wahl zum gemeinsamen Kanzlerkandidaten der CDU und CSU ist daher am 19. Juni 1975 nur noch eine bloße Formalität, was am 23. Juni 1975 auch seine Wiederwahl zum CDU-Bundesvorsitzenden bestätigt. Von 707 Delegierten haben sich auf dem Mannheimer Parteitag 696 für ihn entschieden. Bundeskanzler wird er am 3. Oktober 1976 jedoch nicht. Rund 300 000 Stimmen haben der Union für die absolute Mehrheit gefehlt.

Im Bundestagswahlkampf, dessen Kosten die politischen Parteien vorweg mit 280 Millionen Mark beziffert haben, was heißt, daß es die teuersten Wahlen seit 1949 gewesen sind, hat Kohl dem Kanzler Helmut Schmidt als Kontrahent gegenübergestanden*. Die SPD hat es – zusammen mit der FDP – zwar noch einmal geschafft; aber der Wahlkampf der Union ist ihren Exponenten und Führungsgremien beängstigend in die Glieder gefahren. »In der Organisation war uns die CDU mit ihrem Management zum Teil überlegen«, erklärte Willy Brandt deutlich zurückhaltend. Hans-Jochen Vogel bescheinigte der CSU respektvoll, ein »von Profis getrimmter Dienstleistungsapparat« zu sein, und Holger Börner, der ehemalige SPD-Bundesgeschäftsführer und amtierende Ministerpräsident Hessens, bekundete betroffen, »daß unsere Parteiorganisation einer Reform bedarf«.

Helmut Schmidt hat nicht nur den Kanzlerbonus für sich buchen können. Der Großteil der Medien ist ebenfalls auf seiner Seite gewesen.

---

* Vgl. dazu die »Spiegel«-Grafik, Anhang 2.

Wo immer möglich, sind Tatsachen stilisierend gegen Kohl gekehrt worden. So schrieb der »Spiegel« am 17. Mai 1976 bereits in einer Überschrift: »In Washington bekam Helmut Kohl zu spüren, daß er einstweilen doch nur Kanzlerkandidat ist: Amerikas Mächtige ließen den CDU-Chef in Vorzimmern warten.«[11] Zwar war hier – für den »Spiegel«-Stil nicht gerade üblich – nur von »einstweilen« die Rede; aber der Zweck schien erfüllt.

Nach Voraussagen des Infratest-Instituts von August 1976 haben 52 Prozent CDU-Wähler, 25 Prozent der FDP-Wähler und 20 Prozent der SPD-Wähler einen Sieg der Union erwartet. 56 Prozent der SPD-Wähler, 44 Prozent der FDP-Wähler und 19 Prozent der CDU-Wähler sind dagegen überzeugt gewesen, daß die SPD-FDP-Koalition die Wahl für sich entscheiden würde. Für den »besseren Kanzler« hielten im August 1976 nach den Befragungsergebnissen des Allensbacher Instituts 48 Prozent der wahlberechtigten Bundesbürger Helmut Schmidt. 35 Prozent hatten sich für Helmut Kohl entschieden.

Das Wahlergebnis vom 3. Oktober spricht jedoch eindeutig für Kohl. 48,6 Prozent der abgegebenen gültigen Stimmen – 13,6 Prozent mehr als vorausgesagt – haben den amtierenden Kanzler nicht länger im Amt sehen wollen. Nur dank der Unterstützung durch die Wähler der FDP ist Helmut Schmidt auf seinem Platz geblieben.

Jetzt will und soll Kohl – nach der von Kurt Biedenkopf und Hans Katzer herbeigeführten Entscheidung des CDU-Präsidiums vom 21. April 1975 in Saarbrücken[12] und dem Beschluß des CSU-Präsidiums vom Juni 1975 in Bonn, ihn zum Kanzlerkandidaten zu nominieren – als Oppositionsführer nach Bonn gehen. 184 von 189 Abgeordneten der CDU wählen ihn am 1. Dezember 1976 zum Fraktionschef. Am 2. Dezember tritt er von seinem Amt als Ministerpräsident zurück. Die in der Literatur über Kohl verbreitete Version, daß er sich »nach Bonn gedrängt« und seinen Ministern Geißler und Vogel während der Diskussionen über die Frage, wofür er sich entscheiden solle, sogar »schriftlich gegeben« habe, daß er »Bundeskanzler werde«, ist eine Legende.

Kohl hat lange überlegt, ob er das ihm – nach Lage der Dinge – auf unabsehbare Zeit sichere Amt des Regierungschefs in Rheinland-Pfalz mit dem wackeligen Stuhl des Oppositionsführers in Bonn vertauschen solle. Freunde haben ihm wechselweise geraten, sowohl zu bleiben als auch zu gehen. Sein mit ihm befreundeter einstiger Religionslehrer Günther Schmich, der auch im März 1990 noch meint, daß Kohl in Rheinland-Pfalz »ein sonniges Dasein beschieden gewesen« wäre, gehört zu denen, die ihm 1976 rieten, Mainz gegen Bonn zu vertauschen. Er habe ihm, so erinnert er sich, in einem Brief geschrieben: Wenn Du Politik betreibst, mußt Du »Macht wollen müssen«. Du mußt nach Bonn gehen. »Mein Rat war«, reflektiert Schmich, »jedoch sicher nicht entscheidend für ihn.«

Helmut Kohl ist die Entscheidung zum Wechsel von Mainz nach Bonn schwergefallen. Er brauchte einige Zeit, um sich von der Notwendigkeit zu überzeugen, daß er die komfortable Staatskanzlei am Mainzer Rheinufer zu verlassen hatte, um seinem Ziel näherzukommen, irgendwann die Regierungsgeschäfte in Bonn zu übernehmen. Ihm war klar, daß er zuvor eine ungewisse Zahl von Jahren auf den harten Bänken der Bonner Opposition zu verbringen habe. Einige Mainzer Freunde rieten ihm vom Wechsel nach Bonn ab. Sie verwiesen auf seine starke Position im Bundesrat, in der Kohl längst zum unumstrittenen Spielführer der Unionsländer geworden war. Sie argumentierten mit dem hohen Staatsamt, das er ohne Not aufgebe, und sie erinnerten an das Beispiel Kiesinger, der aus dem Amt des baden-württembergischen Ministerpräsidenten in das Bundeskanzleramt übergewechselt sei. Kohl ließ sich von diesen Hinweisen und Argumenten beeindrucken. Er ließ sich davon jedoch nicht überzeugen. Denn er sah völlig klar, daß er parlamentarische Erfahrung in Bonn benötigte, um sich für die Kanzlerschaft warmzulaufen. Er hatte erkannt, daß aus Niederlagen menschliche und politische Erfahrungen zu ziehen waren, die in Voraussetzungen für Erfolge umgeschmiedet werden konnten. Und Niederlagen waren und sind für die Opposition als Regelfälle zu erwarten. Gleichwohl entschied sich Kohl für die Rolle des Oppositionsführers in Bonn, um das Beste daraus für sich und für die CDU/CSU zu machen.

Doch noch ehe Kohl der Mainzer Staatskanzlei endgültig den Rücken kehrt und nach Bonn geht, um dort die ihm zugedachte Rolle als Führer der CDU/CSU-Fraktion im Bundestag zu übernehmen, droht eine Aktion des Vorsitzenden der »Schwesterpartei« CSU die von Kohl repräsentierten Strategiepläne der CDU zu zerstören. Am Tegernsee, in Wildbad Kreuth, wo die bayerische Partei eine Klausurtagung abhält, wird – für die beite Öffentlichkeit – buchstäblich über Nacht beschlossen, der CDU die seit 1949 durchgehaltene Fraktionsgemeinschaft und die bis dahin übliche Gemeinsamkeit aufzukündigen. Nicht nur die rheinland-pfälzische CDU reagiert betroffen, als die Zeitung »Die Rheinpfalz« am 20. November 1976 groß aufgemacht meldet: »Nach 27jähriger Zusammenarbeit ist die Franktionsgemeinschaft von CDU und CSU im Deutschen Bundestag endgültig zerbrochen: In einem für die CDU völlig überraschenden Beschluß entschied die CSU-Landesgruppe nach über zwölfstündigen Geheimberatungen am Freitag in Wildbad Kreuth mit 30 gegen 18 Stimmen bei einer Enthaltung und einer ungültigen Stimme, daß die 53 CSU-Bundestagsabgeordneten in der achten Legislaturperiode eine eigene Fraktion bilden werden.«

Kultusminister Bernhard Vogel, der spätere Nachfolger Kohls, hat sich für drei Tage in die Eifel zurückgezogen, um sich auf die Übernahme des Amtes des Ministerpräsidenten vorzubereiten. Im Autoradio hört er, was in Wildbad Kreuth »geschehen« ist. Er fährt augenblicklich zu Kohl nach Mainz und trägt ihm vor, was ihn angesichts der Kreuther Entscheidung bewegt. Falls Kohl jetzt doch nicht nach Bonn gehen, sondern in Mainz bleiben wolle, sei es für ihn selbstverständlich, so erklärt er, daß alles so bleiben könne wie es bisher gewesen ist.

Strauß, der überzeugt war, daß die Union mit ihm als Kanzlerkandidaten die Bundestagswahl am 3. Oktober gewonnen hätte, hält die Trennung von der »Kohl-Partei« für notwendig. Er empfiehlt die Spaltung als Basis für eine neue Strategie. Da sich die FDP offensichtlich für lange Zeit an die SPD gekettet habe, wie er mutmaßte, wäre es dringend nötig, die eigene Partei von der Verpflichtung zur Gemeinsamkeit zu entbinden und sie dadurch zu selbständigen – von den »Nordlichtern« nicht zu beeinflussenden – politischen Aktionen in großem Umfange zu befähigen.

Seit Januar 1976 wirbt eine »Aktionsgemeinschaft Vierte Partei« (AVP) in der »FAZ«, in der »Welt«, in der »Bild«-Zeitung und in der »Süddeutschen Zeitung« für eine »Vierte Partei«, die »bundesweit für die Ziele der CSU« kämpfe. In Werbeanzeigen und auf Plakaten wird behauptet, daß nach Befragungen des Wickert-Instituts rund 2,5 Millionen Bundesbürger, sechs Prozent der Wahlberechtigten, bei den kommenden Bundestagswahlen die »Vierte Partei« wählen wollten.

Kohl, der sich nach langen Beratungen am 4. Oktober endgültig zu der Entscheidung durchgerungen hat, von Mainz nach Bonn zu gehen und die Position des unangefochtenen ersten Mannes gegen die Rolle des Oppositionsführers einzutauschen, ist auch angesichts der von Franz Josef Strauß propagierten Perspektiven nicht bereit, seine politischen Vorstellungen zu überprüfen. Er hat, was Strauß und seinen Strategieberatern als »linksseitiger Schlaganfall« erscheint, die Unterstützung jener gesellschaftlichen Gruppen zu seinem Programm erhoben, die über keine Lobby verfügen: Frauen mit Kindern, arbeitsunfähigen Männern und Frauen, Arbeitslosen und nicht organisierten Bürgern soll mehr als zuvor staatliche Hilfe zuteil werden. Kurt Biedenkopf, der Generalsekretär der CDU, faßt zusammen, um was es seinem Parteivorsitzenden geht. »Die ganze Welt«, erklärt der von Strauß mißtrauisch als »Königsmacher« beobachtete Kohl-Protegé, »befindet sich im Zustand des geistigen und politischen Umbruchs, und viele tun in diesem Lande so, als ginge uns die ganze Entwicklung nichts an. In weiten Teilen der Welt wird die Frage diskutiert, ob eine überbevölkerte Welt sich noch Freiheit leisten kann oder ob sie verwaltet werden muß. Wir brauchen unsere ganze Kraft dazu, diese Auseinandersetzung für die Freiheit zu entscheiden.«

Die »Rheinpfalz« kommentiert das Ereignis am 20. November 1976: »Der Landesvorsitzende der rheinland-pfälzischen CDU und designierte Mainzer Ministerpräsident Dr. Bernhard Vogel nannte es ›außerordentlich bedauerlich‹, daß die so erfolgreiche Fraktionsgemeinschaft von CDU und CSU ohne Ankündigung aufgekündigt worden sei. Dieser Schritt werde die CDU in ihrer Entschlossenheit jedoch nicht hindern oder schwächen, ›vielleicht sogar im Gegenteil‹. Nach Vogels Meinung wird es nach der Aufkündigung der Fraktionsgemeinschaft bei der CDU sein wie in einer Familie. ›Wenn jemandem etwas zustößt, schließt das die anderen noch mehr zusammen‹ ... Für verfrüht hielt es Vogel, zu der Frage Stellung zu nehmen, ob sich die CDU nunmehr in Richtung Bayern ausdehnen sollte. Zunächst müßten erst einmal die Parteigremien zusammentreten. Den Landesvorstand hat der rheinland-pfälzische CDU-Chef für Montag nachmittag einberufen. In Rheinland-Pfalz werde es in den nächsten Wochen keine Änderung der Termine geben. Vogel spielte damit auf die Ministerpräsidentenwahl am 2. Dezember an.«

Kohl ist trotz der teilweise bereits seit 1973 schwelenden Unstimmigkeiten[13], erpresserisch wirkenden Drohungen aus München und der von dort lancierten Äußerungen, sich demnächst im ganzen Bundesgebiet zu etablieren, »menschlich betroffen«. Er behält jedoch einen kühlen Kopf, obwohl Strauß ihn zu einer Revanche geradezu herausfordert. Strauß und seine Berater sind überzeugt, Kohl und die CDU in ihrem Sinne beeinflussen und dirigieren zu können. Sie beharren auf ihren Plänen und Entschlüssen. Am 11. Dezember 1976 heißt es in der »Rheinpfalz« schließlich: »Die Spaltung der seit 27 Jahren bestehenden CDU/CSU-Bundestagsfraktion ist endgültig besiegelt: Zweieinhalb Wochen nach dem ›Beschluß von Kreuth‹ mit der einseitigen Aufkündigung der Fraktionsgemeinschaft durch die CSU sind die Kompromißverhandlungen zwischen dem CDU-Vorsitzenden Kohl und dem CSU-Vorsitzenden Strauß am Montag in der dritten Runde gescheitert. Kohl verlas nach den sechseinhalbstündigen Verhandlungen ein gemeinsames Kommuniqué, nach dem ›keine Übereinstimmung‹ darin erzielt wurde, ›in welcher Organisationsform‹ die CDU- und CSU-Abgeordneten die ›gemeinsame Oppositionspolitik am wirksamsten vertreten können‹.«

Was vielen Beobachtern unmöglich erscheint, geschieht in diesen Tagen dennoch. Im strategischen Wettstreit zieht Strauß den kürzeren. Kohl kann ihn überzeugen, daß die Aufhebung der Gemeinsamkeit nicht nur den Verlust parlamentarischer Ämter und Posten nach sich ziehen, sondern auch die für 1979 anstehende Wahl des Staatsoberhauptes zugunsten der Parteien der amtierenden Koalitionsregierung ausgehen würde.[14] Der Bayer kapituliert schließlich vor dem Pfälzer. Noch bevor der 8. Bundestag eröffnet wird, gilt die aus der Debatte hervorgegangene Kompromißformel: Eigenständigkeit der CSU-Abgeordneten bei Abstimmungen mit bundesweiten Ansprüchen. Abgeordneten der CSU darf bei Entscheidungen über grundsätzliche Fragen nicht mehr auferlegt werden, sich CDU-Beschlüssen anzuschließen.

In der Bonner Vertretung des Landes Baden-Württemberg hat Kohl sich am 13. Dezember in einer rund 20stündigen Debatte durchgesetzt. »Zurück blieben eigentlich nur Blessierte«, schreibt die »Rheinpfalz« am 14. Dezember 1976 und fährt fort: »Helmut Kohl empfand es fast als peinlich, den angefrorenen Journalisten – die sich zu Recht über die unzumutbare Warteposition im Vorhof der Landesvertretung ärgerten – schon wieder eine Unionsgeschichte auftischen zu müssen. Trotz Händeschütteln, Schulterklopfens und Erleichterungseufzern blieb nicht verborgen, daß die Länge der Abschlußerklärung nicht ausreichte, die Wunden zu verbinden, die sich die Unionsfamilie selbst zugefügt hat. So war eher von Katerstimmung denn von vorweihnachtlicher Fröhlichkeit zu sprechen. Allen Delegierten stand auf die Stirn geschrieben: Wie lange wird die aufgewärmte Liebe halten?

Der CDU-Vorsitzende, der sich nicht gern um Sünden der Vergangenheit schert, präparierte sich umgehend für den ›kleinen Parteitag‹, der gestern einen Bericht über den Ablauf der Verhandlungen mit der CSU entgegennahm. Helmut Kohl durfte Beifall erwarten. Die Ovation, die ihm zuteil wurde, konnte er zweifellos als persönliche Bestätigung werten. Der Bundesausschuß der CDU – wie der ›kleine Parteitag‹ korrekt heißt – ließ keine Zweifel daran, daß es für Kohl keine Alternative gibt. Die Delegierten dankten ihm vor allem für seine ›uneigennützigen Bemühungen, die Einheit der Union zu erhalten‹.«

Während der von Kohl »eingesetzte« Nachfolger Bernhard Vogel[15] in der Mainzer Staatskanzlei seinen Schreibtisch übernimmt, bereitet sich die SPD auf ihre Weise auf den neuen Regierungschef vor. Karl Thorwirt, der Fraktionsvorsitzende der SPD, der Kohl stets als »fairen, kompetenten und zuverlässigen Politiker« erlebt hat, wie er sich vierzehn Jahre nach dessen Abschied aus Mainz erinnert, ist 1976 überzeugt, daß der immer aus der Opposition gekommene Ex-Ministerpräsident durchaus in der Lage sein werde, Bundeskanzler zu werden. »Er ist doch«, sagt er, »nach langen Überlegungen nach Bonn gegangen, um es letztlich zu werden. Und wer ihn genau kannte, der konnte davon ausgehen, daß er das Ziel auch erreichen würde.« Willy Brandt dagegen war skeptischer. Am 19. April 1990 schrieb er mir: »Dem jungen Ministerpräsidenten ging der Ruf voraus, sich mit Energie und Ehrgeiz durchsetzen zu können. Er hatte tüchtige Mitarbeiter und einen guten Draht zu den Menschen im Lande ... Ich war jedoch nicht sicher, daß bei einer Ablösung der sozialliberalen Koalition Kohl statt Strauß an der Spitze einer neuen Bundesregierung stehen würde ... Das Glück des Unverwüstlichen war ihm hold.«

Der Ex-Ministerpräsident bezieht Mitte Dezember 1979 in Pesch bei Bonn ein Haus, das ihm während seines Aufenthaltes in der Regierungsstadt als Wohnung dienen soll. Daß er seinem gut eingerichteten Büro im

Konrad-Adenauer-Haus der CDU kaum Bedeutung beimißt, sondern sich als Parteivorsitzender und Fraktionschef ostentativ im Büro des Bundeshauses etabliert, zeigt deutlich, worauf es ihm zunächst ankommt: Auf die von ihm repräsentierte Personalunion.

VII.

NEULAND BONN

»Das Weihnachtsfest mit seiner frohen Botschaft hat uns stets Kraft gespendet – auch in schwieriger Zeit«, schreibt Helmut Kohl im Dezember 1989, unmittelbar vor dem für die Deutschen – auch dank seines staatsmännischen Wirkens – »historischsten« Weihnachtsfest der letzten fünfzig Jahre, an seine einstige Sekretärin Ina Hämmer und fährt fort: »Auch persönlich habe ich in diesem Jahr wieder allen Grund zur Dankbarkeit.« Zwar »weihnachtet« es auch 1976, als er nach Bonn geht; aber Kohl weht der Wind ins Gesicht. Das »C« im Namen der politischen Parteien, deren »erwählter« Exponent im Bundestag er neun Tage vor dem Heiligen Abend geworden ist, drückt sowenig den ersehnten Sachverhalt aus wie die 230 von 241 Abgeordnetenstimmen, die ihm bestätigt haben, daß er als Parteivorsitzender der CDU nun auch die »Schwesterpartei« CSU repräsentieren soll. Der nach den Ereignissen von Wildbad Kreuth geschlossene Burgfriede scheint trügerisch. Franz Josef Strauß und Alfred Dregger haben Kohls »Siegeszug« zwar nicht aufhalten können; aber ihre Namen wirken nicht nur in Bonn wie Menetekel an der Wand.

Kohl weiß, was auf ihn zukommt, und er hat sich darauf eingestellt. Er, der immer Stimmen gesammelt hat und nahezu stets aus der Opposition zu gravierenden Zäsuren aufgebrochen ist, erwartet auch jetzt nicht, daß ihm die Früchte einfach in den Schoß fallen werden. Seine »alten« Referenten und Assistenten, denen er sich auch menschlich verbunden fühlt, lassen ihn zwar manche persönliche Unbill ohne Blessuren überstehen; aber der »Hauskrach« zwischen CDU und CSU geht nicht spurlos an ihm vorbei. Noch ist er längst nicht abgebrüht genug, sich einfach über derartige Erscheinungen hinwegzusetzen.

Mitarbeiter, die er in Mainz schätzen gelernt hat, formiert er zu einem treuen und zuverlässigen Stab. Juliane Weber, Wolfgang Bergsdorf, Horst Teltschik und der 1976 hinzugeholte Eduard Ackermann, um nur einige Mitglieder dieser »Truppe« zu nennen, arbeiten ihm zu, dienen ihm als Stütze und erleichtern ihm den Bonner Alltag. Bald holt er sich aus Mainz auch den von ihm schon 1967 zum Minister »gemachten« Heiner Geißler als Generalsekretär der CDU. Kurt Biedenkopf, obwohl ebenfalls einer seiner Protegés, ist nach seiner Ansicht jetzt nicht am rechten Platz. Zwar hat Kohl von Mainz aus, mit dem Signum des »jüngsten Landesfürsten« versehen, aggressiv die starre »alte« Bundes-CDU zu flexibilisieren, zu verjüngen und zu modernisieren versucht; aber in der Position, in der er sich nun befindet, scheint ihm Behutsamkeit geraten. Biedenkopfs zunehmend offenbar werdende progressive Ideen stoßen in der Partei vielerorts auf eisige Ablehnung, die Kohl als Parteivorsitzender und Franktionschef in dieser Phase nicht mit seiner Person identifiziert sehen lassen darf. Daß er den körperlich kleinen, geistig sehr beweglichen und überaus selbstbewußten Professor »gefürchtet« und daher »abgeschoben« habe, ist eine Fama. Kohl, der ohnehin neben sich nicht primär einen »General«, sondern einen »Sekretär« haben will, wie Heiner Geißler ihn dann rund ein Jahrzehnt lang verkörperte, ist überzeugt, den selbständigen und durchsetzungsfähigen Intellektuellen an anderer Stelle effektvoll mit seinen Pfunden wuchern lassen zu können.

Biedenkopf, auch erst so »alt« wie Kohl, hat zu der Zeit bereits die dritte Karriere hinter sich. Vor seiner Zeit als Generalsekretär der CDU war er Wirtschaftsmanager, davor Hochschullehrer. Seit seiner Ablösung durch Geißler ist er Vorsitzender des CDU-Landesverbandes Westfalen-Lippe. Dank dieser Position kann er schnell die als Kritik an Kohl polemisch gemünzten Mutmaßungen zurückweisen, wegen seiner Politik von Kohl »in die Wüste« geschickt worden und nun am Ende seiner politischen Karriere zu sein. Und er tut dies souverän. »Ich betrachte das ... als Fortsetzung meiner politischen Arbeit auf einer anderen Ebene«, sagt er in einem am 13. Juni 1977 vom »Spiegel« veröffentlichten Interview und antwortet auf die provokatorische Frage, ob Helmut Kohl sich von ihm »schon bedroht« fühle: »Ich glaube, daß sie von einer falschen Perspektive ausgehen ... Ich bin sehr in Zweifel, ob das richtig ist ... Ich könnte mir vorstellen, daß man als Vorsitzender eines großen und geschlossenen Landesverbandes mehr Möglichkeiten hat, politische Initiativen zu ergreifen, als das in einer sogenannten Spitzenposition möglich ist ... Ich bin in die Politik gegangen, um Politik zu machen, nicht um etwas zu werden.«

Daß Heiner Geißler sein Ministeramt in Mainz nur ungern aufgibt, beeinflußt Kohls Entscheidung sowenig wie das Murren einiger einflußreicher Mitstreiter, denen der debattiergewandte, schlagfertige und als respektlos geltende Geißler nicht paßt. Wie er als Fraktionsvorsitzender und Ministerpräsident in Mainz Minister und Staatssekretäre von außerhalb an sich zog und zu sich holte, so tut er dies auch jetzt als Oppositionsführer, wenn er bestimmte Positionen zu besetzen hat. Daß er später auch als Bundeskanzler von diesem Führungsstil nicht abweicht, beweisen nicht nur die Berufungen von Klaus Töpfer und der in der Partei und breiten Öffentlichkeit unbekannten Professoren Ursula Lehr und Rupert Scholz, die er von sich aus und unter Ausschluß der Partei und der Fraktion zu Bundesministern macht.

Die Personalpolitik, die Kohl in Bonn als Führer der Opposition »betreibt«, läßt erkennen, daß er sich rasch auf die neuen Voraussetzungen einzustellen verstanden hat. In Mainz, wo er der unangefochtene Souverän gewesen ist, der sich nahezu alles leisten konnte, hat er trotz seines betonten Harmoniebedürfnisses zuweilen nicht nur Rivalitäten bei Stellenbesetzungen geduldet, sondern sie sogar in der Gewißheit auch provoziert, immer das Heft in der Hand zu behalten. Hier dagegen muß er sensibel wie ein Seismograph reagieren und gänzlich andere Voraussetzungen und Konsequenzen berücksichtigen. In Mainz hat er beispielsweise 1976 den evangelischen Finanzfachmann, Diplom-Kaufmann und Unternehmer Johann-Wilhelm Gaddum als Nachfolger für sein Amt favorisiert und zugleich ihn und Bernhard Vogel ermuntert, sich zuvor im politischen Zweikampf zu messen. Sich der Tatsache bewußt, daß er jederzeit eingreifen und die Weichen in seinem Sinne stellen könnte, ließ er die Akteure vor seinen Augen frei agieren. Angesichts der Gegebenheiten konnte er warten und die Entwicklung der Dinge beobachten. Da er die künftigen Geschicke des Landes von Bonn aus nicht mehr würde bestimmen können, akzeptierte er schließlich die Wünsche des auf »angemessene Beteiligung« bei der »Nachfolgerfindung« pochenden Parteigremiums und der Fraktion, die sich mehrheitlich für den Kultusminister Bernhard Vogel entschieden. Als Ministerpräsident konnte er bestimmte Probleme reifen lassen, als Oppositionsführer in Bonn dagegen kaum.

Aus demoskopischen Befragungen, die Kohl spätestens seit seinem Engagement für Elisabeth Noelle-Neumann vom Allensbacher Institut zwar stets sorgfältig studiert, jedoch keineswegs immer als unbedingt richtungsweisende Entscheidungsstützen akzeptiert[1], geht hervor, daß sich 51 Prozent der wahlberechtigten Bundesbürger für die Union entscheiden würden, wenn im Dezember 1976 eine Bundestagswahl »anstünde«. Für die SPD, die seit 1969 den Bundeskanzler »stellt«, haben sich lediglich 41 und für deren Koalitionspartner FDP 7 Prozent ausgesprochen. Auch wenn Kohl nach seinem »Sieg« in Sachen Wildbad Kreuth in Bonn von den CSU-Abgeordneten nicht mit »Hosianna« empfangen worden ist, kann er relativ zufrieden sein. Vier Wochen nach seinem Einzug in den Bundestag hat er nach demoskopischen Befragungsergebnissen von »Infratest« sowohl seinen Widersacher Franz Josef Strauß als auch Willy Brandt in der Gunst der Wähler verblüffend weit überflügelt. Auf einer von minus 5 bis plus 5 angelegten Skala erreicht Strauß den Wert 0,4, Brandt 0,1 und Kohl 1,2.[2] Nur jeder dritte Bundesbürger ist überzeugt, daß die SPD-FDP-Koalition die nächste Bundestagswahl überdauern werde. Jeder Zweite erwartet in der kommenden Legislaturperiode eine »Alleinherrschaft« der CDU/CSU. Waren bei Kohls Ankunft in Bonn (nach »Infas«-Umfragen) 29 Prozent der Befragten der Überzeugung, daß die Opposition »die Aufgaben und Probleme . . . besser bewältigen könnte« als die Regierung, sind es im April 1977, drei Monate nach seinem Einzug in die Büros des Bundeshauses und des Konrad-Adenauer-Hauses, bereits 34 Prozent.

Kohl, der am 7. März 1977 auf dem 25. Parteitag der CDU von 767 der 810 Delegierten erneut zum Bundesvorsitzenden gewählt wird, geht von der Tatsache aus, daß die SPD im Moment empfindlich angeschlagen ist und durch eine kluge Oppositionspolitik noch mehr an Boden verlieren kann. Im April und Mai 1977 würden nach Feststellungen des Allensbacher Demoskopischen Instituts 54 Prozent der Bundesbürger im Falle einer Bundestagswahl CDU/CSU wählen.[3] War die SPD im Dezember 1976, als Kohl sein Amt als Oppositionsführer antrat, nach »Infas«-Umfragen von 40 Prozent der Befragten als »zerstrittener als vor einem

Jahr« bezeichnet worden, sind es im Mai 1977 nahezu doppelt soviele Wähler (72 Prozent), die diese Auffassung teilen. Willy Brandt hat an persönlichem Kredit verloren. Herbert Wehner, der ihm 1973 vorgeworfen hat, daß er »gern lau« bade, macht jetzt massiv gegen ihn mobil. Er hält ihm vor, Abweichler zu »beklatschen«, nichts zu tun, sträflich seine Pflichten zu verletzen und die Arbeit der Regierung und der SPD-Fraktion zu wenig zu unterstützen.

Helmut Schmidt kann sein Versprechen, in der neuen Legislaturperiode mit einem personell unveränderten Kabinett weiterzuregieren, nicht halten. Bereits zwei Wochen nach der Bundestagswahl haben Arbeitsminister Walter Arendt, Gesundheitsministerin Katharina Focke, Bildungsminister Helmut Rohde, Verteidigungsminister Georg Leber, Post- und Verkehrsminister Kurt Gscheidle und Entwicklungsminister Egon Bahr den Kanzler um ihre Entlassung gebeten.

Kohl will und muß seine Chancen nutzen. Er bemüht sich, die Union von dem in der Öffentlichkeit verbreiteten Makel zu befreien, die »Partei der Wirtschaftsinteressen« zu sein. Anfang Juni 1977 soll sein 42jähriger agiler Protegé Norbert Blüm, der nicht nur wegen seiner parteipolitischen Soli bei der FDP- und DGB-Basis über ein gutes Ansehen verfügt, das Amt Hans Katzers, des 58jährigen Vorsitzenden der CDU-Sozialausschüsse, übernehmen und damit zielstrebig die Gunst der Gewerkschaften und neuer Wählerschichten für die Union gewinnen; ein Signal, das zeigt, wie flexibel liberal Kohl auch hier bestimmte Voraussetzungen durch eine entsprechende »Personalpolitik« zu nutzen und zu bewältigen weiß. »Die CDU«, sagt er, »wäre keine Volkspartei mehr, wenn nicht die liberal-freiheitliche wie die soziale und konservative Ideentradition in ihr ihre politische Heimat hätten.«

Norbert Blüm, der seit sechs Jahren als Hauptgeschäftsführer der Sozialausschüsse der CDU und seit 1974 als Landesvorsitzender der Sozialausschüsse in Kohls politischer Heimat Rheinland-Pfalz fungiert, erscheint ihm als beste Wahl für diese Aufgabe. Der kämpferische Blüm verfügt über Erfahrungen, die innerhalb der Spitzengarnitur der Union nicht gerade selbstverständlich sind. Er hat in Rüsselsheim bei der Firma »Opel« gelernt, danach auf dem Bau, als Bierfahrer, im Straßenbau in Griechenland und in einer Kunstschmiede in der Türkei gearbeitet, nebenbei das Abitur gemacht, studiert und den Doktor-Titel

erworben, bevor Kohl auf ihn aufmerksam geworden ist. Sein »einziger
Fehler« war, wie der einstige Betriebsratsvorsitzende von »Opel«, der
Sozialdemokrat Fritz Zachiersche, sich Anfang 1977 ausdrückte, »Anhänger der CDU« zu sein. Als ernst zu nehmender Sozialpolitiker hat er
die breitere Öffentlichkeit vor allem mit einem im »Spiegel« vom 10.
Januar 1977 veröffentlichten, bemerkenswert progressiven wirtschafts- und sozialpolitischen Beitrag auf sich aufmerksam gemacht, der den Gewerkschaften als ein schwerlich zu überbietendes Konkurrenzprogramm erscheinen muß. »Es ist die Natur des Fortschritts, daß er sich nicht
aufhalten läßt«, heißt es da unter anderem; oder: »Stoppzeichen für
technische Neuerungen mögen Verzögerungen auslösen, zu Umgehun-
gen verleiten – Sperren sind es nicht. Die neuen Lehrmeister des Fort-
schrittsverzichts sollten sich bei den mittelalterlichen Päpsten die Erfahrungen über die Haltbarkeit von Fortschrittstabus entleihen, um zu lernen,
wie brüchig Denkverbote sind.«

Inzwischen hat Kohl sich von Kurt Biedenkopf, dem Generalsekretär
der CDU, »einvernehmlich« getrennt, wie offiziell bekanntgegeben wird.
Die Medien bescheinigen Kohl, der bei seiner Entscheidung für Heiner
Geißler als Biedenkopf-Nachfolger geblieben ist, auch jetzt »eine sehr
geschickte Hand« bei der Auswahl seiner Mitarbeiter, wie es beispielsweise in der »Bonner Rundschau« vom 20. Januar 1977 heißt. Zwar meint
Peter Janssen im »Handelsblatt« vom 5. April 1977, daß in Kohls Bilanz
seiner bisherigen Leistungen als Oppositionschef insgesamt »Glanzpunkte
und Schattenseiten … dicht beieinander« lägen, doch er attestiert ihm
unmißverständlich, »der einzige« zu sein, der die FDP aus einer Koalition
mit der SPD herausbrechen und sie für eine Koalition mit der Union
gewinnen könne. Das Thema liegt in der Luft.

In der Koalition kriselt es unübersehbar.[4] Die Medien plakatieren
»Zerfallserscheinungen«. Und auch an der Parteibasis der Sozialdemokraten bröckeln die Ränder ab. So sind angeblich 10000 Noch-Mitglieder
dabei, den Bruch mit der Mutterpartei zu vollziehen und eine rechtslastige
Splitterpartei zu etablieren. Schon im März 1976 sind im »Calenberger
Hof« in Wennigsen bei Hannover, wo dreißig Jahre zuvor Kurt Schumacher die SPD neu gegründet hat, »Abweichler« der Partei zusammen-
gekommen, um unter dem Dach der »Fritz-Erler-Gesellschaft«, die als
»bundesweite Koordinierung der gemäßigten und freiheitlich und liberal

eingestellten Kräfte in der SPD« agiert, über die Gründung einer Partei zu diskutieren, die sich sowohl dem Sozialismus als auch dem Klassenkampf entgegenstellen solle. In Braunschweig haben »patriotisch gesinnte« Kritiker und Gegner der eigenen Partei Mitte Juni 1977 eine »Soziale Demokratische Union« als »freiheitliche Alternative zur SPD« ins Leben gerufen. Zwar spricht der sozialdemokratische Ministerpräsident Heinz Kühn herablassend von einem »totgeborenen Sektenkind«, das die SPD nicht gefährden könne; aber daß die Aktivitäten der »Sektenkinder« eben doch nicht ganz ohne Leben und Wirkung sind, lassen die Reaktionen nicht nur von Franz Josef Strauß ahnen, dem offen nachgesagt wird, mit einigen der »Sektenkinder« zu korrespondieren.

Das politische Barometer spricht für die Opposition. Die Union könnte mehr als zufrieden sein, doch es ist nicht so. Einige der einflußreichen »Freunde« Kohls ziehen sich zurück. Nach ihrer Auffassung, die sie effektvoll verbreiten, scheint er »wohl doch nicht der rechte Mann« zu sein. Seine gelegentliche Feststellung, daß er zwar »immer der Jüngste«, niemals aber der »immer vom Glück« begünstigte und ohne besondere Schwierigkeiten an seine Ziele gelangte Politiker gewesen sei, legitimieren diese Bonner Erfahrungen. In der Union gilt zwar als selbstverständlich, ihm eine »Schonfrist« einzuräumen, doch das Murren vieler Parteifreunde mit alten »Ideologie«-Vorgaben ist nicht zu überhören. Vierzehn Jahre danach sinniert Kohl: »Die CDU steht, wie alle großen Massenorganisationen . . ., immer in psychologischen Gefährdungen . . . Unser Problem war und bleibt, daß wir vor allem zwei Gemütsverfassungen kennen: himmelhoch jauchzend oder zu Tode betrübt. Was wir stets brauchten und brauchen, ist eine innere Einstellung zu unserer Politik, die sich durch Klugheit und Mut und durch Gelassenheit und Geduld auszeichnet. Konrad Adenauer sagte einmal, daß Geduld nicht zu den ersten Tugenden der Christlichen Demokraten gehöre. Leider hatte er damit recht. Meine Maxime war und ist daher: Immer aus den Fehlern der Vergangenheit lernen.«

Franz Josef Strauß, obwohl nach demoskopischen Befragungen des Emnid-Instituts von Anfang Februar 1977 in der Wählergunst selbst in Bayern hinter dem Ministerpräsidenten Alfons Goppel eingestuft, hält mit seiner unstillbaren Ambition, der nächste Bundeskanzler zu werden, nicht hinter dem Berg. Der 1966 mit Kohls Unterstützung zum Bundes-

kanzler avancierte und 1969 von Willy Brandt abgelöste »Alt-Kanzler«
Kurt Georg Kiesinger lenkt die Blicke auf den soeben zum Bundestagspräsidenten gewählten Karl Carstens und läßt ihn, wenn auch unausgesprochen, als Alternative zu Helmut Kohl erscheinen. Kohl, der sich als
Fraktionschef nicht aussuchen kann, worüber er im Parlament reden muß,
hat keinen leichten Stand. Schon am 27. Juni 1976 unkt der »Spiegel«:
»Wenn Kohl fällt«, ist Carstens Kanzlerkandidat der Union.

Seit Kohl am 3. Oktober 1976 in einem Fernsehinterview gesagt hat,
daß er »Kanzler werden« wolle, wird er von Strauß noch massiver und
noch offener als zuvor bekämpft. Das Eingeständnis des wegen seines
persönlichen Versagens bei den Koalitionsabsprachen mit der FPD hinsichtlich der Renten- und Krankenversicherung schon Ende 1976 äußerlich ein Bild des Jammers bietenden Bundeskanzlers, daß die im Wahlkampf von der SPD versprochene Rentenanpassung zum 1. Juli 1977 nicht
eingehalten werden könne, ist für den Bayern ein weiteres Signal für seine
Hatz auf den Konkurrenten. Kohl dagegen, dem in Bonn die Selbstzwei-
fel des Kanzlers und dessen Probleme mit den Freien Demokraten schon
Anfang 1977 nicht verborgen bleiben, geht seinen Weg beharrlich weiter.
Er hofft, die FDP – nach seinen gescheiterten Bemühungen von 1969 und
1976 – in absehbarer Zeit doch schon für seine Politik und für eine
CDU/CSU-FDP-Koalition gewinnen zu können; für Strauß ein amateurhaft utopisches Modell. Im Juni 1977 wirft er Kohl vor, in unerträgli-
cher Weise »hinter Genscher … her« zu sein, und versucht, ihm nicht nur
in Bonn den Kredit zu nehmen. Kohl muß vor ihm ständig auf der Hut
sein. Noch 1987, ein Jahr vor seinem plötzlichen Tod, hat Strauß zu
Joseph Rovan im Hinblick auf Kohl gesagt: »Jeden Morgen frage ich mich,
ob ich ihn stürzen oder stützen soll.«

Kohl erlebt, was Vorsitzenden traditioneller Ideologie-Parteien kaum
widerfährt. Ihre Genossen lassen sie nicht so leicht im Stich. Und dies gilt
nicht nur für Mitglieder der Parteien. Als in den ersten drei Monaten
des Jahres 1977 beispielsweise die SPD so an Ansehen verlor, daß sie
nach den Befragungsergebnissen der demoskopischen Institute unter die
40-Prozent-Marke geriet, blieb Kanzler Schmidt dennoch für 57 Prozent
der Bundesbürger »ein guter Regierungschef«.[5] Der CDU-Chef sieht sich
rasch der Kritik seiner eigenen Partei ausgesetzt. Daß er bereitwillig
»Schuld« auf sich nimmt, wo dies angebracht ist, wird wohlwollend

akzeptiert, daß er auf Auffassungen beharrt, die er für richtig hält, dagegen nicht.[6] Der Schablonenvorwurf, daß Kohl bestimmte Probleme »aussitze«, beginnt die Runde zu machen.

Daß Politiker und Staatsmänner, die als ganz besonders entscheidungsfreudig und führungsfähig galten, sehr oft vorsätzlich nur darauf gewartet haben, vollendete Tatsachen lediglich noch sanktionieren zu müssen, beweist die Geschichte. Otto von Bismarck gehörte zu ihnen und, was Laien schwerlich vorstellbar erscheint, auch Adolf Hitler. Daß dieser Führungsstil nicht einfach oder prinzipiell als Beweis für Führungsschwäche interpretiert werden kann, bestätigen exemplarische Beispiele und einschlägige Untersuchungen. Helmut Kohl ist weder entscheidungsschwach noch von Natur aus ängstlich. Weitaus eher ist das krasse Gegenteil der Fall. Nicht nur seine Personalpolitik und seine gewöhnlich von ihm als selbstverständlich angesehene Durchsetzung unpopulärer Maßnahmen beweisen es häufig. Was ihn zuweilen »zaudern« läßt, sind sowohl seine Kenntnis der Geschichte als auch seine spezifische Beziehung zu ihr. Wo »Macher« primär den gegenwärtigen Sachverhalt vor Augen haben und spontan die jeweils schnellste – oder als »beste« erscheinende – Entscheidung für den Tag treffen, bemüht Kohl die Geschichte, in der er nach ähnlichen oder gleichen Beispielen und deren Ergebnissen sucht. So nützlich die konkrete Kenntnis der Geschichte einem Politiker und Staatsmann normalerweise eigentlich immer nur sein kann, so sehr kann sie ihm bei der Veranlassung bestimmter Maßnahmen auch vorübergehend die Hände binden. Es sei denn, er ist Vabanquespieler oder verantwortungslos genug, wiederholbare Fehlentscheidungen der Vergangenheit zu ignorieren und darauf zu hoffen, daß die vergleichbaren Ereignisse »diesmal vielleicht doch positiv ausgehen« könnten.

Kohls Karriere indes begleiten seit Dezember 1976, seit er als Oppositionsführer nach Bonn gegangen ist, meist aus der Medienlandschaft stammende Mißverständnisse, die nicht selten aus mangelnden Kenntnissen und Einsichten resultieren. Daß hämische Beckmessereien dabei angebliche Tatsachen zu identifizieren vorgeben, ist eine der Politik immanente Erscheinung.

Hinsichtlich der Entwicklung der deutschen Frage, um die sich Kohls Denken und Handeln seit jeher dreht, hat sich inzwischen der seit 1966 vorbereitete sogenannte »große Konsens« etabliert. Weder die Ostver-

träge, die Berlin-Regelung und die SALT-Verhandlungen noch die MBFR-
und KSZE-Vereinbarungen haben die Überwindung der Spaltung Europas und die Wiederherstellung der deutschen Einheit bewirkt. Die in
den späten sechziger und frühen siebziger Jahren im Zuge der »neuen
Ostpolitik« aufkeimenden und in ihrer Intensität nur mit den Auseinandersetzungen um die Westintegration und Wiederbewaffnung in den fünfziger Jahren vergleichbaren Hoffnungen sind herben Enttäuschungen
gewichen. Helmut Kohl, der sich Anfang Oktober 1976 entschlossen hat,
Bundeskanzler zu werden und dann in seinem Sinne die Richtung der
Politik zu bestimmen, findet in dem »großen Konsens« den Rahmen vor,
auf den er nicht nur bei seinen Äußerungen zumindest vorerst Rücksicht
nehmen muß. Auf knappe Formeln gebracht, stellt er sich wie folgt dar:

- Die künftige Deutschlandpolitik hat grundgesetzkonform zu sein und
  die Entscheidung des Bundesverfassungsgerichts vom 31. August 1973
  zum Grundlagenvertrag zur maßgeblichen Richtlinie zu machen;
- die DDR ist als Staat und Mitglied der Völkergemeinschaft anerkannt.
  Die Beziehungen zwischen ihr und der Bundesrepublik sind dennoch
  grundsätzlich nicht völkerrechtlicher Natur, sondern als »innerdeutsch«
  oder als deutsch-deutsch zu betrachten;
- die Deutschlandpolitik der Bundesregierung bleibt – wie seit 1949
  stets – der Westpolitik untergeordnet;
- eine Lockerung der Bindung an den Westen zugunsten einer Annäherung an die DDR darf weder akzeptiert noch erwogen werden;
- wegen des auf nicht absehbare Zeit bleibenden deutsch-deutschen
  Nebeneinanders und dessen Prägung durch den west-östlichen Konflikt infolge des System-Antagonismus kann die Bundesrepublik nur
  eine Politik treiben, die den Deutschen in der DDR zu »menschlichen
  Erleichterungen« verhilft;
- eine der Hauptaufgaben der Deutschlandpolitik der Bundesregierung
  hat die optimale Sicherung West-Berlins zu bleiben.
Ferner gilt als erwiesen, daß
- der Frieden in Europa nicht mehr durch eine Ankoppelung der Klein-
  und Mittelmächte an die einander wechselweise abschreckenden Weltmächte gefördert werden kann;
- die Trennung der Klein- und Mittelmächte von den USA und von der

UdSSR, deren Deutschland- und Europapolitik sie kaum nennenswert mitformulieren können, um der Verringerung eines Kriegsrisikos willen wünschenswert erscheint, da militärische UdSSR-USA-Berührungen trotz aller Spannungen seit der Berlin-Blockade nirgendwo zu unmittelbaren Kriegen gegeneinander geführt haben;

- eine Abkoppelung der Klein- und Mittelmächte friedenssichernd ist, da seit den Modus-vivendi-Regelungen zwischen den USA und der UdSSR zu Beginn der siebziger Jahre potentielle UdSSR-USA-Spannungen niemals zum offenen Ausbruch unmittelbar gegeneinander, sondern stets zwischen ihren Einflußgebieten geführt haben;
- die Balance im Bündnis zwischen den USA (die jährlich für neun Milliarden Dollar militärische Ausrüstungen nach Europa exportieren, wogegen die EG-Staaten lediglich für eine Milliarde Dollar in die USA ausführen) und Europa dahingehend umgestaltet werden sollte, daß der Einfluß der europäischen Mächte gestärkt, ihre Selbstverantwortung und ihr Verteidigungswille erhöht und an die Stelle der betonten amerikanischen Führung eine gleichberechtigte Partnerschaft treten sollte;
- innerhalb des Ostblocks die Distanzen der von der Sowjetunion abhängigen Staaten zur sowjetischen Führungsmacht ausgedehnt werden müßten;
- die Sicherheit zwischen den Weltmächten nicht mehr gegeneinander, sondern nur noch miteinander erreichbar ist;
- infolge des Rüstungs- und Vernichtungspotentials weder die USA noch die UdSSR der jeweiligen Teile Deutschlands zur Verteidigung ihrer Sicherheit bedürfen;
- die seit dem Harmel-Bericht von 1967 von der Bundesregierung praktizierte und favorisierte verantwortungsethische Gleichgewichtspolitik[7], die zugleich sowohl die Bereitschaft zur »Gegenrüstung« als auch zur Selbstbeschränkung einschließt, weder die Wiederbelebung alter Konfliktstrukturen des Kalten Krieges produziert noch Wiedervereinigungsaussichten verringert hat.

Neben den Kontrahenten innerhalb der Union muß Kohl sich mit Helmut Schmidt vergleichen – und an ihm messen lassen. Als er im Dezember 1976 als 46jähriger sein Quartier in Bonn aufgeschlagen hat, ist

Schmidt fast auf den Tag genau 58 Jahre alt. Äußerlich überragt der Oppositionsführer den Kanzler um nahezu eine ganze Haupteslänge. Und dies ist nicht der einzige Unterschied. Im Charakter, in den Allüren und im Habitus sind die Differenzen nicht weniger deutlich ausgeprägt. Schmidt plakatiert die Präsenz der Staatsmacht, sein Machtbewußtsein und die Möglichkeiten arrogant schillernden Machtgebrauchs; er gibt sich theatralisch staatsmännisch, weltgewandt, lehrhaft und Konkurrenten gegenüber unnahbar. Im Gegensatz zu Kohl zeigt er niemals sein wahres Gesicht. Immer ist er »Darsteller« seiner selbst, immer auf die staatsmännische Pose bedacht. Als die Journalisten Thilo Koch und Peter Otto ihn am 11. Februar 1976 (im Hinblick auf die Bundestagswahl) in einer ARD-Sendung porträtierten, mußte Koch, der psychologisierend agierende Autor des Bildschirm-Porträts, schließlich hilflos fragen: »Wann zeigt er sein wahres Gesicht? . . . Sicherlich nicht vor der Kamera . . . die beste Besetzung für die Rolle Helmut Schmidt, die ein Regisseur finden könnte, und dieser Regisseur ist er ja wiederum selbst . . . Spielt er nun Helmut Schmidt, oder ist er Schmidt?« Kohl, so urteilt Peter Ditko, der Leiter der Bonner Rednerschule, »verleugnet sein Naturell . . . Schmidt fängt an, sich selbst zu schauspielern.«

Der Kanzler liebt es, nicht nur deutsche Politiker, sondern auch Staatschefs befreundeter und verbündeter Mächte öffentlich abzukanzeln. Selbst der »Spiegel«, der Schmidt auffällig stützt, schrieb am 5. Juni 1978, nach Schmidts Rückkehr vom Nato-Gipfel aus den USA: »Vielmehr lag Schmidt vor allem daran, seinen europäischen Bündnisfreunden vorzuführen, daß sein Urteil über den amateurhaft agierenden Mann aus Georgia [US-Präsident Carter] . . . berechtigt sei.« Die Voraussetzungen für dieses Verhalten waren Schmidt allerdings auffällig entgegengekommen. Carter galt als besonders schwach, und Schmidt, der die Schwächen kannte, nutzte sie rigoros, zumal Carter ihn schon vor seiner Präsidentschaft selbst ermuntert hatte, in dieser Weise mit ihm umzugehen. So hatte er, der vom »Spiegel« als »politischer Missionar aus dem Süden« und »Sonntagsprediger« bezeichnete Präsidentschaftskandidat, der »so fromm« sei, »daß er sogar eheliche Auseinandersetzungen durch Gott regeln« lasse, einem »Spiegel«-Mitarbeiter in einem Interview respektvoll artig erklärt: »Ich habe den deutschen Kanzler getroffen und mich mit ihm beraten, und ich hatte vor mehreren Jahren die Gelegenheit, Dr. Schmidt

kennenzulernen, als er mich auf meiner Deutschlandreise sehr freundlich aufnahm. Diese Begegnung, die ich sehr zu schätzen weiß, wird . . .
die natürliche Ausgangsbasis sein für eine Verstärkung der Konsultatio-
nen . . .«

Kohl, der sein Licht allerdings auch nicht gerade gern unter den Scheffel
stellt, hält diese Umgangsformen Schmidts für einen unzumutbaren,
peinlich flegelhaften Stil. Will er seine eigene politische Kompetenz
demonstrieren, verweist er auf die soliden Bilanzen seiner Mainzer Zeit,
bemüht er die unmittelbare Vergangenheit und wirbt mit ihren Ergebnissen
um Vertrauen für eine politische Zukunft, die er maßgeblich gestalten
möchte. Er will überzeugen und achtet – seinem Naturell entsprechend –
darauf, seine politischen Kontrahenten nicht auch zu persönlichen Gegnern oder gar Feinden werden zu lassen. Willy Brandt und Herbert
Wehner, um hier zunächst nur sie zu nennen, wissen das bereits, bevor
»der Mann aus Mainz« in Bonn auftritt. Der Kanzler ist Pragmatiker und
verficht keine politische Ideologie, der Oppositionsführer folgt dem Rat
der Geschichte. Der Protestant Schmidt spielt in der Kirche konzertreif
Orgel, Kohl ist praktizierender Katholik, seine Frau Protestantin. Der
1918 in Hamburg geborene Regierungschef gibt sich kühl hanseatisch,
und er ist es auch. Kohl dagegen sucht und verbreitet menschliche Wärme,
Anteilnahme und Harmonie. Schmidt pflegt hinter seinem Schreibtisch
wie ein absoluter Monarch zu thronen, wenn ein Besucher kommt. Kohl
dagegen geht ihm mit einladenden Gesten entgegen. Der Bundeskanzler
ist Krisenmanager, der Ex-Ministerpräsident ein Freund umfassender
Reformen, wie er sie in Rheinland-Pfalz erdacht, gefördert und durchgesetzt hat. Der Hamburger scheint »die weite Welt« zu brauchen, der
Ludwigshafener ist ohne seine unmittelbare Heimat unglücklich. Ihm
fehlt etwas, wenn er längere Zeit hindurch den pfälzischen Dialekt nicht
hat hören können. Er hat das Bedürfnis, die in Bonn gern hochstilisierten
und oft dramatisierten Probleme »auf die Erde heruntergeholt« zu sehen.
»Wenn ich an Wochenenden«, so berichtet er, »in Ludwigshafen bin und
mich dort mit den Leuten unterhalte, muß ich nicht selten feststellen, daß
sie sich nicht unbedingt dafür interessieren, was auf bestimmten Ebenen in
Bonn diskutiert wird, sondern daß sie zum Beispiel wissen wollen, wie der
›SV-Waldhof‹ gespielt oder welchen Trainer der ›1. FC Kaiserslautern‹
verpflichtet hat – oder verpflichten will.« Er will den Heimatboden nicht

unter den Füßen verlieren, und ihn drängt es, wenigstens dann und wann die Sprache dieser Heimat im Ohr zu haben.

Dieser Aspekt, das betonte Bedürfnis nach persönlicher Kommunikation, ist es schließlich, der sich gegen ihn kehrt, seit er aufgebrochen ist, außerhalb seiner unmittelbaren Kulturlandschaft der »erste Mann« zu werden. In Rheinland-Pfalz hat ihm der pfälzische Dialekt, für den die Vernachlässigung der harten Konsonanten typisch ist, stets Pluspunkte eingetragen. In Bonn ist dies anders. Bonn und die dort etablierten Medien sind an den dialektfrei redenden Kanzler »gewöhnt«. Der Heimatbezogenheit auf der Zunge tragende Kontrahent, der zudem der Politik der Wiedervereinigung das Wort redet, die überall vorschnell und fälschlich mit dem Etikett »Revanchismus« oder »schädlich« belegt wird, wie die Regierungskoalition es effektvoll multipliziert, bietet politischen Gegnern zu der Zeit ein zusätzliches Angriffsziel. Seine Gewohnheit, in Reden bestimmte Feststellungen durch Nachsätze jeweils noch einmal zu bekräftigen, weist ihn nicht zuletzt auch als Historiker aus. Wie zahlreiche Historiker mündliche Feststellungen durch abgewandelte Wiederholungen als authentisch zu belegen versuchen, so tut dies auch Helmut Kohl gelegentlich. So sagt er beispielsweise am 24. November 1989 auf dem Parteitag der Österreichischen Volkspartei in Graz: »Wir haben nicht nur die gemeinsame Sprache, sondern auch eine gemeinsame Geschichte; wenn das auch manche nicht wahrhaben wollen, so haben wir es doch.«

Da Kohl als Politiker ebenso wie Schmidt besonders darauf angewiesen ist, die Sprache als Handlungsleitsystem einzusetzen, politische Ziele darzustellen und Zustimmung zu initiieren, baut er durch seinen pfälzischen Dialekt naturgemäß eine emotionale Hürde vor mancher Leute Bereitschaft auf, ihm und seinen Ideen zuzustimmen. Die zwar völlig falsche, in Deutschland aber weit verbreitete Auffassung, daß Menschen, die Dialekt sprechen, als nicht sonderlich intelligent oder kultiviert anzusehen seien, tut ein übriges. Schnell werden mißratene spontane Formulierungen als Ausdruck kruden oder primitven Denkens definiert und im Terrain der Politik zweckbezogen stilisiert und karikiert. Da die politische Sprache ein besonders hohes Maß an Emotionalität und Polemik enthält, bieten ihre Appelle zwangsläufig spezifische Angriffsziele. Helmut Schmidt argumentiert in der Gegenwart, die jedermann relativ einfach erklärt werden kann, Kohl bewegt sich in der Zukunft, die er über die Gegenwart mit der Geschichte verbindet. Der Gegensatz ist unüberwindbar. Daß »Gegensätze einander anziehen«, trifft hier nicht zu. Und das haben beide einander auf der Bonner Hardthöhe auch unmißverständlich bereits deutlich gemacht, als Schmidt noch Bundesverteidigungsminister und Kohl noch Ministerpräsident war. Wo und wann immer der Kanzler die Möglichkeit sieht, Kohl herabzusetzen, tut er es. Im Bundestag benimmt er sich gern demonstrativ herablassend gegenüber Kohl und versucht, ihn beispielsweise dadurch dem Spott preiszugeben, daß er sich der Opposition zuwendet, Franz Josef Strauß anblickt und ihn mit »Herr Oppositionsführer« anredet. In einer Fernsehdebatte vor den Bundestagswahlen im Jahre 1976 redet er Kohl nicht mit »Herr Kohl« oder »Herr Dr. Kohl«, sondern – sich demonstrativ als Bundeskanzler produzierend – als »Herr Ministerpräsident« an. 1975 äußert er sogar gegenüber US-Präsident Gerald Ford bei der Vorstellung des Mainzer Ministerpräsidenten, daß Kohl »der Mensch« sei, der seinen »Job« haben wolle, ihn aber nicht kriegen werde. Seinem weltmännischen Gehabe widersprechend, streut er wider besseres Wissen aus, daß der Pfälzer zwar von vielem etwas, von nichts aber »genug« verstünde. Spätestens seit 1989 weiß zwar jedermann, daß Schmidt der »am meisten überschätzte« und Kohl der »am meisten unterschätzte« Bundeskanzler ist, doch 1976 und in den sechs Jahren danach kann davon selbstverständlich nicht die Rede sein. Und nicht zuletzt: Schmidt genießt den Vorzug, für sich den – auch von den Medien herausgestellten – Kanzlerbonus verbuchen zu können, der Oppositionsführer dagegen ist seit Dezember 1976 ohne Regierungsamt, und der Bonus, über den er in Rheinland-Pfalz verfügt, nützt ihm in Bonn nur wenig.

Der seit zwei Jahren in Bonn regierende Bundeskanzler spricht ex cathedra. Der Oppositionsführer, der seinen Arbeitsstil über Nacht umstellen und in der für ihn neuen politischen Landschaft erst noch einen »Reifungsprozeß« durchmachen muß, kann dies nicht, zumal er sich liberal gibt und innerhalb seiner Partei nicht ohne Gegner ist, von denen nicht wenige die Gunst der Stunde nutzen und in der ihnen seit Jahren vertrauten Umgebung egoistische Profilierungsversuche unternehmen. Er hat zwar sehr viel hinzugelernt, seit er 1953 als 23jähriger den Landauer Oberbürgermeister in einer Kampfabstimmung »schlug«, in den geschäftsführenden Vorstand der Landes-CDU einzog und zwei Jahre danach jugendlich unbekümmert gegen Franz-Josef Wuermeling, den amtierenden Bundesminister für Familienfragen, zum »Kampf« um das Amt des stellvertretenden Landesvorsitzenden antrat*; aber die Ebenen sind doch sehr verschieden.

---

* Wuermeling hatte bei der Auswertung nur eine Stimme mehr als Kohl.

VIII.

IM FEGEFEUER

Nach Kohls Abschied von Rheinland-Pfalz werden die Regierungsgeschäfte in Mainz ohne Kursänderung fortgeführt. Nur der Führungsstil
des neuen Ministerpräsidenten, der anfänglich noch mit Kohls ursprüng-
licher Absicht hadert, nicht ihn, sondern Gaddum zum »Thronerben« zu
machen, verrät die Neubesetzung der obersten Regierungsposition im
Lande. Bernhard Vogel hat von seinem Vorgänger nicht nur die Kabi-
nettsmitglieder übernommen, sondern auch Kohls übrige Führungsmann-
schaft, soweit er sie in Mainz zurückließ. Der neue Oppositionsführer
in Bonn läßt seinen Kontakt zu Mainz, Ludwigshafen und Rheinland-
Pfalz jedoch nicht abreißen. Er hat das Gesicht des Landes Rheinland-
Pfalz entscheidend geprägt und von dort aus zugleich auch die Bundes-
CDU programmatisch und personell modernisiert. Daß er diese doppelte
Urheberschaft zu den wesentlichen Marksteinen seiner politischen Leistung zählt, ist angesichts seines historisch bestimmten Weltbildes
logisch.

Bernhard Vogel rekapituliert im März 1990: »Als Helmut Kohl im
Dezember 1976 als Oppositionsführer nach Bonn ging, gingen einige
seiner allerengsten Mitarbeiter wie Juliane Weber, Horst Teltschik und
sein Fahrer Seeber mit ihm. Ich habe alle seine zurückgebliebenen Mitarbeiter in ihren Ämtern belassen. Nur meine Chefsekretärin ... Renker ...
meinen persönlichen Referenten ... Link und meinen Fahrer habe ich aus
dem Kultusministerium ins Staatsministerium mitgenommen. An Stelle
von Willibald Hilf wurde Waldemar Schreckenberger Chef der Staatskanzlei; denn Hilf war zum Intendanten des Südwestfunks gewählt worden. Es war selbstverständlich, daß die engen persönlichen Verbindungen
fortbestanden. Aus Zeitgründen kam Helmut Kohl in den folgenden

Jahren zwar regelmäßig, aber seltener nach Mainz. Ich habe ihn sehr häufig
in Bonn im Bundeshaus aufgesucht, und wir haben natürlich vieles, auch
vieles, was das Land Rheinland-Pfalz betraf, besprochen. Seine Bindung
zum Land blieb eng, freundschaftlich und selbstverständlich ... Die
leitenden Mitarbeiter Helmut Kohls waren übrigens auch bei meinem
Ausscheiden noch in ihren leitenden Ämtern, soweit sie nicht zu Ministern (Schreckenberger) oder Staatssekretären (Stark) aufgestiegen waren.«

Zum Bundestagswahlkampf 1976 war die von Kohl maßgeblich repräsentierte Union mit dem aggressiven Slogan »Freiheit statt Sozialismus«
angetreten, der vor allem der SPD erhebliche Probleme bereitete.[1] Und
auch ihr plakatierter Vorwurf gegenüber der SPD, einen gefährlichen
Antiamerikanismus in der Bundesrepublik zu schüren, hatte die Sozialdemokratie empfindlich getroffen. Die mit Helmut Schmidt um die Gunst
der Wähler werbende SPD, die der Union schon im Jahr zuvor »Regie-
rungsunfähigkeit« vorgeworfen und ihr unterstellt hatte, ein »Sicherheitsrisiko für unser Land« zu sein, war mit der CDU/CSU nicht glimpflicher
umgegangen. 1989 bekennt Willy Brandt in seinen »Erinnerungen«: Die
»Wahlkämpfe ... enttäuschten, weil extrem vereinfacht wurde, was
umstritten war. Mit enormem Aufwand raufte man über ›Freiheit statt
Sozialismus‹ und erweckte den Eindruck, als sei die Bundesrepublik
ernsthaft durch das Gespenst des ›Antiamerikanismus‹ bedroht. Ich schlug,
im Eifer und weil ich selbst sehr viel eingesteckt hatte, ebenfalls über die
Stränge, so, als ich der Union ... 1975 vorhielt, sie sei in ihrem gegenwärtigen Zustand nicht regierungsfähig.«

Wolfgang Bergsdorf, seit Kohls Antritt als Oppositionsführer in Bonn
Bürochef im Konrad-Adenauer-Haus und Berater des Parteivorsitzenden,
resümiert im April 1990 als Chef der Inlands-Abteilung im Bundespresseamt:

»Während die CSU den Slogan ›Freiheit oder Sozialismus‹ für den
Wahlkampf 1976 benutzte, hatte sich Helmut Kohl nach langen Beratungen in der Wahlkampfkommission der CDU für die sprachlich
leicht variierte Fassung ›Freiheit statt Sozialismus‹ entschieden. Das
Wörtchen ›statt‹ sollte der Begriffsgegenüberstellung stärker als ›oder‹
einen appellativen Charakter zugunsten des ersten Begriffes verleihen.

Mit der Kombination von ›Freiheit‹ und ›Sozialismus‹ zur Kernaussage ihres Wahlkampfes benutzten die Unionsparteien die semantische Strategie, mit der ihnen 1972 die Regierungsparteien eine eindeutige Niederlage beigebracht hatten: die eigenen Ziele mit möglichst positiv geladenen Begriffen zu bezeichnen und gleichzeitig den politischen Konkurrenten mit möglichst negativen Etiketten zu versehen. Demoskopische Unterlagen hatten gezeigt, daß 1976 kein politischer Begriff neben ›Frieden‹ mehr Sympathiewerte gewonnen hatte als ›Freiheit‹, während die Antipathie gegen den Begriff ›Sozialismus‹ seit 1961 kontinuierlich gewachsen war. Auch die Bekräftigung der Selbstbezeichnung der SPD durch die Formel des ›demokratischen Sozialismus‹ in der Diskussion über den Orientierungsrahmen (OR) '85 konnte diese Entwicklung weder aufhalten noch umkehren.*

Der Slogan ›Freiheit statt Sozialismus‹ vereinigt alle Anforderungen an einen ›politischen Schlachtruf‹, an dem sich die Geister in einem Wahlkampf scheiden. Er bringt die Unterschiede zwischen den Konkurrenten auf einen breit verständlichen, einprägsamen Nenner, er begeistert die Anhänger und entmutigt die Gegner. Er sorgt für jenes Mindestmaß an Polarisierung, ohne die ein Wahlkampf nicht stattfinden kann, und er sorgt für eine Themenstruktur für den Wahlkampf, die das eigene Lager begünstigt und die konkurrierende Truppe benachteiligt. Ohne den Beitrag des Slogans am Wahlergebnis überzubewerten, läßt sich dennoch behaupten, daß das beste Oppositionsergebnis in der Geschichte der Bundesrepublik Deutschland und das zweitbeste Wahlergebnis der CDU ohne diesen Slogan nicht vollständig erklärt werden kann.«**

---

* Bergsdorf: »Trotz des unterschiedlichen begrifflichen Inhalts von ›Freiheit‹ und ›Sozialismus‹, von denen der erste den Bedeutungskern eines politischen Grundwertes besitzt und der zweite als Kurzformel einer politischen Ordnungsvorstellung dient, hatten sich die Assoziationsfelder beider Begriffe zu einem Gegensatz par excellence entwickelt, wobei ›Sozialismus‹ nahezu ebensoviel mit Antipathie aufgeladen wurde, wie der Begriff ›Freiheit‹ an Sympathie gewonnen hatte.«

** Bergsdorf weiter: »Daß die Allianz für Deutschland bei der ersten freien Wahl in der DDR am 18. März 1990 mit dem gleichen, nach 40 Jahren ›realen Sozialismus‹ noch unendlich viel treffenderen Slogan ihren jedermann überraschenden Wahltriumph erringen konnte, sichert dieser Wortverbindung einen Platz in den oberen Rängen der Hit-Liste politischer Slogans.«

Die SPD warf der CDU vor, »mit ihrer Kampfformel eine polarisierende
Schein-Alternative konstruiert, den ›demokratischen Sozialismus‹ und
mit ihm die SPD diffamiert und ... die Scheidelinie zum ›realen
Sozialismus‹ kommunistischer Systeme semantisch verwischt zu haben.
Daß die CDU sich darum bemühte, mit ihrem Slogan den Begriff
›Freiheit‹ noch stärker auf ihre Politik zu beziehen und gleichzeitig die
SPD in den Bereich der Negativ-Assoziation des ›Sozialismus‹ hineinzu-
drücken suchte, ist unumstritten. Umstritten war und blieb allerdings die
Legitimität verbaler Verkürzungen unter den Bedingungen der Wahl-
kampfauseinandersetzung in einem parlamentarisch-demokratischen Sy-
stem, das ein Mindestmaß an Konsens erfordert.«

Willy Brandts Darstellung, daß er lediglich »im Eifer« des Gefechts
»über die Stränge« geschlagen habe, ist nicht mehr als ein Versuch, sich
nachträglich zu rechtfertigen. Acht Seiten widmete beispielsweise die
SPD-Mitgliederzeitschrift »sozialdemokrat magazin« der sorgsam gewählten Reizvokabel »Sicherheitsrisiko« in ihrer Januar-Ausgabe 1976 noch
einmal. Mit Zitaten führender Unionspolitiker »untermauerte« sie Brandts
Ausfälle und stellte fest, daß die Opposition »gewollt oder nicht, ein
Risiko für unser aller Sicherheit« sei.[2]

Die politischen Parteien hatten den Wahlkampf nicht nur mit relativ
einheitlichen Aufgabenstellungen, sondern auch mit extrem vereinfachten
Zeitanalysen und Behauptungen geführt. Angesichts der unübersehbaren
Vorgaben deckten ihre – nur jeweils kontrovers bewerteten – Themen
einander. Bekämpfung der Arbeitslosigkeit, Eindämmung der Inflation,
innere Sicherheit, allgemeine Wirtschaftspolitik und Jugendarbeitslosigkeit hatten die wesentlichsten Schlagworte gelautet. Und nach den Vorstellungen der Wähler waren auch die als Kanzlerkandidaten herausgestellten Exponenten Schmidt und Kohl ungefähr gleichrangig bewertet
worden.

Bei seinem Start als Chef der Opposition braucht Kohl sein Licht nicht
unter den Scheffel zu stellen. Daß er nicht wie Kurt Georg Kiesinger von
der Bundestagsfraktion zum Kanzlerkandidaten gekürt worden und auch
nicht – wie Rainer Barzel – vorher Fraktionsvorsitzender in Bonn gewesen
ist, sondern als Nicht-Mitglied des Bundestages von Parteigremien auf
diesen Podest gestellt wurde, gilt in der breiten Öffentlichkeit keineswegs
als Nachteil. Er und der Kanzler haben vor den Wahlen in der Wähler-

gunst ungefähr auf gleicher Ebene gelegen. Schon im Februar 1976 ist es nach Befragungen des Gefas-Instituts in Bremen so gewesen. Von 10 möglichen Punkten für Sympathiewerte hatte Schmidt 6,6 erhalten, Kohl 6,1, Genscher 5,1, Brandt 4,5 und Strauß 3,9, und auch bezüglich der vermuteten Leistungsfähigkeit nahm Kohl einen Platz unmittelbar hinter Schmidt ein. Angesichts des nachgewiesenen Sachverhalts, daß dem Amtsinhaber traditionell stets weit mehr Sympathien entgegengebracht werden als dem Kanzlerkandidaten der Opposition, waren die Karten nicht erst unmittelbar vor den Wahlen gleich gemischt.

Mitte Oktober 1976, noch bevor der Parteivorsitzende Kohl, für den sich 48,6 Prozent der Wähler entschieden haben, am 15. Dezember zum Fraktionsvorsitzenden der Union gewählt wird, muß er eine gravierende strategische Entscheidung treffen. Da die Erreichung der absoluten Mehrheit nicht möglich erscheint, ist er bemüht, sein bereits unmittelbar nach der Bundestagswahl vom 28. September 1969 diplomatisch verfochtenes Programm umzusetzen und ein Regierungsbündnis mit den Freien Demokraten zustande zu bringen. Am 29. September 1969 hatte er sich – nach Gesprächen mit Bundeskanzler Kurt Georg Kiesinger – mit Hans-Dietrich Genscher, dem Geschäftsführer der FDP-Bundestagsfraktion und Stellvertreter Walter Scheels, und danach in Bad Godesberg mit Erich Mende getroffen, der in seinem Büro mit zehn gleichgesinnten Kollegen über ihr Vorgehen anläßlich der gemeinsamen Sitzung des FDP-Bundesvorstandes und der Bundestagsfraktion am nächsten Tage beriet. Kohl, der dort nach 24 Uhr zusammen mit Bruno Heck – dem Generalsekretär der CDU – erschienen war, hatte sich rechtzeitig in den Prozeß der noch offenen Entscheidung einschalten wollen. »Eine Koalition aus SPD und FDP«, berichtet Mende, war »noch keineswegs eine beschlossene Sache«. Doch dem Angebot der SPD, die den (mit nur dreißig Abgeordneten im neuen Bundestag vertretenen) Freien Demokraten das Außen- und Innenministerium, das Ministerium für Ernährung, Landwirtschaft und Forsten und fünf Staatssekretäre für den Fall versprochen hatte, daß sie sich für eine sozialliberale Koalition entschieden, war seitens der Union keine gleichwertige Offerte entgegenzusetzen gewesen. Das Angebot der SPD ging bis »an die Grenze der politischen Korrumpierung«, wie Mende sich am 5. April 1990 ausdrückte. »Da konnte die CDU/CSU«, sagte er, »nicht mithalten.«

Kohls Versuch, der von Helmut Schmidt und Herbert Wehner auch weiterhin favorisierten Großen Koalition ein Ende zu setzen und der Union die dominierende Rolle zu sichern, war unter den Voraussetzungen des Jahres 1969 zugunsten der SPD gescheitert. Seine Strategie indes hat er beibehalten. Doch seine Absicht, die nach der Kanzlerwahl im Dezember 1976 wieder an der Regierung beteiligte – im Bundestag mit 39 von insgesamt 496 Abgeordneten vertretene – FDP zunächst für Koalitionen in den Ländern (wie im Saarland und in Niedersachsen) und im Laufe der Legislaturperiode dann auch für ein entsprechendes Bündnis in Bonn zu gewinnen[3], stößt innerhalb der Union, vor allem bei der CSU, auf Ablehnung. Strauß und sein vor allem in Bayern populärer politischer Helfer Richard Stücklen drohen mit der Aufkündigung der CDU/CSU-Fraktionsgemeinschaft im Bundestag und der Etablierung der CSU als »Vierte Partei« im gesamten Bundesgebiet. Zwar endet diese Aktion vom November 1976 in Wildbad Kreuth später mit einem Kompromiß und Kohl-Sieg; aber »Neuauflagen« werden in bestimmten Situationen immer wieder wie Menetekel an die Wand geschrieben. Gleichgültig, ob Strauß in Bonn oder in München ist, Kohl kann nie vor seinen »Kosakenritten«, Provokationen und Schulmeistereien sicher sein. Zwar entwickelt sich die seit vielen Jahren bestehende Verbundenheit zwischen Kohl und Strauß im Laufe der Oppositionszeit der Union zu einer »Männerfreundschaft«, wie Kohl die Beziehung tituliert; aber periodisch wiederkehrende Streitereien, Kräche und Kontroversen unterbrechen die Zyklen der Harmonie, die Kohl braucht.

1977 erklärt Strauß, daß Kohls Überzeugung, die von Walter Scheel und Hans-Dietrich Genscher geführten Freien Demokraten auf die Seite der Union ziehen zu können, einem »Aberglauben« entspringe. Die FDP, so prophezeit er, werde weder 1978 noch 1980 oder 1984 bereit sein, mit der Union eine Regierungskoalition einzugehen. Genscher, der seit jeher auf Zeichen von außen wie ein Seismograph geschmeidig reagiert, findet Kohls Rezept offenbar nicht so weltfremd, wie Strauß es charakterisiert. Er erklärt derartige Übereinkünfte in Bundesländern als »Ländersache« und hält sich selbst heraus, läßt seine Stellvertreterin Hildegard Hamm-Brücher jedoch offen sagen: »Die FDP muß deutlich machen, daß sie nicht Anhängsel der Bundeskoalition mit der SPD ist.«[4] Daß Kohl letztlich auf das richtige Pferd gesetzt hat, erweist sich fünf Jahre später.

Für den neuen Oppositionsführer bedeutet Helmut Schmidt, der sich Kohl gegenüber meist überheblich gibt, eine mehr psychologische als politische Herausforderung. Schmidts Leistungsbilanz als Bundeskanzler stuft er als dürftig ein. Was ihm ganz offensichtlich nicht behagt, ist die herablassende Behandlung durch den SPD-Politiker. Zwar hat er keine Mühe, das Amt des Bundeskanzlers auch bei Schmidt zu respektieren, aber es wurmt ihn sehr, daß der amtierende Kanzler immer wieder betont deutlich demonstriert, wie wenig er seinen Gegenspieler in- und außerhalb des Parlaments ernst zu nehmen braucht. Als der »Spiegel« beispielsweise in einem am 18. Oktober 1976 veröffentlichten Interview Schmidt entgegenhält, daß einige seiner wesentlichen Äußerungen doch »Originalton Kohl« seien, reagiert er herablassend bissig: »Wenn Herr Kohl in diesem Punkte dasselbe gesagt haben sollte, so muß es ja deswegen nicht falsch sein.« Zwischen den beiden Politikern hat es zwischen 1976 und 1982 nur sehr selten wirklich gute Gespräche gegeben. Nahezu immer haben die Kontroversen über die »natürliche« Spannung zwischen Regierung und Opposition hinausgereicht. Dabei bereiteten Kohl nicht Schmidts politische Leistungen Probleme, sondern sein sorgsam gepflegtes Image, ein starker und entscheidungsfreudiger Kanzler zu sein.

Kohl nützt seine bisherige »regionale« parlamentarische Erfahrung in Bonn wenig. Seine Forderung nach der ihm zustehenden Solidarität trifft da und dort auf taube Ohren. Rasch muß er feststellen, daß in der Bundestagsfraktion Rivalität mehr als ein nur dräuendes Damoklesschwert ist. Treuebekundungen Bernhard Vogels und Walther Leisler Kieps im November 1977 erweisen sich als Herausforderung an seine Kontrahenten. Friedrich Zimmermann, der Chef der CSU-Landesgruppe in Bonn, macht augenblicklich darauf aufmerksam, daß Franz Josef Strauß zumindest »ein genauso potentieller Kanzlerkandidat« wie Helmut Kohl sei, obwohl die nächste Bundestagswahl erst 1980 ansteht.

Kohl versteht Opposition nicht als Obstruktion. »Die CDU/CSU«, erklärt er im März 1981 nach mehr als vierjähriger Erfahrung als Oppositionsführer in Bonn, »ist schon ihrem Herkommen nach ganz und gar unfähig zur Obstruktion. Wir haben über zwanzig Jahre die Regierungen der Bundesrepublik Deutschland gestellt. Wir sind die stärkste politische Kraft im Bund, in den Ländern und in den Gemeinden. Und das bedeutet, daß wir in besonderem Maße Verantwortung zu tragen haben. Wir müssen jetzt in der Opposition so sprechen und handeln, wie wir es auch bei einer Regierungsübernahme tun würden. Der Bürger muß wissen, daß er uns beim Wort nehmen kann. Opposition heißt auch, in bestimmten Punkten zur Gemeinsamkeit bereit zu sein. Gemeinsamkeit bedeutet dabei nicht, daß wir das Sauerstoffzelt sind, das die Regierung dann jeweils bemühen kann, wenn sie mit ihrem Latein am Ende ist. Gemeinsamkeit heißt, daß wir in wichtigen Fragen der Existenz unserer Bundesrepublik Deutschland unseren Beitrag zu leisten bereit sind.«

Daß sich die Mitglieder des Parlaments nicht so einfach profilieren können wie die Minister der Bundesregierung, stört ihn nicht sonderlich. Rückschauend meint er Anfang 1990, daß die damals »jüngeren Kräfte« wie Theo Waigel, Christian Schwarz-Schilling und Walther Leisler Kiep in den Debatten keineswegs schlecht »abgeschnitten« hätten. Er sinniert: »Wir hatten die Bundestagswahl als stärkste Partei bestanden, aber wir hatten die Bundestagswahl nicht gewonnen. Der Wähler hatte uns die Rolle der Opposition – eine wichtige Rolle in einer funktionierenden Demokratie – übertragen. Und wir hatten als CDU/CSU, auch ich persönlich, innerlich diese Rolle akzeptiert. Wir hatten uns auf diese Rolle eingerichtet.«

In der Führung einer Bundestagsfraktion vorerst zwangsläufig noch unerfahren, bemüht sich Kohl, auf seine Weise mit den Gegebenheiten möglichst effektvoll fertig zu werden. Er nutzt Gegensätzliches gleichermaßen: Die Erfolgsbilanz seiner Mainzer Zeit und deren Multiplizierung durch wohlmeinende Medien und die sich selbst richtende Häme und Geringschätzung durch die politische Gegenseite. Daß die SPD ihn in ihren Pressediensten früh schon als »erledigt« bezeichnet und am 11. November 1977, elf Monate nach seinem Antritt in Bonn, »Kommt Zeit, geht Kohl« unkt, betrachtet er fast als nützlich und hilfreich. Und er kultiviert die »Vorlage« für solche Urteile. Daß er unterschätzt wird, stört seine Anhänger weitaus mehr als ihn selbst. In Bonn hat er festgestellt, daß er gerade infolge der falschen Einschätzung seiner Person bestimmte Maßnahmen und Entscheidungen einleiten und fällen kann, ohne auf die Hellhörigkeit und Besserwisserei von Medien Rücksicht nehmen zu müssen, die sich berufen fühlen, ihm Ratschläge oder Zensuren zu erteilen. Daß dieser Sachverhalt ihm zugleich auch erleichtert, seinen persönlichen Führungsstil in der Fraktion durchzusetzen, kommt hinzu. Die für ihn neuen Rahmenbedingungen zwingen ihn als parlamentarischen Oppositionsführer dennoch, auf bestimmte Details und Zusammenhänge Rücksicht zu nehmen und wesentliche neue Erfahrungen zu machen. Er muß beispielsweise – anders als zuvor als Regierungschef in Mainz – sowohl auf Kompromisse eingehen, um einander widerstrebende Strömungen innerhalb der Union ausgleichen zu können, als auch Angriffsbereitschaft demonstrieren, wenn es darum geht, unterschiedliche Auffassungen über bestimmte Maßnahmen der Regierung zu markieren. Gelassenheit ist allerdings auch dabei sein Rezept.

Wann und wo immer »Praktiker« der Tagespolitik auftauchen und – zuweilen auch angesichts der Medienschelten und der ungefragten Ratschläge – meinen, auf ihre Erfahrungen und Einsichten verweisen zu können, macht er sie darauf aufmerksam, daß er »alles in der Parteipolitik erfahren und getan« habe, was mancher Politiker nur aus Büchern kenne. »Ich habe doch«, referiert er, »schon als 17jähriger Plakate geklebt, mich mit politischen Gegnern herumgeprügelt, Versammlungen organisiert und geleitet, Redner engagiert und selbst vor Zuhörern jeden Zuschnitts geredet. Ich habe den Weg nach oben ganz unten begonnen. Mir ist nichts in den Schoß gelegt worden. Ich kenne die Wünsche der jungen Leute ebenso wie die Sorgen und Probleme der mittleren und älteren Generation.« Gegen Mitleidsbekundungen fühlt er sich immun. Urteile, wie sie beispielsweise der »Rheinische Merkur« verbreitet, der am 9. Dezember 1977 schreibt, »Helmut Kohl wäre wahrscheinlich ein guter Bundeskanzler. So wie er ein guter Landesvater war. Zum Oppositionsführer aber reicht es nicht. Er ist der Mann der Exekutive, kein parlamentarischer Frontkämpfer«, wischt er mit einer Handbewegung vom Tisch. Er will nicht einen Oppositionsstil pflegen, der ihm von außen empfohlen oder gar aufgezwungen wird, sondern praktizieren, was er für sinnvoll und notwendig hält. Und, er achtet sehr darauf, daß sich die Mitglieder der Fraktion mit seinen Entscheidungen und Maßnahmen identifizieren. Er »trimmt« sie, wie Parlamentsneulinge dies gelegentlich nennen, auf seine Weise. Daß dies nicht immer lautlos und nicht immer in sitzender Position geschehen kann, ist eine Folge nicht nur seiner eigenen Mentalität und Charakterstruktur. »Gesindepflege«, wie er einen Aspekt seines Führungsstils scherzhaft selbst nennt, vollzieht sich vornehmlich in klei-

nen Kreisen, in denen jeder offen bekunden kann, was er will – oder was
ihm nicht behagt. Wer ihn nach solchen Gesprächen verläßt, hat das
Gefühl, zumindest verstanden worden zu sein. Was unerfahrenen Frak-
tionsmitgliedern zuweilen nicht gefällt, von ihnen aber nicht offen gesagt
wird, ist die Tatsache, daß der Partei- und Fraktionschef die Gespräche
manchmal auf Ebenen zu verlagern pflegt, mit denen sie sich nur schwer
identifizieren zu können meinen.

Nicht jeder will darüber belehrt werden, was beispielsweise Ebert,
Stresemann, Rathenau oder Brüning zur Zeit der Weimarer Republik in
bestimmten Situationen getan haben. Und nicht jeder kann damit tatsächlich auch etwas beginnen. Daß Kohl aus Diskussionen, wenn er sich auf
sie einläßt, letztlich immer als Sieger hervorgeht, erfahren die »Neuen«
schon, bevor er ihnen erstmals die Hand gegeben hat. Und das Vertrauen
der Neuen wird ihm zunehmend leichter gemacht, seit Strauß in München, Stoltenberg in Kiel, Blüm und von Weizsäcker in Berlin, Dregger in
Hessen und Biedenkopf in Düsseldorf ihre »Residenzen« haben.

Bis Ende 1978 hat Kohl jedoch mit Problemen innerhalb der Fraktion
und Parteiführung zu kämpfen, die nicht lautlos ausgetragen werden
können. Zu seinem Verdruß kommt hinzu, daß Franz Josef Strauß und
Helmut Schmidt sich bei aller parteipolitischen Gegensätzlichkeit gemeinsam in bündnishafter Manier auf einer Ebene gegen ihn stellen, die
von bloßen Behauptungen und Vorspiegelungen lebt. Sie tragen ihm
gegenüber ein Bewußtsein intellektueller Überlegenheit zur Schau, die
seinem Image schaden muß. Daß die demonstrative Version ihrer öffentlichen Rhetorik mit der Verbindlichkeit der Äußerungen Kohls kontra-
stiert, nützt eher ihrem Ansehen, als daß es Kohls Position stabilisiert.
Zwar liefert Strauß sich gelegentlich demonstrativ »Redeschlachten« un-
flätigster Art mit Schmidt und Wehner, dem er im September 1987
im Bundestag beispielsweise vorwirft, »in die Pfeife zu knurren«, kein
»ordentlich artikuliertes Deutsch« zu sprechen und seine »Umgebung wie
ostelbische Gutsbesitzer ihre Kutscher« zu behandeln, aber da ist sowohl
die Zielrichtung als auch die Wirkung ebenso demonstrativ anders.

Der sozialdemokratische Pressedienst vom 11. November 1977 nutzt
die Querelen innerhalb der Union verständlicherweise polemisch für seine
Propaganda. Er münzt die Vorgänge verkürzend als Beweise für eine
Führungsschwäche Kohls um, überschreibt seine Situationsanalyse mit

»Führungsschwäche eines Gehetzten« und spekuliert durchsichtig: »Tragikomödie ›Oppositions-Führer‹ – Vorletzter Akt«. Der SPD-Abgeordnete Kurt Mattick, der als Autor zeichnet, wählt die Version einer Theaterrezension, die sechs Akte zu kritisieren hat. Angesichts der karikierenden Polemik erübrigt sich, die einzelnen »Akte« zu referieren. Es genügt, das von parteipolitischen Hoffnungen diktierte Fazit zu zitieren, das angesichts des tatsächlichen Verlaufs der Geschichte Fehleinschätzungen offenbart, die keines Kommentars bedürfen. Gleichwohl befand Kohl sich Ende 1977 in Schwierigkeiten, die Behauptungen, wie die SPD sie verbreitete, durchaus als authentische Situationsschilderung erscheinen lassen konnten.

Das »Erbarmungslose Spiel mit einem Gehetzten, der in der Sache nichts und an Charakter und Standfestigkeit zu wenig aufzubieten vermag«, so heißt es dort, »wird noch geraume Zeit weitergehen. Der fünfte Akt wird zeitlich der längste sein. Denn Kohl ist in einer Sachfrage von seinen Jägern nicht zu stellen. Das unterscheidet ihn von Barzel und macht es schwerer, die Ablösung elegant einzuleiten. So wird statt eines Endes mit Schrecken erst einmal ein Schrecken ohne Ende organisiert. Damit ist demnächst der sechste und letzte Akt vorprogrammiert. In ihm wird Kohl von seiner eigenen Vergangenheit ... wieder eingeholt werden.* Wenn für Herrn Dregger die Hessenwahlen schiefgehen, dann wird auch er vom Fenster sein, und dann beginnt der letzte Versuch von Herrn Strauß, sich selbst zum Kanzlerkandidaten aufzuschwingen. Es ist unsere Aufgabe, dafür zu sorgen, daß er nur ein Kandidat bleibt.«

Kohl wirkt entschlossen und kampfbereit. Seine in der Frankfurter Allgemeinen Zeitung vom 12. August 1978 als Überschrift verwendete Bemerkung: »Ich bin jetzt fit wie selten in meinem Leben«, trägt deutlich den Charakter einer Kampfansage. In der Zeitung heißt es dazu: »Während der Kanzler im Urlaub ist, bereitet sich der aus den Ferien zurückgekehrte Kanzlerkandidat auf die bevorstehenden innenpolitischen Bewährungsproben und Wahlkämpfe vor. Neben der dreifachen Last, als Partei-und Fraktionsvorsitzender Gegenspieler des Kanzlers, des SPD-Fraktionsvorsitzenden Wehner und des Parteivorsitzenden Brandt zu sein, trägt er eine zusätzliche Bürde mit der von der CSU ausgehenden

* Gemeint war die »Abhalfterung« des vormaligen Kanzlerkandidaten Rainer Barzel.

Infragestellung der Einheit der Union ... Mit Blick auf die kommenden Monate sagt Kohl, die Union werde im Herbst die Regierung Punkt um Punkt mit eigenen Vorschlägen konfrontieren.«

Die SPD-Führung allerdings geht weiterhin davon aus, daß der Oppositionsführer seine Position nicht werde halten können. Sie verbreitet die Behauptung, daß Kohl deprimiert sei und von seinen »eigenen Mannen« Strauß und Dregger massiv bedrängt – und zur Seite geschoben werde. »Der von Helmut Kohl nach seiner Rückkehr aus dem Urlaub zur Schau getragene Optimismus«, behauptet der ppp-Pressedienst vom 16. August 1978, »kann nicht darüber hinwegtäuschen, daß im Adenauer-Haus ... Alarmstufe herrscht ... Im ganzen Lande wirft man ihm bei der CDU mangelnde Führungsqualitäten und eine permanente Unentschlossenheit in allgemeinen politischen Fragen vor.« So recht der SPD dies ist, sowenig erscheint ihr die nach ihrer Ansicht folgende Konsequenz eines Kohl-Sturzes willkommen. Sie geht davon aus, daß entweder Strauß oder Dregger Kohls Position einnehmen werde, wenn er stürze, was für sie heißt, daß sie sich ihres Koalitionspartners FDP nicht mehr sicher sein kann; denn dort wird bereits laut über dieses Problem nachgedacht. Innerhalb der FDP-Führung macht sich die Sorge breit, daß die CDU-FDP-Länderkoalitionen unter einer Unionsführung von Strauß oder Dregger schwerlich würden fortgesetzt oder gar neu etabliert werden können. Und noch etwas schreckt die FDP, die Vorstellung nämlich, daß unter einer Strauß- oder Dregger-Führung innerhalb der Union eine »Zementierung der sozialliberalen Koalition in Bund und Ländern bis weit in die achtziger Jahre zwingend« sein würde, wie es im vorgeblich vertraulichen ppp-Pressedienst vom 25. November 1977 heißt. Da die FDP-Führung deutlich macht, daß ihr an einer solchen Zukunft nicht liege, kann der Sachverhalt der SPD-Spitze keineswegs gleichgültig sein.

Die Folgen zeigen sich relativ rasch. Im Januar 1978 gibt Helmut Schmidt seine Vorbehalte und Respektlosigkeiten gegenüber Kohl – zumindest vorübergehend – auf und »schaltet auf versöhnlich«, wie die »Bonner Rundschau« am 21. Januar mit einiger Überraschung feststellt. Kohl, der diese äußerliche Wandlung Schmidts durchschaut, bietet ihm nach diplomatischen Zwischenschritten Mitte Juni eine differenziert begründete »Zusammenarbeit« – vor allem im Zusammenhang mit der Bekämpfung des Terrorismus – an. Doch zu der Zeit meint die SPD-

Führung, darauf nicht mehr angewiesen zu sein. Ihre Reaktion drückt bereits eine Überschrift des »Vorwärts« vom 29. Juni 1978 unmißverständlich aus. »Auf Kohl«, so heißt es dort, »können wir verzichten.« Wie die SPD-Führung die CDU im Herbst 1978 sieht, definiert der »Vorwärts« am 14. September, indem er sich auf die »sattsam bekannten Frechheiten des Abgeordneten . . . Todenhöfer« beruft, die den »Unionsvorsitzenden Helmut Kohl als trottelhaft-verschlafen« darstellen. »Man muß zugeben«, schreibt die SPD-Zeitung nach Hinweisen auf Biedenkopf und Barzel, »daß die Stellung Helmut Kohls nicht leicht ist.« Der mit der Übernahme der Kanzlerkandidatur »verbundene dauernde Vergleich des Kandidaten mit dem Kanzler«, suggeriert der »Vorwärts«, »fällt . . für Kohl nicht günstig aus. Und die öffentlichen Beurteilungen werden für seine Stellung geradezu gefährlich.« Dennoch erkennt er respektvoll eines der gravierenden historischen Verdienste Kohls an. Es »wird . . . vergessen«, gibt die Zeitung zu, »daß die Union in diesen Tagen den schwierigen Prozeß des Übergangs vom Kanzler-Wahlverein zur Massen-Mitglieder- und Programmpartei vollendet. Sie tut dies im Blick auf den Programmparteitag, der eine Woche nach der Wahl in Bayern in Ludwigshafen stattfindet, und als die Konsequenz einer Entwicklung, die Helmut Kohl 1971, als er bei der Wahl des Parteivorstandes noch Rainer Barzel unterlag, eingeleitet hat und die ohne ihn nicht stattgefunden hätte.«

Mehr als bloßer Respekt schwingt mit, wenn es heißt: »So ist Helmut Kohl 1971 auf der Grundlage einer einigermaßen ausgebildeten Parteien- und Demokratie-Theorie angetreten, die ein formal-inhaltliches Motiv, die demokratische ›Richtlinienkompetenz‹ der Parteien, mit einem intern-organisationspolitischen verband. Die Folge dessen ist, daß Kohls Stellung parteiintern vor allem anderen von dem erfolgreichen Verlauf des Diskussionsprozesses um das Programm abhängt, wobei über den Erfolg dieses Prozesses weniger die eine oder andere umstrittene Passage entscheidet, als vielmehr die Tatsache, daß die Umwandlung der Union in eine demokratische Programmpartei gelingt. Diese Leistung Kohls ist unbestreitbar.«

Während die SPD Kohls Strategie insgeheim bewundert und dies gelegentlich auch offen andeutet, regen sich innerhalb der CDU erneut seine Widersacher. Schon unmittelbar danach meldet sich Rainer Barzel im »Stern« zu Wort und behauptet vielsagend, daß der Eindruck entstan-

den sei, daß er »zu lange den Mund gehalten« habe. Offen hat er gegenüber
der Westfälischen Rundschau nach Angaben des vertraulichen ppp-
Pressedienstes vom 27. September 1978 bereits Anfang September geäußert: »Der Kohl muß weg.«

Während der ppp-Pressedienst Kohl stets negativ beurteilt, meint der
»Vorwärts« zuweilen, ihm wenigstens ansatzweise Gerechtigkeit widerfahren lassen zu müssen. So heißt es dort am 12. Oktober 1978: »Es spricht
für Kohl, den angefeindeten und (noch immer) unersetzlichen Kanzlerkandidaten und Oppositionsführer, daß er es an Einsatzfreude im hessischen Wahlkampf« – trotz der Dregger-Angriffe gegen ihn – »nicht hat
mangeln lassen.«[5] Das SPD-Blatt bescheinigt ihm »den Habitus eines
kollegialen Führungsstils, die Befähigung, Mitarbeiter auszusuchen und
den Kontakt zu ihnen nur nach Machtkalkül zu gestalten«. Kohls »Schicksal« sei mit »dem Schicksal der Unionsparteien untrennbar verbunden . . .
Denn CDU-Repräsentant ist er bis in Persönlichkeitsmerkmale hinein.«

Anders sieht ihn wiederum der ppp-Pressedienst vom 19. und 20. Oktober 1978. Dort erscheint er nicht als der Mann, der einen guten Schlaf
hat, wie der »Vorwärts« am 12. Oktober schreibt, sondern als »Hasenfuß,
der laut lärmend den nachtschwarzen Wald durchquert, um die eigene
Angst vor finsteren Dämonen zu verjagen«.

Weitere Beispiele für die – durchsichtige – Gespaltenheit der SPD-
Organe erübrigen sich. Die Sympathisanten der SPD, deren Parteiführung
sich in einem längst nicht mehr zu vertuschenden »Grabenkrieg« mit dem
Bundeskanzleramt befindet, nutzten den Oppositionsführer als Vehikel
zur Kritik an ihrem eigenen Kanzler. Jedes auch nur angedeutete Lob für
Kohl muß Schmidt als Angriff aus den eigenen Reihen auf sich als
Kanzler empfinden. Kohl weiß dies zu nutzen. Anders dagegen verhält es
sich mit Vorwürfen und Polemiken, die auf Äußerungen von »Querden-
kern«, Unzufriedenen und notorischen Nörglern aus den eigenen Reihen
zurückgehen und als Konsequenz behaupteter eigener intimer Sachkennt-
nisse angebliche Fehler in Kohls Strategie »offenbaren«. Sie wirken nicht
nur auf unentschiedene Sympathisanten und Wähler weitaus entschiede-
ner negativ als beispielsweise offene sozialdemokratisch artikulierte Tadel
und »Belehrungen«.

Der Hoch- und Spätsommer des Jahres 1978 ist nicht arm an solchen
Beispielen. Zahlreiche Medien suggerieren den Eindruck, daß Kohl und

die Union »den Sommer verschlafen« haben, wie der Saarländische Rundfunk es am 19. August 1978 in einem Interview mit Kohl auf den von dem umtriebigen CDU-Bundestagsabgeordneten Jürgen Gerhard Todenhöfer verbreiteten Nenner bringt. Das Bild von der im Schlafwagen dösenden Opposition macht rasch die Runde und hat letztlich Kohl selbst im Visier. Er indes begegnet dem von den links orientierten Medien genüßlich verbreiteten Vorwurf mit politischem Elementarunterricht und stellt sachlich fest: »Daß bestimmte Repräsentanten des linken Journalismus, speziell in bestimmten . . . Nachrichtenmagazinen, jetzt die Politik der Desorientierung von der Serie der Landtagswahlen in die CDU hinein fortsetzen wollen, ist verständlich, das gehört zum sogenannten politischen Feindbild der Linken . . . Und der Bundeskanzler hat demoskopische Untersuchungen in seinen Sommerurlaub mitgenommen, die bei den großen Instituten für die Union zwischen 50 und 52 Prozent sahen.« Er ist bestrebt, der gegnerischen Argumentation den Wind aus den Segeln zu nehmen, und erklärt unter Berufung auf die Tatsache, daß jede Opposition in den alljährlichen Sommerpausen, in denen die Parlamente nicht tagen, Schwierigkeiten hat, weil die Regierung – im Gegensatz zur Opposition – von Amts wegen Termine und Daten setzen kann: »In dieser Sommerpause war zu beachten, daß mit der Gipfelkonferenz, mit dem Besuch von Präsident Carter in der Bundesrepublik, eine Reihe von staatspolitisch wichtigsten internationalen Ereignissen bei uns stattfanden. Und ich bin . . . der Auffassung . . ., daß in einem Augenblick, wenn wichtige Staatsführer der Welt . . . bei uns zu Gast sind, es nicht die Aufgabe der Opposition ist, die innenpolitische Auseinandersetzung in diesem Augenblick voranzutreiben . . . Es gibt also keine . . . Resignation. Wir haben allen Grund, mit Optimismus . . . der politischen Auseinandersetzung im Herbst und Winter entgegenzusehen.«

Die Kritik aus den eigenen Reihen nimmt Kohl, der Parteivorsitzende und Fraktionschef in Personalunion, inzwischen – nach außen hin jedenfalls – mit einiger Gelassenheit hin. Von »Bild am Sonntag« darauf angesprochen, sinniert er am 22. Oktober 1978: »Wer das menschlich nicht erträgt, der sollte aufhören. Mich hat ja niemand gezwungen, Fraktionschef zu werden. Ich muß damit leben – mit innerem Gleichmut und Gelassenheit. Wer Hahn auf dem Kirchturm ist, muß vielerlei Winde ertragen. Wichtig ist nur, daß man sich nicht nach dem Winde dreht und auch, wenn man sich ein bißchen ärgert, kühlen Kopf bewahrt. Gemessen an einigen meiner Vorgänger geht es mir eigentlich ganz gut.« Gefragt, ob er seine Drohung wahrmachen und die Besserwisser – wie Todenhöfer und Barzel – oder Abtrünnigen von ihren Posten ablösen wolle, wenn sie ihre Polemiken nicht einstellten, sagt er: »Wer mich kennt, weiß, daß man sich auf mein Wort verlassen kann. Wenn jemand öffentlich der Parteiführung in den Rücken fällt, werde ich der Fraktion vorschlagen, zu prüfen, ob es nicht besser ist, ihn von seinen Ämtern zu befreien.«

Der Frankfurter Allgemeinen Zeitung gegenüber hat er am 12. August erklärt, daß die »Anfangsschwierigkeiten«, »Turbulenzen« und »Fehler« der letzten zwei Jahre guten »menschlichen Beziehungen« gewichen seien. »Wir arbeiten hier sehr viel«, stellt er fest und ergänzt mit einem Seitenhieb auf Helmut Schmidt: »Aber bei mir braucht kein Redenschreiber extra aufzuschreiben wie bei Schmidt – und etwas Fröhlichkeit darf auch dabei sein.«*

Dem Kanzler hat er bereits Anfang Juni 1978 »extreme Schwäche« attestiert und die Regierungsumbildung als ein Eingeständnis dieses Mangels dargestellt. Gegenüber der Neuen Osnabrücker Zeitung erklärt er im Juni: »Der unübersehbare Stillstand in allen Feldern der Innenpolitik ist greifbar. Der Ablauf des parlamentarischen Geschehens zeichnet sich gegenwärtig dadurch aus, daß alle paar Sitzungswochen der Bundeskanzler eine Regierungserklärung abgibt, die möglichst wenig aussagt und in der er im wesentlichen über seine Reisen berichtet; denn über seine Regierungstätigkeit in der Bundesrepublik kann er nichts berichten, die ist blockiert.« Daß gewöhnlich gut informierte Tageszeitungen wie die »Bonner Rundschau« dies erst Ende Januar 1979 erkennen und als eigene Erkenntnisse publizieren, läßt nicht nur manchen Schmidt-Bewunderer zumindest vorübergehend verstummen, sondern veranlaßt 1979 auch nicht gerade wenige Kohl-Kritiker zur Revision ihrer festgefahrenen Vorstellungen.

Plötzlich, nach seinem effektvollen Auftritt vom 24. Januar 1979 im Bundestag, hat Kohl die Medien hinter sich. »Ein Stromstoß durchfuhr die Union. Beifall für Kohl«, lautet eine Überschrift der »Stuttgarter Nach-

---

* Helmut Schmidt hatte seine erste Regierungserklärung mit dem Satz beendet: ». . . und Fröhlichkeit gehört auch dazu.«

richten« am 25. Januar; »Ein Oppositionsführer mit Steherqualitäten. Kohl verblüfft seine Freunde und irritiert seine Gegner«, heißt es in der Kölnischen Rundschau. Die »Frankfurter Neue Presse« spricht vom »besten Kohl, der . . . denkbar war. . . . er verblüffte . . . den Bundeskanzler« und »schrieb sich als Aufsteiger ein«. Die »Rheinische Post« attestiert ihm am selben Tage: »Geschickt traf Kohl einige Schwachpunkte des Kanzlers.« »Wie kaum je zuvor ein Oppositionsführer mußte Kohl«, so schrieb Joachim Sobotta, »zum Auftakt des politischen Jahres 1979 in Bonn ein Handikap-Rennen gehen . . . Trotz dieser objektiven Schwierigkeit« gelang Kohl, »einige Punkte der Koalitionspolitik aufzuspießen«. Eine »Passage Kohls traf den selbstbewußten Kanzler besonders«, berichtet Jürgen Merschmeier in der Kölnischen Rundschau und zitiert den Oppositionsführer: »Politik findet bei Ihnen nicht mehr statt. Deswegen weichen Sie auf die Gipfel aus, um, von Gipfel zu Gipfel springend, dann Ihre Botschaft möglichst nichtssagend über die Bürger zu bringen. Führung wird durch Selbstdarstellung ersetzt.«

So massiv er Schmidt und die SPD kritisiert, so nachsichtig geht Kohl mit der FDP und ihren Exponenten um. Ihnen rät er zunehmend, sich von der SPD zu lösen und sich mit der Union zu verbünden. Daß die FDP »in den Strudel des Abstiegs gerät«, wenn sie weiterhin mit der SPD koaliert, ist für ihn als Konsequenz voraussehbar. Wann immer er es für ratsam hält, und wann immer sich effektvoll umsetzbare Möglichkeiten bieten, baut er den Freien Demokraten zielstrebig »Brücken«. So hat er beispielsweise Mitte Juni 1978 nicht nur als Historiker, sondern auch als Parteipolitiker begrüßt, daß Walter Scheel, zu der Zeit noch Bundespräsident, sich öffentlich über die »Bedeutung des Geschichtsunterrichts« geäußert habe. »Vergangenheitsbewältigung ist ein schreckliches Wort«, zitiert ihn die »Frankfurter Allgemeine Zeitung« vom 17. Juni und wiederholt seine Feststellung, »daß die ›falschen Propheten der Geschichtslosigkeit‹ uns einen schlechten Dienst erwiesen hätten«. Wie die FDP, so wendet auch er sich gegen die »Tendenz einer neuen Entnazifizierung« und erinnert daran, »daß die Hälfte der Bürger der Bundesrepublik schon zu den Kindern oder Nachgeborenen der Hitlerzeit gehörten«. Und er identifiziert den Standort der Schuldigen. »In der SPD«, so betont er im Sinne der FDP-Vorstellungen, herrscht »eine ›pharisäische Gesinnung‹, man wolle bestimmen, wer geläutert sei und wer nicht.«

Plakativ warnt er die Koalitionsregierung: »Hände weg von den Renten.« Unsere »alten Mitbürger«, erklärt er der »Welt am Sonntag« im September 1979, »haben Anspruch auf Ehrlichkeit«. Für sie ist »die Rente das Ergebnis eines langen Arbeitslebens«.[6] Der jungen Generation verspricht er, ihre Perspektiven und Kriterien angemessen zu berücksichtigen. Auf die Frage der »Rhein-Zeitung«, wie er »diese junge Generation« sehe, hat er, der Vater zweier Söhne, Ende August 1978 erklärt: »Junge Leute leben mit gutem Grund ihr eigenes Leben. Sie haben ihr eigenes Verständnis, weil sie noch eine viel weitere Wegstrecke vor sich haben. Wer immer in Freiheit gelebt hat, kann nicht verstehen, was Unfreiheit bedeutet . . . Verfehlt wäre es, ihnen etwa vorzuhalten, daß sie nicht wie wir Älteren Hunger und Not erlebt haben. Heute bedeutet es für Kinder bereits Hunger, wenn sie morgens wegen einer Untersuchung nüchtern bleiben müssen. Wir müssen uns fragen, ob wir genug getan haben, um den Jungen die immateriellen Grundlagen unseres Lebens deutlich zu machen: etwa das Verhältnis zwischen Bürger und Staat. Grundwerte wie Freiheit, Solidarität, Gerechtigkeit sprechen gerade junge Menschen an. Mitmenschlichkeit, Pflichterfüllung, Zuverlässigkeit – das sind keineswegs altmodische Tugenden . . . Zur Resignation besteht im Hinblick auf unsere Jugend . . . kein Grund.«

Im Zusammenhang mit dem seit Jahresbeginn 1979 ganz besonders engagiert diskutierten Radikalenerlaß ist Kohl der Auffassung, daß »junge Leute wegen eines politischen Irrtums« nicht »bis ans Lebensende gebrandmarkt werden« dürfen. Die Jugend, sagt der 48jährige, »neigt seit jeher zu Überspitzungen«. Er plädiert dafür, die jungen Leute, »die den Weg zu extremen Gruppen gegangen sind, zurückzuholen und zu überzeugen«. Am 24. Januar 1979 wirft er der Regierung im Bundestag vor, die Behörden bei der Prüfung der Verfassungstreue der Beamten zu zwingen, sich »künstlich blind und taub zu stellen« und sich nicht nur einer Amtspflichtverletzung, sondern auch des Verfassungsbruches schuldig zu machen.

Der jungen Generation möchte Kohl, wie er im September 1979 in einem »Welt am Sonntag«-Interview versichert, angesichts der weit vorangeschrittenen »Wegwerf-Gesellschaft« Zukunftschancen eingeräumt sehen, die nicht durch »öffentliche Verschuldungen überlastet« werden dürfen. Als einer der einstigen Initiatoren des Umweltschutzes, den er als

Referent im Chemieverband in Ludwigshafen bereits zwischen 1959 und 1969 – vor allem im Zusammenhang mit der Luft- und Wasserverschmutzung – engagiert betrieben hat, weist er immer wieder besorgt und beschwörend darauf hin, daß sich die auf dem Wege zur reinen »Wegwerf-Gesellschaft« befindliche Generation augenblicklich sowohl ihrer Verantwortung gegenüber der Geschichte als auch gegenüber den nachfolgenden Generationen bewußt werden müsse. Anders als der Bundeskanzler, der primär die Gegenwart im Auge hat, ohne Zukunftsperspektiven zu bieten, visiert Kohl Ziele jenseits des Alltags an.

Hinsichtlich der Deutschlandpolitik der Union verfolgt er kontinuierlich die Forderung nach der staatlichen Wiedervereinigung. In einer Pressemitteilung vom 11. Mai 1979 erklärt er: »Für die Christlich-Demokratische Union Deutschlands ist es selbstverständlich, ihre deutschlandpolitischen Auffassungen in allen politischen Gremien zu vertreten. Hierzu zählt natürlich auch das Europäische Parlament. Das Verfassungsgebot der Vollendung der deutschen Einheit und unserer Politik für die Einigung Europas ist für uns unteilbar.« Er propagiert die Unterstützung der sozialen Marktwirtschaft, eine Modifizierung der Familienpolitik und – mit einem entschiedenen »Ja« zur Kernenergie – die Sicherung der Energiegrundlagen der Bundesrepublik Deutschland.

Das außenpolitische Konzept Kohls liegt derzeit so offen zutage wie seine niemals aufgegebene Hoffnung auf die Wiedervereinigung Deutschlands. So energisch, wie er Schmidt, Brandt und Wehner in der zweiten Aprilhälfte 1979 auffordert, ihre »Wortakrobatik« im Zusammenhang mit den Begriffen »Wiedervereinigung« und »Deutsche Frage« aufzugeben und sich zur Wiedervereinigung zu bekennen, so läßt er keine Zweifel hinsichtlich seiner Vorstellungen über die Position Deutschlands inmitten Europas aufkommen. Er ist nach wie vor fest überzeugt, daß »Sicherheit in Freiheit« für die Bundesrepublik nur durch das Atlantische Bündnis garantiert werden könne und verweist auf eine Bundestagserklärung Konrad Adenauers von 1954, in der es hieß, daß »wir dem deutschen Volk diese Sicherheit mit unseren eigenen Mitteln allein nicht schaffen« könnten, weshalb »wir den Anschluß an den Westen vollzogen« hätten. In einem Interview, das der »Münchner Merkur« am 8. April 1978 veröffentlichte, hat Kohl bekräftigt: »Wir sind seit Adenauers Zeiten die klassische Partei der deutsch-amerikanischen Freundschaft, der Allianz, und daran hat sich nichts geändert. Wer langfristige deutsche Politik betreiben will, weiß, daß dies nur in engem Verbund mit den Vereinigten Staaten möglich ist. Ohne den Schild der mächtigsten Macht der freien Welt ist unsere Freiheit bedroht. Das spürt niemand mehr als der Bürger der Bundesrepublik Deutschland. Die Grenzen der Machtsysteme gehen quer durch unser Vaterland; der Eiserne Vorhang geht mitten durch Deutschland; die alte Hauptstadt Berlin ist eine geteilte Stadt. Für uns ist es von allergrößter Bedeutung, die guten Beziehungen zu den Vereinigten Staaten zu pflegen und auszubauen.« Dem Vorwurf, »amerikahörig« zu sein und gegenüber den USA keine Kritik zu wagen, begegnet er mit der Bemerkung: »Für mich ist Amerika keine heilige Kuh. Unter Partnern«, so zitiert ihn das Deutsche Allgemeine Sonntagsblatt vom 27. Januar 1980, »ist . . . auch notwendig, daß man sich offen ausspricht. Da kann es auch Kritik geben.«

Zwischen der Union und der SPD sieht er seit 1978 kaum noch Übereinstimmungen in den Grundlagen der deutschen Außen- und Sicherheitspolitik. Er warnt die SPD, ihren außenpolitischen Kurs hinsichtlich ihrer Haltung gegenüber den USA fortzusetzen, weil er überzeugt ist, daß er die Bundesrepublik in den achtziger Jahren aus dem westlichen Bündnis herauslösen würde. Die noch vor eineinhalb Jahrzehnten von der SPD verfochtene antiwestliche, »Dritte Kraft«- und Neutralitäts-Politik vor Augen, befürchtet er angesichts der schwelenden Bonn-Washington-Querelen eine Renaissance solcher oder ähnlicher Modelle. »Daß die Verantwortlichen in Bonn und Washington (nach dem Vierertreffen auf Guadeloupe im Januar 1979 und dem Abschluß der SALT-II-Vereinbarungen[7] im Juni 1979 in Wien) nicht gut aufeinander zu sprechen waren«, bestätigt auch Willy Brandt 1989 in seinen »Erinnerungen«, »teilte sich der Welt in vielfältiger Indiskretion mit.« Nicht nur Brandt beschuldigte US-Präsident Carter, in seinen Gesprächen mit Leonid Breschnew die SS20-Raketen – einem Ondit des Kanzleramtes zufolge – wohl nur »im Fahrstuhl« erwähnt zu haben. Auch sein Nachfolger Schmidt, so sinniert Brandt, meinte »vom Generalsekretär in Moskau . . . besser verstanden zu werden als vom Mann im Weißen Haus«.

Von der Sowjetunion verlangt Kohl, daß sie sich aus dem im Frühjahr 1979 in Afghanistan begonnenen »Heiligen Krieg gegen die Kommunisten in Kabul« heraushalte (und seit Ende 1979, seit der offenen sowjetischen Invasion, ihren sofortigen Rückzug aus Afghanistan), die Unterstützung bei Familienzusammenführungen, die Bereitschaft zu Verhandlungen über ihre Aufrüstung mit Mittelstreckenraketen, die Aufgabe ihres stereotypen »Nein« im Zusammenhang mit NATO-Vorschlägen und ihres Widerstandes bei den Wiener Verhandlungen über den Truppenabbau in Europa.

Den Sieg der Konservativen über die Labour-Partei in Großbritannien bezeichnet er Mitte Mai 1979 als willkommenes Signal für die Direktwahlen zum Europäischen Parlament. »Für die christlich-demokratischen und konservativen Parteien in Europa«, stellt er in einer Presseerklärung der CDU vom 11. Mai fest, »bedeutet dies einen Ansporn, noch entschlossener und klarer unsere freiheitliche Alternative unseren Mitbürgern deutlich zu machen.«

Den Bestrebungen Israels, seine Existenz zu sichern und freundschaftliche Beziehungen zur arabischen Welt zu unterhalten, gilt seine »volle Sympathie«. Er tritt für einen selbständigen jüdischen Staat ein und definiert dessen Verhältnis zur Bundesrepublik Deutschland als »›besondere Beziehungen‹, weil hier in einer besonderen Weise moralische Kategorien eine Rolle spielen«, wie ihn die »Welt« vom 13. August 1978 zitiert. Aus »Demut vor der Geschichte« empfiehlt er, aus ihr zu lernen, die »besonderen Beziehungen« zu normalen Verhältnissen werden zu lassen und eine »gemeinsame Perspektive« für die Zukunft zu gewinnen. »Wer immer das Besondere betont unterstreicht, muß wissen«, sagt er gegenüber der Zeitung, »daß er damit eine psychologische Barriere aufbaut, die auf die Dauer unseren Völkern nicht hilft.« Seine Maxime: Kein Bürger der Bundesrepublik Deutschland, der »in der Kontinuität unserer Geschichte unseres Vaterlandes« steht, darf eine Politik des »Entweder-Oder« fordern. Aufgabe deutscher Politker müsse daher sein, »zum Frieden und Ausgleich« zwischen Israel und den arabischen Ländern beizutragen. Zwar hält Kohl nicht unbedingt für angebracht, die Aussöhnung zwischen Deutschen und Franzosen »als Beispiel für Israelis und Araber« zu fixieren; doch seine Empfehlung zielt – seinem historischen Kategorien gemäßen Denken folgend – auf »eine Friedenstat von Jahrhundertbedeutung«. Israel und seine arabischen Nachbarn, so rät er, sollten sich »ein Stück aufeinander zubewegen«.

Nachdem Kohl die verschiedenen Tiefs überwunden hat und die

ständigen Versuche seiner innerparteilichen Kontrahenten, ihn zur Aufgabe zumindest eines seiner Ämter[8] zu bewegen, vorerst abgewehrt sind, nutzt er die Regierungs- und Koalitionsprobleme des sozialliberalen Kabinetts und bereitet sich auf den Wahlkampf vor. Die Debatten über die Führung des Bundestagswahlkampfes und die Nominierung eines anderen Kanzlerkandidaten für 1980 schaden seinem neuen Ansehen nicht, die im Februar 1979 um ihn als Nachfolger Scheels – anstelle des »designierten« Kandidaten Karl Carstens – im Amt des Bundespräsidenten geführten Diskussionen nützen ihm – und seinem Image. Nicht nur seiner nächsten Umgebung fällt auf, daß er sich zunehmend selbstbewußt staatsmännischer gibt, betont umsichtiger agiert und sein ganzer Habitus nicht mehr »nur« den Oppositionsführer repräsentiert. Nicht einmal ein in letzter Minute vereiteltes Bombenattentat, das ihn Mitte Mai 1979 am Düsseldorfer Schadow-Platz treffen sollte,[9] bringt ihn jetzt noch aus der Fassung. »Kohl zeigte sich (unmittelbar danach) äußerlich völlig unbeeindruckt vor rund 2000 Kundgebungsteilnehmern«, berichtet die »Westdeutsche Allgemeine Zeitung« vom 17. Mai und fährt fort: »Er betonte, daß ihn keine Bombendrohung schrecken könne, weil es das Schicksal eines Politikers sei, mit ihnen zu leben.« Er demonstriert – unausgesprochen an seine Mainzer Zeit erinnernd – selbstbewußte Autorität und strahlt zunehmend Zuversicht aus. Auf sozialdemokratischer Seite ist Willy Brandt es, der seine »Genossen« nach der Revision seiner eigenen Meinung[10] vor der Unterschätzung Kohls warnt. »Kohl ist nicht so schlecht, wie ihn einige seiner eigenen Leute und Strauß immer wieder machen«, stellte er am 14. April 1979 fest – und traf damit nicht nur den Bundeskanzler.

Willy Brandts Rat an seine Partei, Kohl nicht zu unterschätzen, trägt rasch dazu bei, den Oppositionsführer in einem positiveren Licht als bisher zu sehen. Daß er nun eine randlose Brille trägt und sich eine neue Frisur »zulegt«, führen Beobachter auf Ratschläge seiner unmittelbaren Umgebung zurück, was nicht zutrifft. Ihm selbst hat daran gelegen, sein Erscheinungsbild maßvoll zu »modernisieren«, ohne sich dabei selbst zu verleugnen. Verärgert reagiert er auf das Ansinnen, sich künftig wie Helmut Schmidt zu verhalten, sich einer besonderen Schauspielkunst zu bedienen und sich – wie Schmidt – bei besonderen Anlässen bühnenreif darzubieten. Die Menschen, so sagt er nach Angaben der »Bonner Rundschau« vom 27. Januar 1979, seien nicht primär an einem »Schauspieler

Kohl« interessiert, sondern an seinen sachlichen Kompetenzen, konkreten politischen Aussagen und an seiner Glaubwürdigkeit. Dennoch bescheinigt ihm ein Teil der Presse, plötzlich »besser« geworden zu sein, zumindest soweit es seine Mimik und Rhetorik betreffe. ». . . auf Bonner Boden«, so meint die »Bonner Rundschau«, die Helmut Schmidt als unbestrittenen »Meister der Selbstdarstellung« bezeichnet, ist »wichtiger, wie sich ein Politiker gibt, als das, was er sagt«. Schmidt könne sich infolge seiner Schauspielkunst leisten, stellt die Zeitung weiter fest, »der Bevölkerung Schlagworte als letzte Weisheiten zu verkaufen«. Doch dies sind Kriterien, die Kohl mit seiner Charakterstruktur und Mentalität nicht vereinen zu können meint.

IX.

»KEINE LÖSUNG OHNE KOHL«

»Keine Lösung ohne Kohl«, so lautet am 18. Mai 1979 eine fett gedruckte Zwischenüberschrift der Wochenzeitung »Die Zeit«, die sich mit der Frage nach dem Kanzlerkandidaten der Union für die Bundestagswahl am 5. Oktober 1980 befaßt. Obwohl Helmut Kohl im Oktober 1976 als Kanzlerkandidat der Union 48,6 Prozent der Wählerstimmen gewonnen und die absolute Mehrheit nur äußerst knapp verfehlt hat, ist Franz Josef Strauß niemals müde geworden, sich als bessere Integrationsfigur ins Gerede zu bringen. Während sich die zuständigen Gremien der CDU und der CSU in der ersten Jahreshälfte 1979 allmählich auf einen gemeinsamen Kandidaten festzulegen beginnen, gibt es trotz der Hochstilisierung bestimmter Strauß-Meriten vor allem durch Exponenten der CSU und der relativ zaghaft verfochtenen Ambitionen von Dregger, Biedenkopf und Albrecht tatsächlich »keine Lösung ohne Kohl«. Kohl sieht sich nach Auffassung – ihm nicht wohlgesonnener – kritischer Beobachter mit Fragen konfrontiert, die sowohl seine eigene künftige Position als auch die nächste Zukunft der Union betreffen. Sie fragen sich, wie er sich angesichts des von ihnen diskutierten Katalogs von Möglichkeiten entscheiden werde: Beibehaltung des Amtes des CDU-Parteichefs und der Fraktionsführung unter vorläufiger Zurückstellung der eigenen Kanzlerkandidatur oder Verzicht auf die Kanzlerkandidatur oder gar Rückzug aus der Führung?

Ohne seine Vorstellungen zu kennen, erteilen sie ihm Ratschläge, zerbrechen sich seinen Kopf und mutmaßen, was möglich sei. Anders als 1978, sehen sie sich jetzt jedoch gezwungen, ihn selbst neu zu bewerten. »All diese Überlegungen sind ohne Kohl nicht zu verwirklichen«, so kommentiert Rolf Zundel in der Zeitung »Die Zeit« vom 18. Mai die Situation und fährt fort: »Ohne seine Duldung, besser: ohne seinen Segen tut sich jeder schwer, der CDU-Führer im Wahlkampf oder Fraktionsvorsitzender werden will. Immerhin ist Kohl bis 1980 als Fraktionsführer gewählt. Außerdem verkörpert der CDU-Chef für viele Christdemokraten . . . alte Unionstradition, und nicht die schlechteste. Auch gibt es bislang niemanden, der ihm an Integrationswirkung gleichkommt. Es ist sogar denkbar, daß Kohl die Vaterschaft für eine solche Lösung übernehmen könnte.«

In Bayern, in Hessen und in Baden-Württemberg, versuchen »Parteifreunde« Kohls, Politik an ihm als Parteivorsitzendem vorbei zu machen. Und Kurt Biedenkopf, der ein Jahr später zum Vorsitzenden des Landesverbandes Westfalen-Lippe gewählte einstige Generalsekretär und jetzige Kontrahent, propagiert die Beschneidung der Vollmachten Kohls auf dem Wege einer Ämtertrennung. Er, der offensichtlich das Amt des Fraktionschefs anstrebte, und der Alt-Vorsitzende Rainer Barzel[1], waren bereits Ende März 1979 »aus dem Rennen« geworfen, soweit es um Kohls Führungspositionen ging. Das Ende 1978 und Anfang 1979 mit wechselseitigem Interesse diskutierte Memorandum Kurt Biedenkopfs, das die Trennung des Amtes des Parteivorsitzenden von dem des Fraktionschefs und damit die von Kohl präsentierte Personalunion aufzuheben verlangte, hatte einen doppelten Zweck verfolgt. Es war nicht nur gegen Kohls Führungsfunktionen gerichtet, sondern zugleich auch als Angebot gedacht gewesen, das belastete Biedenkopf–Strauß-Verhältnis zu bereinigen, was zweifellos nicht zugunsten Kohls geschehen sollte.

Doch Kohl setzt nach wie vor auf seine »Mannschaft«, die ihn jedoch nicht davor bewahren kann, seine Kontrahenten im Blickfeld zu behalten. Hinter ihm stehen Bernhard Vogel, Richard von Weizsäcker, Heiner Geißler, Hanna-Renate Laurien, Norbert Blüm, Walther Leisler Kiep und Gerhard Stoltenberg. Wie von ihm häufig »vorexerziert«, verlangt er auch jetzt eine offene Aussprache und setzt sich dabei durch. Ohne Blessuren allerdings kommt er nicht davon. Auf dem vorgezogenen Bundesparteitag in Kiel stimmen am 25. März 1979 617 der 740 Delegierten für ihn als Bundesvorsitzenden; beim Bundesparteitag am 7. März 1977 waren es in Düsseldorf noch 767 von 810 gewesen. Die »Nein«-Stimmen haben sich verdreifacht. Strauß, der Mitte Januar 1979 vor dem dritten Treffen der CSU in Wildbad Kreuth bestritten hat, daß es eine »Achse Strauß-Biedenkopf« gegen Kohl gebe, hält sich dem Scheine nach aus den

Personaldiskussionen innerhalb der CDU heraus, nennt sie spitz »interessant« und gibt Helmut Schmidt ein willkommenes Stichwort für herablassende Polemiken gegen den CDU-Vorsitzenden. Kohl wiederum sieht in einem Verzicht auf die Kanzlerkandidatur eine Möglichkeit, nicht nur die Wogen zu glätten, sondern auch die eigene Führungsposition wieder so herausstellen zu können, wie er es Ende Januar 1979 zu tun vermocht hat.

Am 28. Mai 1979 hat die CDU-Spitze, Kohls Empfehlung folgend, sich für Ernst Albrecht als Kanzlerkandidaten der Union entschieden. Die CSU, die Franz Josef Strauß nominierte, was Alfred Dregger, Edmund Stoiber und Friedrich Zimmermann ein Jahr später als ihre Initiative darzustellen versuchen, läßt es am 2. Juli auf eine Kampfabstimmung ankommen, in der sich – nach einem besonderen Engagement Richard Stücklens – 135 Abgeordnete (darunter 52 von der CDU) für Strauß entscheiden. Kohls Favorit Albrecht erhält 102 Stimmen, was Kohl akzeptieren muß. Daß viele Anhänger der rund 800 000 Mitglieder zählenden CDU dem Vorsitzenden der weitaus schwächeren Schwesterpartei diese Funktion nicht ohne Einwände übertragen sehen möchten, weiß Kohl. Doch er verzichtet nach der Entscheidung vom 2. Juli darauf, Ernst Albrecht weiterhin als Gegenkandidaten zu empfehlen. Selbst eine von Albrecht und Wilfried Hasselmann inszenierte Briefaktion, die die 96 000 Mitglieder der Niedersachsen-CDU Kohl fragen lassen soll, wieso er die Strauß-Wahl hingenommen habe, kann ihn nicht dazu bewegen, seinen Favoriten noch einmal auf den Schild zu heben. Die Mutmaßungen und negativ artikulierten Behauptungen, daß er während der Strauß-Nominierung nur so etwas wie ein »geduldeter Präsident der gemeinsamen Fraktion« gewesen sei, wie die »Kieler Nachrichten« sich am 1. November 1980 ausdrückten, kann er spätestens nach der Bundestagswahl als in mancher Hinsicht aufgebauschte Episode ohne Wiederholungchance einstufen.

Albrechts Plan, mit zwei Spitzenkandidaten, einem für die CDU und einem für die CSU, in den Bundestagswahlkampf zu ziehen, hat Kohl bereits als untauglich abgelehnt, noch bevor demoskopische Befragungsergebnisse davon abrieten. Nach einer Blitzumfrage des DFS vom 31. Mai 1979 haben sich 58 gegen 42 Prozent für einen gemeinsamen Kandidaten ausgesprochen, und auch die Frage, ob CDU und CSU getrennte Wahlkämpfe führen sollten, ist für die Gemeinsamkeit ausgefallen: 73 gegen 27 Prozent. Daß diese Umfrage – hinsichtlich der Kandidaten Strauß und

Albrecht – außerhalb Bayerns[2] mit 59 gegen 41 Prozent zugunsten Albrechts ausfiel, beeinflußt Kohls Personalpolitik nicht.

Als Friedrich Nowottny Kohl am 20. Juli 1979 in der Fernsehsendung »Bericht aus Bonn« auf seine Entscheidung anspricht, erklärt er: »Eine Personalentscheidung ist immer eine schwierige Entscheidung, da gibt es – wenn hart gekämpft wird – natürlich Blessuren . . . Verwundungen . . . Probleme. Es wäre ganz töricht, nach den schwierigen Wochen, die CDU und CSU gemeinsam durchlitten und durchlebt haben, das leugnen zu wollen. Aber die Entscheidung ist gefallen, und CSU- wie CDU-Führung haben vor der Abstimmung in der Fraktion erklärt, daß die beiden Schwesterparteien gemeinsam das Ergebnis respektieren und tragen werden. Das habe ich unmittelbar nach der Bekanntgabe des Wahlergebnisses, der Nomination von Franz Josef Strauß, der deutschen Öffentlichkeit mitgeteilt, und dies gilt für die CDU . . . Es ist ganz selbstverständlich, daß es da das eine oder andere noch an Nachwehen gibt. Es wäre ganz unnatürlich bei . . . der Diskussion, die stattgefunden hat, wenn dies nicht so wäre; aber wir blicken nicht zurück und schon gar nicht zurück im Zorn, sondern wir blicken nach vorne, und unser Ziel ist die Regierungsübernahme 1980 . . . der Wahlsieg von CDU und CSU mit Franz Josef Strauß.«

Über Kohls Gedanken wird in allen Parteien spekuliert. Die CDU hat bei den Landtagswahlen in Nordrhein-Westfalen mit dem Kanzlerkandidaten Strauß und Kurt Biedenkopf als Spitzenvertreter der Landes-CDU eine schwere Schlappe erlitten. Strauß beschuldigt Biedenkopf, ihn in der Wahlplakatgestaltung nicht angemessen berücksichtigt zu haben, Biedenkopf dagegen wirft ihm vor, zu saumselig bei der Formulierung der Präambel zum Wahlprogramm gewesen zu sein. Doch noch ehe es zu groben parteischädigenden Auseinandersetzungen nach dem »letzten Test« vor den Bundestagswahlen kommt, greift Kohl ein, ohne öffentlich den »Schuldigen« zu identifizieren. Er will den Erfolg für die Union, äußert vor engsten Mitarbeitern jedoch besorgt, daß Strauß die von ihm 1976 gesetzte Rekordmarke von 48,6 Prozent nicht erreichen werde. Mehr noch: Er traut dem CSU-Chef nicht zu, auch nur das Barzel-Ergebnis von 44,9 Prozent im Jahre 1972 »einzufahren«. Daß er damit letztlich recht behält, befriedigt ihn nicht, auch wenn einige seiner Gegner und Kritiker meinen, daß er seinen Kontrahenten Strauß vorsätzlich habe »auflaufen« lassen.

So ehrgeizig Kohl ist, sowenig ist ihm gleichgültig, was aus seiner Partei wird. Nicht nur sein Verzicht auf die Kanzlerkandidatur bescheinigt dies. Zwar beobachtet er – sicherlich mit Genugtuung –, wie Albrecht, Geißler und Leisler Kiep ihre Schadenfreude nach den auf das Konto von Strauß gehenden Niederlagen im Saarland und in Nordrhein-Westfalen nicht ganz verbergen können; aber er selbst hält sich aus derartigen Bekundungen heraus. Daß er insgeheim Strauß bis zur voraussehbaren »Niederlage« bei den Bundestagswahlen stützen« wolle, um ihn dann »endgültig los« zu sein, wie der »Spiegel« am 18. Mai 1980 einen »Kohl-Vertrauten« zitiert, erscheint vielen Beobachtern logisch. Öffentlich jedenfalls bemüht er sich, Strauß keine Vorwände für einen Rücktritt von der Kandidatur zu bieten. Geschickt unterbindet er Mitte Mai 1980 während des Berliner Parteitages Diskussionen über Strauß als Kanzlerkandidaten. Nur das Wahlprogramm stellt er zur Diskussion.

Viele Beobachter verblüfft, daß Strauß bei den Wahlen lange nicht so »ankommt«, wie sie es erwartet haben. Im Gegenteil: In mehreren Orten, in denen er vor den Wahlen zu den Landtagen geredet hat, sind die Stimmenanteile für die CDU zurückgegangen. In Essen beispielsweise, wo er die Kampagne für die nordrhein-westfälische Landtagswahl eröffnet hatte, waren erstmals alle Wahlkreise an die SPD gefallen. In Köln hatte jeder vierte der befragten Wähler erklärt, daß er die Strauß-Präsenz im Wahlkampf für schädlich hielte. Er hat nicht geschafft, jene Sympathisanten für die Union zu gewinnen, die eine bürgerlich-soziale Alternative zu den Sozialdemokraten erwartet haben.[3] Selbst die »Frankfurter Allgemeine Zeitung« und der Rheinische Merkur, die der Bonner Opposition traditionell nahestehen, nähren Zweifel am zunächst hochgelobten Kanzlerkandidaten. »Zu den allgemeinen, übergreifenden Gründen für die Katastrophe der CDU in Nordrhein-Westfalen«, so heißt es im Mai 1980 in der »FAZ«, »kommen Negativwirkungen des Kanzlerkandidaten Strauß. Wieweit er für sie verantwortlich ist . . ., darüber läßt sich reden . . . Es sind nicht Einzelgänger in der Union, die gespannt abwarten, ob Strauß nach dem Düsseldorfer Debakel seine Kanzlerkandidatur etwa aufgeben werde.«

Daß der Kandidat sich durch die brüske Ablehnung der Empfehlungen schadet, die Kohl und Geißler ihm angedeihen lassen wollen, begreift er zu spät – wenn überhaupt. Den »Beifall«, den er seitens der SPD ostentativ erhält, die ihn nach seinen Wahlschlappen im Saarland und in Nordrhein-

Westfalen offen als ihren »Wunschkandidaten« gegen den sich auf seinem
Zenit befindlichen Kanzler Schmidt bezeichnet, deutet er so falsch wie
vieles in der Zeit. So hat er den CSU-Landesgruppenchef Friedrich
Zimmermann in Bonn nicht als »Statthalter« genutzt, sondern ihn buchstäblich kaltgestellt, als es darauf ankam, engste Fäden mit Bonn zu
knüpfen. Und auch die einst besonders gute Pressearbeit der Landesgruppe hat er zur flachen Mittelmäßigkeit »verkommen« lassen. Eine in
der Süddeutschen Zeitung veröffentlichte Wahlanzeige, in der es heißt,
daß »Düsseldorf, Saarbrücken . . . gestern« gewesen seien, während es jetzt
darauf ankomme, den »Kampf um die Wende in Bonn« zu beginnen,
verrät zwar Edmund Stoiber als Berater im Hintergrund; aber insgesamt
geschieht doch nur, was Strauß für richtig und angebracht hält.

Er spricht von »falschen Meßlatten«, »falschen Motivzuweisungen« und
beschuldigt die »Vorsehung«, der Union durch den plötzlichen Tod ihres
nordrhein-westfälischen Spitzenmannes Heinrich Köppler übel mitge-
spielt zu haben. Unschwer ist aus seinen Argumenten bereits das Koordi-
natensystem herauszulesen, das er nach einer verlorenen Bundestagswahl
zu verwenden gedenkt. Als Schmidts bevorstehende Moskau-Reise ins
Gespräch kommt, die Kohl unter bestimmten Voraussetzungen akzeptiert, stilisiert Strauß den Kanzler zum Appeasement-Politiker à la Cham-
berlain und vergleicht dessen Treffen mit Hitler von 1938 mit Schmidts
Besuch im Kreml.

Nachdem die »Bonner Rundschau« am 9. Mai 1980 Kohls positive
Antwort auf die Frage publiziert hat, ob er »unter den gegebenen Umständen nach Moskau fahren« würde, »um mit den Kreml-Chefs zu reden«,
schlägt Strauß, der sich im Zusammenhang mit dem von US-Präsident
Carter empfohlenen Moskauer Olympia-Boykott umsichtig und beson-
nen geäußert hat, unter Mißachtung der Kohl-Erklärung verbal um sich.

Kohl hat, seinen aufkeimenden neuen Status zelebrierend, in geradezu
attizistischer Manier richtungweisend erklärt: »Meine Antwort ist ganz
klar: Ich halte es prinzipiell für richtig – vor allem auch in Krisenzeiten –,
daß die politisch Verantwortlichen der Völker miteinander reden. Aber in
diese prinzipielle Position fließt immer ein, daß man sich über einen
Zeitpunkt und die Möglichkeiten im klaren ist. In der gegenwärtigen
Diskussion, ob Bundeskanzler Schmidt nach Moskau reisen soll, muß
unser Interesse sein, daß vor allem die politischen Führer Amerikas und

der Sowjetunion miteinander reden. Dieses Gespräch kann durch gar
keine Ersatzhandlung Dritter vorweggenommen werden.« Falls der Kanzler, so warnt Kohl allerdings, die Absicht habe, womöglich »als Vermitt-
ler« zwischen den USA und der Sowjetunion aufzutreten, müsse er, Kohl,
»dringend« von der Reise abraten.[4] Derartige Differenzierungen gehören
nicht in das Vokabular des CSU-Vorsitzenden. Allerdings hat der förm-
liche Protest der Sowjetunion gegen den Parteitag der CDU im Mai 1980 in
Berlin[5] Kohl und Strauß nicht gerade dazu eingeladen, in ihren Reden
– hinsichtlich der Sowjetunion – besonders zurückhaltend zu sein.

Nach der Auswertung der Bundestagswahl von 1976 hatte die Union
sowohl eine »Strategiekommission« als auch eine »Wahlkampfkommission« gebildet. Die Hauptlast des Wahlkampfes für die Wahl im Oktober
1980 liegt in den Händen der »Strategiekommission«, der sowohl die
Vorsitzenden der CDU und der CSU als auch deren Generalsekretäre
angehören. Über seine persönliche Rolle sagt Kohl am 11. November
1979 im Rahmen eines von der Bundesgeschäftsstelle der CDU verbreiteten Interviews: »Ich bin Parteivorsitzender der CDU und Fraktionsvorsitzender der CDU/CSU. Ein intensiveres Scharnier können Sie sich . . .
eigentlich gar nicht denken.« Hinsichtlich der Aspekte und Kriterien, die
im Rahmen der jeweiligen Kommissionen und deren Unterabteilungen
behandelt werden müssen, erklärt er: Es geht »darum, bestimmte wichtige
Sachfragen, die bereits in die Zeit über 1980 hinaus führen, jetzt parlamen-
tarisch zu diskutieren, zu entscheiden, aufzubereiten. Ich nenne die Steuerpolitik. Es geht hier aus unserer Sicht um die Entlastung unserer Mitbürger
durch die inflationsbedingten Steuergewinne des Staates, die für uns ganz
und gar unerträglich sind . . . Es geht um die Sicherung der Energiebasis
der Bundesrepublik Deutschland. Angesichts der Entwicklungen im Iran
und in anderen Teilen der Welt ist ein Land wie die Bundesrepublik, das
einen Großteil seiner Energie aus dem Ausland holen muß, besonders
anfällig. Wir sind eine der großen Industrienationen der Welt. Aber
unsere Wirtschaftskraft wird über Nacht empfindlich gestört – und damit
auch die soziale Sicherheit unseres Landes, die Sicherheit der Arbeitsplätze, die finanzielle Entwicklung in der Bundesrepublik Deutschland –,
wenn es uns nicht gelingt, die Energiebasis zu erhalten. . .«

Die Fraktionsspitze hat Kohl im Hinblick auf die bevorstehenden
Wahlen[6] bereits Anfang 1980 neu organisiert und gestrafft. Mehr als zuvor

will er sowohl seine sechs stellvertretenden Fraktionsvorsitzenden als auch die zwei Stellvertreter aus den Reihen der CSU mit konkreten Aufgaben betraut sehen. Wie seinerzeit in Mainz als Ministerpräsident, so strebt er jetzt auch als Oppositionsführer in Bonn eine Entbürokratisierung zur Sicherung der persönlichen Freiheit der Bürger an, deren Vertrauen zum Staat – nach seinen Worten – wieder hergestellt werden müsse. Die soziale Marktwirtschaft soll »offensiv« vertreten, vor allem der jungen Generation eine lebenswerte und menschenwürdige Zukunft gesichert, der Familie eine lebensfreundliche Umwelt garantiert und ein Frieden in Freiheit und partnerschaftlicher Zusammenarbeit angestrebt werden.

Zur Anregung des Kanzlerkandidaten Strauß, den von Kohl 1976 initiierten Wahlslogan »Freiheit statt Sozialismus« erneut auch für die anstehende Bundestagswahl zu verwenden, bemerkt er am 25. Juli 1979 in einem Gespräch mit der »Bonner Rundschau« zwar, »Wir wollen mit dieser Formel eine grundsätzliche Position deutlich machen: Die freiheitlichen Gesellschaften der westlichen Welt dürfen nicht vom Kollektivismus bestimmt werden«; aber er läßt auch vorsorglich zugleich durchblicken, »daß jetzt (noch) nicht der Augenblick« gekommen sei, »öffentlich über einen Slogan für die Bundestagswahl nachzudenken«.

Die Entscheidung der Union, mit Strauß in den Wahlkampf zu gehen, hat Kohl nicht womöglich deprimiert[7], wie besorgte Anhänger und erst recht politische Gegner mutmaßten. Das Gegenteil ist eingetreten. Er wirkt sehr viel gelöster, selbstsicherer und ruhiger als in den hektischen Wochen zuvor. Selbst Kritiker, die ihm nicht wohlwollen, müssen dies zugeben. Seine politische Durchschlagskraft gemahnt seine politischen Gegner wieder zur Vorsicht. »Er ist wieder der Alte«, so skizziert ihn beispielsweise die »Stuttgarter Zeitung« in einem Beitrag vom 3. April 1980 und gratuliert ihm zum fünfzigsten Geburtstag. Während Strauß ihm – zynisch und bösartig – nach einer Darstellung der Neuen Rhein-Zeitung vom selben Tage wünscht, daß er »doch ... nur mal fünf Minuten so denken könnte wie Mao«[8] und Willy Brandt sachlich und fair meint, daß die Glückwünsche der SPD »natürlich begrenzt« seien, aber doch »in Erfüllung gehen« sollten, ist Kohl dabei, seine Position sichtlich zu festigen. In einer Pressemitteilung der CDU vom 31. Mai 1980 fordert er von Schmidt, wenigstens jetzt vor den Wahlen im Zusammenhang mit Rüstungsfragen gegenüber der Sowjetunion »Farbe zu bekennen«. Wir

»haben im vergangenen Dezember«, erklärt er, »eine harte Diskussion gehabt um den sogenannten Nachrüstungsbeschluß der NATO[9], als es darum ging, daß nun endlich auch die westlichen Länder (die Amerikaner, wir, die NATO) im Bereich der Mittelstreckenwaffen mit der« in der Produktion weit vorgepreschten »Sowjetunion gleichzuziehen. Wir hatten damals diesen Beschluß als Opposition mitgetragen. Wir erleben jetzt, daß . . . Schmidt den Sowjets« offensichtlich »ein Angebot vor seiner Reise macht«, das nach seiner Auffassung »in eine Sackgasse führe«.

Der Oppositionsführer, der in bestimmten Situationen durchaus »holzen« kann, wie Willy Brandt ihm bescheinigt, will den Wahlkampf maßvoll führen. In einem Interview, das die »Bild«-Zeitung am 14. Juni 1980 veröffentlicht, sagt er: »Wahlkämpfe müssen manchmal auch mit Härte geführt werden. Wir werden uns aber nicht an der Schlammschlacht beteiligen, wie sie jetzt SPD-Chef Brandt mit seinen Angriffen gegen Franz Josef Strauß führt . . . Für uns ist der Wahlkampf keine Olympiade der Beschimpfungen: Klare Sprache ja, aber keine Diffamierungen.«

Daß die Sozialdemokraten dennoch darauf gefaßt sein müssen, Kohl als heftig und äußerst effektvoll anklagenden Redner ohne Artikulierungsängste gegen sich zu haben, wissen sie zumindest seit seinem Bundestagsauftritt vom 24. Januar 1979, als er Schmidt überlegen in die Defensive drängte. Und sie wissen auch – und dies wiederum spätestens seit Mitte Dezember 1979[10] –, daß er keineswegs zimperlich ist, wenn es darum geht, falsche Eindrücke zu korrigieren.

Kritiker, die während des Wahlkampfes besorgt die Vermutung verbreiten, daß infolge der Strauß-Nominierung die »fünfmal kleinere Schwesterpartei CSU . . . die Wahlkampfgeschäfte« aus München bestimmen und dirigieren könne, »obwohl es eigentlich sinnvoller wäre«, wenn Kohl dies von Bonn aus »betreiben« würde, wie ihm am 25. Juli in der ARD-Sendung »Bericht aus Bonn« vorgehalten wird, beschwichtigt er überzeugend. »Das . . . stimmt so nicht«, erläutert er und fährt erklärend fort: »Die Wahlkampfführung ist eine gemeinsame Wahlkampfführung . . . Es ist eine völlige Übereinstimmung . . . ein fortdauernder, sehr enger Kontakt – nicht nur zwischen Strauß und mir, sondern auch zwischen den Generalsekretären, zwischen dem Adenauer-Haus und der Landesleitung der CSU in München . . . wir haben ein gemeinsames Wahlprogramm.« Es

»wurde gemeinsam von uns erarbeitet, in der letzten Fassung von Franz Josef Strauß und von mir, und dieses Wahlprogramm hat zur Grundlage das Grundsatzprogramm der CDU ... und ... der CSU. Und wir haben daraus die aktuellen Antworten auf die Anfragen der Politik von heute formuliert. Es gibt ... kein Identitätsproblem ... zwischen CDU und CSU.«

Um der Sache willen hat Kohl schon vor den Wahlen seinen Frieden nicht nur mit Franz Josef Strauß gemacht. Die ihm im Jahr zuvor und auch 1978 zugedachten handfesten Demütigungen haben ihn zwar gekränkt, doch nicht umgeworfen. Und, was viele überrascht: Er verzeiht manchem, was er getan hat. Einer von ihnen ist sein – ebenfalls 1930 in Ludwigshafen geborener – Landsmann und Schulkamerad Kurt Biedenkopf. Ihn hat er zwar als Oppositionsführer nach Düsseldorf »weggelobt«, auf einen politischen Provinzbahnhof; aber er trägt ihm nicht mehr nach, daß er ihm 1979 das Leben schwergemacht hat. Ernst-Dieter Lueg, einer der nicht gerade zahlreichen Journalisten, die Kohl gelegentlich Gerechtigkeit widerfahren zu lassen versuchen, schildert in »Bild am Sonntag« vom 31. August 1980 eine persönliche Begegnung, die Kohls Einstellung und Haltung einigermaßen zuverlässig widerspiegelt. »Kohl, hemdsärmelig, mit einem Glas Schorle in der Hand«, schreibt er, »legt sich weit in seinem schwarzen Ledersessel zurück: ›Der Kurt hat's schwer in Düsseldorf!‹ sagt er jetzt. Kein Wort des Zorns, kein Wort der Enttäuschung. Dieser Mann, dessen Freundschaft so oft recht schäbig mißbraucht wurde, kann immer noch – und mit gutem Gewissen – das Wort ›fair‹ in den Mund nehmen, ohne dabei zu erröten.«

Zwangsläufig, im »Eifer des Gefechts«, wie Brandt später sagt, wird während des Wahlkampfes teilweise rücksichtslos »geholzt«. Fast zwanzigmal rufen CDU und CSU die vom vormaligen Militärbischof Hermann Kunst geleitete Schiedsstelle der Parteien für einen fairen Wahlkampf an. In vier von vierzehn Klagen seitens der CSU wird die SPD der Mißachtung des Fairneß-Gebotes schuldig gesprochen. Vier weitere Verurteilungen hat die CDU initiiert. Doch auch die Unionsparteien haben sich dieses Deliktes in vier (von neun vorgetragenen) Fällen schuldig gemacht.

Herbert Wehner, um einige Beispiele anzuführen, wurde gerügt, weil er behauptet hatte, daß die CDU/CSU nicht in der Lage sei, politische Verantwortung zu tragen. Schmidts Bemerkung über Strauß' Haltung zur Mitbestimmung dagegen – »wie der Bulle so pißt, mal so, mal so« – erhielt nur das Prädikat »unangemessen«, ohne jedoch als »Fairneß-Verstoß« beurteilt zu werden. Die Äußerung des Berliner Regierenden Bürgermeisters Dietrich Stobbe, daß der Kanzlerkandidat Strauß »eine reale politische Gefahr für unser Land« bedeute, blieb gänzlich ungerügt. Nahezu alle Wahlkämpfer finden sich im Katalog der Schiedsstelle: Helmut Schmidt, Franz Josef Strauß, Heiner Geißler, Willy Brandt, Hans-Jürgen Wischnewski, Klaus von Dohnanyi, Horst Ehmke, Friedrich Zimmermann, Dietrich Stobbe und Hans Koschnik. Spitzenreiter auf dieser Liste sind Strauß, Geißler und Brandt. Helmut Kohl dagegen hat sich an seine Fairneß-Ankündigung gehalten. In den Sündenregistern von 1976 und 1980 fehlt sein Name.

Am 4. Oktober ist der Wahlkampf beendet. Einen Tag danach sind 42,8 Millionen wahlberechtigte Deutsche aufgerufen, in 248 Wahlkreisen aus 2961 Kandidaten von 15 Parteien auszuwählen, wer zu den 496 Abgeordneten des neuen Bundestages gehören soll. Helmut Kohl und seine Frau wählen in Ludwigshafen. Auch diesmal wird er in seiner vornehmlich »rot« orientierten Heimatstadt nicht direkt gewählt, sondern »zieht« über Platz 1 der Landesliste in den Bundestag ein.

Betroffen müssen die Befürworter des Kanzlerkandidaten Strauß feststellen, daß sie aufs falsche Pferd gesetzt haben. Die Union hat nicht einmal ihr Ergebnis der Bundestagswahl von 1972 mit Rainer Barzel als Kanzlerkandidaten erreicht.[11] Ihre Bilanz: Das schlechteste Wahlergebnis der letzten dreißig Jahre. In Niedersachsen hat sie – gegenüber 1976 – 5,9, in Schleswig-Holstein 5,2 und in Baden-Württemberg 4,8 Prozent der Wählerstimmen verloren. Rund 600 000 ihrer bisherigen Wähler sind zur SPD und zur FDP abgewandert. Die Ernüchterung ist entsprechend. Auch Strauß, gewöhnlich mit frappierenden Ausflüchten schnell zur Hand, kann sie nicht verbergen. Seine trotzige Bemerkung vom Wahlabend, bayrischer Ministerpräsident zu sein und dies auch zu bleiben, spricht angesichts seines stets zur Schau getragenen Selbstbewußtseins für sich. Die Tatsache, daß die Union mit nunmehr 226 Abgeordneten auch weiterhin die stärkste Fraktion im Bundestag (mit insgesamt 497 Abgeordneten) stellen kann, ist für sie ein dürftiger Trost.

Kohl, von seinen Anhängern demonstrativ als nicht austauschbar gefeiert und zwei Tage nach der Wahl von der Bundestagsfraktion der CDU/CSU mit 210 von 214 abgegebenen gültigen Stimmen erneut als

Fraktionschef bestätigt, sieht zwei seiner Voraussagen bestätigt: Strauß hat nicht einmal Barzels Ergebnis von 1972 zu wiederholen vermocht – und keine der beiden großen Parteien ist in der Lage, ohne die FDP eine Mehrheitsregierung zu bilden. Im Vorfeld der Bundestagswahl und der Bundesparteitage der Freien Demokraten (in Freiburg) und der SPD (im Juni 1980 in Essen) hatte er vorausgesagt, daß die FDP (trotz ihres Wahldebakels in Nordrhein-Westfalen, wo sie die 5-Prozent-Hürde nicht überwinden konnte) während ihres Parteitages »mit Sicherheit verkünden« werde, die Koalition mit der SPD fortzusetzen. Sein tastender Versuch vom 2. Oktober 1980, Genscher in letzter Minute doch noch zum Umschwenken zu ermuntern, ist auf keine Gegenliebe gestoßen. Jetzt, nach den Wahlen, bleibt der CDU-Chef in öffentlichen Äußerungen dabei, daß die SPD-FDP-Koalition erhalten bleiben werde.

Kohls Feststellung vom 8. Dezember 1980 während des sogenannten »kleinen Parteitages« der CDU in Bonn, daß es »töricht« sei, stereotyp auf einen baldigen Koalitionswechsel zu spekulieren, erweist sich jedoch als eine nur vordergründige Schein-Diagnose. Insgeheim resultiert diese Äußerung aus einem gänzlich anders orientierten Kalkül. Er will verhindern, was allerdings nur wenige Beobachter rechtzeitig erkennen, daß die Union durch das allgemeine Gerede über neue Koalitionen und Konstellationen dazu verführt werden könne, träge zu werden, die Darstellung ihrer eigenen politischen Alternativen weitgehend zu unterlassen und ihren Auftrag zur Kontrolle der Regierung zu vernachlässigen. Nach wie vor ist er überzeugt, daß sich die Koalitionspartner SPD und FDP in – bereits programmierte – gemeinsame Probleme verstricken werden, so daß noch während der eben begonnenen Legislaturperiode der Ruf nach einer neuen Regierung nicht ausbleiben könne. Zielstrebig durchdacht, diplomatisch dosiert und vorsichtig formuliert, läßt er – wie beispielsweise öffentlich gegenüber Genscher im November 1980 – durchblicken, wohin er steuere. Im März 1981, sechs Monate nach der Bundestagswahl auf seine Vorstellung über die Entwicklung der Parteienlandschaft angesprochen, sagt er in einem Interview: »Jedermann spürt, daß ... die Basis dieses Wahlsiegs zerbröckelt. Die Autorität des Bundeskanzlers ist verflogen. In der SPD toben Auseinandersetzungen, die zwar personalpolitisch deklariert werden, die aber in Wirklichkeit einen tiefen grundsätzlichen, programmatischen Dissens offenbaren. Ich weiß nicht, welche Rolle die FDP bei dieser Entwicklung zu übernehmen bereit ist.« Nur Ignoranten begreifen nicht, was Kohl vorschwebt.

Der 5. Oktober 1980 hat der Union nicht eingetragen, was ihre Mitglieder und Wähler erhofft haben. Doch Kohl kann für sich Ergebnisse verbuchen, die ihm ein absoluter Wahlsieg vermutlich verwehrt hätte. Jetzt kann ihm Strauß, der selbst in Bayern – im Vergleich zu 1976 – 2,5 Prozent Stimmverluste für die CSU hat hinnehmen müssen, kaum noch in den Arm fallen. Kohl, der sich während des Wahlkampfes so rückhaltlos engagiert hatte, als wäre er selbst der Kanzlerkandidat gewesen, gibt sich betont verhalten und schreibt dem gescheiterten CSU-Chef, der seinerseits keine Veranlassung hat, der CDU wegen ihres Wahlkampfes irgendwelche Vorhaltungen zu machen, öffentlich keine Schuld zu.

Dem Bundeskanzler kreidet Kohl an, eine perspektivisch arme Regierungserklärung vorgetragen zu haben. Der Oppositionsführer fühlt sich freier und sicherer als je zuvor in Bonn und ändert augenblicklich seinen bisherigen Stil. Er besteht nicht mehr darauf, eine Opposition zu führen, der als stärkster Fraktion des Bundestages die Regierungsbank »vorenthalten« werde, sondern läßt aus seinen Argumenten deutlich heraushören, daß er den Willen der Wähler anerkennt, die sich mehrheitlich für die Koalitionsparteien entschieden haben. Und die Fraktion folgt ihm. Erstmals hat sie ihre Rolle als Opposition tatsächlich akzeptiert. Mehr als zuvor setzt Kohl, dessen Neubeginn Aufsehen erregt, nun auf die politische Mitte, woran Strauß ihn bis zur Wahl gehindert hat.

Seit Ende 1980, seit im Kreml der »Generalstab das Sagen« hat, der sich »in eine neue Konfrontation« mit der NATO und den USA »nicht hineinziehen lassen« will, wie Brandt in seinen »Erinnerungen« mutmaßt, modifizieren auch Politiker der Koalitionsparteien deutlich ihre öffentlichen Erklärungen und Äußerungen. Nachdem die Ost-West-Gegensätze durch die Bereitschaft zu neuerlichen Gesprächen zwischen Moskau und Washington zumindest reduziert erscheinen, diskutiert und befürwortet die SPD die Anerkennung einer »DDR-Staatsbürgerschaft«. Kohl, der die Ostverträge zwar öffentlich zu wesentlichen Komponenten der Außen- und Deutschlandpolitik erklärt hat und damit für oberflächliche Beobachter auf den Kurs der Koalitionsregierung eingeschwenkt ist, lehnt dies energisch und entschieden ab. Seinen Aufruf zur gemeinsamen Ostpolitik hat falsch interpretiert, wer meint, daß Koalition und Opposition nunmehr deckungsgleiche Ziele verfolgen. Kohl will mit dem Osten nur auf einer sicheren Geschäftsgrundlage Vereinbarungen getroffen sehen, »fernab der Bruderküsse unter Genossen«, wie ihn die »Stuttgarter Zeitung« vom 27. November 1980 zitiert. »Unnötige verbale Radikalisierungen und Konfrontationen«, die zu Zeiten der »Strauß-Ära« für viele durchaus selbstverständlich waren, sollen der Vergangenheit angehören, neue Funktionsträger wie beispielsweise die gemäßigt konservativen Manfred Wörner und Walther Leisler Kiep auf führenden Fraktionsposten die künftige Tonlage kultivieren.

Mit seiner hauptsächlichen Stoßrichtung nicht gegen Brandt, sondern gegen Schmidt, der als Verfechter einer »konservativ« pragmatischen Politik gilt, ist Kohl gelungen, Irritationen in der SPD zu erzeugen und der Opposition einen für jedermann sichtbaren gravierenden Stellenwert zu verschaffen. Brandt hat sich von Schmidts jüngster Regierungserklärung deutlich distanziert, was offenbar werden läßt, daß in der Geschichte des Bundestages erstmals eine Partei, die den Kanzler stellt und die Regierung trägt, nicht mehr rückhaltlos hinter dem Kabinettschef steht.

Geschickt und sachlich unanfechtbar hat Kohl die Regierungserklärung des Kanzlers kritisiert, ohne sich – wie zuvor – an Schmidt selbst zu »reiben«. Die von ihm lange verfochtene und nach der Bundestagswahl als Vergangenheitsrelikt abgehakte Konfliktstrategie gehört nicht mehr in sein Grundsatz-»Programm«. Irritiert muß Schmidt feststellen, daß er den Oppositionsführer jahrelang nicht nur maßlos unterschätzt, sondern auch völlig falsch eingeordnet hat. Überlegen, wie Kohl sich nun auch objektiv fühlen kann, hat er dem Kanzler in schwierigen Fragen eine Zusammenarbeit angeboten, ohne dabei allerdings Inhalte seiner Oppositionspolitik zu verwischen. Schmidts Image hat unübersehbare Sprünge bekommen, wozu nicht zuletzt auch Kohls differenzierte Feststellungen zur Außen- und Sicherheitspolitik, die Schmidt seit seiner Zeit als Bundesverteidigungsminister von 1969 bis 1972 als eigene »Erbhöfe« betrachtet, deutlich beigetragen haben.

Hat die Bundesregierung sich zuvor leisten können, die Opposition kritisch zu bewerten und zuweilen gar ihre Rolle zu übernehmen, ist es damit nun vorbei. Nach Schmidts Regierungserklärung und der von Kohl beherrschten Aussprache über sie zeigt sich, daß sich die politische Landschaft in der Bundesrepublik augenblicklich verändert hat. »Läßt

man die letzte Legislaturperiode in Bonn Revue passieren«, bemerkt Karl
Feldmeyer in der Frankfurter Allgemeinen Zeitung vom 6. Dezember
1980, »fällt auf, daß das politische Geschehen der letzten Jahre nicht
immer« nach dem Idealmodell der »Aufgabenteilung von Regierung und
Opposition« ablief.

Wer »beobachten und hören konnte, wie sich zwischen Kanzler und
Oppositionsführer . . . mitten in der Aussprache ein Dialog entspann, der
spürte, was sich verändert hat«, kommentierte Feldmeyer. Schmidt hat
unter Kohls Einfluß aufgegeben, im Parlament seine Schlagfertigkeit zu
beweisen. Er und Kohl fragen und antworten während der dreitägigen
Debatte einander plötzlich wie Gesprächspartner, die ausloten wollen,
worin sie übereinstimmen und worüber sie unterschiedlicher Meinung
sind. Kohl hat in Stil und Rede neue Akzente gesetzt, die Bereitschaft der
Opposition zur Gemeinsamkeit mit der Regierung hinsichtlich der Außen-
und Sicherheitspolitik angeboten und durch die gezielte Einbindung
seiner sechs stellvertretenden Fraktionsvorsitzenden als Debattenredner
eine breite Phalanx ins Spiel gebracht, die es versteht, die Regierung in die
Defensive zu drängen. Leisler Kiep, Stoltenberg, Blüm und Zimmermann
machen als Stützen des Fraktionschefs auf sich aufmerksam.

Die neuen Rahmenbedingungen, mit denen die so lange so überle-
gene Regierung nun plötzlich fertig werden muß, nützen der Opposition
sichtlich. Die koalitionsinterne Verdrossenheit und die unterschiedlichen
Interessenlagen von SPD und FDP erweisen sich als Stolpersteine der
Koalitionsregierung, die ihren Anspruch, der Opposition qualitativ überlegen zu sein, nicht mehr aufrechterhalten kann.

X.

AUF DEM WEG INS KANZLERAMT

Nicht nur Schmidt hat im Laufe des Jahres 1980 seine Meinung über Helmut Kohl modifizieren müssen. Die sowjetische Führung mußte es auch. Kohl kann das Jahr 1981 mit einem vielsagenden Lob aus Moskau beginnen. Die Tageszeitung »Prawda« bescheinigt ihm, ein Politiker mit »tadellosem Ruf« zu sein. Die Sowjets haben sich für ihre Analyse der innenpolitischen Landschaft der Bundesrepublik nach den Bundestagswahlen einige Monate Zeit gelassen. Die allmähliche Demontage des Kanzlers und seiner Führungskraft ist ihnen nicht entgangen, sein keineswegs positives Verhältnis zu Willy Brandt, dem sie besonders vertrauen, auch nicht. Sie haben die Diskussionen zwischen der Bundesregierung und der Opposition über die Ost- und Entspannungspolitik, über die von Brandt und Egon Bahr ausgehandelten Ostverträge, über die Schlußakte von Helsinki und über die Rüstungsbegrenzungsverhandlungen für strategische Waffen zwischen der Sowjetunion und den USA sorgfältig registriert und sind offensichtlich zu der Überzeugung gelangt, daß Kohl über kurz oder lang der Kanzler einer konservativen Bundesregierung – und damit einer ihrer Verhandlungspartner – sein könne. Angesichts der Tatsache, daß ihnen aus Paris und mit der Wahl Ronald Reagans zum US-Präsidenten nun auch aus Washington ein schärferer Wind ins Gesicht zu wehen beginnt und Isolierungsandeutungen aus den USA zu hören sind, kann ihnen Bonn nicht gleichgültig sein.

Doch Kohl beeindruckt das Kompliment aus Moskau nicht. Vehement wirft er dem Kanzler Mitte Januar »Provinzialität und Träumerei« bei der Beurteilung der weltpolitischen Lage nach dem sowjetischen Einmarsch in Afghanistan vor. Es ist »eine bittere Erfahrung«, erklärt er in seiner ersten Antwort auf die Regierungserklärung Schmidts, »daß der

Westen immer erst dann zu einer nüchternen und realistischen Einschätzung der sowjetischen Machtpolitik« gelangt, wenn neuerliche Aggressionen im Gange seien. »In welcher Welt leben Sie denn?«, fragt er den betroffenen Kabinettschef schneidend unter anhaltendem Beifall der CDU/CSU-Fraktion und hält ihm vor, bei seiner Bemerkung über das aufgezogene schwere Wetter in der Weltpolitik offensichtlich seine »Unwettererfahrungen vom Brahmsee auf die internationale Lage« übertragen zu haben. Schmidt steht gegen ihn auf verlorenem Posten. »Wenn wir nach jeder Ausdehnung des sowjetischen Besitzstandes«, belehrt er den Kanzler, »immer nur resignierend nach noch mehr Entspannung rufen, kommt das einer schrittweisen Selbstaufgabe gleich.« Vehement befürwortet er die wirtschaftlichen Boykottmaßnahmen der USA gegen die Sowjetunion und verlangt von der Bundesregierung, den Amerikanern gegenüber augenblicklich »unsere Solidarität . . . demonstrativ unter Beweis zu stellen«.

Am 30. Januar 1981 attackiert er Schmidt im Bundestag, »fast nichts zu den wesentlichen Problemen unserer Nation« zu sagen und charakterisiert seine Rede als »eine Mischung zwischen Selbstmitleid und Resignation«. Schmidt, den Kohl immer dann sichtlich in Verlegenheit bringt, wenn er historische Zusammenhänge oder geschichtliche Details in seine Argumente einbindet, muß sich gefallen lassen, von ihm demonstrativ gefragt zu werden, ob er »jetzt schon die Geschichtsschreibung« präpariere. Der Oppositionsführer hält dem Regierungschef effektvoll vor, »ein Kanzler ohne eigene Gefolgschaft in der eigenen Partei« geworden zu sein und von immer mehr Sozialdemokraten »nur zähneknirschend ertragen« zu werden. Kohl bringt ihn vom Mal zu Mal mehr in Bedrängnis und läßt ihn sprachlos werden. »Nicht einmal der sonst so zungenfertige Bundeskanzler witzelt noch über ihn«, schreibt die »Hannoversche Allgemeine Zeitung« vom 10. Februar 1981 und ergänzt: »Fast könnte man vermuten, nicht Schmidt, sondern Kohl sei der eigentliche Gewinner der Bundestagswahl. Tatsächlich hat sie den Oppositionsführer gestärkt, den Kanzler jedoch in einem Ausmaß geschwächt, wie das noch am 5. Oktober selbst Pessimisten nicht geahnt haben.« Selbst politische Gegner müssen Kohl attestieren, als Oppositionsführer inzwischen sehr viel hinzugelernt zu haben. Und die CDU/CSU-Fraktion hat es unter seiner Führung auch. Die schmollenden Gängeleien, internen Querelen und lautstarken Obstruktionen gehören der Vergangenheit an. Kohl präsentiert nunmehr eine Achtung heischende, konstruktive Opposition, der es nicht mehr darum geht, zu allem, was seitens der Regierung vorgeschlagen oder veranlaßt wird, einfach nur »nein« zu sagen.

Zwar flammen im Oktober 1981 noch einmal spärliche Randdebatten über Führungsprobleme innerhalb der Union auf, doch Ullrich Facks Feststellung in der Frankfurter Allgemeinen Zeitung vom 2. Oktober, daß das »Rennen offen sei«, hebt sie auf eine Ebene, die ihnen nicht zusteht. Wesentlich zutreffender erscheint Nina Grunenbergs Bemerkung in der »Zeit« vom 2. Juli 1981 im Zusammenhang mit dem Fraktionsvorsitzenden Kohl, daß diejenigen, »die sich mit dem pfälzischen Fatum noch nicht recht abfinden« wollten, »nicht imstande« seien, »ihr Wollen in einem gemeinsamen Programm oder einer gemeinsamen Person zu bündeln«. Die von Kohl und seinen engsten Mitarbeitern Ende 1980 in Wien konzipierte[1] und von der Unionsfraktion mit großer Mehrheit angenommene Fraktionsreform, die die Anzahl der stellvertretenden Vorsitzenden reduzierte und die Kompetenzen differenzierter als zuvor verteilte, hat relativ rasch ihren Zweck erfüllt. Zudem zeichnet sich ab, daß der Oppositionsführer sich zu dieser Zeit zu einem außenpolitischen Fachmann zu mausern beginnt, auch wenn sich dieser Aspekt nicht nennenswert in den Medien widerspiegelt, die ihn gewöhnlich als einen »Generalisten« erscheinen lassen.

Unter Kohls Parteivorsitz ist – in Zusammenarbeit zunächst mit Kurt Biedenkopf und seit 1977 mit Heiner Geißler – das erste Grundsatzprogramm der CDU entstanden. Obwohl Biedenkopf der Partei nach seiner Ablösung als Generalsekretär vorwarf, die thematische Öffnung und Offensive nach der Bundestagswahl von 1976 nicht fortgesetzt zu haben, hat Kohl sich zielstrebig bemüht, vernachlässigte Sachprobleme – wie beispielsweise Fragen des Umweltschutzes und der Terrorismusbekämpfung – aufzuarbeiten. Da ihm als Oppositionsführer nicht die Ministerialbürokratie zur Verfügung stand, auf die sich die Regierung – beispielsweise bei der Erstellung von Gutachten und Gesetzesvorlagen – stützen konnte, befand er sich zwangsläufig im Nachteil – auch hinsichtlich der Publicity. Ebenso zwangsläufig war, daß das Gros der von der Opposition eingebrachten Gesetzentwürfe im Bundestag keine Mehrheit fand, so daß die Resonanz in der Öffentlichkeit automatisch auf Regierungsentscheidungen gelenkt wurde. Sachpolitische »Offensiven« seitens der CDU/ CSU konnten nur im Schatten von Regierungsmaßnahmen liegen, deren Anfechtung durch die parlamentarische Opposition in den Medien nicht selten als bloße Nörgelei diffamiert wurde. Schon der eindrucksvoll wortgewaltige SPD-Vorsitzende Kurt Schumacher hat dies als – durchweg aggressiver – Oppositionsführer erfahren müssen. Wie Kohl, so wurde auch ihm pauschal unterstellt, lediglich an der Regierung herumzunörgeln und eigene konstruktive Alternativen vermissen zu lassen.

Erstaunt registrieren Journalisten Anfang Februar 1981 während der viertägigen Haushaltsdebatte eine weitgehende Zustimmung Kohls zu den Regierungsvorhaben, beispielsweise hinsichtlich der Außenpolitik, des Waffenexports und der Sicherheitspolitik; und auch im Zusammenhang mit der künftigen Energieversorgung, so stellen einige Beobachter fest, herrsche nahezu volle Übereinstimmung. Dennoch: Kohl geißelt Schmidt und sein drittes Kabinett und nennt es eine »Regierung auf Abbruch«. Er bezichtigt den Kanzler der »entscheidenden Führungsschwäche« und wirft der – nach seiner Meinung nicht mehr konsensfähigen – SPD vor, infolge von Flügelkämpfen zwischen Sozialisten und Sozialdemokraten »ihre politische Handlungsfähigkeit eingebüßt« zu haben. Er kritisiert den Versuch der Linken innerhalb der SPD, den Nachrüstungsbeschluß der NATO rückgängig machen zu wollen und der sowjetischen Politik im Zusammenhang mit der innenpolitischen Entwicklung in Polen damit Wasser auf ihre Mühlen zu leiten. »Warum«, so fragt er, »soll die Sowjetunion« zu Verhandlungen über Mittelstreckenraketen in Europa bereit sein, »wenn sie mit ansehen kann, wie die SPD ihrem eigenen Kanzler und damit der NATO insgesamt in den Rücken fällt und den Nachrüstungsbeschluß in beiden Teilen«, der geplanten Nachrüstung bei einem gleichzeitigen Verhandlungsangebot im Doppelbeschluß von 1979, »zu Fall bringen will?« So schädlich, wie das Verhalten bestimmter Teile der SPD in diesem Fall sei, so negativ, moniert er, wirke auch ihre ständige Kritik »an den Erklärungen der neuen amerikanischen Führung (Ronald Reagan) an die Adresse der UdSSR«.

Im Zusammenhang mit der Energiepolitik der Koalitionsregierung und der in ihren Reihen geführten Diskussionen über die Kernenergie erklärt er: »Hier führen Ideologen auf Kosten der Zukunft unseres Landes und zu Lasten der Bürger eine Debatte, in der es nur noch vordergründig um

Fragen der Energie, in Wirklichkeit aber darum geht, ökonomische Zwänge mit dem Ziel einer Gesellschaftsveränderung zu schaffen.« Die Opposition sei bereit, läßt er Schmidt wissen, ihm und seiner Regierung in der Energiepolitik die Zusammenarbeit anzubieten. Schuld an der immer schwieriger werdenden Energieversorgung, so betont er, sind »Versäumnisse der letzten sieben Jahre« und die »anhaltende Regierungsschwäche des Bundeskanzlers«.

Um seine Position als Parteivorsitzender braucht Kohl nicht einen Augenblick zu bangen. Als er am 9. März 1981 zum 29. Parteitag der CDU nach Mannheim fährt, plagen ihn zwar die Grippe und ein quälender Schnupfen; er muß sich vom Arzt mehrfach Spritzen geben lassen und sich zeitweilig sogar in der berühmten Tagungsstätte »Rosengarten«, in der er 1947 als 17jähriger den SPD-Führer Kurt Schumacher als faszinierenden Redner erlebt hat, ins Bett legen; aber er absolviert seine Rolle dennoch souverän und beeindruckend. »Mit rhetorischem Schwung«, so bescheinigt ihm die »Frankfurter Allgemeine Zeitung« vom 10. März, stellt er die Partei in einer zweistündigen Grundsatzrede als »Opposition neuer Art« dar und läßt sich von den Ovationen – auch seitens der CSU-Exponenten Zimmermann, Stoiber, Strauß und Dollinger – tragen. Nicht erst jetzt weiß er, daß es in der Union, der er ein »völlig neues Unionsgefühl« bescheinigt, keinen Rivalen für ihn gibt. Erstmals seit Jahren vergeht ein Parteitag ohne Personaldiskussionen und Spannungen. Bei der Wahl des Bundesvorsitzenden geben ihm 689 Delegierte (von 715 abgegebenen gültigen Stimmen) ihre Stimme. 732 von ihnen entscheiden über seine Stellvertreter. Stoltenberg erhält 699, Albrecht 614, Hanna-Renate Laurien 606, Blüm (erstmals dabei) 559, Dregger 530, Späth (ebenfalls erstmals dabei) 528 und Biedenkopf 427 Stimmen. Heiner Geißler wird mit 636 von 690 abgegebenen gültigen Stimmen als Generalsekretär bestätigt.

Die »Frankfurter Rundschau«, nicht gerade als Kohl-Sympathisantin ausgewiesen, kommentiert am 10. März ihren Eindruck wie folgt: »Ohne Frage, die CDU kann sich wieder mit ihrem Vorsitzenden identifizieren und fühlt sich unter seiner Stabführung offensichtlich gut aufgehoben. Der herzliche Beifall der . . . Delegierten bestätigte es. In diesem Beifall mischten sich Schuldgefühl und Dankbarkeit einem Manne gegenüber, der die streckenweise demütigende Episode um den aufgezwungen

Kanzlerkandidaten Franz Josef Strauß zumindest nach außen schadlos durchgestanden hat.«

Zwar demonstrieren Kohl und Strauß, der ebenfalls mit einem Schnupfen angereist ist, auf dem CDU-Parteitag Einheit und persönlichen »Friedensschluß«; aber ihre Reden zeigen Unterschiede in der Taktik und Strategie. Strauß ist überzeugt, daß die Union nur auf die »Stunde der Wahrheit« zu warten brauche, die sie durch unbarmherziges Trommelfeuer beschleunigen könne. Kohl, der die Situation wesentlich differenzierter analysiert, appelliert dagegen an die Verpflichtung und Bereitschaft, sich aus nationalem Interesse konstruktiv zu verhalten und sich in der Opposition auf vier Jahre einzurichten. Seine Parteitagsrede klingt »staatsmännisch«, schreibt die Frankfurter »Neue Presse« am 10. März und fährt fort: »Er sagt den Bürgern die Wahrheit, daß es nämlich kein Recht auf wachsenden Wohlstand gebe, er geißelt eine Politik, die Willy Brandt selbst als die ›Politik des klaren Sowohl-Als-auch‹ dargestellt habe.«

Auf die Frage eines Mannheimer Journalisten, ob er noch zu seinem einmal geäußerten Wort stehe, gegebenenfalls auch durch »den Dienstboteneingang in die Regierungsverantwortung« zu gehen, antwortet er, zwar nicht »mit hängender Zunge einer Entwicklung nachlaufen« zu wollen, erklärt jedoch: »Ja, das gilt selbstverständlich noch, und zwar aus dem einfachen Grunde: Wenn diese Regierung vorzeitig auseinanderbricht, weil sie nicht mehr in der Lage ist, das Land zu regieren, dann ist das Wichtigste, daß man sozusagen für die Zukunft eine Eröffnungsbilanz erstellt, in der die Probleme und ihre Lösungsvorschläge enthalten sind, in der ohne unnötiges Dramatisieren, aber auch ohne Beschönigen die wirklichen Verhältnisse unseren Mitbürgern dargestellt werden. Und deswegen ist es ganz richtig und ganz notwendig, daß wir wirklich Alternative der deutschen Politik sind. Man kann dann nicht mit irgendwelchen Taktiererereien die Probleme lösen, sondern nur mit einer klaren, entschiedenen und auch für den Bürger einsichtigen Politik.«

Kohl ist nicht bereit, »mit hängender Zunge einer Entwicklung« nachzulaufen, die ihm im Moment kaum Erfolg verheißen kann. Ein Sturmlauf gegen die sozialliberale Koalitionsregierung wäre in der gegebenen Situation gewiß nicht geeignet, ihn ins Kanzleramt zu tragen. So wartet er auf die nach seiner Auffassung mit Sicherheit kommende Annäherung zwischen der FDP und der Union. Sein Verhalten zeigt, daß er sich selbst und seine Bereitschaft, die nötige Geduld aufzubringen, ebenso richtig ein-schätzt wie seine Möglichkeiten, seine – teilweise ungeduldig drängende – Partei und deren Führungsexponenten in seinem Sinne zu beeinflussen. Daß die FDP – im Gegensatz zur Hoffnung parteiinterner Kontrahenten – nicht durch betont aggressive Strategien aus der Koalition herausgebro-chen werden kann, erscheint Kohl selbstverständlich. Im Herbst 1982 erweist sich, daß er recht gehabt hat. Bis dahin allerdings sieht er sich – seit kurz nach der Bundestagswahl von 1976 – gelegentlich gezwungen, seine Auffassung dem äußeren Druck anzupassen, um besonders gefährlichen Kritiken vorzubeugen.

Die meisten Medien, die Schmidt jahrelang gelobt, ihm manches verziehen und vieles übersehen haben, sehen sich zur Zeit außerstande, reinen Gewissens für ihn einzutreten und den Oppositionsführer in gewohnter Weise schlecht aussehen zu lassen. Kohl wird zitiert, ohne Häme, negative Stilisierung und Verdrehung. Wird Schmidt zitiert, wer-den meist Attribute und Urteile angefügt, die ihn bloßstellen. »Dann brachte«, so heißt es beispielsweise in der »Bonner Rundschau« vom 4. Juni 1981, »der Kanzler mit einigen Tiefschlägen Stimmung ins Haus. Mit der ihm eigenen Mischung von Arroganz und Kumpelhaftigkeit kanzelte er die Opposition ab.« Häme, die fast drei Jahre hindurch aus-schließlich für Kohl reserviert worden war, trifft nun den lange über alle Maßen gerühmten Kanzler – zuweilen auch unverdient. Zwar werden Schmidts Äußerungen graduell anders gedeutet und kolportiert als über-einstimmende Feststellungen Kohls; aber der Podest, auf den er gestellt worden war, ist morsch geworden. Seine Formulierungen haben nicht mehr den Charakter unantastbarer Wahrheiten. Genüßlich weiden sich die Korrespondenten an den Kohl-Schmidt-Debatten im Bundestag. Das Bundestagsprotokoll vom 3. Juni 1981 spricht für sich. Schmidt zur Oppo-sition: »Wir wären in einer miserablen Position, wenn wir euch brauch-ten, um aus einer Patsche herauszukommen.«

Die Entgleisung des Kanzlers, der die Opposition in seiner Bedrängnis in nicht gerade parlamentarischer Manier mit »euch« angeredet hat, kon-tert Kohl mit Blick auf Schmidt: »Formulierungen, Ton, Inhalt und Gestik zeigen, daß Sie am Ende mit Ihrem Latein sind.« Nur wer – wie Schmidt – mit dem Rücken zur Wand stehe, setzt er nach, »kann so die Form verlieren ... Was ist das für eine Sprache?« Siegessicher und nicht gerade

zimperlich, obwohl manierlich formuliert, demontiert er den Kanzler:
»Am Ende Ihres politischen Wegs sind Sie zu einem Stil und zu Umgangs-
formen zurückgekehrt, die Ihnen einst in diesem Haus einen bestimmten
Beinamen gegeben haben.« Was Kohl damit andeutet, weiß nicht nur im
Plenum jedermann: »Schmidt-Schnauze«.

Kohl treibt seinen Kontrahenten verbal so in die Enge, daß er mehr
über sich verrät, als ihm lieb sein kann. Als Kohl Schmidt vorhält, »aus
blanker Angst« vor dem Verlust der Macht jede Gemeinsamkeit zu zerstören, gibt Schmidt dies im Eifer des hektischen Gefechts zu. Daß er
sofort danach erklärt, mit seinem Bekenntnis lediglich die Angst vor dem
Wechsel der Macht »in falsche Hände« gemeint zu haben, ändert das Bild
nicht mehr.

Als Schmidt seine Rede schließlich mit einem bekannten Sprichwort in
der Hoffnung beendet, sich wenigstens einen guten Abgang verschaffen
zu können, muß er nicht nur augenblicklich, sondern auch anhand der
Medienberichte feststellen, sich geirrt zu haben. »Die Hunde bellen«, hat
er – unter anhaltendem lebhaftem Beifall, wie das stenographische Plenar-
protokoll ausweist – gesagt und angefügt: »– die Karawane zieht weiter«.
Kohls spontane Replik: »Daß sie uns als ›bellende Hunde‹ bezeichnen, ist
uns völlig gleichgültig. Aber, Herr Bundeskanzler: Die Karawane besteht
im Spruch aus Kamelen, und sie zieht durch die Wüste. Daß sie am Ende
ihres Weges die Wüste umgibt, ist auch wahr. Aber wir brauchen nicht
darüber zu sprechen, wer der Kameltreiber in dieser Karawane ist. Vom
Ton her – nicht von der Entschiedenheit des Tuns – ist das heute hier klar
entschieden worden.« Den »Zweikampf« hat Kohl souverän für sich
entschieden. Die »Bonner Rundschau« vom 4. Juni kommentierte: ». . . die
Hunde bellten nicht nur, sie bissen in dem bisherigen Verlauf der Haushaltsdebatte auch kräftig zu«.

Diese Episode scheint sowohl den meisten Medien als auch der SPD-
Führung entfallen zu sein, als sie Kohl im Sommer 1988, nach seiner Wiederholung dieses Sprichworts vor dem Bundesparteitag der CDU in Wiesbaden, bösartig und hämisch vorwarfen, die Kritiker und die Opposition
mit Hunden und seine Minister mit Kamelen identifiziert zu haben.*

---

* Die deutschen Medien erhoben Kohls Äußerung im August 1988 gar zum »Spruch des
Jahres«.

In Interviews erklärt Kohl, daß er Schmidts Überleben als Kanzler bis 1984 für nicht wahrscheinlich hält. »Ich habe Zweifel«, zitiert ihn die »Bild«-Zeitung vom 13. Juni, »daß die SPD, die sich jeden Tag weiter nach links entwickelt, Helmut Schmidt die ganze Legislaturperiode erträgt. Ob die Koalition aus SPD und FDP bis 1984 zusammenbleibt, ist angesichts der totalen Zerstrittenheit der SPD und der Probleme der FDP offen.« Doch Diskussionen innerhalb der Union über Koalitionsmöglichkeiten wünscht er aus den von ihm mehrfach geäußerten Erwägungen nicht. »Ich rate . . . zu Geduld, Gelassenheit, Entschlossenheit und Mut«, sagt er, auch wenn Geduld, wie schon Adenauer mehrfach meinte, nicht gerade eine »ausgeprägte Tugend der CDU« sei.

Daß die SPD-Führung die Lage – trotz einiger Eingeständnisse – anders darstellt, ist angesichts der Situation selbstverständlich, daß sie Kohl negativ zeichnet, ist es auch. Doch ihre Argumente richten sich selbst. Zwar heißt es beispielsweise im SPD-Organ »Vorwärts« vom 2. Juli 1981, daß »erstaunlich« sei, wie Kohl »mit seiner Linie die Mehrheit der CDU hinter sich« gebracht habe; aber die Prophezeiung, daß »Unruhe in der CDU . . . dann mit aller Macht ausbrechen« werde, wenn, »wie zu erwarten, Kohls Konzept« zusammenbreche, weil »sich die sozialliberale Koalition nicht auseinanderdividieren« lasse, verrät zu offen pures Wunschdenken. Besonders deutlich zeigt dies ein Beitrag Peter Kutschkes im »Vorwärts« vom 18. Juni, in dem es grob tatsachenwidrig heißt: »Die CDU/CSU ist weitgehend stumm, bietet keine Alternativen, begnügt sich mit Schlagworten . . . nimmt ihre Oppositionsrolle nicht wahr . . . Den Schwächeanfall der Koalition als Chance zur programmatischen Öffnung zu begreifen . . . [ist] eine erbärmliche Art der Opposition.«

Ganz verschweigen kann die SPD-Führung weder ihre Probleme mit den Freien Demokraten noch ihre Angst, die Macht abgeben zu müssen, längst nicht mehr. Kutschkes Eingeständnis, »Die gelegentlich bis zur Zerreißprobe gehenden Diskussionen in SPD und FDP lassen die Union erneut hoffen«, daß sie nur abzuwarten brauche, »bis ihr die Macht in den Schoß« falle, spricht für sich – und für Kohls Konzept.

Daß nicht nur »Zerreißproben« zwischen SPD und Freien Demokraten an der Tagesordnung sind, sondern gravierende Querelen auch innerhalb der SPD-Führung die Koalition gefährden, ist nach der Sommerpause schwerlich zu verbergen. Kohl registriert im Herbst äußerst wachsam, wie

Schmidt und Brandt einander offen und feindselig bekriegen und ihre jeweiligen Anhänger sich anpassen. Erhard Eppler und Oskar Lafontaine werben für Brandt, Herbert Wehner, Egon Franke, Staatsminister Peter Corterier aus dem Auswärtigen Amt, der stellvertretende Fraktionsvorsitzende Karl Liedtke und Annemarie Renger, um nur einige zu nennen, stehen hinter Schmidt. Der Kanzler, der nicht mehr »mitreißt«, seine Regierungskunst auf bloßes Verwalten reduziert hat und wohl erstmals erkennt, daß er versäumt hat, seinen Regierungskurs in der Partei abzusichern, bestätigt dem Oppositionsführer – wenn auch unbeabsichtigt –, daß seine Führungsmethode hinsichtlich der Einschätzung der Partei als Basis besser sei. Schmidt, der spürt, daß sich seine »Ära« dem Ende zuneigt, muß sich nun auch noch offen vorwerfen lassen, dem »heimlichen Kanzler« Genscher das Heft in die Hand gegeben zu haben. Während Genscher beteuert, daß die Koalition nicht durch FDP-Verschulden zerbrechen dürfe, wenden sich die niedersächsischen Freien Demokraten im Oktober 1981 nach dem Landtags-Wahldebakel der SPD, die von 44,9 auf 36,9 Prozent der Stimmen zurückgegangen ist, der Union zu, die 50,2 Prozent der Wählerstimmen auf sich vereinigt hat.

Kohls Rechnung beginnt aufzugehen. Daß es CDU-Mitglieder gibt, die den niedersächsischen Ministerpräsidenten Ernst Albrecht nach dessen Wahlerfolg plötzlich ebenso zum Kanzlerkandidaten der Union berufen sehen möchten wie seinen in Kiel residierenden Kollegen Gerhard Stoltenberg, beeindruckt Kohl selbst nur wenig. Zwar rückt die Möglichkeit des schnellen Endes der Koalitionsregierung bei Mitgliedern der CDU und der CSU, die Kohl nicht als Kanzler, sondern als Parteivorsitzenden sehen möchten, zwangsläufig die Frage nach einem Kanzlerkandidaten der Union vorzeitig in den Vordergrund, doch Kohls Position ist innerhalb der Union auf breiter Basis längst so abgesichert, daß er nicht zu »zittern« braucht. Dennoch muß er angesichts der Spannungen zwischen Schmidt und der SPD im Zusammenhang mit dem NATO-Doppelbeschluß und der Neutronenwaffe einerseits und dem Schmidt-Genscher-Bündnis andererseits, dessen Schicksal von der Bewältigung dieser Vorgaben abhängt[2], auf Eventualitäten verschiedenster Art vorbereitet sein. Der Oppositionschef, der ein Scheitern der Regierung Schmidt zumindest in diesem Augenblick noch nicht erwartet, muß Voraussetzungen berücksichtigen, die es im Jahr zuvor noch nicht gegeben hat.

Obwohl sein Verhältnis zu Strauß »bereinigt« ist und seine Rolle als Oppositionsführer im Bundestag erheblich an Statur gewonnen hat, muß ihm jetzt ganz besonders darum gehen, in der Öffentlichkeit keinerlei Zweifel an seinen Sach- und Führungskompetenzen aufkommen zu lassen. Mit dem offensichtlich nicht mehr ganz unproblematischen Verhältnis zwischen ihm und Heiner Geißler[3] kann er leben.

Stoltenberg reist jetzt häufig mit dem Flugzeug oder im Schlafwagen von Kiel nach Bonn, wo er mit seinen unbestrittenen Kenntnissen über Finanzpolitik, Haushalts-, Wirtschafts- und Währungsfragen vor allem bei CDU-Sympathisanten aus der Industrie und Wirtschaft – offensichtlich von Lambsdorff vorsichtig unterstützt – auf sich aufmerksam zu machen und Fürsprecher zu gewinnen versucht. Ein in der ersten Novemberhälfte vom SPD-Fraktionschef Wehner unternommener Versuch, Kohl und die Union zu diffamieren, bewirkt eher das Gegenteil. Mit einem Brief, den er an die SPD-Abgeordneten geschrieben hat, schwächt er weder Kohl noch die Union. Seine Behauptung, daß die »CDU und CSU ... unseren Staat ... in einen Bankrott der Demokratie hineintreiben« wollen und sich »dem für unser Gemeinwesen notwendigen Miteinander« verweigern, ruft nicht nur innerhalb der Union und in den Reihen ihrer Sympathisanten Verärgerung und Bestürzung hervor. Friedrich Zimmermanns Feststellung im »Münchner Merkur« vom 14. November, daß Wehner wisse, »daß Bundeskanzler Schmidt und die SPD abgewirtschaftet haben, weil sie keine Lösung für die Zukunft mehr wissen«, stößt angesichts der nicht nur grobschlächtigen Vorwürfe Wehners auf breite Zustimmung.

Unmittelbar vor Weihnachten nimmt die SPD die Reise Schmidts zu Erich Honecker zum Anlaß, Kohls Position zu schwächen. Kohl, der dies vorausgesehen und mit seinen Kommentaren bis fünf Tage nach der Rückkehr des Kanzlers gewartet hat, steht vorübergehend vor einer schwierigen Situation, zumal einige Unionspolitiker Schmidts Reise mehr zustimmend als ablehnend beurteilt haben. Richard von Weizsäcker, der Regierende Bürgermeister von Berlin, Peter Lorenz, der Vorsitzende des innerdeutschen Ausschusses, Eberhard Diepgen, der Berliner CDU-Vorsitzende und der baden-württembergische Ministerpräsident Lothar Späth sind vorgeprellt und machen es dem Oppositionsführer schwer, eine Geschlossenheit der Union zu demonstrieren. Seine zurückhaltenden Äußerungen bezeugen es. Während Lothar Späth davon ausgegangen ist, daß es sowohl für die Regierung als auch für die Opposition nützlich sein würde, Gespräche solcher Art zu führen, Informationen zu sammeln, persönliche Kontakte zu knüpfen und sie gegebenenfalls nutzbringend auszubauen, wie er am 28. März 1990 in einem Gespräch mit mir rückblickend feststellte, bewertet Kohl die Angelegenheit 1981 aus einer anderen Perspektive. Er möchte den die Anerkennung einer DDR-Staatsbürgerschaft fordernden SED-Generalsekretär nicht dadurch aufgewertet sehen, daß Politiker der Bundesrepublik ihm ihre Reverenz erweisen, muß als Parteivorsitzender der CDU und Oppositionschef jedoch Formeln finden, die öffentlich sowohl die Befürworter als auch die ablehnend reagierenden Unionsexperten decken. Schmidt hatte seine Begegnung mit Honecker nach der Meinung Späths »sachlich, kühl, nüchtern und angemessen trocken« absolviert, was nach seiner Auffassung die Gefahr einer Aufwertung weitgehend ausschloß. Kohl allerdings, der nicht nur die Meinungsführerschaft innerhalb der Union und deren Geschlossenheit zu präsentieren hat, sondern auch die übergreifenden politischen Aspekte berücksichtigen muß, sieht sich außerstande, die Sowjets in Afghanistan, die Ostpolitik der Koalition, das SPD-Verhältnis zu den USA und die Unterdrückung der Freiheit in der DDR zu ignorieren.

Anfang des Jahres 1982 kämpfen Schmidt und die SPD ums Überleben, soweit es um die Regierungsgewalt geht. Der Bundeskanzler erklärt vor dem SPD-Bezirksparteitag Niederrhein in Essen, daß die Bundesrepublik Deutschland »wegen der derzeitigen Gefahren für den Frieden ... nicht der CDU/CSU ausgeliefert« werden dürfe und Willy Brandt, der ins gleiche Horn stößt, stellt vor dem Dortmunder SPD-Bezirksparteitag Westfalen fest, daß die sozialdemokratische Regierungsmacht erhalten bleiben müsse, weil sie »buchstäblich wichtig für den deutschen Beitrag zur Sicherung des Friedens« sei. Kohl kontert diese Dramatisierungen mit dem effektvollen Einwand, daß diejenigen, die im Zusammenhang mit dem Thema »Sicherheit« anstatt von »Freiheit«, vom »Überleben« sprächen, sich unterstellen lassen müßten, auch eine »Sicherheit ohne Freiheit« akzeptieren zu wollen.

Die Linken in der SPD bestimmen zunehmend und aggressiv die politische Richtung. Als beispielsweise die Studentin Ingrid Apel, eine Tochter des Bundesverteidigungsministers Hans Apel, sich bei den Bonner Jungsozialisten um aktive Mitarbeit bemüht, wird sie aufgefordert, eine schriftliche Erklärung über die Frage abzugeben, ob sie »etwa« mit dem Verteidigungsminister verwandt sei. Apels Tochter Hanne, die in der Oberschule in Hamburg – nach Absprache mit Mitschülerinnen – um die Verschiebung einer Klassenarbeit gebeten hat, erfährt von der Lehrerin: »Du kannst überhaupt nichts erbitten. Dein Vater tritt schließlich für den NATO-Doppelbeschluß ein.« Apels Beschwerde beim Hamburger Schulsenator verläuft im Sande. Der SPD-Bundesminister: »Sippenhaft in der SPD.« »Auch in der Parteispitze«, schreibt Apel 1990 in seinem Buch »Der Abstieg«, haben »wir es mit deutlichen Erosionserscheinungen zu tun. Hans-Jochen Vogel erklärt, wenn es zu den Pershing II und Marschflugkörpern in Westeuropa komme, erhöhe das die Kriegsgefahr. Vogel springt auf den fahrenden Zug der Linken auf.«

Auf Schmidts Appelle, den Frieden durch die Verhinderung einer Unionsregierung zu sichern, antwortet Kohl am 9. Februar 1982 im »Deutschland-Union-Dienst« richtungweisend: »Wie sieht die ›Sicherheitspolitik‹ aus, die Sozialdemokraten unserem Land verschreiben möchten? Wenn man die gedanklichen Prämissen dieser ›Sicherheitspolitik‹ einmal näher beleuchtet, wird erkennbar, wie weit sich die SPD – bis hinauf zum Bundeskanzler – von den politischen, ideellen und moralischen Grundlagen des westlichen Verteidigungsbündnisses bereits entfernt hat. Was bedeutet es, wenn der ›Abrüstungsexperte‹ der SPD, Bahr, erklärt – mit ähnlichen Worten sagen Eppler und der Parteivorsitzende Brandt dasselbe –, ›das Gesetz des atomaren Zeitalters‹ gebiete es, die Doktrin der atomaren Abschreckung durch eine ›Doktrin der gemeinsamen Sicherheit‹ mit dem ›Gegner‹ zu ersetzen, da Sicherheit ›nicht mehr gegen den anderen, sondern nur noch mit dem anderen‹ zu erreichen sei – und ›wir nicht gegen, sondern nur mit dem Gegner überleben‹ könnten? Welche ›Sicherheit‹ – so muß man fragen – ist hier eigentlich gemeint? Wirklich jene Sicherheit, wie wir sie im freien Westen begreifen: nämlich Sicherheit in innerer und äußerer Freiheit? Eine solche Sicherheit kann es für unser Land doch nur geben, wenn es weiterhin fest an der Seite seiner Schutzmacht Amerika steht und ein integraler Bestandteil des westlichen Verteidigungsbündnisses bleibt.« Er lehnt die »Lösung des Bundeskanzlers von der ›Sicherheitspartnerschaft‹ mit der Sowjetunion« und die Forderung Bahrs nach einer »Doktrin der gemeinsamen Sicherheit« mit

dem Kreml ab und wirft Schmidt und Bahr vor, trotz des sowjetischen
Einmarsches in Afghanistan und der Vorgänge in Polen die Sowjetunion
nicht »so zu sehen, wie sie nun einmal ist«. Er fragt, was sich angesichts der
Tatsache, daß eine politische Ordnung, »in deren Augen Sicherheit und
Freiheit eine untrennbare Einheit bilden« und einer Macht, die unter
Sicherheit die »Unterdrückung von Freiheit und Recht« versteht, hinter
der Formel von der »Sicherheitspartnerschaft« mit dem Kreml verberge.
»Die Bundesrepublik Deutschland und die Sowjetunion können keine
›Partner‹ in der Sicherheitspolitik sein«, erklärt er und folgert: »es sei denn,
die Bundesrepublik Deutschland räumt der Verteidigung ihrer inneren
und äußeren Freiheit nur noch den Wert eines Lippenbekenntnisses ein.«

Landauf, landab warten die Deutschen darauf, daß der Bundeskanzler
die im Artikel 68 des Grundgesetzes verankerte Vertrauensfrage stellen
werde. Noch meinen zahlreiche Sozialdemokraten, ihn halten und daher
öffentlich auch ein konstruktives Mißtrauensvotum riskieren zu können.
Doch diejenigen, die letztlich über das Ergebnis eines solchen Aktes zu
entscheiden haben, sind längst um ihre Sicherheit gebracht. Als am
3. Februar 1982 die SPD-Abgeordneten Harald Schäfer, Claus Grobecker
und Gerhard Schröder unmittelbar vor der Sitzung der SPD-Fraktion,
in der über die Vertrauensfrage beraten werden soll, in einer von Gerd
H. Pelletier moderierten »Tagesthemen«-Sendung interviewt werden,
offenbaren sie in knappen Bemerkungen mehr, als dem Kanzler lieb
sein kann.

»*Pelletier:* Wen, so fragte man sich in der SPD-Fraktion, wollte Helmut
Schmidt wirklich unter Druck setzen. Noch bevor Aufklärung gegeben
wurde, schaffte sich der Frust Bahn. Wie ist es eigentlich so um das
Selbstverständnis eines sozialdemokratischen Abgeordneten bestellt
heute, der hierher kommt [zur Fraktionssitzung] und nun unter dem
Druck der Vertrauensfrage gar nicht mehr über Details reden kann?
Schäfer: Wenn die Vertrauensfrage gestellt wird, dann wird dadurch
deutlich gemacht, welchen Stellenwert die Bundesregierung diesem
Problem zumißt. Die Handlungsspielräume eines sozialdemokratischen
Bundestagsabgeordneten sind dadurch eingeengt, die Frage zu beant-
worten, ob man diesen Kanzler will oder nicht. Die Frage ist einfach zu
beantworten: Er will diesen Kanzler. Er will diese Regierung.

Pelletier: Und wie fühlt man sich da so, unter Zwang, oder?

Schäfer: Es gibt schönere Gefühle.

Grobecker: Warum fragen Sie ausgerechnet nach dem Selbstverständnis? Fragen Sie mich doch mal, wie mir zumute ist.

Pelletier: Wie ist Ihnen denn zumute?

Grobecker: Beschissen!

Pelletier: Und was wird passieren?

Grobecker: Das ist noch nicht abzusehen. Ich nehme an, daß der Kanzler den Kanal voll hat.

Schröder: Was die Vertrauensfrage angeht, hat der Bundeskanzler mein Vertrauen, weil die Alternative dazu der Gimpel Kohl ist. Und den kann keiner wollen. Und weil das so ist, werde ich natürlich bei der Vertrauensfrage mit ja stimmen. Ich gebe aber zu, daß es eine verdammt beschissene Situation ist, in einer solchen Situation sich zu befinden. Das macht keinen Spaß, das muß man eindeutig sagen.«

Ein Kommentar erübrigt sich.

Nach der schweren Niederlage der SPD bei der Landtagswahl in Niedersachsen sind die Unmutsoffenbarungen innerhalb der SPD erst recht nicht mehr zu übertünchen. Seit Anfang April diskutieren Sozialdemokraten auf allen Parteiebenen, ob es nicht doch angebracht sei, eine »andere sozialdemokratische Regierungspolitik« zu fordern. Die Debatten über Außen- und Sicherheitspolitik haben das sozialdemokratische Profil so verändert, daß die Parteiführung erwägt, beim bevorstehenden Parteitag in München durch eine intensive Behandlung der Arbeitsmarkt- und Beschäftigungspolitik nicht nur ein Ventil zu finden, sondern zugleich auch die – längst ungeliebten – Freien Demokraten offen herauszufordern. Die Union kontert rechtzeitig mit dem Hinweis darauf, daß das Programm der SPD erhebliche Staatsinvestitionen und entsprechende Abgaben- und Steuererhöhungen nach sich ziehen müsse, was darüber hinaus zeige, daß sie in den letzten zehn Jahren nichts hinzugelernt habe.

Schmidt bleibt jedoch bei seiner Auffassung, daß es ein »historischer Fehler« sein würde, wenn die SPD den Freien Demokraten einen Anlaß böte, die Koalition aufzukündigen. Nach einer mehrstündigen heftigen Debatte zwischen Bundesministern und Fraktionsfachberatern der SPD und der FDP über einen Finanzausgleich zwischen Ortskrankenkassen und Ersatzkassen, erinnert der Kanzler Ende September daran, daß Hermann Müller, der einstige Freund Friedrich Eberts und letzte SPD-Kanzler der Weimarer Republik, Ende März 1930 zurückgetreten sei, weil seine Fraktion die Erhöhung der Beiträge zur Arbeitslosenversicherung um ein viertel Prozent nicht akzeptierte.

Kohl sieht sich Mitte des Jahres 1982 seitens der SPD mit Angriffen konfrontiert, die ihn für eine Kanzlerschaft unmöglich machen sollen. Allein im »Vorwärts« vom 24. Juni wird ein Katalog von Behauptungen, Unterstellungen, Mutmaßungen und Halbwahrheiten ausgebreitet, daß nur krasse Angst- und Wunschvorstellungen »die Feder geführt« haben können. »Kohl«, so schreibt Peter Kutschke, »muß es sich gefallen lassen, unionsintern (wie bereits 1979 vorübergehend diskutiert) ins Amt des Bundespräsidenten abgeschoben zu werden.« Für viele »Unionsfürsten«, so der Sozialdemokrat, werde die »schreckliche Vorstellung, Helmut Kohl als Kanzler zu erleben ... nur noch von einer anderen übertroffen: daß die CDU sich selbst zerfleischt.« Der Oppositionschef wird als entscheidendes Hindernis für einen Koalitionswechsel der FDP von der SPD zur Union bezeichnet. Daß derartige Behauptungen Schule auch bei bürgerlichen Blättern machen, die wie 1978 wiederum über Kohl »nachdenken« zu müssen meinen, ist letztlich so wenig verwunderlich wie die Tatsache, daß linke Zeitungen tenor- und stilbildend noch erheblich weiter gehen.

Nach einer Feststellung der »Frankfurter Rundschau« vom 16. August beispielsweise sinniert Peter Glotz, daß der Gedanke »irre« sei, die außenpolitische Verantwortung Helmut Schmidts auf »einen Mann wie Kohl« zu übertragen. Die Bundesrepublik brauche, so suggeriert er unter Verdrehung der Tatsachen, einen Kanzler, der die deutschen Interessen vertrete und nicht einen, der sich als Interessenvertreter der US-Regierung in der Bundesrepublik verstehe. Die Argumente sind so durchsichtig wie die verzweifelten öffentlichen Beschwörungen der weiteren Haltbarkeit der Koalition. Daß FDP-Exponenten wie Otto Graf Lambsdorff bereits offen – wenn vorerst auch nur im Zusammenhang mit den von den Ortskrankenkassen zusätzlich aufzubringenden 190 Millionen Mark[4] – von einer »saublöden Taktik« der SPD sprechen, wie der »Spiegel« am 30. August feststellt, wird nach außen hin geflissentlich ignoriert. Schmidt dagegen hält ein 34 Schreibmaschinenseiten umfassendes Lambsdorff-»Konzept für eine Politik zur Überwindung der Wachstumsschwäche und zur Be-

Bundeskanzler Dr. Helmut
Kohl beim Aktenstudium
im Bundeskanzleramt.

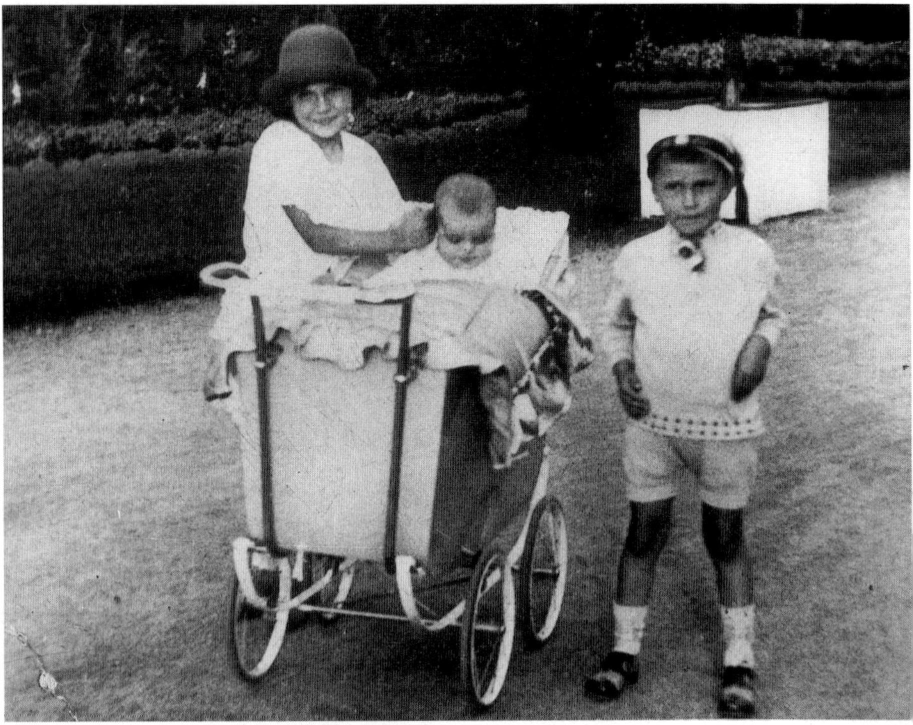

Oben: Helmut Kohl 1930 als Baby mit seinen Geschwistern Hildegard und Walter in Ludwigshafen am Rhein.

Unten: Von der Fürsorge seiner älteren Geschwister offensichtlich nicht erbaut – oder: weiß selbst, was er will.

Fünfzig Jahre später:
Helmut Kohl leistet am
1. Oktober 1982 im
Deutschen Bundestag den
Amtseid als Bundeskanzler
der Bundesrepublik
Deutschland.

Oben: 1936 – kleinster
ABC-»Schütze« der Klasse.

Unten: Hoch zu Roß auf
dem Gutshof Schwinn in
Brünau während der
Sommerferien.

Seit fünf Jahren
Ministerpräsident von
Rheinland-Pfalz. Helmut
und Hannelore Kohl im
Jahre 1974.

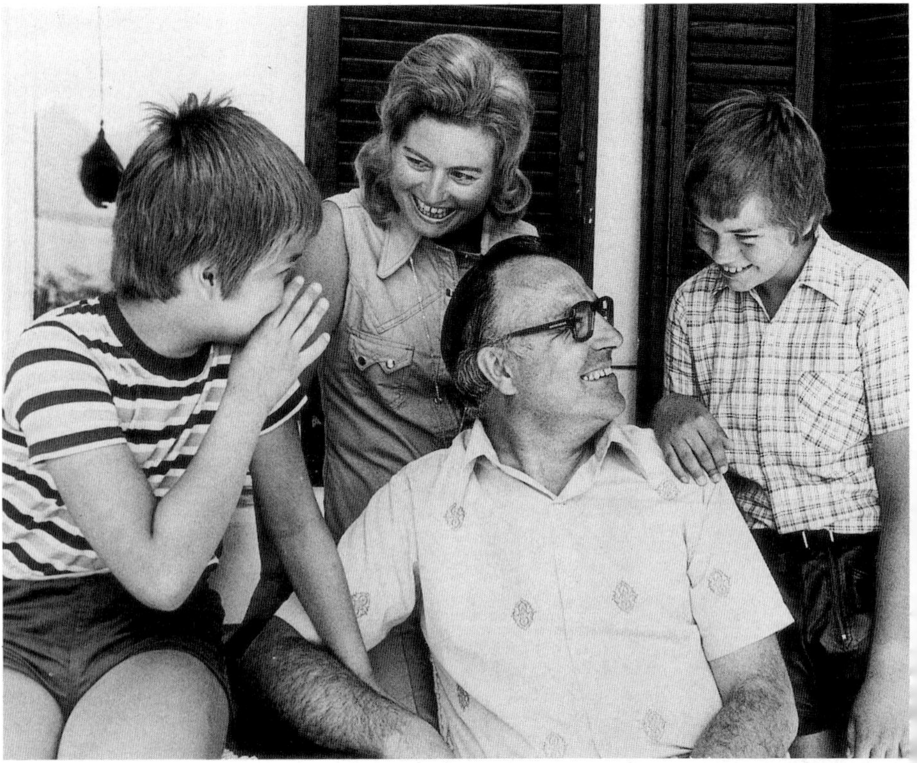

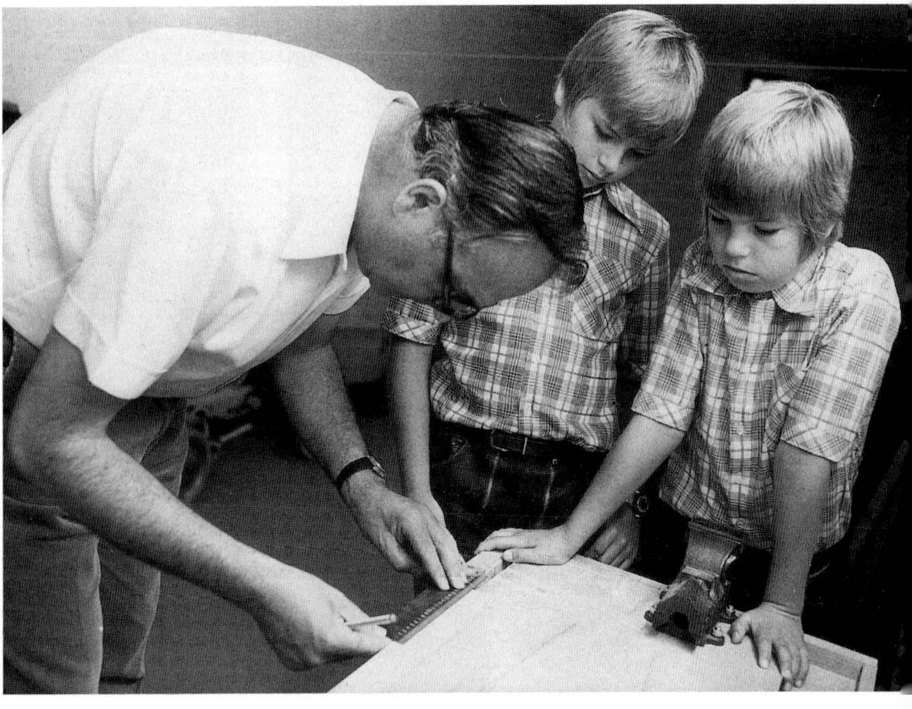

Links oben: Der
Ministerpräsident 1975 mit
seiner Frau und den
Söhnen Walter (1963) und
Peter (1965) in
Ludwigshafen.

Links unten: ... mit seinen
Söhnen in der »Werkstatt«.

Oben: Dr. Helmut Kohl
1958 nach dem Abschluß
des Universitätsstudiums in
Heidelberg.

Unten: Fünf Jahre später.
Vorsitzender des
Landesverbandes der CDU
Rheinland-Pfalz.

Anfang 1967, zwei Jahre vor der Übernahme des Ministerpräsidentenamtes in Mainz, im Gespräch mit dem 91jährigen Konrad Adenauer.

Rechts oben: 17. November 1969. CDU-Vorsitzender Kurt Georg Kiesinger mit Helmut Kohl und Rainer Barzel während des Bundesparteitages der CDU in Mainz.

Rechts unten: Erster Sommer-Urlaub als Oppositionsführer im Juni 1977 – mit seinem Sohn Walter in St. Gilgen am Wolfgangsee.

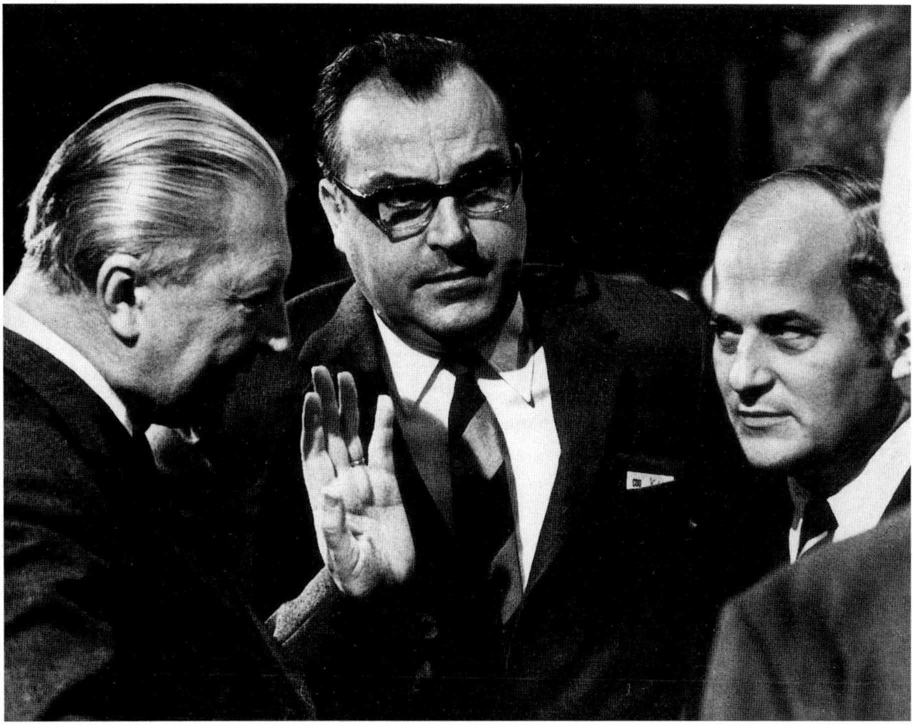

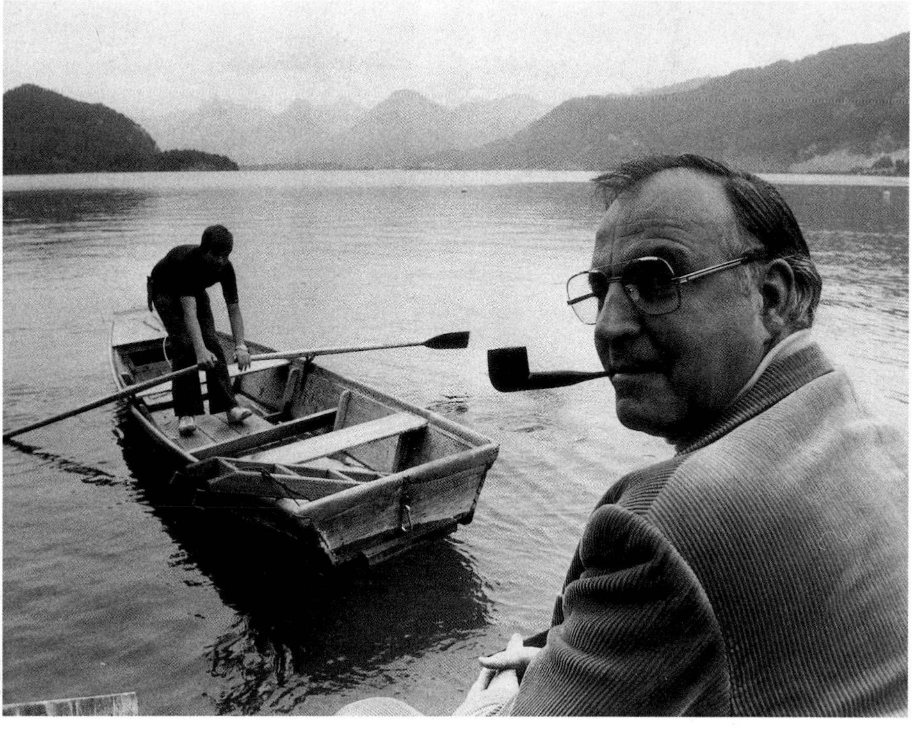

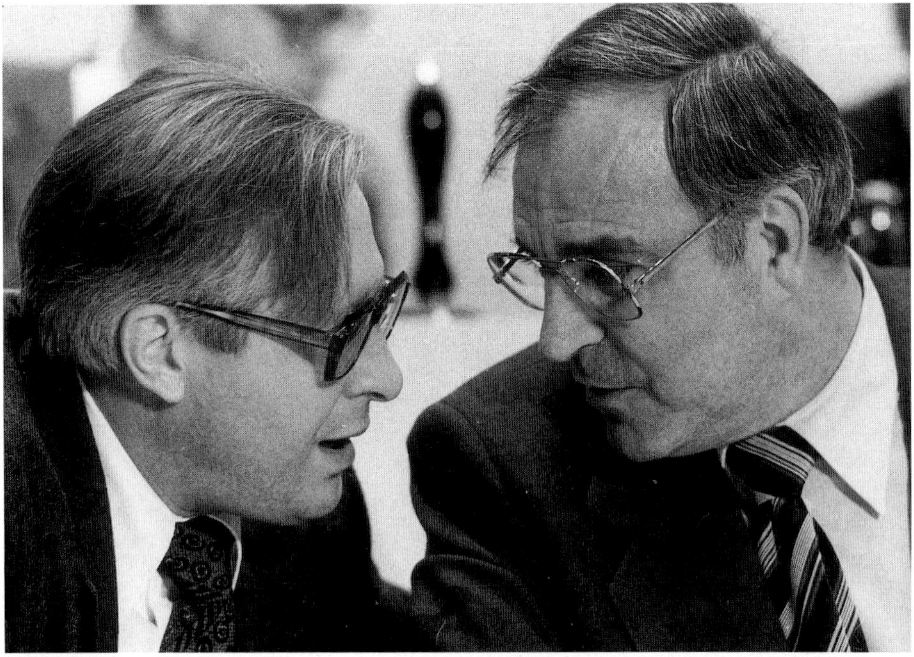

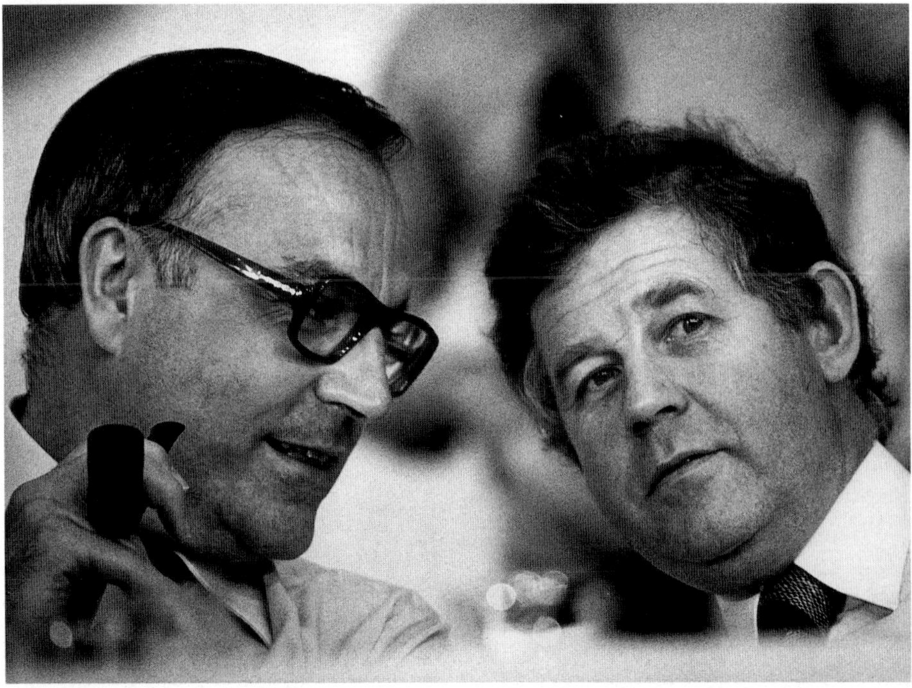

Links oben: März 1977. Helmut Kohl mit Bernhard Vogel, seinem Nachfolger als Ministerpräsident von Rheinland-Pfalz, auf dem Bundesparteitag der CDU in Düsseldorf.

Links unten: Juni 1975. Der Parteivorsitzende Helmut Kohl im Gespräch mit Kurt Biedenkopf, dem Generalsekretär der CDU.

Oben: Zwei Jahre danach. Der Parteivorsitzende mit Heiner Geißler, dem neuen Generalsekretär.

Unten: Der Ministerpräsident im September 1975 mit seiner Frau und dem Bundestagsabgeordneten Richard von Weizsäcker in der Moskauer Universität.

Oben: Oppositionsführer Helmut Kohl 1976 im Gespräch mit Ludwig Erhard.

Unten: Der CDU-Vorsitzende Helmut Kohl und der CSU-Vorsitzende Franz Josef Strauß am 6. Dezember 1976 nach den Auseinandersetzungen über die Kreuther Beschlüsse.

Rechts: Das Ehepaar Kohl 1984 auf dem Berliner Presseball.

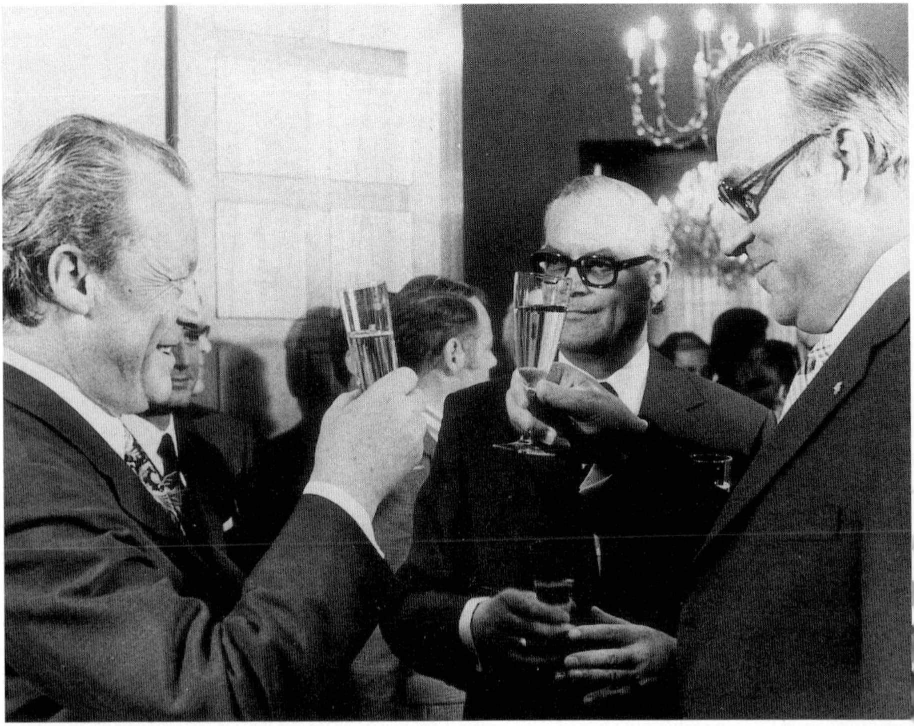

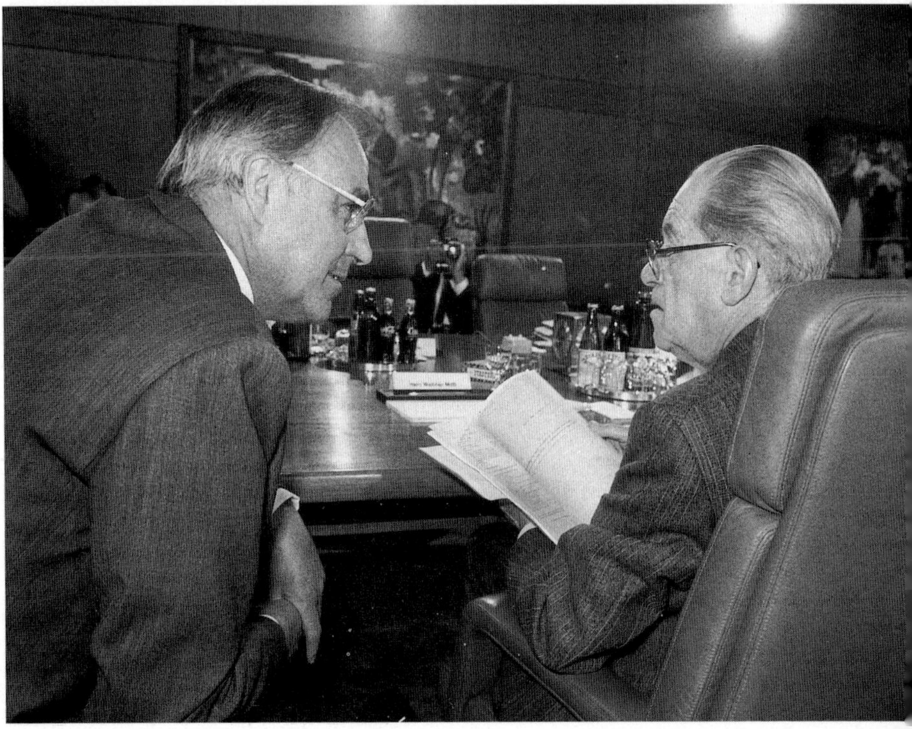

Links oben: Helmut Kohl
gratuliert Willy Brandt am
18. Dezember 1973 zum
60. Geburtstag.

Links unten: Zwei
Fraktionsvorsitzende unter
sich: Helmut Kohl und
Herbert Wehner am
15. Mai 1979
im Bundeskanzleramt.

Oben: Kohl und Strauß
1982.

Unten: Ministerpräsident
Helmut Kohl und Bundes-
kanzler Helmut Schmidt
beim Bundespresseball im
November 1974 in Bonn.

Oben: 1. Oktober 1982.
Helmut Schmidt gratuliert
seinem Nachfolger nach
der Abstimmung zum
konstruktiven
Mißtrauensvotum.

Unten: Der eben gewählte
neue Bundeskanzler
erstmals auf der
Regierungsbank im
Deutschen Bundestag.

Oben: Bundeskanzler
Helmut Kohl mit seinem
ersten Kabinett.

Unten: Hans-Jochen Vogel
am 8. Dezember 1982 beim
»Antrittsbesuch« beim
neuen Kanzler.

Helmut Kohl 1983 vor
einem Bismarck-Gemälde.

US-Präsident Ronald
Reagan und Helmut Kohl
im Weißen Haus in
Washington zwei Wochen
nach Kohls Amtsantritt als
Bundeskanzler.

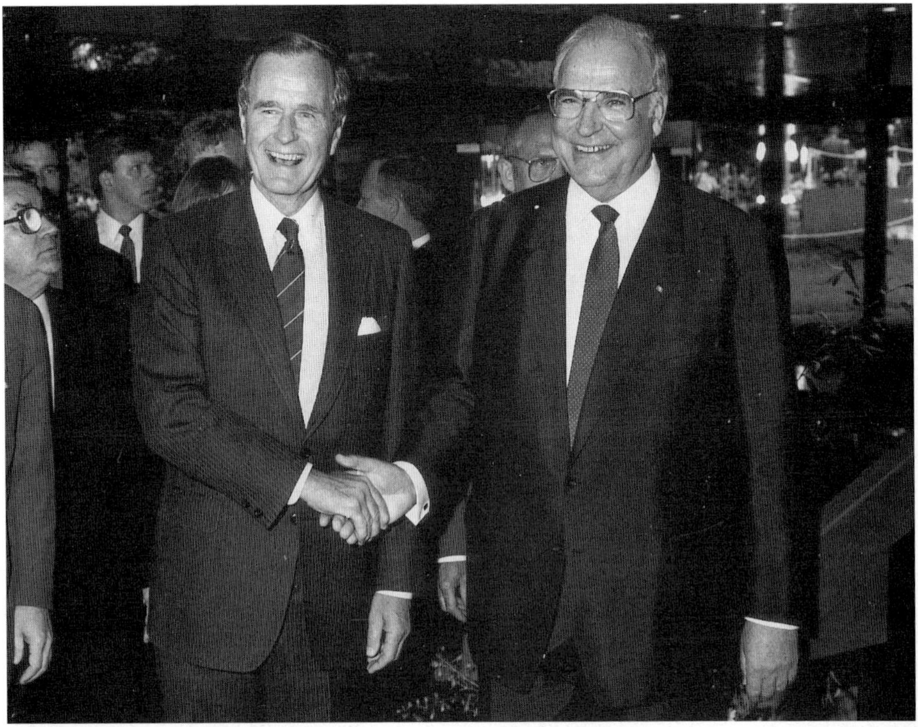

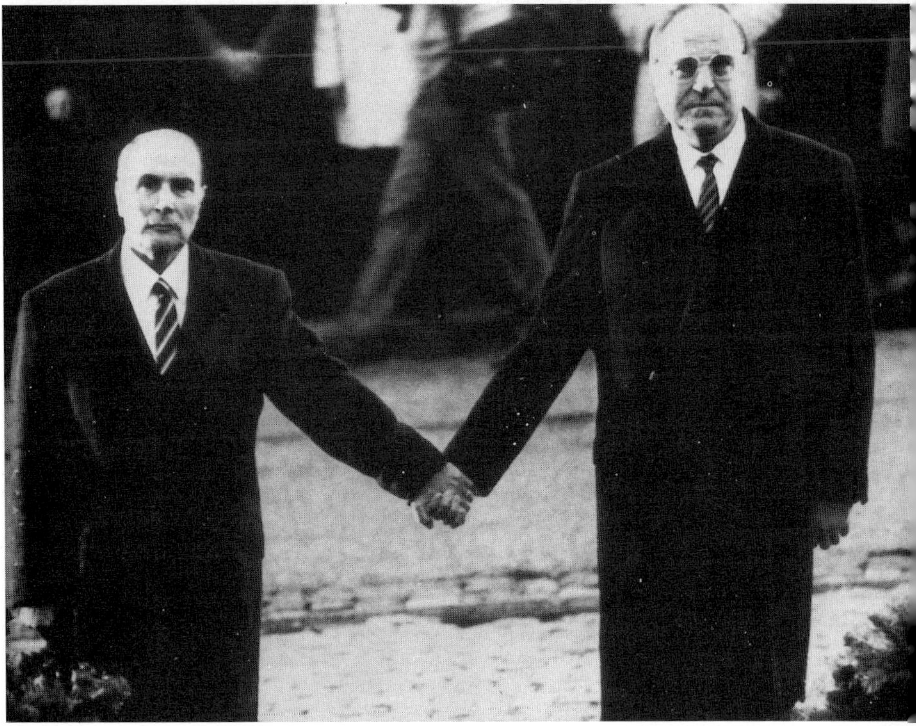

Links oben: Reagan-
Nachfolger George Bush
Ende Mai 1989 beim
deutschen Kanzler.

Links unten: Der fran-
zösische Staatspräsident
François Mitterrand und
der Bundeskanzler am
22. September 1984 auf
dem Soldatenfriedhof von
Douaumont bei Verdun.

Mitterrand und Kohl am
21. Oktober 1982
in Bonn.

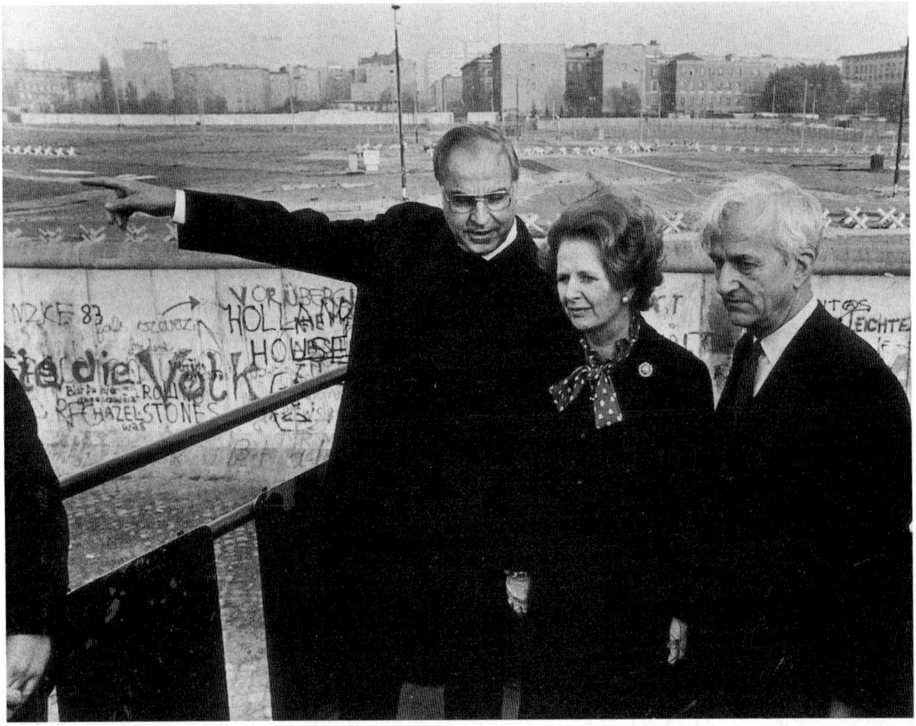
HAZELSTONES

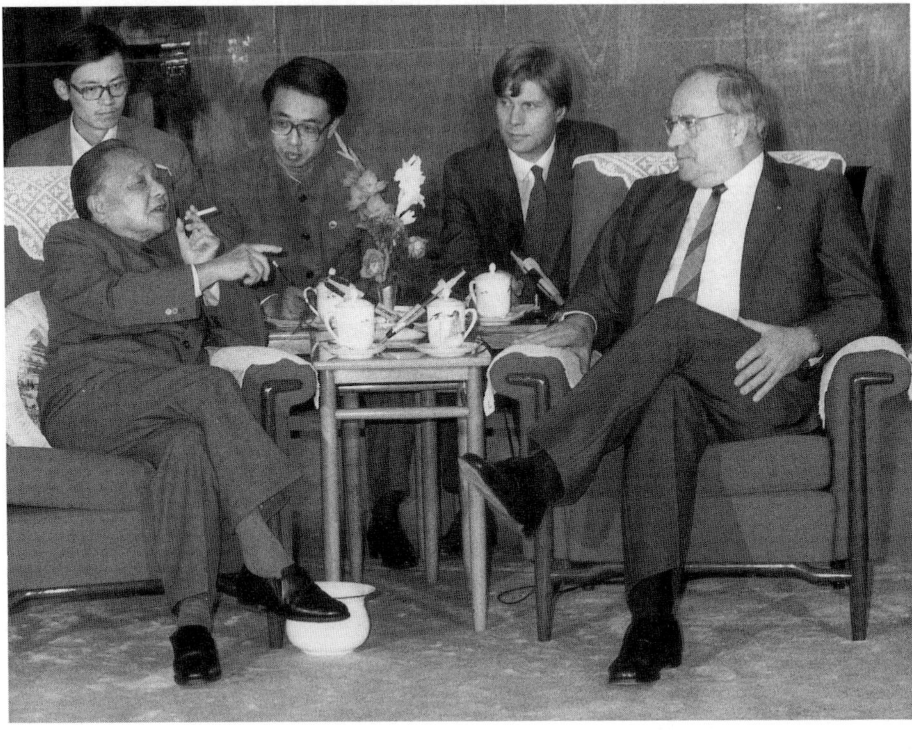

Links oben:
Premierministerin Margaret
Thatcher am 29. Oktober
1982 mit dem vor vier
Wochen gewählten
Kanzler und Richard von
Weizsäcker an der Berliner
Mauer.

Links unten: Am 10. Ok-
tober 1984 Gast beim
chinesischen Parteichef
Deng Xiaoping in Peking.

Die Ehepaare Kohl und
Gorbatschow im Oktober
1988 im Kreml.

Oben: Der Kanzler und sein
Außenminister Hans-
Dietrich Genscher 1989 im
Bundeskanzleramt.

Unten: Juli 1989. Mit den
Bundesministern Hans
Klein und Theo Waigel in
einem Bistro in Paris.

Oben: 1989 mit dem baden-
württembergischen
Ministerpräsidenten Lothar
Späth.

Unten: 12. September
1989. Helmut Kohl
verabschiedet Heiner
Geißler auf dem 37. Bun-

desparteitag der CDU
aus seinem Amt als
Generalsekretär der CDU.

Oben: Kohl am 15. November 1989 beim gemeinsamen Toast mit dem polnischen Ministerpräsidenten Tadeusz Mazowiecki.

Unten: Bundeskanzler Helmut Kohl am 14. November 1989 beim Besuch des ehemaligen Konzentrationslagers Auschwitz-Birkenau.

Rechts: Der Kanzler der deutschen Einheit überrascht die Welt am 28. November 1989 mit seinem Zehn-Punkte-Programm zur Wiedervereinigung Deutschlands.

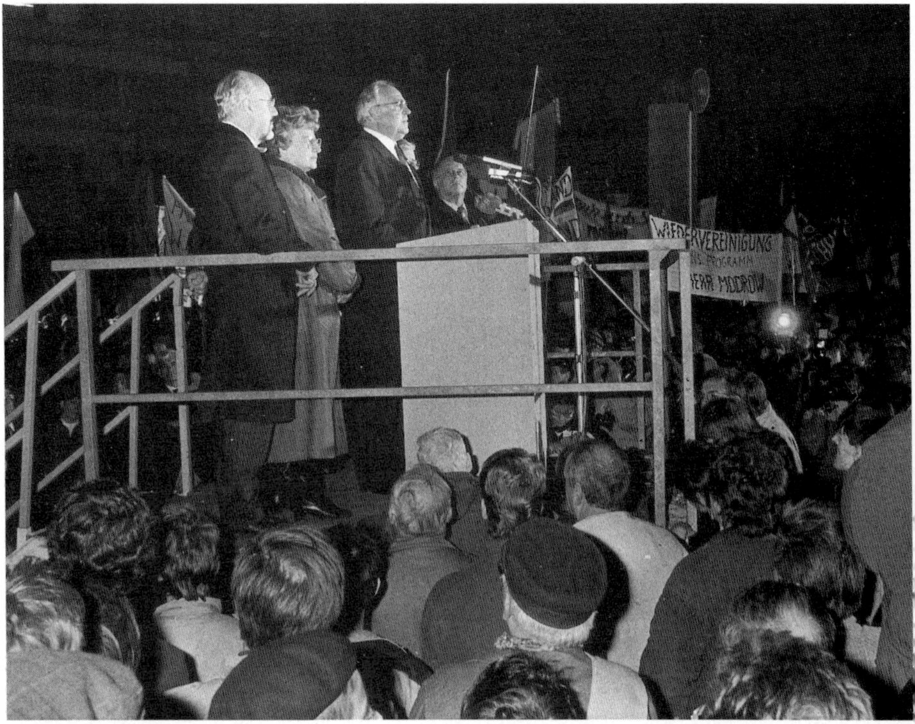
WIEDERVEREINIGUNG
MODROW

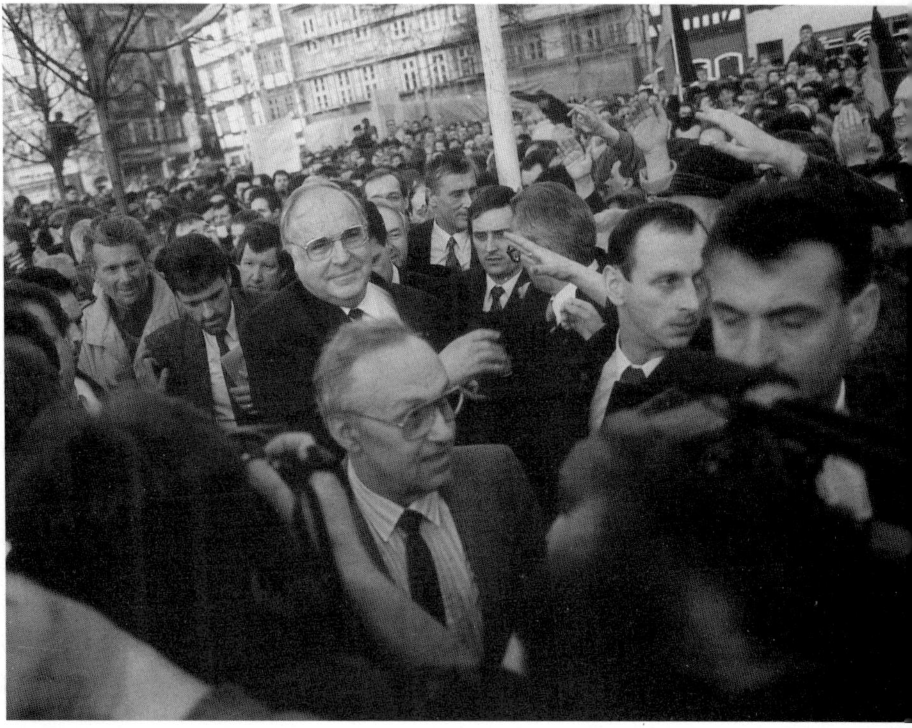

Links oben: Der Kanzler
spricht am 19. Dezember
1989 vor der Frauenkirche
in Dresden.

Links unten: Am 20. Fe-
bruar 1990 in Erfurt.

Nach der Öffnung der
Mauer mit Bundesminister
Rudolf Seiters und CDU-
Generalsekretär Volker
Rühe vor dem
Brandenburger Tor.

Helmut Kohl und Michail
Gorbatschow im Kreml in
Moskau am 15. Juli 1990.

. . . und zwei Tage später
im Garten des Gästehauses
der Stadt Archiz im
Norden des Kaukasus.

Der Kanzler der deutschen
Einheit und sein Biograph
im Januar 1989 im
Bundeskanzleramt.

kämpfung der Arbeitslosigkeit« vom 9. September nicht nur für absolut
abwegig, sondern auch für eine »unglaubliche Provokation«. Er zweifelt am analytisch-ökonomischen Verstand seines Wirtschaftsministers,
bittet Hans Apel am 12. September telefonisch, während der nächsten
Sitzung des Bundesvorstandes dagegen »massiv Stellung zu nehmen«,
und trägt sich – nach entsprechenden Empfehlungen von Brandt und
Wehner – mit dem Gedanken, Lambsdorff umgehend aus dem Kabinett
zu entlassen.

»Nach der Besserung wichtiger Rahmenbedingungen (Lohn- und Zins-
entwicklung, Leistungsbilanz) und der leichten Aufwärtsbewegung der
Produktion im ersten Quartal 1982«, hat Lambsdorff einleitend geschrie-
ben, »haben sich seit Ende des Frühjahrs die Wirtschaftslage und die
Voraussetzungen für eine baldigen Aufschwung erneut verschlechtert.«
Schon auf der ersten Seite seines Konzeptes hat er einige der wesentlich-
sten Ursachen für diese Lage hervorgehoben:
»– Unerwartet starker Rückgang der Auslandsnachfrage bei stagnierender
   und zuletzt wieder rückläufiger Binnennachfrage
– Verschlechterung des Geschäftsklimas und der Zukunftserwartungen
   in der Wirtschaft (Ifo-Test)
– Einschränkung der gewerblichen Produktion
– Anstieg der Arbeitslosigkeit und Zunahme der Insolvenzen.«
Der Schluß des Lambsdorff-Papiers muß den als »Macher« apostrophierten Kanzler besonders treffen. »Wir stehen vor einer wichtigen Wegkreu-
zung«, signalisiert der Graf und fährt mahnend fort: »Wer eine solche
Politik als ›soziale Demontage‹ oder gar als ›unsozial‹ diffamiert, verkennt,
daß sie in Wirklichkeit der Gesundung und Erneuerung des wirtschaftlichen Fundaments für unser Sozialsystem dient. ›Sozial unausgewogen‹
wäre dagegen eine Politik, die eine weitere Zunahme der Arbeitslosigkeit
und eine Finanzierungskrise der sozialen Sicherungssysteme zuläßt, nur
weil sie nicht den Mut aufbringt, die öffentlichen Finanzen nachhaltig zu
ordnen und der Wirtschaft eine neue Perspektive für unternehmerischen
Erfolg und damit für mehr Arbeitsplätze zu geben. Die Konsequenzen
eines Festklammerns an heute nicht mehr finanzierbare Leistungen des
Staates bedeutet nur die weitere Verschärfung der Wachstums- und Be-
schäftigungsprobleme sowie eine Eskalation in den Umverteilungsstaat,
der Leistung und Eigenvorsorge zunehmend bestraft und das Anspruchs-

denken weiter fördert – und an dessen Ende die Krise des politischen Systems steht.«

Schmidt, der an der Macht bleiben will, weshalb er in dieser Situation den Grafen schwerlich aus dem Kabinett entlassen kann, braucht sich nicht lange mit dieser Frage zu beschäftigen. Am 17. September tritt Otto Graf Lambsdorff von sich aus zurück, gemeinsam mit den FDP-Ministern Genscher, Gerhart Rudolf Baum und Josef Ertl. Schmidt übernimmt nun – in einem SPD-Minderheitskabinett – zusätzlich das Außen-, Jürgen Schmude das Innen-, Manfred Lahnstein das Wirtschafts- und Björn Engholm das Landwirtschaftsministerium. Der Kanzler erklärt in dieser schier ausweglosen Lage, daß er bereit sei, die Vertrauensfrage zu stellen und Neuwahlen den Weg zu öffnen. Noch am selben Abend entscheidet sich der Bundesvorstand der FDP mit knapper Mehrheit für Koalitionsverhandlungen mit der Union.

Helmut Kohl und der seit 1974 als Außenminister fungierende FDP-Vorsitzende Hans-Dietrich Genscher, die seit Jahren einander duzen, haben sich inzwischen hinter verschlossenen Türen geeinigt, daß eine politische »Wende« herbeigeführt werden müsse. Differenzierte Pläne und Programme für eine künftige Koalition jedoch hat es – trotz anderslautender Behauptungen und Mutmaßungen – erst unmittelbar vor dem Entscheidungsakt vom 1. Oktober 1982 im Bundestag gegeben. Genscher hatte dem künftigen Kanzler lediglich versichert, daß die FDP keine gegen die CDU/CSU gerichtete Politik betreiben würde, während Kohl ihm versprach, den Liberalen bei ihrer Existenzerhaltung zu helfen[5], was er denn auch bereits nach dem – im November 1982 stattfindenden – Berliner Parteitag der FDP tat.

Daß Genscher mit seiner Entscheidung für eine Koalitionsgemeinschaft in einer Regierung Kohl ein hohes Risiko eingegangen war, zeigte sich bald. Auf dem Parteitag der Liberalen in Berlin mußte er sich massive Vorwürfe gefallen lassen, was nicht zuletzt die nicht gerade überwältigende Koalitionsbefürwortung bezeugte. 210 Delegierte stimmten für, 185 gegen eine Koalition mit der Union. Nur mit Mühe konnte er sich gegen seinen Gegenkandidaten Uwe Ronneburger behaupten. Genschers Engagement für die KSZE-Schlußakte von Helsinki im Jahre 1975, die den Prozeß der west-östlichen Zusammenarbeit auch hinsichtlich der Abrüstungsproblematik initiierte, und sein ebenso unverbrüchliches Verhältnis zum Harmel-Bericht von 1967, aus dem sich für das NATO-Bündnis so etwas wie eine europäische Sicherheitsphilosophie entwikkeln ließ, hat die FDP-Delegierten nur wenig beeindruckt.

In der Öffentlichkeit, der die Annäherung zwischen Kohl und den Liberalen bald kein Geheimnis mehr ist, beherrschen Spekulationen über Neuwahlen die Tagesgespräche. Strauß hofft, daß die FDP dabei auf der Strecke bleibe oder bestenfalls Regierungspartner eines von Kohl geführten »Übergangskabinetts« werden könne. Kohl dagegen bleibt bei seiner schon traditionellen Marschrichtung: Koalition zwischen Union und Freien Demokraten selbst im Falle einer absoluten Mehrheit für CDU/CSU. Er braucht die FDP als eventuelles Gegengewicht gegen Strauß und die CSU und kommt Genscher mit der Hinauszögerung der Neuwahl entgegen, die den Freien Demokraten nach einer Neuorientierung und dem von ihnen initiierten Sturz des Kanzlers eine Zukunft als Regierungspartei vermutlich zu sichern vermag. Daß die Hinauszögerung der Wahl den Sozialdemokraten die Chance bietet, den für jedermann sichtbar angeschlagenen und von seiner Partei weitgehend entrückten Helmut Schmidt durch einen anderen Kanzlerkandidaten zu ersetzen, beunruhigt Kohl nicht. Er ist sich seiner Sache sicher.

Was viele trotz aller öffentlich diskutierten Beschwerden immer noch gegen einen Regierungswechsel eingenommen sein läßt, ist ein weit verbreiteter Pessimismus hinsichtlich der Frage, ob eine von Kohl geführte neue Koalitionsregierung in der Lage sein werde, die Wirtschafts-, Finanz- und Sozialpolitik positiver als die Schmidt-Regierung zu gestalten. Daß gegebenenfalls niedrigere Einnahmen und höhere Ausgaben zu erwarten seien, gilt als ebenso sicher wie die Voraussage, daß es in der Innen-, Rechts- und Außenpolitik einige Differenzierungen geben werde. Außenpolitisch ist die Regierung Schmidt isoliert, ostpolitisch sogar blamiert. Mit seinen Plänen, deutsche Panzer nach Saudiarabien und U-Boote nach Chile zu liefern, ist der seit den sicherheitspolitischen Debatten des Jahres 1981 zunehmend demontierte Kanzler am Widerstand der Linken in seiner Partei gescheitert. Als äußerst schwer zu bewältigende Probleme gelten innenpolitisch die Sanierung der Renten- und Krankenversicherung, die Reduzierung der zwei Millionen Arbeitslosen[6], die Sanierung des Haushalts und die Begleichung der anstehenden Nachrüstungsausgaben im Jahre 1983 – und dies in einer schier hoffnungs-

losen wirtschaftlichen Lage. Das Hamburger Wirtschaftsforschungs-Institut und das Münchener Ifo-Institut[7] prophezeien ein Wachstum von nur
zwei, beziehungsweise sogar nur von 1,5 Prozent.[8] Die immer größer
werdende Verschuldung der Bundesbahn, die erforderlichen Finanzspritzen für den Schnellen Brüter und den Hochtemperaturreaktor und ein
Milliardenzuschuß für Kindergeldzahlungen, erscheinen als weitere Hindernisse im Hinblick auf die Schließung von Haushaltslücken. Helmut
Kohl weiß, was auf ihn zukommt, wenn er ins Kanzleramt einzieht.

Genschers Verhältnis zu Schmidt hat schon Anfang 1982 Züge angenommen, die eine »harmonische Zusammenarbeit« utopisch erscheinen
lassen müssen. Seine massive und nicht selten drastische Kritik am Kanzler ist zumindest im Umkreis des Kanzleramtes längst unüberhörbar. So
hat er beispielsweise am 3. März 1982 nach einer Kabinettssitzung, in der
es um die Sanktionspolitik der USA gegenüber der Sowjetunion ging, zu
Hans Apel gesagt: »Mein Herr, sehen Sie eigentlich nicht, daß der Kanzler
um unsere richtige Politik immer wieder Scheiße schmiert, die ich dann
mühsam wieder abkratzen kann? Meinen Sie, daß mir das Spaß macht?
Wie lange soll das eigentlich noch gutgehen?«

Wie ungebetene Ratgeber Kohl in den Medien jahrelang »rieten«, was
er tun müßte, so geschieht dies jetzt in entgegengesetzter Richtung. Sie
empfehlen der SPD, wie sie ihre Politik fortsetzen solle, wobei sie den
sichtlich angeschlagenen Kanzler meist als bereits abgeschrieben behandeln. Vor allem zwei Rezepte werden den Sozialdemokraten anempfohlen: Anknüpfung an Willy Brandts Ostpolitik und Konzipierung eines
Entspannungskonzepts für das westliche Bündnis und Friedensschluß
mit den Umweltschützern und Kernkraftgegnern. Schmidt wird geraten,
der SPD nach seinem Rückzug aus dem Regierungsamt die Chance zu
geben, »sich wieder einen Spitzenmann zu suchen«, wie es in der Illustrierten »Stern« am 23. September heißt.

Die »Ära« Schmidt ist sichtlich am Ende. Dies konnte von Kohl nicht
unbedingt als Garantie für künftige CDU-Wahlsiege angesehen werden.
Dreggers krasser Mißerfolg bei den hessischen Landtagswahlen hat dies
alsbald gezeigt. Angesichts der Situation heißt es Ende September jedoch
nahezu überall: »Grünes Licht für Kanzler Kohl« am 1. Oktober 1982.
Alles andere, so meint beispielsweise Thomas Löffelholz in der »Stuttgarter Zeitung« vom 29. September, »wäre eine Sensation«.

Die Sensation bleibt aus. Das von Rainer Barzel 1972 erfolglos gegen Willy Brandt inszenierte Verfahren des konstruktiven Mißtrauensvotums, der Abwahl des Kanzlers und der Auflösung des Parlaments durch den Bundespräsidenten[9], bringt am 1. Oktober 1982 den von Kohl angestrebten Erfolg. Ab 1. Oktober heißt der von 256 Bundestagsabgeordneten[10] gewählte neue Bundeskanzler: Helmut Kohl.

Es ist eingetreten, wofür Kohl zumindest seit 1976 systematisch gekämpft hat. Seine Hoffnung seit 1969, daß die SPD-FDP-Koalition kein Dauerzustand sein werde, wurde endlich erfüllt. 1982 zerbricht das Regierungsbündnis an den unüberbrückbaren Differenzen zwischen der SPD und der FDP über die Sicherheitspolitik, vor allem im Zusammenhang mit dem Nachrüstungsbeschluß der NATO. Die innerparteiliche Diskussion der SPD hat die Liberalen zunehmend an der Zuverlässigkeit der Politik des SPD-Kanzlers Schmidt hinsichtlich der Durchsetzung des NATO-Doppelbeschlusses zweifeln lassen, obwohl Schmidt zu den maßgeblichen Initiatoren des Beschlusses gehörte. Da er nicht zugleich auch Parteivorsitzender war, sah er sich zunehmend gezwungen, an seiner Partei, die den Beschluß nicht einheitlich mitzutragen bereit war, vorbei zu operieren. Einen weiteren wesentlichen Aspekt, der den Bruch der Koalition programmierte, bildeten die ständig wachsenden sozialdemokratischen Anforderungen an den Haushalt zur Finanzierung zusätzlicher Sozialausgaben. Obwohl die Folgen der rapide zunehmenden Staatsverschuldung Schmidt bekannt waren, beugte er sich der Partei und ihrer Bundestagsfraktion, um an der Macht bleiben zu können.

Das schon 1980 während des Wahlkampfes eine wesentliche Rolle spielende Schlagwort »Staatsverschuldung« war seitdem nicht aus dem politischen Wortschatz verschwunden, sondern buchstäblich zu einem Synonym für Unsicherheit und Hoffnungslosigkeit geworden. Daß die FDP mit ihrer marktwirtschaftlich orientierten Klientel dies nicht auf die Dauer tolerieren konnte, hatte sich bereits 1980 deutlich abzuzeichnen begonnen. Wie die SPD-Reaktionen auf Lambsdorffs »Konzept« vom 9. September 1982 bezeugten, schieden sich die Geister in dieser Frage grundsätzlich. Schmidts polemisch scharfe Bemerkungen über das Lambsdorff-Papier resultierten nicht aus persönlichen Differenzen oder Antipathien. Die Verschlechterung der wirtschaftlichen Rahmenbedingungen durch die Überschuldung der öffentlichen Haushalte war unübersehbar.

Kohls demonstrative Bündnistreue zur NATO und seine kompromißlose marktwirtschaftliche Orientierung ließen ihn für die FDP als
personelle Alternative zu Schmidt erscheinen, zumal sein seit 1980 kontinuierlich gewachsenes öffentliches Ansehen und seine Position innerhalb
der von ihm nach Strauß' Wahldebakel von 1980 zur Geschlossenheit
geführten Union sich als Garantie für ihr Überleben als Partei in einem
neuen Regierungsbündnis anboten. Daß die Freien Demokraten den für
sie äußerst risikoreichen Koalitionswechsel mitten in der Legislaturperiode wagten, mußte in ganz besonderem Maße für Kohl sprechen.

»Wahrscheinlich hat sich Helmut Kohl den Weg ins Kanzleramt
ruhmreicher, großartiger vorgestellt«, mutmaßt Siegfried Maruhn in der
Westdeutschen Allgemeinen Zeitung vom 29. September und folgert: »So
wie er sich jetzt abzeichnet, ist er nicht nur mit Schwierigkeiten und
Schmerzen beladen. Daran muß ein Politiker gewohnt sein. Schlimmer
sind die Peinlichkeiten, die aus der Wahlniederlage der neuen Koalitio-
näre in Hessen, aus den Querschüssen der CSU und aus der heftig
umstrittenen Rolle der Freien Demokraten beim Wechsel von der einen
in die andere Regierung herrühren. Mit einer tief in sich gespaltenen Partei
als Koalitionspartner ist nicht gut regieren. Kohl wagt es dennoch.« Die
Annahme des gestürzten Bundeskanzlers Schmidt, der noch eine Woche
zuvor im Fernsehen erklärt hat, daß er von sich aus »nicht die Klamotten
hinschmeißen« werde, im Falle eines für ihn negativ ausgehenden konstruktiven Mißtrauensvotums jedoch als Nachfolger auf dem Kanzler-
Stuhl nicht Helmut Kohl, sondern Gerhard Stoltenberg zu sehen hoffe, ist
nicht in Erfüllung gegangen.

XI.

BUNDESKANZLER

Als Kohl das Kanzleramt übernimmt, gleicht es nicht nur infolge seiner
äußeren Umgestaltung durch Schmidt nicht einmal mehr entfernt der
Institution, die Konrad Adenauer einst hinterließ. Statt der 168 Beamten
und Angestellten, die dort zu Adenauers Zeiten tätig waren, sind es bei
Schmidts Ablösung 481. Auch die politischen Rahmenbedingungen haben sich im Laufe der Jahre gravierend verändert. Adenauers berühmte
und viel zitierte »Kanzlerdemokratie« ist einer »Koordinationsdemokra-
tie« gewichen, wie der Politikwissenschaftler Wolfgang Jäger das Ergebnis
nennt. Auch an den traditionellen politischen Parteien wie der SPD ist
diese Entwicklung nicht vorübergegangen. Die CDU ist nicht mehr eine
bloße Interessengemeinschaft oder »Honoratiorenorganisation«, sondern
eine politisch spezifisch orientierte große Mitgliederpartei mit gediege-
nem Selbstbewußtsein und Selbstverständnis, aus dem zwangsläufig bestimmte Ansprüche auf Mitentscheidung resultieren. Die sowohl mit der
SPD als auch mit der Union Regierungsbündnisse bildende FDP hat im
Laufe der Jahre zwar zahlenmäßig keinen Wählerzuwachs verzeichnen
können, ist jedoch erheblich selbstbewußter geworden. Bestimmte Kabi-
nettsposten sind zu Partei-»Erbhöfen« geworden, die kein Kanzler schadlos
übergehen kann. Dispositionsfreiheit wird dem Regierungschef nur noch
in seiner eigenen Partei zugebilligt. Die bereits von Adenauer mit Arg-
wohn betrachtete »Medienlandschaft« ist weitgehend »Fernsehlandschaft«
geworden, in der Themen zwangsläufig nicht nur anders behandelt,
sondern auch zusätzlich provoziert werden, was die Politik in mancher
Hinsicht kaum noch als zielgerichtet steuerbar erscheinen läßt. Die Ver-
wendung der politisch relevanten Medien und ihre ständig zunehmende
Bedeutung für den politischen Entscheidungsprozeß beeinflußt die Poli-

tik und macht sie nicht selten abhängig von den schier unersättlich nach
Neuigkeiten lechzenden Medien, wobei vor allem das Fernsehen eine
maßgebliche Rolle spielt.

Zudem sind die Bürger der Bundesrepublik Deutschland erheblich
»politischer« geworden, ohne allerdings zugleich auch das Ausmaß ihrer
politischen Bildung erweitert zu haben. Sie »interessieren« sich mehr für
Politik und geben – mehr als in den fünfziger und sechziger Jahren –
vor, ihre »Meinungen« differenziert begründen zu können. Entfaltet hat
sich lediglich ihr Selbstbewußtsein und ihr Verlangen, politische Mitbe-
stimmungsmöglichkeiten zu nutzen. Was sich in den Jahren der Adenauer-
Ära zu entwickeln begann, das Bewußtsein nämlich, den Spitzen politischer Organisationen nicht hilflos ausgeliefert zu sein, hat sich in den
Jahren nach Adenauer zunehmend etabliert. Verbesserte Infrastrukturen
beispielsweise werden gewollt und von der Politik gefordert, ihre unmittelbaren Voraussetzungen (wie beispielsweise Flugplätze, Autobahnen,
Müllverbrennungsanlagen) jedoch nicht mehr in der Nachbarschaft gewünscht. Die Inhalte der Politik sind in erheblichem Umfang gewachsen
und insgesamt unübersichtlicher geworden. Die zu Adenauers Zeiten
übliche Reduzierung der Kanzler-Entscheidungen auf relativ wenige grundsätzliche Vorgänge ist einem sich ständig erweiternden Katalog umfang-
reicher Überlegungen, Weisungen und Maßnahmen gewichen.

Im Kanzleramt findet Kohl im Oktober 1982 ein Arbeitszimmer vor,
das Schmidt nach seinem Geschmack neu hatte einrichten lassen. Nichts
mehr erinnert darin an die Vorgänger. Die einstigen Plüschsessel sind
durch Stühle mit Lederbezügen ersetzt worden, die Gobelins verschwunden, die Bücherschränke durch Regale ersetzt. Alles ist einer hanseatisch
sachlichen Nüchternheit untergeordnet, die Kohl nicht »warm« werden
läßt. Der einzige Fingerzeig auf die kulturelle Herkunft des abgelösten
Kanzlers, ein von ihm ausgewähltes Gemälde des norddeutschen Expres-
sionisten Emil Nolde, vermittelt Kohl nicht, was er hier wenigstens
bildhaft um sich haben möchte: Heimat. Er läßt erst einmal Lithographien
des pfälzischen Impressionisten Max Slevogt, Gemälde des von Matisse
beeinflußten Speyerer Malers Hans Purrmann, des Matisse-Schülers Oskar Moll, des »Brücke«-Mitbegründers und maßgeblichen deutschen Ex-
pressionisten Ernst-Ludwig Kirchner und des »Blaue Reiter«-Exponenten
August Macke an die Wände hängen. Eine von Schmidt vor dem Kanz-

Im Namen der

Bundesrepublik Deutschland

ernenne ich

auf Ersuchen des Deutschen Bundestages

Herrn

Dr. Helmut Kohl

zum Bundeskanzler

Bonn, den 1. Oktober 1982

Der Bundespräsident

Ernennungsurkunde zum Bundeskanzler, 1. Oktober 1982.

leramt etablierte Plastik des englischen Bildhauers Henry Moore, die die Weltläufigkeit des Hausherrn hat betonen sollen, bleibt auf ihrem Platz. Ein Aquarium mit Zierfischen, die er nach Möglichkeit selbst betreut, wird neben Kohls Schreibtisch gestellt. Mineralien, Kleinplastiken und eine Auswahl von Büchern in den Regalen weisen auf betonte Liebhabereien des neuen Kanzlers hin, der bald nach seiner Amtsübernahme auch das bislang aus Sicherheitsgründen unzugängliche Bundeskanzleramt für Besucher öffnen läßt. Rund 25 000 »Touristen« jedweden Alters nehmen diese Möglichkeit seitdem jährlich wahr.

1990 umfaßt das Bundeskanzleramt neben dem Kanzlerbüro, dem persönlichen Büro und dem Büro für »Eingaben und Petitionen« Büros für einen Bundesminister als Chef des Kanzleramtes, für einen Staatsminister und für einen Parlamentarischen Staatssekretär als Bevollmächtigten der Bundesregierung in Berlin, sechs von Ministerialdirektoren geleitete Abteilungen mit zahlreichen Unterabteilungen, »Gruppen« und Referaten: Die Zentralabteilung, die Abteilung für Auswärtige und Innerdeutsche Beziehungen, Entwicklungshilfe und äußere Sicherheit, die Abteilung für innere Angelegenheiten, Soziales und Umwelt, die Abteilung Wirtschafts- und Finanzpolitik, die Abteilung für gesellschaftliche und politische Analysen, Kommunikation und Öffentlichkeitsarbeit und die Abteilung Bundesnachrichtendienst und Koordination der Nachrichtendienste des Bundes.

Daß sich der Regierungswechsel in den ausländischen Medien ebenso breit widerspiegeln würde wie in den deutschen, lag ebenso zwangsläufig auf der Hand wie die Tatsache, daß die Bewertungen und Einordnungen kontrovers sein müßten. Einige französische und angelsächsische Pressestimmen: Jean-Paul Picaper bezeichnet den neuen Kanzler im »Figaro« vom 5. Oktober 1982 als einen »Riesen«, der »etwas von einem Bruder ›Jean des Entommeures‹« habe, einer Figur aus Rabelais' Gargantua. Er hebt Kohls »überschäumenden Optimismus« und »brüderliche Stärke« hervor und meint, daß ihn seine Vorstellung vom »Europa der Nationen« im Sinne de Gaulles und Adenauers und sein »Sinn für die Geschichte und die poetisch-kulturelle Vision ... näher an Mitterrand heranrücken lassen« dürften. Bernard Brigouleix und »Le Monde«, Vertreter der politischen Gegenseite, vergleichen Kohl mit Frankreichs einstigem »Bürgerkönig« und attestieren ihm, ein gutmütiger und strikt heimatverbundener »Bürger als Edelmann« zu sein, auf dessen künftige politische Leistungen es nun ankommen werde.

In »Newsweek« vom 11. Oktober erscheint der »zum Kanzler geborene« Kohl als der »wohlgenährte Vorsitzende der konservativen westdeutschen Christlich-Demokratischen Union« und als »jüngsten Kanzler Deutschlands in der Nachkriegszeit«, der nun »ganz ohne Frage der ›erste Helmut‹ des Landes« sein werde. Das Blatt weist auf vorausgegangene krasse Fehlurteile über Kohl hin, folgert jedoch: »Nun steht Helmut Kohl erstmals im Rampenlicht; aber er wird mehr bieten müssen, wenn er dort bleiben will.« Nach »seinen ersten 70 Amtstagen«, schreibt »The Economist« nach einer längeren Beobachtung von Kohls Politik am 11. Dezember unter der Überschrift »Ein Hauch von Adenauer«, stehe »Kohl recht gut da . . . Kohl hat etwas von Adenauers List und Entschlußkraft geerbt . . . Es ist in der Tat überraschend, wie schnell die Westdeutschen Kohl als Kanzler und Schmidt als Hinterbänkler akzeptiert haben.«

Die deutschen Medien urteilen zwiespältiger, was zweifellos aus der Tatsache resultiert, daß nicht wenige von ihnen den Kanzler jahrelang so unterschätzt und falsch dargestellt haben, daß sie sich jetzt der Ahnungslosigkeit, Voreingenommenheit und Demagogie zeihen lassen müßten, wenn sie sich dazu bekennen würden. Den mit Abstand dümmsten und voreingenommensten Kommentar leistet sich der später durch die Publizierung und Verteidigung der angeblichen »Hitler-Tagebücher« im »Stern« zu einer aberwitzigen Figur gewordene Peter Koch in seinem Magazin vom 23. September 1982 mit der Bemerkung: »Auch die CDU/CSU wird letztlich an einem kleinen Dankeschön [für Schmidt] nicht vorbeikommen . . . er hat ihr den Kanzler Helmut Kohl eingebrockt, dieses Phänomen eines Zwei-Zentner-Nichts.« Der Rheinische Merkur/Christ und Welt vom 17. Dezember 1982 dagegen meint, daß das Amt Kohl »wie ein Maßanzug« sitzen werde. »Helmut Kohl«, schreibt Walter Bajohr, »sitzt fester im Sattel, als selbst die engsten Freunde erwartet haben. Das Amt bekommt dem Kanzler sichtlich wohl. Sein ›Provinz-Image‹ ist jedenfalls verblaßt . . . zu Kohl gibt es im Augenblick keine Alternative.« Kohl ist »der jüngste Kanzler der Bundesrepublik, er war der jüngste Ministerpräsident, der jüngste Bundestagsabgeordnete – äußerliche Daten einer scheinbar steilen Laufbahn«, schreibt Peter Hartmeier in »Die Weltwoche« vom

6. Oktober und fährt fort: »Doch dieser äußere Schein trügt: Diese
Karriere war und ist zweifellos erfolgreich, doch ihr fehlte bisher der
Glanz, es fehlte das mitreißende intellektuelle Potential des Politikers, der
neue Zeichen zu setzen vermag.«

In Kohls Heimatzeitung »Die Rheinpfalz«, die er auch in Bonn regelmäßig liest, heißt es in der Ausgabe vom 2. Oktober 1982: »So wird
Helmut Kohl . . . Mühe haben, in der Übergangszeit bis zum 6. März, eine
geschlossen wirkende, tatkräftige Regierung auf Zeit zu installieren. Vor
allem aber wird von ihm erwartet, daß er die Wirtschaft aus der Konjunk-
turkrise herausführt. Das ist in den Winter hinein kein leichtes Geschäft.
Aber er kann darauf hoffen, daß die Wirtschaft mit ihm zieht. Das ist
jedenfalls der Grundstein, auf dem er jetzt schnell bauen kann.«

Daß selbst bei vielen wohlwollenden Beobachtern insgesamt die Sorge
um die Zukunft Kohls als Kanzler überwiegt, ist nicht zu übersehen. Die
auf der politischen Gegenseite bis dahin praktizierte Negierung Kohls
bleibt Programm – mit teilweise neuen Nuancen. Willy Brandts Feststellung, daß die SPD Kohl »so ernst« nehmen werde, »wie er es verdient«,
wird auf verschiedenen Ebenen falsch verstanden. Die Repräsentanten
der SPD fallen über den neuen Bundeskanzler in noch zynischerer und
bösartigerer Weise als zuvor her. Im SPD-Pressedienst »ppp« vom 1. Oktober 1982 heißt es beispielsweise: »Kohl ist Kanzler. Das Unvorstellbare,
schier Unglaubliche ist geschehen. Der national und international geach-
tete Staatsmann Helmut Schmidt ist von einem eitlen, linkischen Provinz-
politiker gestürzt worden . . . Die neue Regierung kriecht aus einem Sumpf
von Lüge, Wortbruch, Wählerbetrug und kaltschnäuzigem Zynismus an
die Macht. Die Umstände, unter denen sie entstand, stoßen bei mehr als
achtzig Prozent der Bevölkerung auf kopfschüttelnde Ablehnung bis hin
zu zorniger Verachtung. Was Kohl auch tut, wie bombastisch er sich auch
gebärden mag, den Makel listiger Machterschleichung wird er nie wieder
los. Das Markenzeichen seiner Kanzlerschaft heißt Genscher.« Kohl wird
als »Übergangskanzler« bezeichnet, der bald nicht nur zeigen werde, »daß
er diesem Amt nicht gewachsen ist«, sondern darüber hinaus auch »die
nützliche Funktion« habe, »dem Volk zu beweisen, um wieviel besser,
gerechter, vertrauenswürdiger und erfolgreicher Helmut Schmidt war«.
Seine »historische Aufgabe« werde sein, die »Bedeutung Schmidts zu
Bewußtsein zu bringen«.

Der »ppp«-Pressedienst vom 5. Oktober, der Kohl »geistige Mittelmäßigkeit und kleinbürgerliche Beschränktheit« nachsagt, kolportiert den
Regierungswechsel zwar ebenso bösartig, signalisiert den Sozialdemokraten jedoch, daß Kohl »jetzt auch recht lange« Kanzler bleiben und nicht
womöglich »als ›Übergangskanzler‹ in die Geschichte« eingehen wolle.
Und er warnt: Kohl »wird seine Amtsautorität nutzen und unzählige
Helfer finden«. »Ich habe meinen politischen Freunden früh und wiederholt geraten«, schrieb Willy Brandt mir am 19. April 1990, »des Pfälzers
Beharrlichkeit und Publikumsnähe nicht zu unterschätzen.« Offensichtlich hat sich der sozialdemokratische »Tagesdienst« im Herbst 1982 daran
erinnert. Bereits am 13. Oktober, zwei Wochen nach Kohls Amtsübernahme, beginnt er seinen – von Kohl in der Folgezeit eindeutig widerleg-
ten – einseitig ideologisch garnierten Richtlinienhinweis mit der Feststellung: »Auch der Versuch, seine erste Regierungserklärung zum Anfang
und zum Schluß mit Erinnerungen an Konrad Adenauer zu garnieren,
wird dem neuen Bundeskanzler nicht seinem Lebensziel näherbringen,
dereinst als der eigentliche Nachfolger des Alten von Rhöndorf in die
Geschichte einzugehen.«
   Im jedermann zugänglichen »Vorwärts« vom 7. Oktober 1982 kommentiert Leo Ludwig Lawiak den Regierungswechsel zwar sachlicher im
Ton, jedoch nicht instinktsicherer in der Beurteilung. Unter der Überschrift »Das Vaterland kreißte – und gebar Herrn Dr. Kohl . . . Seit
hundert Stunden ist Helmut Kohl Bundeskanzler. Zeit und Anlaß für eine
vorausschauende Zwischenbilanz«, schreibt der Sozialdemokrat: »Wenn
das Vaterland ruft, dann hat einer seine patriotische Pflicht zu tun; dann
heißt es, sich der Verantwortung für das Ganze zu stellen. Ein Drückeberger, wer sich ihr verweigert. Drückeberger haben wir genug, Faule, die sich
von den Fleißigen im Lande aushalten lassen. So einer ist Helmut Kohl
nicht. Er tut die Pflicht, in die er hineingestellt wurde; er hat sie schon
immer getan. So wurde er Kanzler.«
   Auf ausgeleierten Schienen fahrend, behauptet Lawiak: »Da steht er
nun, und keiner mag ihn, kein Stoltenberg, kein Albrecht, kein Kiep, auch
kein Späth und schon gar kein Strauß; und auch kein Geißler und kein
Biedenkopf und kein Barzel mag ihn . . . Nur Genscher.« Ironisch glossiert er Helmut Kohls »Vaterlandsliebe« und folgert, Brandts Warnung
vor sich, im Widerspruch zum »ppp«-Pressedienst der Woche zuvor:

»Wir wissen um seine Fähigkeiten. Und wir teilen daher auch nicht die
hämische Kampagne jener, die ihn für inkompetent halten auf allen
Gebieten . . . So reden kann nur, wer ihm bisher nicht zugehört hat. Oder
wer Stimmungsmache der Sozialisten auf den Leim ging. Wir nicht.«
Dieser neue Kanzler, der sich – zur Betroffenheit Lawiaks – nicht »schäme
. . . Deutscher zu sein«, der »das Wort Vaterland so schön aussprechen«
könne »wie seit Kaiser Wilhelm II. keiner« und der »die guten alten
Tugenden wie Fleiß, Disziplin, Ordnung, Treue und Opferbereitschaft«
wieder hervorhebe, propagiere – zum weiteren Unbehagen der SPD –:
»Zusammenrücken, anpacken; statt hanseatischer Kühle die warme Zwischenmenschlichkeit der pfälzischen Heimat«, während es der Union und
ihren Wählern doch darauf ankommen müßte, mit Helmut Kohl »eine
echte Alternative zu Helmut Schmidt und den Sozialisten« anzubieten.

Wie sich an diesem Paradoxon exemplarisch zeigt, wird im Zusammenhang mit Kohl meist plakative Kritik um der Kritik willen geübt,
wobei »Kritik« nicht selten mit »Diffamierung« und »Häme« gleichgesetzt
werden kann. Kohl werden Attribute zugeordnet, die ohne den bösartig
verfälschenden Unterton zu den wünschenswertesten Eigenschaften und
Maximen eines Politikers und Staatsmannes gehören: Fleiß, Disziplin,
Ordnungssinn und Treue. Kohls Appelle an die tätige Besinnung auf
Zwischenmenschlichkeit und Gemeinsamkeit, hier Schmidts »hanseatischer Kühle« gegenübergestellt, werden – ohne die meist übliche Koppelung an abgedroschene Klischees – als utopische Forderungen eines
einseitig orientierten – und andeutungsweise auch weltfremden oder
rückständigen – Politikers diffamiert. Wäre es dem »Vorwärts« tatsächlich
darum gegangen, kritikwürdige Eigenschaften des neuen und noch unerfahrenen Bundeskanzlers aufzuzeigen, hätte er weder die Fairneß noch die
Redlichkeit zu verletzen brauchen.

Sechs Jahre später, am 26. Oktober 1988, appelliert Oskar Lafontaine in
der 102. Sitzung des Deutschen Bundestages im Zusammenhang mit der
»Bewältigung des Aussiedlerproblems und der Asylantenfrage«[1] an die
Kohlschen Vorgaben. Er beschwört im Sinne Kohls die »Verpflichtung
zur Menschlichkeit« und zur »Nächstenliebe« und fordert »Solidarität«
und »Mitmenschlichkeit« als spezifische Inhalte der SPD-Politik. Am
9. Dezember 1988 proklamiert auch Hans-Jochen Vogel wesentliche
Aspekte der Kohl-Feststellungen von 1982 vor der Deutschen Kultur-

gemeinschaft »Urania« in Berlin als Kriterien, für die sich die SPD seit
jeher eingesetzt habe. Doch nicht nur dies ist ins Gegenteil verkehrt
worden. Vogel muß sich – selbst aus eigenen Reihen – der mangelnden
Fähigkeiten zeihen lassen, die die von der SPD abhängigen oder mit ihr
sympathisierenden Medien stets Kohl zugeordnet haben. So berichtet
1990 beispielsweise Hans Apel über Vogels Führungsweise vor dem
Regierungswechsel von Schmidt zu Kohl: Vogel »legt seine Argumentation fest. Und wir sollen dann die Zahlen nachliefern, die seine Behauptungen beweisen. Wenn aber die Statistik und ihre Zahlen das nicht
hergeben, wird er ungnädig. Vogel hat eine fatale Neigung zur Bürokrati-
sierung, die jede Spontaneität erschlägt. Die Politik wird in das Korsett
von Aktenvermerken und geregelten Instanzen gepreßt. ... er scheint
nicht ertragen zu können, wenn seine Meinung in der Diskussion nur
zweiter Sieger wird.« Apel bescheinigt seinem Parteivorsitzenden, keine
»politischen Visionen und damit Zielvorgaben« zu haben und der Mehrheit zu folgen, »weil er nicht kämpfen mag«.

Als Bundeskanzler kann Kohl nicht weiter in der Weise führen, wie er
es in Mainz oder als Fraktionschef und Oppositionsführer in Bonn getan
hat. Er braucht – neben dem Bundeskanzleramt als wichtigstem Funk-
tionselement der Bundesregierung – zur Transformation seiner Führungs-
energie einen leistungsfähigen Stab, für dessen maßgeschneiderte Auswahl ihn selbst die SPD-Führung heimlich rühmt. Nicht nur als Historiker
hat er längst vor dem 1. Oktober 1982 Bilanz gezogen, soweit es beispielsweise um die in Artikel 65 des Grundgesetzes – nicht sonderlich präzise –
fixierte »Richtlinienkompetenz« des Bundeskanzlers geht.[2] Er weiß, daß
Konrad Adenauer zwischen 1949 und 1963 kaum von dieser Kompetenz
gesprochen, sie aber immer energisch praktiziert hat. Sein Nachfolger
Ludwig Erhard (1963 bis 1966) dagegen berief sich gern auf sie, vermochte
sie jedoch nicht angemessen zu nutzen. Kurt Georg Kiesinger, der dritte
Kanzler der Bundesrepublik (1966 bis 1969), mußte mit dem fast gleich
starken Partner SPD regieren, was ihm angesichts der Fähigkeit Willy
Brandts, Richtlinien ad absurdum zu führen, besondere Probleme mit der
Nutzung dieser Kompetenz bereitete. Als Kanzler (1969 bis 1974) war
Brandt es denn auch, der die Richtlinienkompetenz des Regierungschefs –
sowohl in personalpolitischer als auch in sachlicher Hinsicht – auf
seine eigene Partei beschränkt sehen wollte. Seinem Nachfolger Helmut

Schmidt (1974 bis 1982) schließlich war vorbehalten, das Kanzleramt so lange erfolgreich zu einer zentralen Schaltstelle des Regierungsapparates zu machen, bis die eigene Partei ihn im Stich ließ.

Koordinationskanzler, die Richtlinienkanzler verdrängten, hat es nicht gegeben. Kohl plagt die Selbsteinschätzung hinsichtlich von Differenzen nicht, die zwischen dem neuen Amt und der eigenen Person bestehen könnten; doch die subjektiven Befindlichkeiten schaffen eine für ihn trotz seiner langjährigen Erfahrungen als Ministerpräsident vorerst noch ungewohnte Atmosphäre. Der Grundtenor seines Führungsstils bleibt jedoch unverkennbar und unverwechselbar: Immer und überall, bei Kabinetts- und Fraktionssitzungen, Präsidiumszusammenkünften und in Einzelbesprechungen, strebt er danach, Harmonie zu erzeugen. Bezeichnend erscheint eine Charakterisierung, die Lothar Späth mir gegenüber am 28. März 1990 traf: »Während man noch mit angewinkelten Beinen auf der Stuhlkante sitzt«, sagte er, »hat Kohl einen schon umarmt und auf seine Seite gezogen.«

Seinen normalen Arbeitstag beginnt Kohl mit dem von ihm zusammengestellten sogenannten »Küchenkabinett«. Mit ihm berät er sich ab acht Uhr im Kanzleramt während der »Morgen-Lagen«, an denen anfänglich unter anderem Juliane Weber, Philipp Jenninger, Waldemar Schrekkenberger, Regierungssprecher Diether Stolze[3], Abteilungsleiter Eduard Ackermann, Horst Teltschik (als außenpolitischer Berater) und Wolfgang Bergsdorf vom Bundespresseamt teilnehmen. Fragen und Probleme, auf deren Erledigung er sich besonders vorbereiten zu müssen meint, werden in diesem Gremium ohne Entscheidungsvollmachten zwanglos und vielseitig diskutiert. Daß Kohl sich keineswegs immer an die Ratschläge und Diskussionsergebnisse hält, gehört sowohl zu seinem Naturell als auch zu seinem Führungsstil. So haben ihm seine engsten Mitarbeiter beispielsweise 1983/84 während der Kießling-Affäre geraten, Verteidigungsminister Manfred Wörner zu entlassen, nachdem sich General Kießlings Unschuld erwiesen hatte. Ihr Argument, daß die öffentliche Meinung eine andere Entscheidung schwerlich hinnehmen würde, hielt er für sowenig stichhaltig und zwingend wie manche der demoskopischen Befragungsergebnisse. Er entschied sich für das Gegenteil – und behielt mit seiner Meinung letztlich recht.

»Eröffnet« wird die »Morgen-Lage« stets durch einen stichwortartigen

»Pressevortrag« Ackermanns, der den Kanzler über die wichtigsten Medienberichte des Tages informiert. Danach diskutiert Kohl die im Laufe des Tages – oder auch längerfristig – zu erledigenden Maßnahmen und kontrolliert die Ergebnisse vorausgegangener Entscheidungen, Anweisungen oder Absprachen. Ab 9.30 Uhr empfängt er deutsche und ausländische Besucher. Interviews, Korrespondenzlektüre (1989 erhielt er rund 35 000 Briefe), Diktate, Unterschriften, Reden und Ansprachen zu besonderen Anlässen, Telefonate und Gespräche mit Ministern, Staatssekretären, Sachgebietsleitern und Medienvertretern, wechseln ab 13 Uhr einander ab, Aktenstudien folgen. Nicht selten endet der Arbeitstag erst um Mitternacht mit einem Arbeitsessen im Kanzler-Bungalow.

Als Sprachrohr und zur Darstellung seiner selbst, seines Politikstils und der Tätigkeit der von ihm geführten Bundesregierung, nutzt Kohl – wie die Bundeskanzler vor ihm – den im Presse- und Informationsamt der Bundesregierung (Bundespresseamt) »residierenden« Regierungssprecher und dessen Amt. Daß er Regierungssprecher wünscht, die nicht nur die Politik des Bundeskanzlers und der Regierung angemessen transparent zu machen wissen, sondern zugleich auch prädestiniert sind, den engen persönlichen Kontakt zu ihm möglichst problemlos zu ertragen, bedarf angesichts seiner persönlichen Einstellung keiner weiteren Erklärung. Die individuellen und beruflichen Fähigkeiten der Sprecher berücksichtigend, läßt er ihnen freie Hand, soweit sie – nach informativen Weisungen – glaubwürdig artikulieren, worauf es ihm ankommt. Anders als Schmidt, der bis aufs »I-Tüpfelchen« zu bestimmen pflegte, was – wie – veröffentlicht werden durfte, ist Kohl flexibel und bereit, auch die Qualitäten der Regierungssprecher sichtbar werden zu lassen. Bei Diether Stolze, dem ersten Amtsinhaber, ist es der bemerkenswerte wirtschaftspolitische Sachverstand, bei dessen Nachfolger Boenisch die freimütige Kollegialität und Autorität unter den Journalisten, bei Friedhelm Ost, der Boenisch ablöst, die unermüdliche Schaffenskraft. Hans Klein, der vierte Sprecher, sagt über seine Aufgabe: »Es wäre falsch, den Chef des Presse- und Informationsamtes nur [als] Verkäufer [der Politik] zu sehen ... Sprachrohr ... bin ich in gewisser Weise schon. Das ist eine der Aufgaben meines Amtes, nämlich der Öffentlichkeit zu vermitteln, welche Politik die Bundesregierung betreibt, welche politischen Maßnahmen sie ergreift oder ergreifen will, und auch die Gründe und die Auswir-

kungen transparent, also für den Bürger durchschaubar ... begreiflich zu
machen.«

Wolfgang Bergsdorf charakterisiert aus unmittelbarer Amtsnähe Kohls
Regierungssprecher seit Oktober 1982 so: »Die Regierungssprecher haben
bei aller Unterschiedlichkeit des Naturells und des Temperaments eine
hochgradige Qualifikation für die Leitung des Bundespresseamts aufzuweisen: Sie verfügen alle über langjährige Berufserfahrung in journalistischen Spitzenfunktionen. Diese befähigen sie in besonderer Weise, Ver-
mittlungsleistungen zu vollbringen – sowohl angesichts der oft nicht voll
›synchronisierbaren‹ Bedürfnisse der politischen Entscheidungsprozesse
als auch in bezug auf die zu respektierenden journalistischen Informa-
tionszwänge.« Bergsdorf definiert den Regierungssprecher wie folgt: »Der
Regierungssprecher zählt zu den bestinformierten Personen, weil er in alle
Details der Politik der Bundesregierung eingeweiht ist. Er kann seine
Aufgaben nur dann erfüllen, wenn er nicht allein über Informationen
verfügt, die das Bundespresseamt aus allgemein und öffentlich zugänglichen Quellen gewinnt; er benötigt auch den Zugang zu allen wichtigen
Informationsquellen der Bundesministerien ... Er muß zu dem Kreis der
ständigen Berater und Begleiter des Bundeskanzlers gehören ... Nur wer
über die Politik der Bundesregierung genau und umfassend informiert ist,
kann über sie ein Werturteil abgeben. Das macht eine umfassende, also die
Einzelaspekte ebenso wie die Gesamtzusammenhänge der Regierungspolitik betreffende Unterrichtung erforderlich. Es ist deshalb nicht der Mo-
nolog, den der Regierungssprecher kultiviert, sondern der direkte oder der
indirekte, über die Medien vermittelte Dialog, den er zu suchen, zu wahren
und weiterzubilden hat. Er schaltet sich mit seinen Informationen in einen
intensiven Austausch von Argumenten und Gegenargumenten, von kon-
kurrierenden Meinungen und Mutmaßungen ein und markiert innerhalb
dieser Kontroverse die Position der Bundesregierung.«

Vielfältige Unwägbarkeiten scheinen zumindest zunächst das »Geschäft« des Kanzlers zu umstellen. Doch für den langjährigen Ministerpräsidenten und Oppositionsführer ist manches eben doch auch am Anfang
schon Routine. »Wenn die Ministerpräsidenten beispielsweise zu mir
kommen«, sagt Kohl, »läuft ein Ritual ab, das ich aus langjähriger eigener
Erfahrung kenne. Ich war ja schließlich lange Jahre selbst Ministerpräsident, und da kommt es dann vor, daß ich gelegentlich sagen muß: ›Was

wollt ihr denn, das könnt ihr euch sparen. Das funktioniert anders besser.‹«

Anders verlaufen die Sitzungen des Kabinetts. Wie bei Schmidt, so haben die Teilnehmer der meist am Mittwoch von 9.30 bis 12 Uhr im Kanzleramt stattfindenden Kabinettssitzungen auch bei Kohl ihre »angestammten« Plätze am runden Tisch. Rechts neben dem Kanzler sitzt der Außenminister, links neben ihm der Chef des Kanzleramts. Der Finanzminister, der Wirtschaftsminister, der Verteidigungsminister und der Innenminister sitzen ihm gegenüber. Die sechs Abteilungsleiter des Kanzleramtes, der Regierungssprecher, sein Stellvertreter und der Staatssekretär des Bundespräsidenten, ein Protokollführer und der Leiter des Kanzlerbüros flankieren an Nebentischen den Kanzler und das Kabinett.

Diese Sitzungen, in denen Kohl auch seine Duzfreunde nicht duzt, sondern mit Namen oder »Kollege« anspricht, verlaufen nach einer vom Kanzler zuvor gebilligten Tagesordnung. Er leitet die Zusammenkünfte gewöhnlich mit einem politischen Überblick ein und beteiligt sich bei den anschließenden Darlegungen der Ressortchefs – beispielsweise über Sicherheitsfragen, außenpolitische Ereignisse und Gesetzesvorhaben – in angemessener, gegebenenfalls auch dirigierender Weise an den Debatten.

Auch hier läßt er den »Harmoniedruck« spüren, wie seine engsten Mitarbeiter dies nennen. Anstelle der für Schmidts Umgang mit den Kabinettsmitgliedern typischen eisigen Sachlichkeiten herrscht unter Kohls Regie »gute Laune«. Auch wenn er sich bei Reden nicht gern Zurückhaltung auferlegt, hier ist dies nicht zu spüren; hier hält er sich – im Gegensatz zu seinem in eigene Monologe verliebten Vorgänger – zurück. Er läßt »die anderen reden« und gibt jedem das Gefühl, gebührend angehört zu werden. Allerdings bremst er den Redefluß seiner Minister, wenn sie, wie einige es gern tun, in ihren Ausführungen zu »ertrinken« drohen. Er wünscht am Kabinettstisch »keine langen Palaver«, sondern drängt auf persönliche Gespräche, in denen er eventuell aufkeimende Konflikte unproblematisch aus der Welt schaffen kann. Kontrahenten, die miteinander streiten, nimmt er oft schon im Kabinettssaal zur Seite und schlichtet ihre Kontroversen. Rasch hat er alle die Fähigkeiten in und an sich wiederentdeckt und der neuen Position angepaßt, die ihm in Mainz den Ruf einbrachten, ein beispielhaft moderner Ministerpräsident zu sein. Er läßt Ministern und anderen Mitarbeitern, die er mit sicherem

Instinkt ausgewählt hat, »lange Leine«; aber er erzwingt auch rasche Entscheidungen, wenn er sie für nötig hält.

Als besonders flexibel erweist sich Kohl, wenn es darauf ankommt, persönliche Autorität und Sachautorität zu verbinden und als Vorbild zu fungieren. Aus jahrelanger eigener Erfahrung weiß er, daß die Persönlichkeit in der Politik mehr wiegt als Funktionsspezialismus. Er ist zwar offen und harmoniebedürftig, zieht aber beim Umgang mit Mitarbeitern immer klare Grenzen. Seine Führungsvorgabe, sowohl den Leistungen einzelner Mitarbeiter als auch denen der »Mannschaft« zu vertrauen, offenbart sich exemplarisch vor allem in Sitzungen des Kabinetts, in denen klar definierte Risiken zu behandeln sind.

Innerhalb des Parteipräsidiums verzichtet Kohl von Fall zu Fall darauf, Positionen und Aufgaben präzise und personell zu delegieren, auch wenn er bestimmte Details ohne Umschweife direkt anspricht und erwartet, daß die übrigen Präsidiumsmitglieder dies auch tun. Zur »langen Leine« gehören da Alternativen besonderer Art, was letztlich dazu führt, daß er selbst am Schluß immer unanfechtbar bleibt. Haben Maßnahmen Erfolg gebracht, war er zumindest der Initiator, der den Weg dahin freigemacht hat. Scheitern sie, bekennt er sich zu seiner Mitverantwortung und stellt sich – und dies betonen alle Präsidiumsmitglieder besonders – mit seiner Autorität und seinem Amt entschieden als Schutzschild vor den nicht vom Glück begünstigten Politiker seiner Wahl.

Kohl trägt lieber selbst die volle Last auf beiden Schultern, ehe er sich entlasten läßt. Die Ergebnisse politischer Analysen hört er sich an, ist jedoch nicht immer bereit, ihnen zu folgen und sie zur Richtschnur für seine Entscheidungen zu nehmen. »Er springt über manche Analysesituation hinweg, und gerade das bringt ihn zuweilen in eine ungewöhnlich positive Situation«, urteilt Lothar Späth am 28. März 1990 und ergänzt: »Alle Analytiker müssen nicht selten einräumen, daß sich alles anders entwickelt hat, als sie vorausgesagt haben. Das ist Kohls große Stärke. Er hat einen unglaublichen Instinkt für Entwicklungen ... und bleibt entgegen aller Prophezeiungen und gegenteiliger Ratschläge erfolgreich ... Geht etwas schief, hat er eine Zeitlang die Stimmung gegen sich; aber damit wird er fertig.«

Mit der Fraktionsführung stimmt Kohl sich meist vor den Entscheidungen im Rahmen der an Dienstagen von 15 bis 16.30 Uhr stattfindenden

Fraktionssitzungen ab. Da er ständig an den Meinungsbildungsprozessen mitwirkt, an denen Vertreter der Bundesregierung, des Fraktionsvorstandes, Mitglieder des Präsidiums der Partei und die Koalitionsrunde beteiligt sind, bedeutet dies für ihn kaum mehr als Routine; es sei denn, irgendwo herrscht »dicke Luft«. Nicht selten besteht ein wesentlicher Beitrag Kohls bereits in vorausgegangenen zielgerichteten Telefonaten – vor allem mit dem Fraktionsvorsitzenden. Ist dieser anderer Meinung als der Kanzler, finden Absprachen statt, die offene Kontroversen verhindern sollen. In bestimmten Fällen, so sagte Fraktionschef Alfred Dregger am 10. April 1990, geht es »weniger darum, den Bundeskanzler namens der Fraktion ›umzustimmen‹ oder ihm einen bestimmten Rat zu erteilen, als um die rechtzeitige Vorbereitung der gemeinsam zu tragenden Entscheidungen«. Dennoch sucht Kohl den Rat des Fraktionsvorsitzenden, wie es beispielsweise im Vorfeld des NATO-Gipfels im Mai 1989 im Zusammenhang mit der Debatte um atomare Kurzstreckenraketen und deren Modernisierung geschehen ist.[4] Und auch die Ablehnung der Modernisierung von Kurzstreckenwaffen, denen der Fraktionschef angesichts der Bedeutung von Atomwaffen die Qualität von Abschreckungswaffen abspricht, geht auf Dregger zurück, der in diesem Zusammenhang zu Verhandlungen mit der Sowjetunion drängte.[5] Anfänglich noch gelegentlich in Kontroversen zwischen den Ressorts einbezogen, was überflüssige öffentliche Diskussionen nach sich ziehen mußte, verzichtet Kohl im Laufe der Zeit darauf, die Fraktion in derartigen Fällen in Anspruch zu nehmen.

Wesentliche Führungshilfe erwartet Kohl vom zweiten Mann der Partei, dem Generalsekretär der CDU. Dieser hat für ihn nicht ein nach eigenem Ermessen das Profil der Partei bestimmender »General« zu sein, sondern primär der oberste »Sekretär« der Partei, der die Vorstellungen des Parteivorsitzenden teilen muß. Seit Oktober 1982, seit der Regierungsübernahme durch Helmut Kohl, hat der Generalsekretär Scharnierfunktionen zu erfüllen, die nicht nur dem Parteivorsitzenden, sondern zugleich auch dem Regierungschef die erforderlichen Koordinationen erleichtern sollen. Dieses Gespann funktioniert, wenn auch nicht reibungslos, bis 1988, bis Heiner Geißler, der Generalsekretär seit 1977, öffentlich die Auffassung verficht, daß diese Kombination die Parteizentrale der CDU zu einer bloßen Dependance des Bundeskanzleramtes und den Generalsekretär zum Sprachrohr der Regierung mache.

Führungsgehilfen des Kanzlers im Kanzleramt sind der 1932 geborene
Jurist Philipp Jenninger als Staatsminister mit besonderer Zuständigkeit für
innerdeutsche Beziehungen und der 53jährige Hochschullehrer Waldemar
Schreckenberger als Staatssekretär.[6] Im November 1984, nachdem Jenninger das Amt des Bundestagspräsidenten übernommen hat[7], beruft Kohl
den 40jährigen Juristen Wolfgang Schäuble zum Bundesminster für besondere Aufgaben und zum Chef des Bundeskanzleramtes und betraut
ihn, die Arbeitsbereiche Jennings und Schreckenbergers zu integrieren,
der Staatssekretär bleibt. Schäuble hat die Ressorts der Bundesregierung
zu koordinieren und als Verbindungsmann sowohl zu den CDU-Ministerpräsidenten als auch zu den Bundestagsfraktionen der Regierungskoalition zu fungieren.

Innovationsimpulse für Strukturen und Organisationen setzt der »Personalpolitiker« Kohl bei seinen Mitarbeitern als ebenso selbstverständlich
voraus wie die Bereitschaft, Verantwortung zu übernehmen und Initiativen zu entwickeln. Er verlangt: Durchlässigkeit im Personalbereich, soweit es um Aufstiegschancen geht, Frustrationstoleranz bei Leistungs-
druck und Fehlverhalten und tätiges Informationsbedürfnis. Er weiß zwar,
daß zumindest die besten Mitarbeiter gelegentlich auf Lob und Ermuti-
gung warten; aber sein diesbezügliches Reservoir ist nicht gerade sonderlich groß. Er setzt Leistungen und Erfolge einfach voraus, bleibt jedoch
auch bei Fehlern und Mißerfolgen möglichst gelassen, zumal dann, wenn
es sich um Ergebnisse fehleranfälliger Systeme handelt. Telefonisch oder
durch persönliche Gespräche erledigt er meist unmittelbar, was auf dem
Wege über einen bürokratischen Bearbeitungsprozeß oft nicht nur unper-
sönlicher bliebe, sondern nicht selten auch länger dauern und im Hinblick
auf die anvisierten Ziele erfolglos bleiben würde. So hat er beispielsweise
vor dem 28. November 1983, an dem er Richard von Weizsäcker als
Kandidaten für das Amt des im Mai 1984 neu zu wählenden Bundespräsidenten vorschlägt, vierunddreißig intensive – und teilweise schwierige –
Einzelgespräche nicht nur mit Partei- und Fraktionsvorsitzenden in der
Absicht geführt, seinen Kandidaten durchzubringen.

Was Schmidt zuwider war, gehört für Kohl zur Selbstverständlichkeit
seines politischen Alltags. Verblüfft müssen seine Kritiker beispielsweise
Ende 1982 feststellen, daß er sich innerhalb von zehn Wochen nach seiner
»Machtübernahme« in Bonn bereits viermal mit François Mitterrand zu

Gesprächen unter vier Augen getroffen hat. Die traditionellen Gepflogenheiten, mit ausländischen Staats- und Regierungschefs vor allem auf dem Wege über Verbalnoten zu verkehren, ersetzt er durch unmittelbare persönliche oder, wenn sie nicht möglich sind, durch Telefongespräche.

Während Schmidt oft bis zur totalen Erschöpfung Akten studierte und Verfügungen schriftlich formulierte, widmet Kohl sich mit der gleichen Intensität den »Gesprächen«, Begegnungen, Aussprachen und unmittelbaren Diskussionen. Zwar nehmen ihm Juliane Weber, Horst Teltschik, Eduard Ackermann, Wolfgang Bergsdorf und einige andere Exponenten der von ihm maßgeschneiderten »Mannschaft« manches ab; aber Mittelpunkt und Initiator ist er zwangsläufig immer selbst. Er ist »die Spinne im Netz, von der alles ausgeht – und bei der alles endet«, wie sich einer seiner engsten Mitarbeiter ausdrückte.

Schon in den ersten Wochen seiner Kanzlerschaft zeigt Kohl, daß er lediglich das Amt gebraucht, um seine Anlagen und Fähigkeiten voll entfalten zu können. Daß manches nicht auf Anhieb gelingt, beeindruckt ihn sowenig wie vorübergehende Rückschläge und gelegentliche Niederlagen, die er – dank seiner Geduld und der Fähigkeit, Entwicklungen reifen zu lassen – im rechten Augenblick häufig ins Gegenteil umzuwandeln weiß. Sein Vorgänger, mit dem er sich zumindest anfänglich – nicht zuletzt auch von den FDP-Ministern, die er aus der Schmidt-Regierung übernommen hat – vergleichen lassen muß, hat grundsätzlich anders geführt. Schon das starre »Gremiumdenken«, das Schmidt bevorzugte, widerspricht Kohls Führungsstil. Schmidt, der seine »Mannschaft« aus seinen eigenen früheren Ministerämtern, dem Verteidigungs- und dem Finanzminsterium, mitgenommen hatte, diktierte ins Protokoll, was er für richtig oder angemessen hielt, seit sich Karl Schiller, Horst Ehmke, Erhard Eppler und Klaus von Dohnanyi nicht mehr in der Regierungsmannschaft befanden. Selbstbewußt erklärte er, schnelle »kollegiale« Entscheidungen zu bevorzugen, »weil ich natürlich nach außen eine dominierende Rolle immer gespielt habe; das hängt mit meiner Art des Auftretens und des Formulierens zusammen . . . andere haben nicht entfernt diese Durchschlagskraft in der öffentlichen Wirkung, die ich nun mal habe.« Kohl dagegen hat am 8. Oktober 1976 im Mittagsmagazin des Westdeutschen Rundfunks erklärt: »Ich gehöre nicht zu jenen Politikern, die den Wahnglauben haben, daß sie in der Wahlnacht den Sachverstand für alle Fragen des menschlichen Lebens vom lieben Gott empfangen haben.«

Entsprechend unterschiedlich ist denn auch ihr Verhältnis zur Institution eines »Küchenkabinetts«, wie Generationen von Staatsmännern es als Führungshilfe unterhalten haben. Während Kohl ihm einen besonders positiven Wert zuordnet, ist es nach Schmidts Auffassung jedenfalls für ihn überflüssig gewesen. »Intelligent bin ich selber«, pflegte er als Antwort auf die Frage zu geben, wieso er sich eines solchen Gremiums nicht bediene. Gleichwohl hat er sich mit dem sogenannten »Kleeblatt« einen Kreis geschaffen, der ähnliche Aufgaben wahrnahm wie das Kohl'sche Küchenkabinett. Forsche »One Man Show«, effektvoll demonstrierte Nüchternheit und staatsmännische Attitüde, Machtbewußtsein und Diskretion bestimmten sein Verhalten. Besucher sah er – einem Ondit zufolge – nicht gern, weil sie ihm nach seiner Auffassung die Zeit stahlen, die er für »Darstellungen« brauchte. Den »größten Teil« seiner Zeit, so gab er Ende September 1974 selbst zu, benötige er »für die Darstellung [der Politik der Bundesregierung] gegenüber anderen Gremien«. Führte er Gespräche, waren seine Partner bevorzugt Gewerkschaftler, Bankiers, Manager und Wirtschaftsexperten. »Nicht jeder abwesende Petent«, schrieb der »Spiegel« am 30. September 1974, »der beiläufig als Arschloch apostrophiert wird, muß auch schon mit Repressalien rechnen. Aber wer hier mithalten will, muß jung sein und schnell fertig mit dem Wort.«

Nach der Meinung Schmidts sollte das Kanzleramt so ausgestattet sein und so funktionieren wie ein Generalsekretariat oder das Vorstandssekretariat einer Aktiengesellschaft. Was veröffentlicht werden durfte, bestimmte er durchweg selbst. »Gesprächsergebnisse« formulierte er so, wie er sie publiziert sehen wollte. Als er beispielsweise von seinem ersten Besuch bei Giscard d'Estaing zurückkehrte, fixierte er das »Ergebnis« während des einstündigen Flugs in dreizehn Punkten, von denen er nur fünf veröffentlichen ließ. Die übrigen acht enthielten Anweisungen und Übermittlungsaufträge an die mitreisenden Ministerialbeamten. Kohls Stil ist dies nicht. Er legt Wert darauf, die Ergebnisse seiner Verhandlungen mit ausländischen Regierungschefs oder Staatsoberhäuptern – als besondere »Dokumentation« möglichst in deren Anwesenheit bei Pressekonferenzen an Ort und Stelle zu definieren.

Schmidt entschied, was liegenbleiben durfte und was umgehend in

Angriff genommen werden mußte. Beschlüsse, von denen jedermann erwartete, daß sie umgehend gefällt werden würden, ließ er – anders als Kohl, der sich von derartigen Umständen nicht drängen läßt – niemals liegen. Kohl vergibt Untersuchungsaufträge für Experten und läßt gegebenenfalls Kommissionen einrichten, die Absichtserklärungen formulieren, bevor er sich als Kanzler exponiert. Er organisiert Macht in der praktischen Politik und ist in der Lage, sie sowohl in der Fraktion als auch in der Partei durchzusetzen. Von Lenins Maxime »Vertrauen ist gut, Kontrolle ist besser«, hält er infolge seines prinzipiell auf gegenseitiges Vertrauen angelegten Führungsstils anfänglich nicht sonderlich viel. Doch im Laufe der Jahre wandelt er sich nach und nach, soweit es um Kontrollen geht. Seit Mitte der achtziger Jahre läßt er sich grundsätzlich die Arbeitsergebnisse seiner Mitarbeiter vorlegen, prüft sie und veranlaßt Ergänzungen oder Änderungen, soweit er dies für angebracht hält. Mit seiner Methode, jedem von ihnen die Möglichkeit zu geben, an der »langen Leine« seine Fähigkeiten und Kenntnisse voll zu entfalten, bindet er sie eng an sich, zumal er für sie einsteht, auch wenn sie Fehler begangen haben – was 1983/84 beispielsweise die Wörner-Kießling-Affäre exemplarisch zeigte. Daß sein Führungsstil Magnetwirkungen ausstrahlt und engeren und nächsten Mitarbeitern suggeriert, sich um ihn zu scharen, ist eine Erfahrung, die er seit jeher zu nutzen weiß. Kein Bundeskanzler vor ihm war so wie er in der Lage, Menschen durch persönliche Gespräche augenblicklich für sich zu gewinnen, keiner imstande, die durch sein Amt gebotene Distanz zwischen sich und Gesprächspartnern so vollständig und so schnell abzubauen, wie er es vermag.

Ein Beispiel: Anläßlich meines ersten Besuches bei Kohl mußte ich etwa fünfzehn Minuten warten, weil sich ein Gespräch mit Norbert Blüm, der besondere Probleme hatte, unerwartet in die Länge zog. Als ich danach zu ihm gebeten wurde, erhob er sich von seinem Stuhl, kam mir mit einladend ausgebreiteten Armen entgegen und begrüßte mich. Und noch ehe ich nach meiner »Begrüßungsformel« auch nur einen Satz gesprochen hatte, bat er mich für die Verzögerung um Entschuldigung, erzählte mir, daß er unmittelbar nach der Unterredung mit Blüm von jemandem angerufen worden sei, der ihm bestimmte Details vorgetragen habe, von denen er einige umrißhaft erwähnte. Ich war im ersten Augenblick irritiert; denn ich wußte weder mit dem Namen des Anrufers noch mit dessen Wünschen etwas zu beginnen. Mein erster Gedanke: »Wieso erzählt er mir das eigentlich?« Da ich mit großen Vorbehalten zu ihm nach Bonn gefahren war, meinte ich meine Skepsis bestätigt zu finden. Kohl fragte nicht nach meinem Anliegen, sondern erkundigte sich nach meiner Familie und hielt das Gespräch in der »Privatsphäre«. »Das ist seine Psychologie«, sagte Späth am 28. März 1990 und fuhr fort: »Da kommt sofort der personalisierte Kontakt auf.« Doch plötzlich erschien er mir wie ein sichtlich angespannter Sportler vor dem Start. Schuld war ich; denn ich hatte auf dem Tisch während der Unterhaltung zwei Dutzend unveröffentlichte und ihm nicht bekannte Briefe Friedrich Eberts ausgebreitet, die ich ihm zeigen wollte. Seine Reaktion ließ meine schon durch die Art der vorausgegangenen Unterhaltung erheblich reduzierten Vorbehalte restlos zusammenbrechen. Augenblicklich hatte er die Dokumente überflogen und aus den handschriftlichen Texten die drei wichtigsten Dokumente herausgefunden und sachkundig kommentiert. Mit Instinkt allein war dies nicht zu erklären. Er wußte genau, worüber er redete, was das Gespräch schließlich zu einem Gedankenaustausch zwischen Historikern werden ließ.

Bevor ich mich versah, befand ich mich in der Situation, die Lothar Späth als »Umarmung« bezeichnete. Durch seine unkonventionell privaten Bemerkungen hatte Kohl die unterschiedlichen Ebenen unauffällig abgebaut und eine Gesprächsvoraussetzung geschaffen, die unsere Unterredung zu einer Begegnung werden ließ, wie gute Bekannte oder Freunde sie sich wünschen, wenn sie eines teilnahmsvollen Gesprächspartners bedürfen, dem sie unumwunden sagen können, was sie bedrückt oder beglückt. »Wer mit geballter Faust zu ihm kommt«, sagte Späth, »verläßt ihn mit einiger Sicherheit als Partner.«

Daß Kohl das Aktenstudium zu Beginn seiner Kanzlerschaft nicht gerade zu seinen Lieblingsbeschäftigungen gezählt habe, wie zahlreiche Medien im Laufe der Zeit berichteten, bezeichnen seine engsten Mitarbeiter als Legende. Tatsache ist, daß er Akten niemals liegen läßt und möglichst immer einen »leeren«, auf Anhieb überschaubaren Schreibtisch vor sich haben will. Ihm behagt nicht, bei Arbeitsbeginn am frühen Morgen Arbeiten auf dem Tisch vorzufinden, die er am Tage zuvor hätte erledigen können. Termine, die er selbst wahrnehmen will oder muß, legt er stets ebenso allein fest wie die Benutzung der jeweiligen »Fortbewegungsmittel« Flugzeug, Hubschrauber, Eisenbahn oder Auto. Übermannt ihn irgendwann die Müdigkeit, kann er überall schlafen – in der Bahn, im Auto, im Flugzeug und sogar im Hubschrauber. Weder Stürme noch andere Unbilden hindern ihn dann, sich auf diese Weise zu erholen. Muß er am Abend besonders frisch sein, legt er sich nach Möglichkeit am Nachmittag kurz hin.

Am Morgen hört er zur Entspannung und Sammlung Musik, vor allem von Vivaldi und Bach. An den Abenden beschäftigt er sich beispielsweise mit Mineralien und mit der Geschichte von Ikonen, die er sammelt. Daß er auch Bücher »sammelt«, versteht sich für ihn von selbst. Er liest – meist bis ein Uhr früh – vornehmlich Biographien und Publikationen historischen Inhalts, aber »gern auch Romane«. »Seit meiner Kindheit«, so betont er, »bin ich eine Leseratte.« Gelegentlich fährt er, wenn er sich in Oggersheim aufhält, selbst zur Ludwigshafener Stadtbücherei, um sich Bücher auszuleihen, die er nicht besitzt, jedoch augenblicklich lesen möchte. Nicht selten müssen seine Gesprächspartner feststellen, daß er historische Details, die eigentlich außerhalb seines unmittelbar berufsbezogenen »Territoriums« liegen, auffallend gut kennt. Wie in einem Oberseminar diskutiert er während eines gemeinsamen Essens im März 1990 sachkundig über den Text einer – nicht von ihm ins Gespräch gebrachten – Vereinbarung der geistlichen Kurfürsten von 1453 über die Frage, wie das Römische Reich »wieder aufzubringen« wäre. »Heute, mehr als ein halbes Jahrtausend danach«, so meint er nachdenklich, »wäre es empfehlenswert, den Kurfürsten-Text denen als Spiegel vorzuhalten, die polemisch voreingenommen über die deutsche Frage reden und schreiben.« Geheißen hatte es dort unter anderem: ». . . daß das Römische rych, der keyser, die fürsten und alle Deutsche nacio nu zur zyt by allen andern nacion vor die meynste geacht werden; da die Deutschen anderer nacion lande vnd gut zu gebruichen plagen, da wird unsere nacio nu von den andern undergangen, gemehet vnd angefertigt vnd an allen enden verdruckt . . . vnd darumb dunckt mich noit sin, eynen weg zugedenken, das rych uffzubringen . . . dadurch diese nacio billich vber andere nacion ist.« (». . . damit das Römische Reich, der Kaiser, die Fürsten und alles Deutsche nunmehr von den anderen Nationen hoch geachtet werden. Weil die Deutschen andere Staaten beherrschen könnten, werden wir zur Zeit von den anderen unterlaufen, gemieden, angeschwärzt und überall zurückge-

setzt. Es erscheint mir daher notwendig, einen Weg zu finden, um das
Reich zu stärken, damit diese Nation recht und billig über die anderen
erhaben ist.«)

Mancher seiner alten Freunde hat von ihm Bücher von Historikern
geschenkt bekommen, die beim Leser mehr als nur allgemeine Geschichtskenntnisse voraussetzen. Schon als Schüler haben ihn Bücher und
Autoren gereizt, die zu der Zeit noch keineswegs auf dem Lehrplan
standen. Joyce, Péguy, Bernanos, Bergengruen und Kafka, um hier noch
einmal einige der Schriftsteller zu nennen, deren Werke er vor seinem
Abitur las, beschaffte ihm sein Religionslehrer Schmich aus der Schweiz
und aus den USA. Nur zwei Bundeskanzler vor ihm standen in dem Ruf,
sich neben ihrem Amt ähnlich intensiv mit Büchern über Geschichte und
Kulturgeschichte befaßt zu haben: Kurt Georg Kiesinger und Willy
Brandt. Daß Kohl einer ganz besonderen Beschäftigung nicht mehr so
unmittelbar nachgehen kann, wie er es gern täte, bedauert er. Adenauer
und de Gaulle waren »berühmte« Gärtner. Er möchte dies gern auch sein,
seit er in seiner Jugendzeit gelernt hat, Obstbäume zu veredeln. Als »alten
Fußballer« interessieren ihn die Fußballergebnisse – vor allem des Mannheimer Vereins »SV Waldhof« und des »1. FC Kaiserslautern«. Daß er die
Tagesstrapazen auch durch gutes Essen auszugleichen versucht, ist allgemein bekannt. Da geht es ihm wie vielen Menschen, die gern und gut zu
speisen pflegen, am Morgen und zu Mittag jedoch nichts essen, sondern
sich erst am Abend nach getaner Arbeit an den reich gedeckten Tisch
setzen. »Alles, was ich gern esse«, sinniert er, »macht dick. Und das, was
ich essen sollte, schmeckt mir nicht.«

Modeströmungen gibt Kohl sowenig nach, wie er ungebetene Ratschläge akzeptiert. Er läßt sich von einem Berliner Schneider im Jahr
durchschnittlich vier Anzüge anfertigen und zieht ansonsten an, was ihm
gefällt. Um die Ratschläge von Psychologen und Verhaltensforschern, die
ihm – um auf sich aufmerksam zu machen und ihn zu kritisieren –
beispielsweise unaufgefordert über die Medien »empfehlen«, bei öffentlichen Auftritten nicht so häufig über seine Krawatte zu streichen, kümmert
er sich nicht. Daß einige von ihnen symbolische Handlungen dahinter
sehen, »aggressive Leerlaufgesten« etwa, kümmert ihn sowenig wie die
Behauptung, daß er unbewußt »Übersprungshandlungen« vollziehe, nervöse Ausweichreaktionen, wenn er etwa ein verrutschtes Revers seines

Jacketts glättet. Was allerdings sollte er auch mit Deutungen beginnen, wie der »Spiegel« sie am 9. April 1990 publiziert hat?»Wenn er einen langen Bart hätte«, heißt es dort,»würde er den glatt streichen. Und dabei lächeln. Immer nur lächeln, immer vergnügt. So will es das verehrte Publikum ... Lächeln signalisiert Optimismus, Lebensfreude, Tatkraft. Wer möchte nicht von solch einem Mann regiert werden? Lächeln ist die Maske der Mächtigen – nur leider: Jeder durchschaut die Tarnung. Echtes und nur gespieltes Lächeln kann der Mensch intuitiv auseinanderhalten, und das echte Lächeln läßt sich nur von hochbegabten Schauspielern lernen. Unser Kanzler ist ein eher unbedarfter Darsteller.« Dem Vorwurf, ein nur mangelhaft begabter Schauspieler zu sein, würde Kohl kaum widersprechen.

Im Gegensatz zu den schablonenhaften Vorwürfen und Unterstellungen ist Kohl als Bundeskanzler auf Anhieb erstaunlich erfolgreich. Daß eine seiner ersten Initiativen, die Herabsetzung seines Gehaltes und der Bezüge der Minister um fünf Prozent, keine Ausnahmeaktion ist, erweist sich rasch. Innerhalb von elf Wochen hat er nicht nur den Haushalt über die Bühne gebracht, über den sich die Regierung Schmidt–Genscher zerstritten hatte. Er hat die erforderlichen Begleitgesetze initiiert, erste Signale für eine Wiederbelebung der desolaten Konjunktur gesetzt, die Voraussetzungen für eine allmähliche Einpendelung der Leistungsbilanz im Plus-Bereich geschaffen, durch Finanzhilfen an Arbed-Saarstahl Zehntausende Arbeitsplätze erhalten und die von der sozialliberalen Koalition jahrelang ergebnislos diskutierten Probleme der Belastung der Atmosphäre durch Schadstoffe ebenso geräuschlos durchgesetzt, wie die Neuregelung des Rechts auf Kriegsdienstverweigerung und des Zivildienstes.[8]

Als Kohl die Regierung übernahm, galt unter politischen Gegnern als sicher, daß der Umweltschutz von nun an zugunsten des industriellen Wachstums vernachlässigt werden würde. Doch das Gegenteil ist eingetreten. Was der sozialliberalen Koalition, die über ein gutes ökologisches Image verfügte, nicht gelungen war, schaffte Innenminister Friedrich Zimmermann unter Kohls Regie in überraschend kurzer Zeit. Kohl demonstriert überzeugend, daß er und sein bürgerlich bestimmtes Kabinett erheblich weniger Probleme bei der Durchsetzung sozialpolitischer und umweltschützender Gesetze haben als die sozialdemokratisch dominierte Regierung. Der den Sozialdemokraten gewöhnlich gemachte Vorwurf, durch Umweltschutzmaßnahmen die Wirkungsmöglichkeiten des freien Unternehmertums einzuschränken, trifft Kohl und sein Kabinett nicht.

Außenpolitisch hat Kohls entschiedenes Bekenntnis zur NATO die unter der sozialliberalen Regierung frostig gewordenen Beziehungen zwischen den USA und der Bundesrepublik wieder spürbar freundlicher gestaltet, ohne die Sowjetunion und die anderen Staaten des Ostblocks zu irritieren.[9] Während die SPD ihm – wie seit Jahren schon – unterstellt, gegenüber den USA zu »kriechen«, attestieren ausländische Medien ihm, bei allem »Harmoniebedürfnis« primär deutsche Interessen zu verfechten. So schreibt beispielsweise Jim Hoagland in der »International Herald Tribune« vom 14. März 1983: »Bei aller Wärme und allem Optimismus, die Kohl mit seinem beeindruckenden Sieg bei seinem Eintreten für die Stationierung amerikanischer Raketen in Westdeutschland geschaffen hat, wird er wohl kaum ein fügsamer Partner der Regierung Reagan sein, wenn westdeutsche und europäische Interessen mit den Plänen der Amerikaner kollidieren.«

Der »Elefant im Porzellanladen«, der »dickhäutige Pfälzer«, der in »alle Fettnäpfchen tritt«, wie links orientierte deutsche Medien Kohl titulieren, erzielt bis Ende Mai 1983 in den USA und in Moskau nicht nur Achtungserfolge. Als er im April 1983 nach einer gerade erst sechsmonatigen Regierungszeit in Williamsburg in den USA an der Weltwirtschaftskonferenz teilnimmt, rühmen US-Medien ihn bereits als »den führenden konservativen Politiker auf dem europäischen Kontinent«, der symbolhaft für eine Politik stehe, was in Amerika noch längst nicht selbstverständlich sei. »Als der führende konservative Politiker des europäischen Kontinents«, so schreibt beispielsweise die »Washington Post«, »kam er, um Präsident Reagan daran zu erinnern, daß es mehr als eine Ausprägung des Konservativismus gibt ... Es bestehen wesentliche Unterschiede zwischen dem Konservativismus des Weißen Hauses unter Reagan und dem der deutschen Christdemokraten. Da es Konservative waren, die das deutsche System der Sozialversicherung vor einem Jahrhundert erfanden, betrachten es die Konservativen heute mit anderen Gefühlen, als rechte Republikaner in den Vereinigten Staaten dies tun. Die Christdemokraten sind weniger als die Republikaner bereit, Arbeitslosigkeit hinzunehmen, und sie scheuen davor zurück, sie nur als wirtschaftliches Phänomen zu betrachten. Wegen der tiefen Verwicklung der Kirchen in die Abrüstungsbewegungen im Laufe der Jahre sind die deutschen Konservativen nicht so leicht wie die Amerikaner bereit, diese als Opposition zu behandeln. Sie neigen eher dazu, sie als Teil ihrer natürlichen Wählerschaft zu sehen, die überzeugt und integriert werden muß. Vor allem sind die Beziehungen zu Osteuropa nichts Abstraktes für die Wähler Kohls.«

Die Regierung Kohl erweist sich als eine effiziente Mannschaft, die vom Kanzler auf fast allen Positionen optimal besetzt worden ist. Vor allem Finanzminister Gerhard Stoltenberg, Sozialminister Norbert Blüm und Forschungsminister Heinz Riesenhuber brauchen Vergleiche mit ihren Vorgängern nicht zu scheuen.

Im Wahlkampf für die Bundestagswahl 1980 hatte Kohl die Notwendigkeit einer »geistigen Wende« in der Bundesrepublik plakativ formuliert, womit nicht wenige deutsche und ausländische Beobachter, die seine meist geschichtsbezogenen Analysen nicht kannten, zunächst allerdings wenig beginnen konnten. So meinte beispielsweise die »Neue Zürcher Zeitung« vom 17. September 1980, daß dieser Formel konkrete Füllungen fehlten. Der Regierung Schmidt hatte Kohl vorgeworfen, vor dem Zeitgeist zu kapitulieren und darauf zu verzichten, durch moralisch fundierte, entschiedene Handlungsweisen »politisch-geistige Führung« zu prägen. Die mehr als ein Jahrzehnt an der Regierung befindliche Koalition, so hatte er am 30. Januar 1982 im Bundestag – noch als Oppositionsführer – moniert, habe versäumt, dieser Aufgabe gerecht zu werden. So ist es nur logisch, wenn die Öffentlichkeit nun von ihm erwartet, daß er seinen Worten entsprechende Taten folgen lassen werde. Er tut dies auf die ihm eigene Weise.

Nach der Übernahme der Kanzlerschaft ist Kohl zunächst dem in der Öffentlichkeit weitverbreiteten Wunsch, den »Überdruß an der Politik« abzubauen und eine geistig-moralische Wende zu bewirken, energisch entgegengekommen. Eine »freundliche« Entpolitisierung des öffentlichen Lebens hat schnell die Gewißheit geschaffen, daß der zur Zeit der sozialliberalen Koalitionsregierung etablierte Widerstand der »Basis gegen die Herrschaft« Sand im Getriebe der Demokratie gewesen sei. Politische Auseinandersetzungen »traditioneller« Art sind rasch von der Tagesordnung verschwunden, große kontroverse politische Debatten auch im Bundestag zur Seltenheit und bisherige Zentralprobleme zu Scharmützeln in Randzonen geworden. Selbst die hektisch angeheizte Stationierungsde-

batte und die ebenso kontrovers in den Mittelpunkt gestellte Problematik
der 35-Stunden-Woche haben unter dem neuen Kanzler relativ rasch
beruhigend wirkende Relativierungen erfahren. Bisher verdrängte deutsch-
landpolitische Themen werden angemahnt, zeitgemäß artikuliert und auf
den verschiedensten Ebenen diskutiert.

Nicht nur in der Bundesrepublik, sondern auch in der DDR beginnt
mit Kohls Kanzlerschaft eine neue gesamtdeutsch orientierte Diskussion.
Die patriotische Leidenschaft des Kanzlers, seine leicht sentimentale
Beziehung zu Berlin und sein auf allen Ebenen spürbares Engagement für
die seit 1945 offene deutsche Frage läßt nicht nur in der Bundesrepublik
ein Zusammengehörigkeitsgefühl der Deutschen deutlich werden. Diskussionen über das seit Tacitus unruhvolle, seit 1945 spezifisch belastete
und historisch beispiellose Dauerthema, was Deutschland ist, was »Deutscher« heißt, was deutsche Identität, deutsche Nation und Nationalität,
werden neu entfacht und zeitgemäß artikuliert.

Willy Brandts Bemerkung, daß »die Luft ... bei dieser Regierung
erstaunlich schnell heraus« sei, entspricht einem Wunschdenken, das
durch Fakten nicht gestützt werden kann. 46 Prozent der Bundesbürger
sind 1982 nach einer Umfrage des Allensbacher Instituts für Demoskopie
der Auffassung, daß die Kohl-Regierung nicht nur eine Übergangserschei-
nung sein werde. Andere Umfrage-Institute haben gar eine absolute
Mehrheit innerhalb der Bevölkerung für die Union und die Regierung
Kohl ermittelt. Daß sich die Erfolge Kohls und seines Kabinetts kaum in
den Medien – und oft auch in demoskopischen Befragungen nicht angemessen – niederschlagen, ist und bleibt die Crux des Kanzlers und der
Union. So schreibt beispielsweise der »Spiegel« mehr als sechs Jahre
später, am 12. Juni 1989: »Eine verrückte Welt. Selten konnte eine Regierung ... mit derart günstigen Wirtschaftsdaten prahlen: Wachstumspro-
gnosen von über vier Prozent, Arbeitslosenzahlen unter zwei Millionen,
ausgelastete Kapazitäten der Industrie, florierende Exportgeschäfte. Und
dennoch steht die Koalition in den Umfragen miserabel da.« Paradox ist
dabei auch, daß Kohl sich – in krassem Gegensatz zu seinem Vorgänger –
den Medienvertretern gegenüber meist unbefangen gibt.

Beckmesserunde deutsche Kritiker und Beobachter weigern sich lange,
voreingenommen und spröde, ihre vermeintlich unantastbaren Vorurteile
und menetekelhaften Prophezeiungen als falsch zu akzeptieren. Sie bemü-

hen ihre alten Unterstellungen, obwohl sie meist durchsichtig sind und lediglich plump artikulierte parteipolitische Vehikelfunktionen darstellen. Eingefahrene Gleise werden weiterhin benutzt, »Informationen« aus dritter und vierter Hand zu Tatsachen stilisiert. Das im September 1982 erdichtete Bonmot, daß in der Bundesrepublik »ja schließlich jeder Kanzler werden könne«, wird selbst nach dem Wahlsieg der Union, für die sich am 6. März 1983 48,8 Prozent der Wähler entscheiden, wieder aufgewärmt, wenn sinnvolle Argumente fehlen. Kohl selbst nimmt solche Häme ungerührt hin. Er weiß, daß er nach den erfolgreichen März-Wahlen über eine stabile Gesetzgebungsmehrheit im Deutschen Bundestag verfügt, und er weiß ebenso, daß er nur durch ein Mißtrauensvotum von SPD und CSU gemeinsam zu stürzen wäre, was er trotz der unberechenbaren Politik des CSU-Chefs Strauß nicht zu befürchten braucht.

Das Wahlergebnis vom 6. März bestätigt Kohl, daß er mit seiner Politik der Mitte auf dem richtigen Wege ist. Und es nimmt Strauß die Chance, Kohls Autorität zu beschädigen. Um ihn nicht in Bonn haben zu müssen und ihm darüber hinaus die Möglichkeit zu geben, Ministerämter ohne Gesichtsverlust ablehnen zu können, hat Kohl ihm die Ressorts angeboten, von denen er wußte, daß der Bayer sie nicht akzeptieren würde. »Kohl konnte die Wahl . . . nicht besser gewinnen«, kommentiert Gerd Bucerius in der »Zeit« vom 29. April 1983 und folgert: »Und jetzt hat . . . [er] auch noch Glück. Das verschafft ihm – ausgerechnet – Strauß.«

»Mit seinem deutlichen Wahlsieg hat [Kohl] sich das Recht auf die Kanzlerschaft erworben«, schreibt »The Times« vom 30. März 1983, und die »International Herald Tribune« vom 30. Juli 1983 kommentiert: »Nach seiner Amtszeit von fast fünf Monaten als Kanzler hat Kohl seine Landsleute überrascht.« Er ist »ein fähiger, entschlossener Politiker [und] wird uns wahrscheinlich noch eine Weile erhalten bleiben«.

Unter den Kohl-Kritikern im Ausland dämmert weitaus eher als unter den kritischen Beobachtern in Deutschland die Erkenntnis, das Objekt ihres Spotts, ihrer Häme und ihres vorgetäuschten Mitleids total falsch eingeschätzt zu haben.[10] So schreibt beispielsweise Jim Hoagland am 14. März 1983: »Im Verlauf des Gesprächs entstand . . . der Eindruck, daß Kohls umgängliche, hemdsärmelige Art einen stahlharten Willen und einen Instinkt für politisches Überleben überdeckt, die seine Rivalen in der westdeutschen Politik mehr als ein Jahrzehnt lang katastrophal unter-

schätzt haben.« Bereits unmittelbar vor seiner ersten Wahl zum Bundeskanzler hat es im Ausland Stimmen gegeben, die in diese Richtung wiesen.
So warnte Patricia Clough in »The Times« vom 27. September 1982: »Falls
Helmut Kohl Erfolg haben sollte, wird vielen das, was sie bislang gesagt
haben, sauer aufstoßen. Selten ist ein westdeutscher Politiker so kritisiert,
erniedrigt und verhöhnt worden« wie er.

Und ausländische Journalisten sind es auch, die Kohls besonderes
politisches Anliegen, seine Appelle an die Verpflichtung zur Wiederherstellung der deutschen Einheit – je nach Einstellung – seit Beginn seiner
Kanzlerschaft zuerst sorgfältig beobachten und kritisieren oder würdigen.
So informiert Jim Hoagland seine Leser in der »International Herald
Tribune« vom 14. März 1983: »Kohls Eintreten für eine Wiedervereinigung Deutschlands in ferner Zukunft und für eine kurzfristige weitere
Annäherung der Länder Westeuropas ist zwar in Washington nicht weiter
beachtet worden, aber diese Ziele nahmen ... in seinen Gedanken einen
breiten Raum ein.« In »Newsweek« vom 18. Juli 1983 stellt Theodore
Stanger fest: »Bei seinem Moskau-Besuch hat Kohl keinen Zweifel daran
gelassen, daß er immer noch von einem wiedervereinten Deutschland
träumt. Wie viele andere deutsche Konservative auch hat er erkannt, daß
die Ostpolitik, obwohl sie von den Sozialisten entwickelt wurde, möglicherweise mehr zu einer Wiedervereinigung Westdeutschlands mit Ostdeutschland beitragen kann, als es die westliche Bündnispolitik je konnte.
Es ist unerheblich, ob Kohl wirklich glaubt, daß die beiden deutschen
Staaten wiedervereinigt werden können. Ganz sicher ist jedoch, daß er
nicht als derjenige in die Geschichte eingehen möchte, der sie weiter
auseinandergetrieben hat.« Und der Franzose Jean-Paul Picaper wirft der
»Prawda« am 6. Juni 1983 nach Kohls Gesprächen mit Andropow in
Moskau im »Figaro« vor, »die Passagen aus der Rede Kohls gestrichen« zu
haben, »die sich auf die deutsche Einheit ... bezogen«.

Kohl hat Andropow im Kreml nachdrücklich erklärt, daß er die Absicht habe, noch 1983 in der Bundesrepublik neue NATO-Raketen aufzu-
stellen, wenn bei den bevorstehenden Genfer Gesprächen keine Einigung
über Rüstungsfragen erzielt werden könne. Im Gegensatz zu seinem
Vorgänger hat er die sowjetische Staatsführung darüber hinaus unbefangen und ohne Umschweife darauf hingewiesen, daß er Deutschland
wiedervereinigt sehen wolle. Zwar habe dies, wie irritierte Beobachter

meinten, Andropow indigniert; aber er ist nach Abwägung der eigenen Position und der Rolle, die dieser Kanzler in der internationalen Politik spielen könne, doch bereit gewesen, Kohls Einladung nach Deutschland anzunehmen. Verblüfft erkannten die Russen, daß der Unions-Kanzler erheblich massiver als der SPD-Kanzler Druck auf den Kreml und auf Ost-Berlin ausübte, was in den USA besonders wachsam registriert wurde.

Die Amerikaner sind bereits 1983 überzeugt, in Kohl einen politischen Langzeit-Partner zu haben, dessen Einfluß im Westen bald merklich wachsen werde. US-Medien warnen die amerikanische Regierung, Kohl weder zu unterschätzen noch ihn so falsch einzuordnen, wie es in Deutschland üblich sei. Er ist weder, wie es in der »International Herald Tribune« vom 30. Juli 1983 heißt, »ein Klotz am Bein noch ein Vorkämpfer des rechten Flügels«. Der Regierung der USA wird von amerikanischen Medien nahegelegt, den deutschen Kanzler zu unterstützen und seine mäßigenden Einwirkungen auf das internationale Klima nicht zu stören.

Seit »Kohl Kanzler ist«, geht es in der Bundesrepublik Deutschland auf nahezu allen Gebieten besser, stellt die Wochenzeitung »Rheinischer Merkur/Christ und Welt« vom 7. Oktober 1983 fest und folgert: »Das Anwachsen der Staatsverschuldung wurde gestoppt, die Konjunktur wieder in Gang gebracht, der Sozialstaat auf seine wesentlichen Elemente konzentriert, der Umweltschutz erhielt frische Impulse, das Recht erfreut sich neuer Achtung, am Jahresende wird sich herausstellen, daß sogar jene Zusage des Kanzlers, die ihm als Lehrstellengarantie ausgelegt worden war, im großen und ganzen eingehalten werden können.« Was das Blatt nicht »protokolliert«, ist dies: Nahezu alle Maßnahmen gehen auf Kohls persönliche Initiative zurück.

Nachweisbar ist seine Handschrift, um hier wenigstens einige Beispiele aus der Zeit von 1982 bis 1989 anzuführen, unter anderem bei folgenden Details und Zusammenhängen: Als Kohl Kanzler wurde, verfügte die Bundesrepublik Deutschland über 84,5 Milliarden DM an Währungsreserven, 1988 waren es 94,7 Milliarden. Die Exporte betrugen 1982 427,7 Milliarden, 1988 waren es 567,8 Milliarden DM. Seit 1986 nimmt die Bundesrepublik in der Rangliste der Welt-Exporte den ersten Platz ein. 1982 weist die Leistungsbilanz 12,4, 1988 82,5 Milliarden DM aus. Seit dem 5. Juni 1986 existiert infolge ganz besonders nachdrücklicher Initiativen Kohls ein Bundesministerium für Umwelt, Naturschutz und Reaktorsicherheit. Hatten die Bleiemissionen 1982 rund 7000 Tonnen betragen, waren es schon 1987 nur noch 2000 Tonnen. Dem Schwefeldioxydausstoß von 2 Millionen Tonnen im Jahre 1982 standen Mitte 1988 0,7 Millionen Tonnen gegenüber. Der Schwefelgehalt im leichten Heizöl und im Dieselkraftstoff ist zwischen 1982 und 1988 um ein Drittel zurückgegangen, die Phosphoreinträge aus Wasch- und Reinigungsmitteln in die Oberflächengewässer von 20 000 auf 6000 Tonnen schon 1985.* 1982 gab es in der Bundesrepublik 50 Meßstellen für frühzeitige Erkennung von radioaktiven Strahlungen, 1989 sind es 1800.

1983 machte Kohl die »Jugendarbeitslosigkeit« zum Schwerpunktthema des 31. CDU-Bundesparteitages vom 25. und 26. Mai in Köln. Die Konsequenzen zeigen sich bald. 1983 betrug die Arbeitslosenquote bei der Altersgruppe bis 24 Jahren 10,6 Prozent, 1988 waren es 8 Prozent. 1982 waren 2000 benachteiligte Jugendliche mit 49,4 Millionen DM beruflich gefördert worden, 1988 waren es 43 500, für die 430 Millionen DM zur Verfügung gestellt wurden. Von 672 000 Ausbildungsstellen im Jahre 1988 konnten – nach Abschluß von Lehrverträgen – lediglich 610 000 besetzt werden. Auch 1989 gab es mehr Lehrstellen als Lehrstellenbewerber.

Das Sozialbudget lag 1982 bei 525 Milliarden, 1988 bei 660 Milliarden DM. 1982 wurden 8524 DM als Sozialausgaben pro Kopf und pro Jahr registriert, 1988 waren es 10 740 DM. 1982 wandte der Staat für berufliche Bildung und Rehabilitation, für Arbeitsbeschaffungsmaßnahmen und Lohnsteuerzuschüsse für ältere Arbeitnehmer 6,9 Milliarden DM auf, 1988 waren es 15,3 Milliarden. Während 1982 Arbeitslose bis zu 12 Monaten Arbeitslosengeld beanspruchen konnten, sind es inzwischen 32 Monate.

Mitten in die Serie der Erfolge platzt eine Affäre, die das noch junge Fundament der Regierung und ihres Chefs bersten zu lassen droht. Im September 1983 unterrichtet Bundesverteidigungsminister Manfred Wörner den Bundeskanzler über mündliche Berichte des Amtschefs des ASBw (Amt für Sicherheit der Bundeswehr) vom 14. September und über eine »Absprache« mit General Günter Kießling vom 19. September 1983. Dem unbescholtenen, unverheirateten Vier-Sterne-General der Bundes-

* Mit diesen Problemen hatte Kohl sich bereits von 1959 bis 1969 als Referent des Chemieverbandes in Ludwigshafen ausführlich beschäftigt.

Auszug aus dem Protokoll des ersten Bundesparteitages der CDU als Regierungspartei seit 1968 im Mai 1983 in Köln.
Ausschnitt aus Helmut Kohls Rede vom 25. Mai vor seiner Wiederwahl zum Vorsitzenden der CDU:

»Liebe Freunde, ich habe damals gesagt, und ich darf es wiederholen: ›Wir werden unser Land besser regieren – nicht, weil wir alles besser wissen, sondern weil wir auf das Wissen und den Willen der Menschen bauen. Wir, die Menschen unseres Landes, wollen nicht mehr Staat, sondern einen besseren Staat. Wir wollen diesen Staat vom Kopf der Bürokraten wieder auf die Füße seiner Bürger stellen.‹
Am 6. März haben uns die Wähler dazu den Auftrag gegeben.
(Beifall)
Liebe Freunde, es ist noch kein ganzes Jahr vergangen, seit sich die Agonie der Regierung Schmidt vor aller Augen vollzog. Das Ende kam im Spätsommer, als die Sozialdemokratische Partei Deutschlands ihrem stellvertretenden Vorsitzenden Helmut Schmidt die Gefolgschaft versagte, als die Sozialdemokraten hilflos vor den Problemen standen, die sie selbst verschuldet hatten, jenen Problemen, die einfach lauteten: Millionenarbeitslosigkeit ohne Aussicht auf Abhilfe, eine uferlos wachsende Staatsverschuldung ohne den Willen zur wirklichen Eindämmung, wachsende Zweifel unserer Freunde und Partner an der Zuverlässigkeit der Bundesrepublik Deutschland.
Um diese Erblast waren wir nicht zu beneiden, als wir in jenen Septembertagen die Koalition der Mitte verabredeten und bildeten. Was mußten wir damals nicht alles hören und lesen über die düsteren Perspektiven unseres Neuanfangs in der schwersten Wirtschafts- und Finanzkrise seit Bestehen der Bundesrepublik Deutschland.
Liebe Freunde, wir haben uns dennoch unserer Pflicht gestellt. Wir haben das Notwendigste in die Wege geleitet. Wir haben eine Eröffnungsbilanz gezogen, und wir haben einen ehrlichen Haushalt für das Jahr 1983 verabschiedet.
Wir haben erste Maßnahmen zur Wiederbelebung der Wirtschaft, besonders der Bauwirtschaft, ergriffen, und wir haben uns intensiv um die Wiederherstellung des Vertrauens unserer Partner in die

Bündnistreue und Zuverlässigkeit der Bundesrepublik Deutschland bemüht.

Liebe Freunde, mit dieser Politik haben wir in den wenigen Monaten, die uns bis zur Auflösung des Bundestags zur Verfügung standen, eine ganz beachtliche Bilanz erreicht.

(Beifall)

Wir haben dann einen Wahlkampf geführt, in dem wir offen und ehrlich vor die Bürger hintraten und ihnen die Situation des Landes darstellen. Wir haben von den Opfern, die notwendig waren und die notwendig sind, gesprochen, und wir haben auch gesagt, daß wir sie gemeinsam bringen müssen.

Unsere Mitbürger haben unser Vertrauen auf ihre Bereitschaft zu solidarischen Anstrengungen am 6. März mit ihren Stimmen und mit ihrem Vertrauen und mit ihrer Entschlossenheit beantwortet, das Land auf diesem vorgezeigten Weg wieder aufwärts zu führen. Liebe Freunde, sie haben damit all jene widerlegt, die da meinten: Wer die Wahrheit vor Wahlen sagt, wer von Opfern und Einschränkungen redet, kann keine Wahl gewinnen.

Damit wurde ein wichtiger, notwendiger Beweis für die innere Verfassung unseres Gemeinwesens erbracht: Die Bundesrepublik Deutschland ist keine Gefälligkeitsdemokratie; und sie wird, soweit es an uns liegt, nie eine solche werden . . .«

Auszug aus dem Protokoll. Bekanntgabe des Ergebnisses der Wahl des Bundesvorsitzenden Dr. Helmut Kohl und Ausschnitt aus einer Rede Dr. Heiner Geißlers:

»*Dr. Horst Waffenschmidt,* Tagungspräsidium: Herzlichen Dank! Meine Damen und Herren, damit haben alle, die sich zur Aussprache gemeldet hatten, hier das Wort genommen. Weitere Wortmeldungen liegen nicht vor. Ich schließe die Aussprache.

(Beifall)

Meine Damen und Herren, ich kann Ihnen jetzt das Ergebnis der Wahl des Vorsitzenden der Christlich Demokratischen Union Deutschlands bekanntgeben. Abgegebene Stimmzettel: 661. Ungültig war keine

Stimme. Enthalten haben sich 13 Delegierte. Nein-Stimmen: 17. Ja-Stimmen: 631.

(Langanhaltender stürmischer Beifall – Die Delegierten erheben sich) Meine Damen und Herren, damit hat Helmut Kohl 97,3% der Stimmen auf sich vereinigt. Wir gratulieren unserem Parteivorsitzenden Helmut Kohl zu diesem großartigen Wahlergebnis.

Unsere wackere Bundesgeschäftsstelle hat mir eben gesagt, daß das das beste Ergebnis sei, das unser Bundesvorsitzender Helmut Kohl jemals erreicht hat, ja das jemals erreicht wurde.

(Beifall)

Meine lieben Freunde, wir wünschen Helmut Kohl Glück, Erfolg und Gottes Segen für seine entscheidenden Aufgaben.

Das Wort hat jetzt der Generalsekretär.

Dr. Heiner Geißler, Generalsekretär der CDU: Lieber Helmut Kohl! Liebe Parteifreunde! Ich habe um das Wort gebeten, weil diese Wahl ein besonderes Ereignis darstellt. Helmut Kohl ist mit diesem Parteitag zehn Jahre, ein volles Jahrzehnt, Bundesvorsitzender der Christlich Demokratischen Union. Ich ergreife das Wort als Generalsekretär der CDU, aber auch als einer, der lange Jahre den Weg gemeinsam mit Helmut Kohl gegangen ist – in guten Zeiten, in schlechteren Zeiten, manchmal auch im Widerspruch zu ihm, aber immer gemeinsam in dem Ziel verbunden, für unsere Sache das Beste zu tun.

Ich habe Helmut Kohl zum erstenmal im Jahre 1964 auf dem Parteitag in Hannover kennengelernt. Er hat damals eine sehr forsche Rede gegen die damalige Parteiführung gehalten. Wahrscheinlich wird er heute sagen: Da es sich um eine andere Parteiführung handelte, habe ich die Rede auch völlig zu Recht gehalten. Ich will darüber nicht sprechen. Mich hat an dieser Rede vielmehr etwas anderes beeindruckt.

Helmut Kohl brachte damals eine sehr bemerkenswerte Kritik an der Partei in die Diskussion. Er sagte – ich zitiere jetzt aus dem Protokoll –: ›Eines der großen Versäumnisse der letzten Jahre war, daß wir zuwenig mit Menschen aus dem Bereich der Universitäten, mit Schriftstellern, mit Künstlern uns auseinandergesetzt haben, nicht nur in Form von kontroversen Diskussionen, sondern auch um von dort Rat und Ratschläge entgegenzunehmen.‹

Dieser Diskussionsbeitrag hat einen der Gründe vorweggenommen, die nach meiner Auffassung später dazu führten, daß die Partei große Schwierigkeiten mit der Entwicklung Mitte und Ende der 6oer Jahre, auch mit den Studentenunruhen bekam . . .

Er hat die CDU Deutschlands zu einem Kräftezentrum der Politik der Mitte in Europa gemacht.

Es gibt sicher viele Gründe, die für den Erfolg stehen, den Helmut Kohl für uns alle erzielt hat. Aber wenn man das Geheimnis dieses Erfolges sucht, so ist es wohl dieses: Helmut Kohl ist in seiner Partei, der CDU, fest verwurzelt. Sie ist für ihn nicht ein notwendiges Übel oder ein Instrument auf dem Wege zur Macht, das man benutzen könnte oder das man in Kauf nähme, sondern die Christlich Demokratische Union gehört zu seinem Leben.

Es käme ihm wohl nie in den Sinn, diese Partei auf der anderen Seite als Selbstzweck anzusehen. Nicht die Partei ist letztendlich das Ziel, sondern die Menschen, der Staat und das Vaterland. So hat Helmut Kohl immer gehandelt, ob als Besucher in der DDR, die er jedes Jahr privat besucht, oder in schwierigen Zeiten der Union, als er seinen persönlichen Beitrag zu ihrer Einheit leistete.

Ich wünsche Helmut Kohl auch in der Zukunft vor allem politischen Mut. Mut, so hat Churchill einmal gesagt, ist die wichtigste Tugend, die ein Politiker haben muß; denn sie ist die Voraussetzung für alles andere . . .«

wehr wird vorgeworfen, homosexuell zu sein. Seinem Führungsstil entsprechend, verläßt Kohl sich darauf, daß der Verteidigungsminister die Angelegenheit unverzüglich und angemessen untersuchen und ihm danach seine Entscheidungsvorschläge unterbreiten werde. Den General, den er persönlich nicht kennt, bestellt er nicht zu sich, was sein Vorgänger Schmidt vermutlich – am Verteidigungsminister vorbei – getan hätte. Als Wörner den Kanzler am 9. Dezember 1983 im Bundestag am Rande der Haushaltsberatungen darüber informiert, daß er die Absicht habe, General Kießling am 31. Dezember in den einstweiligen Ruhestand zu versetzen, weist er ihn an: »Überprüfen Sie dies alles sehr intensiv. Aber wenn Sie so handeln müssen, dann tun Sie Ihre Pflicht.« Wörner, der Jahre später öffentlich zugibt, 1983 voreilig gehandelt zu haben, hat Kohls Anweisung – unter offensichtlicher Verwischung entscheidungsrelevanter und irrelevanter Fakten – nicht angemessen ausgeführt. Bis nach 140 Tagen Ausschußarbeit, nach 40 Sitzungen und Beratungen von insgesamt mehr als 100 Stunden 7225 Akten- und Protokollseiten vorliegen und General Kießling voll rehabilitiert werden muß[11], ist viel Porzellan zerschlagen worden.

Die naheliegende Frage, wie ein anderer Kanzler aus dieser Affäre herausgekommen wäre, ist nur schwer zu beantworten. Kohl jedenfalls hat die Wörner-Kießling-Affäre nur vorübergehend geschadet. Vergleiche mit Skandalen wie der Watergate-Affäre in der jüngsten amerikanischen Geschichte hinken. Dort trugen sie gelegentlich zum geradezu dramatischen Vertrauensschwund in die amerikanischen Institutionen (bis hin zum Präsidentenamt) bei. In der Bundesrepublik konnte davon schon bald nach der Rehabilitierung General Kießlings nicht mehr die Rede sein.

Die vom SPD-Bundestagsabgeordneten Horn am 28. Juni 1984 während der 77. Sitzung des Bundestages prophezeite negative Entwicklung nach dem Abschluß der Wörner-Kießling-Affäre tritt nicht ein. »Auch im westlichen Bündnis können Sie, Herr Dr. Wörner«, hat der Abgeordnete dem Minister vorgehalten, »die Interessen der Bundesrepublik gar nicht mehr nachhaltig zur Geltung bringen. Schuld daran ist allerdings die gesamte ›Wende‹-Regierung, weil – wie es Helmut Schmidt vor einem halben Jahr vorausgesagt hat – die Bundesregierung den Spielraum deutscher Politik inzwischen vergeben hat. Da wird der Bundesaußenminister in Washington unter ›ferner liefen‹ behandelt, und der Verteidigungsminister Wörner ist nur noch ein Objekt in einem Konzert, das andere zum Nachteil der Bundesrepublik Deutschland dirigieren.«

Helmut Kohl, dem der SPD-Abgeordnete Jungmann in derselben Sitzung vorgeworfen hat, seinem Verteidigungsminister zwar Aufträge zu erteilen, ihre Durchführung aber nicht zu überprüfen, weiß die politischen Herausforderungen sowohl in der Innen- als auch in der Außenpolitik trotz der 1984 folgenden Skandale (wie die Flick-Affäre, der Rücktritt Rainer Barzels vom Amt des Bundestagspräsidenten und die Anklage der Bestechlichkeit und Steuerhinterziehung gegen Wirtschaftsminister Otto Graf Lambsdorff) zu meistern. Für ihn bleibt maßgeblich, daß er durch seine Maßnahmen das Interesse der Bundesrepublik und der Bundeswehr gewahrt hat und durch die vollständige Rehabilitierung General Kießlings auch seinem Auftrag gerecht geworden ist, »Gerechtigkeit gegenüber jedermann« zu üben.

In der Schweizer »Weltwoche« vom 2. Februar 1984 resümiert Peter Hartmeier: »Unzweifelhaft: Eine der Fähigkeiten dieses äußerlich so ruhigen, an einen erratischen Block erinnernden Kanzlers besteht darin, warten zu können und auf christliches Menschenglück zu hoffen. Vielleicht haben sich viele Deutsche nach dem beeindruckenden Macher, dem anstrengenden und manchmal bösen Helmut Schmidt, diese Kohlsche Erholung gegönnt ... Die Bürger wollen bekanntlich in erster Linie einmal vom Staat in Frieden gelassen werden.« Der Skandal hat die Flexibilität der Herrschaftsinstitutionen in der Bundesrepublik bis hin zum Kanzler getestet, Helmut Kohls Image auf Dauer nicht verletzt. Zurückgeblieben ist für den nicht unmittelbar betroffenen Beobachter weniger die Erinnerung an die Affäre als ein untrüglicher Beweis für die Tatsache, daß Kohl schon sehr frühzeitig ungleich fester als alle Kanzler vor ihm im Sattel saß. Die Opposition hat dies – trotz ihrer gegenteiligen Bekundungen – rasch begriffen. Treffend heißt es in der »Süddeutschen Zeitung« vom 2. Februar 1984: »Der Tag, an dem die Affäre Wörner ... zum Abschluß gebracht wurde, wird eingehen in den Annalen als der Augenblick, in dem sich Kohls politischer Stil endgültig durchgesetzt hat ... Die SPD muß in schmerzlicher Deutlichkeit erkennen, wie weit sie nicht nur von der Macht, sondern auch nur von wirkungsvoller Opposition entfernt steht.«[12]

Der Kanzler hat dies vorausgesehen, was seine vom »Hamburger

Abendblatt« am 2. Februar 1984 zitierte Bemerkung, »Wir lassen . . . [uns die Lebensfreude] trotz aller Probleme, die wir zugegebenermaßen haben, nicht vergällen«, recht deutlich zeigt. Die Prophezeiung, daß Kohls Verzicht auf die Entlassung Wörners ihm letztlich einen Pyrrhussieg eintragen würde, weil der Verteidigungsminister so unübersehbar ins Visier der öffentlichen Kontrolle gerückt worden sei, daß sein eigenes Vertrauenskapital darunter dauerhaft leiden müßte, hat sich rasch als Spekulation erwiesen. Wörner wird von Kohl, der sich bei seiner Entscheidung auf seine »unteilbare« Richtlinienkompetenz als Bundeskanzler und – nach Gesprächen und Beratungen unter anderem mit Geißler, Dregger, Albrecht, Stoltenberg, Blüm, Jenninger, Späth, Barzel, Schäuble und Genscher – auch auf eine solide Rückendeckung berufen kann, später nach Brüssel zur NATO »delegiert«. Lothar Späths telefonische Versicherung, »Helmut, mach', was du für richtig hältst. Wir tragen jede Entscheidung mit. Das ist deine Sache«, drückt exemplarisch aus, wie die Basis aussieht, als der Bundeskanzler seine endgültige Entscheidung zugunsten Wörners fällt.

Die CDU/CSU-Bundestagsfraktion hat Kohls Entscheidung für Wörners Verbleiben im Amt als »einzig richtigen Weg« (Dregger) gebilligt, die Partei ihrem Vorsitzenden ihre formale Unterstützung nicht versagt. Seine Erklärung, daß Wörner Fehler begangen und sie nach ihrer Korrektur öffentlich bedauert habe und seine Bemühungen nach seiner Rückkehr von einem Staatsbesuch in Israel, die Minister und Generale wieder zusammenzuführen und um ihr gemeinsames Vertrauen zu werben, sind nicht ohne Erfolg geblieben.

Mutmaßungen, daß die Affäre dem Ansehen des Kanzlers schaden werde, widerlegen demoskopische Befragungsergebnisse. »Infas« weist im Februar 1984 nach, daß 65 Prozent der Befragten der Ansicht sind, daß die Bundesregierung »Alles in allem gut« sei. Vor der Affäre hatten diese Auffassung nur 54 Prozent vertreten. Kohl, zuvor von 41 Prozent der Befragten als »ein guter Bundeskanzler« bezeichnet, ist es jetzt für 49 Prozent. Willy Brandt, der die Entscheidung des Regierungschefs mit der Bemerkung kommentiert, »der eine wird rehabilitiert, der andere kriegt eins auf den Deckel«, bescheinigt Kohl die Fähigkeit, in der Öffentlichkeit als ein Kanzler zu erscheinen, »der um gerechte Lösungen bemüht ist«. Vielen »im Lande«, sagt Brandt, erscheint die vom Kanzler praktizierte Behandlung der Angelegenheit »als raisonabel oder sogar akzeptabel«. Die

»dunklen Tage der Wörner-Krise sind vorbei«, schreibt Werner Perger im Deutschen Allgemeinen Sonntagsblatt vom 18. März 1984 und meint: ».. . für Helmut Kohl beginnt, so scheint es, auch politisch wieder der Frühling«.

Wiederum hat die Sicherheit verblüfft, mit der Kohl die Reaktionen der Bevölkerung auf Regierungsmaßnahmen vorauszuahnen vermag. Demoskopische Ergebnisse bestätigen ihm, daß er sich mehr auf seinen Instinkt und Realitätssinn als auf die Prophezeiungen von intellektuellen »Fachexperten« verlassen kann. Daß sie die Erfolge seiner Maßnahmen gelegentlich nicht zu erklären vermögen, ist ihr Problem. Schon 1983 zeigt sich, daß Kohls Entscheidungen nicht einfach Theorien zugeordnet werden können, die aus Universitätsseminaren stammen. Sicher zu identifizieren ist dagegen, daß er Politik letztlich im Sinne Bismarcks als »Kunst des Möglichen« betreibt und ihr nicht nur realitätsbezogene »menschliche« Züge verleiht, sondern sie auch utopischen Verbrämungen entzieht. Daß seine Politik dem einzelnen die Möglichkeit bietet, sich zu orientieren und sich mit ihr entweder zu identifizieren oder sie abzulehnen, ist ebenso eine Folge seines Politikverständnisses wie die Tatsache, daß einer gefährlichen Politikunfähigkeit der Boden entzogen wird.

Dem politischen »Naturprodukt« Helmut Kohl behagt die politische Kastensprache auch als Bundeskanzler nicht. Verwendet er sie gelegentlich notgedrungen, wirkt sie, zumal mit pfälzischem Dialekt, aufgesetzt, gestelzt und unnatürlich – und reizt seit Oktober 1982 vor allem politisch links orientierte Kabarettisten dazu, sie durch Verballhornung gewollt komisch erscheinen zu lassen. Auch dies ist eine Erfahrung, die Kohl eigentlich erst als Kanzler machen muß. Seit Spätherbst 1983 allerdings konfrontieren sensible Kritiker, die seine Durchsetzungsfähigkeit und seine bemerkenswerten politischen Erfolge, seine frappierende Sicherheit bei der Einschätzung der Bevölkerungsreaktionen auf Regierungsmaßnahmen und seinen sicheren Realitätssinn nüchtern wahrnehmen und einordnen, seine spontan gehaltenen Ansprachen und Reden, in denen meist präzise Treffsicherheit und plastische Bildhaftigkeit dominieren, mit seinen Reden in der politischen Sondersprache. Ihr Fazit: Wer Kohl als »politisch sprachlos« einstuft, irrt sich fatal. Doch diese Erkenntnis ändert nichts an der in überraschend kurzer Zeit vielerorts zur Selbstverständlichkeit gewordenen Polemik und Häme. Angesichts der Tatsache, daß an

Kohls raschen und durchschlagenden politischen Erfolgen als Kanzler schwerlich glaubwürdige Kritik möglich erscheint, konzentrieren seine Gegner sich auf eben den Punkt, der nicht nur leicht plausibel gemacht, sondern auch nahezu grenzenlos negativ stilisiert und ins Komische transponiert werden kann.

Nachhaltig revidiert jedoch wird zur gleichen Zeit die weit verbreitete Vorstellung, daß Kohl »daheim klebe« und auch als Regierungschef nicht viel reisen werde. »Helmut Kohl, dem einst provinzielle Seßhaftigkeit nachgesagt wurde«, heißt es beispielsweise in der Hannoverschen Allgemeinen Zeitung vom 15. November 1983, »hat sich zu einem . . . Fahrensmann gemausert«, der die deutschen Interessen sofort auch engagiert und unmittelbar im Ausland vertritt. »Natürlich ist die Reiselust des Kanzlers nicht schlechthin verwerflich«, meint Ludwig Harms in dem Hannoverschen Blatt und folgert: »Ihr ist schließlich auch zuzuschreiben, daß der von vielen befürchtete außenpolitische Rückschlag nach dem Bonner Wechsel nicht eingetreten ist. Kohl tat recht daran, sich in wichtigen Hauptstädten persönlich vorzustellen und eventuelle Bedenken zu zerstreuen.« Während Harms seinen Artikel mit »Der Reisekanzler« überschrieben hat, ist Rudolf Augstein überzeugt, daß der von ihm im »Spiegel« vom 30. Januar 1984 veröffentlichte Beitrag schon durch den Titel »Kanzler Tunix« die richtigere Analyse signalisiert. Was wunder, daß Kohl sich um Darstellungen wenig schert, die Hypothesen zu Realitäten zu stilisieren versuchen.

Nicht gleichgültig läßt ihn seit jeher dagegen das für jeden Spitzenpolitiker oder Staatsmann psychologisch so wichtige »Bad in der Menge«. Kosmetische Bedeutung hat es für ihn kaum. Anders als beispielsweise Charles de Gaulle, der gern als eine Art Wahlkaiser über den Häuptern der Franzosen schwebte und den Jubel der »einfachen Leute« als ein Elixier empfand, will Kohl die unmittelbare Tuchfühlung mit dem eigentlichen »Souverän« spüren und genießen, wie er die Bürgerinnen und Bürger zu bezeichnen pflegt. Und, wiederum anders als bei de Gaulle, dem extreme Eitelkeit zumindest nicht fremd war, ist aus Kohls Mimik und Verhalten beim »Bad in der Menge« unschwer herauszulesen, wie sehr ihn solche Begegnungen innerlich bewegen. Kein Bundeskanzler vor ihm hat unmittelbare menschliche Wärme und Nähe so sehr wie er gesucht, und keiner hat dabei so wenig wie er bloß optische »Bürgernähe« demonstrieren wollen.

Im Frühjahr 1984 beginnen auch Vertreter deutscher Medien allmählich zu begreifen, daß es den Kohl, den sie bislang gezeichnet haben, gar nicht gibt – und auch nicht gegeben hat. »Dieser Prozeß des Dämmerns, verbunden mit einem gehörigen Maß an Staunen«, schreibt beispielsweise Werner Perger im Deutschen Allgemeinen Sonntagsblatt vom 18. März 1984, »spiegelt sich in Äußerungen mancher Kohl-Spötter und Kanzlerkritiker und wird in vielerlei Veröffentlichungen reflektiert. Neulich, als die Pressebegleiter des Bundeskanzlers in Washington dort dessen selbstgewisse Auftritte wahrnahmen ... vom US-Publikum mit Freude und Beifall aufgenommen ..., da gestand einer, dessen Blatt diesem Kanzler im Prinzip gar nichts Gutes will: ›Ich komme mit dem Mann nicht klar‹, und auch sichtlich verzweifelt: ›Der macht das gut.‹ Ein Kohl-Berater, der eben erst einen klugen Aufsatz über ›Das Rätsel des Kanzlers Kohl‹ studiert hatte, faßte bei der gleichen Gelegenheit diese und andere Leseerfahrungen fröhlich zusammen: ›Die Linksintellektuellen werden mit dem Phänomen Kohl nicht fertig – aber das ist ihr Problem, nicht seins.‹«

Die Formel »ein zeitgemäßer Bundeskanzler« beginnt die Runde zu machen. Was dahinter steht, jedoch nur selten artikuliert wird, ist dies: Kohl hat der bis Ende 1982 herrschenden Resignation und dem in der Bevölkerung grassierenden Überdruß an der Politik rasch ein Ende gesetzt und beruhigende Gewißheit initiiert. Daß gelegentliche sprachliche Entgleisungen einzelner Repräsentanten der Regierungsparteien – wie Heiner Geißler, Norbert Blüm und Otto Graf Lambsdorff – böswillige oder heimtückische Kommentare nach sich ziehen und schließlich auch ungerechtfertigt mit dem Kanzler verbunden werden, ist – trotz der aktuell hochstilisierten Aufregungen – letztlich demokratischer Alltag, was Kohl denn auch, die »Übeltäter« souverän in Schutz nehmend, jeweils öffentlich deutlich werden läßt. Daß derartige »Kraftakte« dennoch zeitweilig »blaue Flecken« hinterlassen müssen, liegt auf der Hand, zumal die Gepflogenheiten bestimmter Medienvertreter, immer wieder vor allem Rückschläge oder Fehler zu plakatieren, die angemessenen Proportionen verschieben und stilisierte Negativ-Erinnerungen wach zu halten versuchen. Unverkennbar ist jedoch, daß politische Auseinandersetzungen, wie sie innerhalb der Bevölkerung bis Ende 1982 üblich waren, relativ rasch verebbt sind. Demonstrationen als »Politik auf der Straße« gehören der Vergangenheit an. Kohl hat der Politik die Dramatik genommen. Ideologische

Dimensionen sind für ihn Makulatur. Charles de Gaulles Rat an Politiker und Staatsmänner, sich mit der Aura des Geheimnisvollen zu umgeben, münzt er im Sinne seines Demokratieverständnisses um. Er bemüht sich um Transparenz und Zugänglichkeit.

Franz Josef Strauß' neuerliche Attacken gegen den Kanzler erweisen sich als Konsequenzen eines »altgedienten« Politikers, der sich eingestehen muß, auf Bundesebene nicht erreicht zu haben, was er angestrebt und zu werden prophezeit hat. Ein Kanzler Strauß ist längst ebenso weit von der Realität entfernt wie die Chance, die CSU als vierte Partei – oder eine von der CSU abhängige »Vierte Partei« – im ganzen Bundesgebiet etablieren zu können. Die bürgerliche Koalition der Mitte ist sowenig in Gefahr wie die wieder erreichte Stabilisierung der Wirtschaft. Die Inflationsrate mit 1,6 Prozent ist so niedrig, wie seit sechzehn Jahren nicht mehr. »Kohl selbst ist hauptsächlich auf zwei Dinge stolz, die seiner Ansicht nach für Westdeutschland historisch von Bedeutung sind«, schreibt Michael Binyon in »The Times« vom 2. Oktober 1984 und fährt fort: »Die Stationierung der NATO-Raketen in der Bundesrepublik im letzten Herbst und der fortlaufende Ausbau der Freundschaft mit Frankreich.«[13]

Ein bemerkenswertes innenpolitisches Ereignis kommt 1984 letztlich ebenfalls auf Kohls Konto. Am 28. November 1983 hat er öffentlich erklärt, daß er »nach vielen Gesprächen und Erwägungen« und nach der Unterrichtung der Parteivorsitzenden Brandt und Genscher den Berliner Regierenden Bürgermeister Richard von Weizsäcker zum Nachfolger des Bundespräsidenten Karl Carstens vorschlage. Ende Mai 1984 kann er mit Genugtuung registrieren, daß die vom Grundgesetz zur Wahl des Staatsoberhauptes legitimierten Volksvertreter seinen Vorschlag mit großer Mehrheit unterstützen. Weizsäcker, dessen politische Karriere Kohl seit dessen Bemühungen um ein Bundestagsmandat engagiert unterstützt hat, ist – zum Unbehagen beispielsweise Rainer Barzels und Ernst Albrechts, die eigene Ambitionen hatten durchblicken lassen – seit Mai 1984 Bundespräsident.[14]

Ausländische Medien nehmen die jüngsten deutschen Wirtschaftsdaten zunehmend zum Anlaß, Kohl als den Initiator der spektakulären »Wachstumserfolge« und der Exportleistungen der deutschen Industrie populär zu machen. »Kaum ein Tag vergeht ohne neue Beweise für die bemerkenswerte Wiederbelebung der westdeutschen Wirtschaft«, so schreibt beispielsweise Michael Binyon in »The Times« vom 15. Januar 1985 und kommentiert: »Das wirtschaftliche Herz Europas schlägt so kräftig, daß die Bonner Politiker von dem Erfolg ihrer eigenen Politik völlig überrascht erscheinen.« Zwar geben auch deutsche Chronisten zu, daß gravierende Erfolge nicht geleugnet werden können; aber die seit den März-Wahlen des Jahres 1983 vielzitierte »Wende« wollen sie dennoch kaum wahrhaben. Das Meinungsklima spiegelt nicht die objektiven Fakten wider, die jene Aufbruchstimmung suggerieren müßten, auf die nicht nur Kohl seit März 1983 wartet. »Die Malaise-Stimmung«, stellt Manfred Schell in der »Welt« vom 22. Oktober 1984 fest, »wird der politischen Leistung der Regierung Kohl nicht gerecht.« Allerdings sind 55 Prozent der vom Allensbacher Institut für Demoskopie vor Jahresbeginn 1985 befragten Bundesbürger (trotz der vorausgegangenen Wörner-Kießling-Affäre, der in der Öffentlichkeit heftig diskutierten Amnestiepläne für Steuerhinterziehungen bei Parteispenden, der Bestechungsvorwürfe im Zusammenhang mit Parteispenden, des Barzel- und des Lambsdorff-Rücktritts) überzeugt, daß sie dem neuen Jahr »mit Hoffnungen« entgegensehen können.[15] Die von Kohl beharrlich verfochtene Überzeugung, daß die Verwirklichung des NATO-Nachrüstungsbeschlusses und eine loyale Unterstützung Reagans keineswegs den nuklearen Untergang zur Folge haben werde, gilt inzwischen weithin als realistische Erkenntnis. Bevorstehende Wahlen im Saarland, in Berlin und in Nordrhein-Westfalen dämpfen allgemein zwar die erwarteten Höhenflüge; aber Kohl selbst ist guter Dinge.

Im März 1985, in der Mitte seiner ersten Amtszeit nach den März-Wahlen von 1983, steht Kohl zwar besser da als im Jahr zuvor; aber Image und Leistung decken sich auch jetzt nicht. In der Gunst der Öffentlichkeit rangiert er hinter Stoltenberg.[16] Dennoch wird er infolge seines ausgeprägten Instinkts für die eigene machtpolitische Stärke und seines unbeirrbaren Selbstbewußtseins öffentlich als politische Potenz beurteilt, der die Opposition keinen gleichwertigen Repräsentanten entgegensetzen kann. Daß Beliebtheit in der Öffentlichkeit kein Beweis für politische Qualitäten ist, weiß das »Parteivolk« ebenso wie die Wähler, die diese Erkenntnis seit Kohls Kanzlerschaft bei Bundestagswahlen bezeugt haben. »Er ist«, schreibt die »Zeit« vom 8. März 1985, »in seinen Führungsämtern völlig unangefochten, an der Spitze der Regierung wie der Partei. Nirgendwo erhebt ein Rivale sein Haupt, um sich als personelle Alternative zu empfehlen.« Die Tatsache, daß er dem wählermäßig immer nur sehr schwachen Koalitionspartner die zentralen Ministerien für Außenpolitik und Wirtschaft zugestehen muß, schadet seinem Beliebtheitsgrad in der Öffentlichkeit. Doch er deckt den Sachverhalt, ohne den er infolge der Mehrheitsverhältnisse nicht regieren kann, nicht nur mit seinem Prestige ab, sondern setzt auch dort die Maßstäbe.

In Berlin gehen die Wahlen am 10. März 1985 zugunsten der CDU aus, die mit 46,4 Prozent der Stimmen stärkste Partei wird.[17] Im Saarland gewinnt die SPD am selben Tag mit 49,2 Prozent gegenüber 37,3 Prozent der Stimmen für die CDU und 10 Prozent für die FDP. In Nordrhein-Westfalen entscheiden sich am 12. Mai 52,1 Prozent für die SPD, 36,5 Prozent für die CDU, 6 Prozent für die FDP und 4,6 Prozent für die Grünen.

Während des 33. CDU-Bundesparteitages in Essen stellen die 781 Delegierten fest, daß Kohl sichtlich ruhiger, konzentrierter und souveräner geworden ist. Von ihm geht eine Aura beruhigender Selbstgewißheit aus. Anders als in den Jahren zuvor, begibt er sich vor dem Beginn der Abstimmungsprozedur[18] in der Grugahalle nicht mehr unter die Delegierten, sondern bleibt im monumental feierlich errichteten Zentrum der Parteitagsbühne sitzen. »Er wirkt«, schreibt die »Süddeutsche Zeitung« vom 22. März 1985, »kühl und streng, fast erhaben.« Während seiner Parteitagsrede hält er sich diszipliniert an sein vorbereitetes Redemanuskript. Nüchtern spricht er, nicht Emotionen weckend, sondern den Verstand der Delegierten bemühend. »Wir sind auf dem richtigen Weg«, sagt er einleitend und macht deutlich, daß die Zeit, in der viel geredet wurde, vorbei sei. Jeder, der diesen Parteitag als Multiplikator verläßt, soll die Überzeugung mitnehmen: »Wir wollen und werden regieren.«

Kohl hat das Heft innen- und außenpolitisch sicher in der Hand. Der versprochene wirtschaftliche Aufschwung ist eingetreten, der Export floriert, die Inflationsrate ist niedrig, die Wachstumsraten steigen. Die Einschnitte in die Sozialgesetze gehören der Vergangenheit an, die Haushaltssanierung ist abgeschlossen, die Familienpolitik in positive Bahnen gelenkt. Lediglich im Zusammenhang mit der Rentenversicherung existieren noch Probleme.

Kohls Verhältnis zu US-Präsident Ronald Reagan ist entspannt. Der Kanzler hat die deutschen Interessen zielstrebig gewahrt und ist alles

andere als ein bloßer »Ja-Sager gegenüber den USA« geworden, wie die
SPD voreilig zu suggerieren versucht hatte. Die von der Opposition
vorausgesagte »ost-westliche Eiszeit« ist ausgeblieben. Unverkennbar ist
zwar, daß das deutsche politische Gewicht nicht nur in Europa, sondern in
der internationalen Politik überhaupt reduziert worden ist; aber dies
resultiert aus der Machtrenaissance der USA unter Reagan und dem
wieder dominierenden Einfluß der beiden Weltmächte USA und Sowjetunion auf den Verlauf der Ost-West-Politik. Kohl, der diese Entwicklung
bereits zu Schmidts Zeiten erkannt hat, propagiert eine europäische
Sicherheitspolitik und entsprechende Partnerschaften zwischen den europäischen Staaten. Der Themenkreis seiner Pressekonferenzen, bei denen
zuvor meist die Außenpolitik im Mittelpunkt stand, hat sich mit der
neuerlichen Annäherung der beiden Supermächte zwangsläufig gewan-
delt. Er nutzte den Spielraum für eine eigene Bonner Außenpolitik mit
neuen Akzenten. Knapp ein Jahr vor der nächsten Bundestagswahl im
Januar 1987 beginnen innenpolitische Auseinandersetzungen das Feld zu
beherrschen.

Horst Ehmke indes führt den international unübersehbaren Sachverhalt
im Namen der SPD widersinnig auf eine »fast bedingungslose Gefolgschaft Bonns gegenüber der Regierung Reagan – und im Verhältnis zum
Osten auf die Unfähigkeit Kohls« zurück, »die versprochene außenpolitische Kontinuität in die Tat umzusetzen«. Die SPD beginnt unmittelbar
vor dem traditionellen »Sommerloch« wiederum das abgegriffene Kli-
schee vom führungsschwachen Kanzler zu modifizieren und als Propa-
gandavehikel gegen Kohl zu benutzen. »Führungsschwäche Kohls lähmt
Regierung«, heißt es im »Kölner Stadt-Anzeiger« vom 8. Juni 1985, und
der »Vorwärts« vom gleichen Tage sieht Stoltenberg nach »vorzeitiger
Ablösung« des Kanzlers als Nachfolger »im Gespräch«. In der CDU, so
orakelt Klaus Vogelsang im SPD-Parteiorgan, »ist die Diskussion über
Helmut Kohl und einen möglichen Nachfolger nicht aufzuhalten«. Nachdem sich jedoch rasch herausgestellt hat, daß die Orakel mit der Wirklichkeit nur wenig gemeinsam haben, bleibt dem SPD-Bundestagsabgeordneten Rudolf Dreßler nur noch ein Taktikwechsel. Im SPD-Pressedienst
»ppp« vom 2. Juli 1985 glossiert er: »Was macht denn nun der ›Amtsträger‹
Kohl? Wird künftig Zehnkämpfer Hingsen die Peitsche im Kanzleramt
schwingen und Kohl ein neues, sportlich-gestähltes Image verschaffen –

statt des Frühstücksplausches mit der Vertrauten Juliane Weber und Herrn Ackermann (›Dr. Carbonara‹) also Hanteltraining und Liegestütze?« Horst Ehmke bleibt im »Kölner Stadt-Anzeiger« vom 22. August 1985 schließlich nur noch die Feststellung, daß Kohl eine »totale Fehlbesetzung« sei.

Die Opposition, die Kohl bisher gnadenlos bekämpft hat, schraubt angesichts ihrer diffusen Machtlosigkeit plötzlich nicht nur ihre Attacken zurück, sondern bietet Anfang März – mit Willy Brandt als Initiator – sogar die Möglichkeit an, bei der Beseitigung der Arbeitslosigkeit, in der Umwelt- und Außenpolitik kritisch mit der Union zusammenzuarbeiten. Kohl und die Union bieten ihr nicht mehr die Angriffsflächen, die sie für ihre Politik – und zur Mobilisierung einer breiteren Öffentlichkeit – braucht. Die von der SPD einst proklamierte »Mehrheit links von der Union« hat sich als Schimäre erwiesen. So bestätigt sie nun Kohls Politik, indem sie neue Anhänger in der von der Union besetzten und von Kohl repräsentierten politischen Mitte zu finden versucht.

Von einschlägigen Erfahrungen geprägt, weiß Kohl jedoch, daß er nichts auf sich beruhen lassen darf, zumal Franz Josef Strauß seit 1984 erneut massiv gegen ihn zu polemisieren und ihn abzuwerten beginnt. In den Medien, die Kohl ablehnen, wird überpointiert von einer »Neuen Armut« geredet, auf eine Vernachlässigung der sozialen Symmetrie verwiesen und die zu der Zeit besonders hohe Arbeitslosenziffer dem Kanzler ebenso persönlich angelastet wie die Disharmonie in der Einkommensteuerentwicklung. Im Juni 1985 steht die – mit der SPD gleichauf liegende – CDU »in des Volkes Gunst« besser da als ihr Vorsitzender. Erneut bringen seine Kontrahenten die Helmut Kohl seit 1977 in geradezu zyklischen Abständen einholende Führungsfrage ins Gespräch. Sein – von den meisten Medien geschmacklos kommentierter – Auftritt beim Schlesiertreffen im Juni 1985 in Hannover mit dem als »revanchistisch« verhunzten Motto »40 Jahre Vertreibung – Schlesien bleibt unsere Zukunft im Europa freier Völker« und seine ebenso einen hohen Symbolgehalt artikulierende Einladung an Ronald Reagan zu einem gemeinsamen Besuch des Soldatenfriedhofs in Bitburg, auf dem sich – wie auf anderen Soldatenfriedhöfen – auch Gräber von Angehörigen der Waffen-SS befinden, beschädigen sein Image vorübergehend erheblich. Vereinzelt werden Stimmen laut, die fragen, ob es denn nicht besser wäre, Stoltenberg oder Späth an seiner Stelle zu sehen.

Kohl hat, anders als sein Vorgänger Schmidt, die Mehrheit der Medien nicht auf seiner Seite. Und sie sagen dies zum Teil auch ohne Umschweife. »Nun ist es kein Geheimnis und nicht zu bestreiten«, heißt es beispielsweise in der »Bonner Rundschau« vom 22. Juli 1985, »daß eine Mehrheit der Journalisten, vor allem Funk und Fernsehen, dieser Regierung unter dem Bundeskanzler Helmut Kohl ablehnend gegenübersteht. Viele sind sogar feindselig eingestellt. So wird aus dem Chronisten der Polemiker. Das schlägt sich schon in der Nachrichtenauswahl, erst recht im Kommentar nieder.« Die Zeiten, in denen Kohl sich über derlei Kritik an seiner Führungsweise Gedanken macht, sind vorbei. »Eine Woche heißt es, die Probleme werden von mir ausgesessen«, sagt er später in einem Interview, »die andere Woche heißt es . . . ich entscheide, ohne jemand zu fragen. Ich muß damit leben. Diese Form der Kritik ist mir auch . . . ziemlich gleichgültig.«

Er registriert die stilisierten Schablonen »Neue Armut«, »Soziale Kälte«, »Ellenbogengesellschaft«, »Überwachungsstaat« und ähnliche Stichworthülsen und reduziert sie auf das, was sie sind: Ohnmachtsbekundungen der im »linken Überzeugungsblock« versammelten Unglückspropheten, die der »Wende-Koalition« als Strafe für ihren »Verrat« ein baldiges Scheitern vorausgesagt haben. Kohl weiß, daß den Leuten weder mit Taten noch mit Worten beizukommen ist, und so bemüht er sich denn auch nicht, dies zu versuchen. Er bleibt gelassen – und setzt sich wieder durch. Willy Brandts Ende im Reform-Chaos und Schmidts Finale vor dem Staatsbankrott sind für ihn Geschichte geworden, deren Wiederholung er mit seinen Mitteln zu verhindern sucht. Nicht nur aus der Perspektive des sachlich wertenden Historikers muß Kohl, der maßvoll-überlegtem Vorgehen und rationalen Entscheidungsprozessen den Vorzug vor Schlagworten und sozialdemagogischen Verheißungen gibt, als ein Sicherheit verbreitender Faktor nach den überschätzten charismatischen Vorgängern Brandt und Schmidt erscheinen.

Im April 1985 fragt Hans-Jochen Vogel, der in Reden gern mit Zahlen und Statistiken operiert, im »Sozialdemokrat Magazin«: »Seit der Wahl vom 6. März 1983 sind zwei Jahre vergangen. Die Legislaturperiode tritt in ihre zweite Halbzeit. Das ist ein Anlaß, Bilanz zu ziehen. Wo steht die Bundesrepublik nach zwei Jahren Regierung Kohl? Was hat die sogenannte Wende unserem Land gebracht?« Dann hebt er hervor: »Wir haben heute seit der Währungsreform die höchste Zahl von Arbeitslosen, die es jemals in einem Februar gegeben hat, nämlich 2,61 Millionen.« Die offiziellen Statistiken weisen für 1985 2304000 Arbeitslose aus. Was Vogel nicht sagt, ist dies: Der beängstigende Anstieg der Arbeitslosigkeit hat in den letzten Jahren der Regierung Schmidt eingesetzt. Die Folgen der strukturellen Fehlentwicklungen der siebziger Jahre konnten nicht mehr abgefangen werden. Während 1980 beispielsweise 889000 Arbeitslose registriert gewesen sind, waren es 1981 1272000 und 1982 bereits 1833000.

Ferner verweist der SPD-Fraktionsvorsitzende auf »die höchste Zahl an Firmenzusammenbrüchen – nämlich 17700 im Jahre 1984«. Daß Konkurse seit jeher wirtschaftliche Aktivitäten widerspiegeln, sagt er nicht, und er erwähnt auch nicht, daß der weitaus größte Teil der zusammengebrochenen Unternehmen Neugründungen waren, die angesichts ihrer unzureichenden Voraussetzungen sowenig standhalten konnten wie beispielsweise ein Großteil der emphatisch inszenierten Neugründungen zur Zeit der »Gründerjahre« nach 1871, nachdem als Folge des deutschen Sieges über Frankreich innerhalb von drei Jahren fünf Milliarden Franken nach Deutschland geflossen waren.

Gänzlich irritierend und auf bloße Propagandaeffekte abgestellt ist Vogels Feststellung: »In der gleichen Zeit (1983 bis 1984) sanken die Nettoeinkommen der Arbeitnehmer um 0,9 beziehungsweise 0,5 Prozent, während die Nettoeinkommen der Unternehmen um 11,2 beziehungsweise 9,5 Prozent stiegen.« Da in der volkswirtschaftlichen Gesamtrechnung gewöhnlich mit Bruttoeinkommen argumentiert wird, kann nicht nachgewiesen werden, worauf sich Vogels Angaben stützen. Bei Nettoeinkommen muß die Preissteigerung »herausgerechnet« werden, so daß sich die »Statistik« des SPD-Wortführers als unbrauchbar erweist. Die offizielle Statistik weist nach, daß der Einkommenseinbruch bei den Arbeitnehmern seinen höchsten Stand im letzten Jahr der Schmidt-Regierung erreicht hatte. Nach der üblichen Bilanzierung, bei der die Nettorealverdienste aus den Nettolohn- und Gehaltssummen – jährlich und je Arbeitnehmer – errechnet werden, hat das Ergebnis in der Zeit von 1980 bis 1986 wie folgt ausgesehen:

1980 = 0,0; 1981 = −1,7; 1982 = −2,3; 1983 = −1,0; 1984 = −0,6; 1985 = −0,5 und 1986 = +4,4.

Derartige Vorhaltungen sprechen nach Kohls Meinung eine Sprache, die keines Kommentars bedarf. So reagiert er beispielsweise mit keinem Wort, als Hans-Jochen Vogel ihm am 25. Februar 1988 im Deutschen Bundestag hilflos vorwirft: »Der Herr Bundeskanzler neigt seit einiger Zeit hinsichtlich der Themen, zu denen er Regierungserklärungen abgibt oder nicht abgibt, zu einer selektiven Auswahl. Da, wo es für seine Koalition und ihn schwierig werden könnte, weicht er Regierungserklärungen aus und sucht sie fast um jeden Preis zu vermeiden . . . Da nimmt der Herr Bundeskanzler lieber Aktuelle Stunden in Kauf, weil dort, anders als bei Regierungserklärungen, nicht abgestimmt werden kann und weil dort niemand Farbe bekennen muß.« Nicht selten richten sich die Widersprüche und die Durchsichtigkeit der Argumente selbst. So erklärt Vogel beispielsweise am 4. September 1988 bei der Eröffnung des 13. Ordentlichen Gewerkschaftstages der Industriegewerkschaft Chemie, Papier, Keramik: »Das Jahresbruttosozialprodukt ist von 1982 bis 1987 um 385 Milliarden DM gestiegen . . . Die Gewinne sind gestiegen, nach der gewiß unverfänglichen Statistik der Deutschen Bundesbank seit 1982 um durchschnittlich 12 Prozent.« Paradox klingt danach ein Vorwurf, den er am 22. November 1988 gegenüber dem Bundeskanzler erhebt. Im Zusammenhang mit rund fünf Millionen Mark für zusätzliche Ausgaben nach Neuernennungen von Ministern und Staatssekretären hat er Helmut Kohl in der 106. Sitzung des Deutschen Bundestages unter dem Beifall der SPD-Fraktion gefragt: »Herr Bundeskanzler, haben Sie eigentlich schon einmal darüber nachgedacht, daß mit der . . . Summe von 5 Millionen DM statt 14 neue Regierungsmitglieder etwa 100 zusätzliche Arbeitsplätze etwa im Bereich der Arbeitsvermittlung, die diese Stellen dringend braucht, geschaffen werden könnten?« Nicht nur die Relationen 385 Milliarden, 12prozentige Steigerung des Sozialprodukts und 5 Millionen, sondern auch die Behauptung, daß die »Arbeitsvermittlung . . . diese Stellen dringend braucht«, lassen jeden weiteren Kommentar überflüssig erscheinen.

Bei aller Polemik und Häme geben Kohls Gegner und Kontrahenten spätestens seit 1985 – oft allerdings ungewollt – zu[19], daß die von ihnen stereotyp plakatierten Negativ-Klischees über Kohl nichts als unerfüllte Wunschträume darstellen. »Dieser Mann ist gefährlich, vor allem auch als Bundeskanzler . . . Sein ausgeprägtes Machtbewußtsein darf, vor allem auch von Sozialdemokraten, nicht unterschätzt werden«, mahnt der niedersächsische Sozialdemokrat Gerhard Schröder im »Spiegel« vom 7. Oktober 1985. Wie »ausgeliefert« sich die Opposition dem Kanzler gegenüber sieht, exemplifiziert in geradezu komischer Weise eine Feststellung Hans-Jochen Vogels. Nach einer dpa-Meldung vom 13. März 1985 hat er sich öffentlich darüber mokiert, daß Kohl »ewig lache«.[20] Ihm ginge dies »auf die Nerven«, hat er gesagt und hinzugefügt, daß er sich frage, ob der Kanzler denn nicht »auch einmal ein Zeichen der Sorge und Betroffenheit erkennen lassen« könne, wenn im Bundestag über Not und Sorgen von Bundesbürgern gesprochen werde. Daß das SPD-Organ »Sozialdemokrat Magazin« im April dann eine Kritik an Kohl unter den Titel »Kohl lächelt zuviel« stellt, paßt ins Bild.

Die Argumente und Verhaltensweisen der Kohl-Gegner sind durchsichtig. Neid, Voreingenommenheit und Ergebnisse eigener Mißerfolge führen die Feder zumindest der gelegentlich publizierenden Politiker. Im »Spiegel« vom 7. Oktober 1985 bemüht sich der niedersächsische SPD-Bundestagsabgeordnete Gerhard Schröder, ein Kohl-Porträt zu skizzieren, wie er und seine politischen Mitstreiter es dargestellt sehen möchten. Für viele Bürger, so schreibt er herablassend hämisch, ist Kohl »ein politischer Tolpatsch«, der »Aussitzer vom Dienst« und der »entscheidungs- und führungsschwache Kanzler von Franz Josef Strauß' Gnaden«. Da Kohl trotz dieser propagandistisch stilisierten Negativ-Attribute im Oktober 1982 dennoch nicht nur Kanzler geworden ist, sondern trotz aller Anfechtungen auch bleibt, erscheint unerläßlich, die spezifischen Voraussetzungen zu fixieren, die dies erklären lassen. Und das sind aus der Sicht Schröders: »Unstillbare Lust an der Macht«, ein »erstaunliches Selbst- und Sendungsbewußtsein«, die »pfälzische Herkunft« des Kanzlers, seine angebliche »wein- und wurstselige Provinzialität« und seine »Fähigkeit, ›Freundschaften zu schließen und zu pflegen‹.« Die angesichts dieser »Argumente« schlechterdings unerläßliche Frage nach der Qualität der Opposition und ihrer Exponenten hat Schröder sich nicht gestellt.

Außerhalb Deutschlands gelten auch in dieser Zeit andere Kriterien. »Ein unpopulärer Helmut Kohl?«, fragt beispielsweise »L'Express« am 25. Oktober 1985 und prophezeit zuversichtlich: »Er wird die nächsten Wahlen wieder gewinnen!«

Im Vorfeld der am 15. Juni 1986 in Niedersachsen stattfindenden Landtagswahlen erscheint Kohl besorgt. Er wirkt barscher als sonst, aber

auch konzentrierter und entschlossener. Die SPD personalisiert den Wahlkampf und »holzt« gegen ihn. Willy Brandt wirft ihm Ende April vor,
durch seine abwartenden Äußerungen über den noch nicht entschiedenen
»Fall Waldheim« deutschen Interessen geschadet und sich in eine Debatte
eingemischt zu haben, die »nach Österreich« gehöre. Gerhard Schröder,
der sich bereits als sozialdemokratischer Ministerpräsident sieht, kündigt
für Mitte Mai sein »Programm der ersten 100 Tage« an und erklärt in einem
von »Bild am Sonntag« am 18. Mai veröffentlichten Interview: »Wenn ich
gewinne, heißt der neue Kanzler Stoltenberg ... Auch Lothar Späth
könnte ins Rennen kommen.« Volker Hauff, der stellvertretende Vorsitzende der SPD-Bundestagsfraktion, behauptet drei Tage vor der Wahl im
Informationsblatt 1169 der SPD-Fraktion: »Der Bundeskanzler nimmt
die Sorgen und Ängste der Bevölkerung nicht ernst.« Hans-Jochen Vogel,
der Vorsitzende der Fraktion, sieht Kohls Ablösung in Reichweite, bezichtigt ihn im Informationsblatt 1162, sich »mit falschen Zahlen« zu
»brüsten« und folgert: »Es ist ebenso entlarvend wie bedrückend, daß der
Bundeskanzler ... in seiner Angst vor der in Niedersachsen drohenden
Niederlage zu ... Manipulationen Zuflucht nimmt.« Und auch aus den
eigenen Reihen melden sich Kritiker, Zweifler, Querulanten und Besserwisser nörgelnd und lähmenden Pessimismus verbreitend zu Wort. Biedenkopf sinniert öffentlich, daß eine Wahlniederlage in Niedersachsen
möglich sei. Daß er dieses »Rauchzeichen«, wie besonders Hellhörige seine
Prognose bezeichnen, zugleich mit der Feststellung verknüpft, daß ein
Regierungswechsel in Hannover keineswegs Kohl »angelastet« werden
dürfe, ruft Erinnerungen an Rainer Barzels einstigen Treueschwur »Erhard
ist und bleibt Kanzler« wach und läßt sich zwanglos als Schlüsselwort
für die Chiffre »Kanzler-Wechsel« einordnen. »Viele reden« in der Union
über »die Auswechselung des Kanzlers ... hinter vorgehaltener Hand.
Andere suchen einen ›Mörder‹«, stellt Rüdiger Altmann im »Spiegel« vom
12. Mai 1986 fest. Despektierlichkeiten der Ministerpräsidenten Späth und
Albrecht werden nicht nur in Bonn kolportiert.

Um Objektivität bemühte Kritiker fragen sich, wieso die Erfolge Kohls
»zu wenig Zinsen tragen«, wie Otto B. Roegele im Rheinischen Merkur/
Christ und Welt vom 3. Mai 1986 einen Beitrag überschrieben hat.
»Machen Sie bitte einmal von all Ihrer Phantasie Gebrauch und stellen Sie
sich für einen Augenblick folgendes vor«, hat er seinen Lesern empfohlen

und festgestellt:»Nicht Helmut Kohl, sondern Willy Brandt hat Helmut Schmidt abgelöst. Die widerspenstig gewordene FDP wurde damals aus der Regierung verjagt und durch die Grünen ersetzt, von ein paar Überläufern verstärkt. Die rot-grüne Koalition hat es inzwischen fertiggebracht, die Inflation auf Null zu bringen, die Haushaltsexplosion zu verhindern, die Staatsverschuldung zu bremsen, die Renten zu sichern, die Handelsbilanz bis in die Nähe der japanischen zu verbessern, die Konjunktur anzukurbeln, die Wachstumsrate auf die vor einem Jahr noch für unmöglich erklärte Zahl 3,5 Prozent anzuheben. Wie klänge das öffentliche Echo in solchem Falle? Zustimmung, Begeisterung, ja Jubel kämen aus allen Richtungen.«

Doch eben diesen »Jubel« kann Kohl nicht als »Zins« verbuchen. Allerdings wird ihm Unterstützung von einer Seite zuteil, mit der er kaum hat rechnen können. Der »Spiegel« bescheinigt ihm am 12. Mai 1986, daß er »nicht bloß fest«, sondern »auch richtig« stehe und seine Partei im Griff habe. Die Querelen innerhalb der Koalition, die Profilierungssucht der FDP, die Streitsüchtigkeit der CSU und die Strauß-Querschüsse haben Kohl und der CDU zwar Probleme beschert; aber mit Übersicht und Ruhe hat er alles unter Kontrolle gebracht. »Helmut Kohl . . . verdient Anerkennung«, schreibt Rüdiger Altmann im »Spiegel« und fährt fort: ». . . die Koaliton hat wesentlich dazu beigetragen, die Wirtschaft zu ermutigen . . . In der Tat, auch für objektive Beurteiler unserer Situation gibt es gewichtige Gründe, die Fortsetzung des bisherigen Kurses über das Jahr 1987 hinaus zu wünschen. Die deutsche Politik braucht Kontinuität und Solidität, keine Ausschweifungen in unbestimmte Richtungen.« Die zur Zeit des Landtags-Wahlkampfes in der Öffentlichkeit diskutierte Frage, ob Kohl in der Lage sei, einen Wahlerfolg der Union bei der nächsten Bundestagswahl zu garantieren, scheidet die Geister. Kohl selbst ist zuversichtlich und erklärt, daß es zu ihm keine Alternative gibt. Er weiß, daß die Früchte seiner in ganz Europa »mit Neid« verfolgten Politik, wie Elie Marcuse in »L'Express« vom 14. März 1986 geschrieben hatte, schließlich auch bei der Bundestagswahl ins Gewicht fallen werden, und er weiß ebenso auch, daß sein sozialdemokratischer Gegenkandidat Johannes Rau als Ministerpräsident des am höchsten verschuldeten Bundeslandes nicht gerade viel auf die Waage bringen kann.

Wie Helmut Schmidts »Wunsch« von 1982, nach seiner bevorstehenden Abwahl nicht Helmut Kohl, sondern Gerhard Stoltenberg als Regierungschef im Kanzleramt zu sehen, nicht in Erfüllung gegangen ist, so verhält es sich auch jetzt. Gerhard Schröder verliert die Wahl. Der Bundeskanzler heißt nach wie vor Helmut Kohl. Das Ergebnis der Niedersachsen-Wahl vom 15. Juni 1986 ist zwar äußerst knapp für die CDU ausgegangen; aber Ernst Albrecht bleibt weiterhin Ministerpräsident. Die CDU hat 44,3 Prozent der Stimmen erhalten, die SPD 42,1 Prozent, die FDP 6 Prozent. Für die Grünen haben 7,1 Prozent votiert.

Einige Repräsentanten der SPD, die lauthals CDU-Werte unter 40 Prozent prophezeit hatten, erweisen sich auch nach dem 15. Juni weder als fair, noch als bereit und fähig, parteipolitisch orientierte Argumente aufzugeben. Kaum daß Kohl den vor der Wahl verklausulierten Schuldzuweisungen, Distanzierungen und nörgelnden Kommentaren aus den Reihen der Union die Spitzen hat abbrechen und Schadensbegrenzung hat vornehmen können, wirft der »Vorwärts« ihm am 28. Juni vor, »keinen Porzellanladen« auszulassen. Der »Beweis« richtet sich selbst. Kohl hatte in einem Gespräch mit dem Papst auf die Schwierigkeiten der in den polnisch besetzten Gebieten lebenden Deutschen und ehemaligen Deutschen hingewiesen und Korrekturen gewünscht, was Exponenten der SPD zum Anlaß nehmen, im »Vorwärts« zu höhnen: »Schließlich beklagte der Kanzler beim polnischen Papst, daß die Deutschen im heutigen Polen nicht auf Deutsch ›beichten können‹.«

Damit beginnt eine Kampagne gegen Kohl, die im Dezember 1986 in die Beschuldigung des »Sozialdemokrat Magazin« mündet: »Kohl macht Politik gegen das eigene Volk.« Anfang August 1986 unterstellt ihm Peter Glotz, der Bundesgeschäftsführer der SPD und einer ihrer profiliertesten Ideologen, die »geschichtslose Seelengesundheit des kleineren Bürgertums in Deutschland« zu repräsentieren und durch seine Feststellung: »Wir haben unsere Lektion aus der Geschichte gelernt«, die Tabu-Grenze im Zusammenhang mit dem Antisemitismus »gesenkt« zu haben, so daß »man«, wie es in einer dpa-Meldung vom 10. August heißt, »in der Bundesrepublik wieder antisemitisch ›plappern [könne], wie einem der Schnabel gewachsen‹« sei.[21] Helmut Kohl, der öffentlich erklärt hat, daß die »Geschichtswissenschaft . . . zunächst einmal versuchen« müsse, »ein ungeschmälertes, an den Quellen überprüfbares Bild der Vergangenheit zu erstellen und dabei dem wissenschaftlichen Ideal der Objektivität nahezukommen«, wird vorgeworfen, gemeinsam mit der von ihm geführten Bundesregierung und der Unionsfraktion hinsichtlich der Darstellung der deutschen Geschichte einer »neuen Restauration« das Wort zu reden und einer »nationalistischen Verengung des Geschichtsbewußtseins und der Produktion einer neuen Vergeßlichkeit« die Wege zu ebnen. »Soll in der Bundesrepublik Deutschland in identitätsstiftender Absicht«, so hat Glotz nach einem Bericht der Frankfurter Allgemeinen Zeitung vom 9. Oktober 1986 unter Hinweis auf eine vermeintliche »zweite Phase der Restauration« gefragt, »erneut ein staatstragendes Geschichtsbild durchgesetzt werden, das sich auf die preußisch-deutsche Nationalgeschichte bezieht und verengt?« Nach Glotz' Meinung ist Kohl dabei, im Vorfeld der Bundestagswahlen im Januar 1987 die »Tabu-Grenze« bewußt zu senken, »um am rechten Wählerrand Fischzüge zu veranstalten«.

Tatsache ist zwar, daß der Kanzler sich – wie die Repräsentanten und Funktionsträger aller politischen Parteien – jetzt verstärkt und unmittelbar bemüht, seiner Partei Wähler zuzuführen; aber Tatsache ist auch, daß es ihm darum geht, eine vertretbare politische Hygiene zu kultivieren. Seit Monaten wird öffentlich engagiert die Frage diskutiert, ob die deutsche Geschichte »als Geschichte« im traditionellen Sinne behandelt werden dürfe, oder ob die Historiker auf der »Singularität« der Verbrechen der NS-Zeit zu bestehen und alles andere als »eine Art Schadensabwicklung« oder »Entsorgung« darzustellen hätten, wie der Soziologe und Philosoph Jürgen Habermas es zwar griffig, aber verengend formuliert. Kohl hat im Herbst 1986 bei der Eröffnung des Koblenzer Bundesarchivs gesagt, daß das Wiedervereinigungsgebot der Präambel des Grundgesetzes für ihn »ein Kernstück unseres nationalen Selbstverständnisses« sei und ebenso dezidiert hervorgehoben, daß »sich die deutsche Geschichte ebensowenig wie die deutsche Nation teilen« lasse. Dies und seine Feststellung, daß er nicht daran denke, »die Staatsbürgerschaft der DDR anzuerkennen« und somit deutsche Landsleute »auszugrenzen«, haben voreingenommene Beobachter dazu verführt, ihn der Verteidigung nationalistischer Tendenzen zu zeihen.

Im Dezember 1986, einen Monat vor der Bundestagswahl, wartet das »Sozialdemokrat Magazin« schließlich mit der diffamierenden Behauptung auf, daß der Kanzler »seinen Amtseid« verletze und »Politik gegen das eigene Volk« mache. Horst Ehmke, der einstige sozialdemokratische

Staatssekretär, Justizminister und Leiter des Bundeskanzleramts unter
Willy Brandt, liefert die »Begründung«. Er zitiert eine angebliche Bemerkung Kohls gegenüber US-Präsident Ronald Reagan, dem der Kanzler
nach einem Bericht der »Welt« vom 16. November 1986 gesagt habe:
»Ron, wenn Sie die Nuklearsysteme von Europa abziehen, wird Krieg in
Europa wieder möglich.« Er bewertet diese Auffassung der meisten Militär-
strategen als »Perversion des Denkens« und identifiziert Kohl damit. Daß
der Kanzler dem SED-Regime den Spiegel vorgehalten und »von Konzentrationslagern in der DDR gesprochen« hat, bezeichnet der Sprecher
der SPD-Fraktion in den »Informationen der sozialdemokratischen Bundestagsfraktion« vom 11. Januar 1987 als »mutwillige« Gefährdung »der
schon erreichten Verbesserungen der Lebensverhältnisse der Menschen in
der DDR« und der »deutsch-deutschen Verständigung«.

Kohl, der seit 1976 an Diffamierungen, Unterstellungen, Beleidigun-
gen und Querelen jedweder Art gewöhnt ist, läßt sich nicht aus der Ruhe
bringen, zumal seine Kritiker und Gegner offen zugeben, daß es für
sie »zum guten Ton« gehöre, »sich über mangelnde Sachkompetenz
und Führungsschwäche des Regierungschefs zu mokieren«, wie Peter
Kutschke im »Vorwärts« vom 1. Juni 1985 offen eingesteht. Kohl ist jetzt
selbstsicherer als je zuvor. Während sich seine politischen Gegner und
Kontrahenten ihre Köpfe über die Frage zerbrechen, wie sie seine Karriere zumindest als Kanzler stoppen könnten, hat er insgeheim diszipliniert an sich gearbeitet. Im Wahlkampf für die am 25. Januar 1987 stattfindenden Bundestagswahlen müssen seine Kritiker erleben, daß er plötzlich
in einer Weise als Redner auftritt, wie sie es bis dahin noch nicht erlebt
haben. Allerdings sind es wiederum ausländische Medienvertreter, die
nicht den in Deutschland verbreiteten Denkmustern und Identifikations-
gelüsten folgenden Engländer, Franzosen und Amerikaner, die den neuen
Redestil Kohls zuerst registrieren. »Kohl hat zu reden gelernt«, schreibt
Jean-Paul Picaper, der an der Berliner Freien Universität habilitierte
Deutschland-Korrespondent des »Le Figaro«, in der Ausgabe seiner Zeitung vom 22. Januar 1986 und fragt: »Ist das der Mann ... den die
Sozialdemokraten in Anlehnung an die Daumierschen Karikaturen[22] der
Louis-Philippe-Epoche die ›Kohl-Birne‹ nannten?« Kohl zeichnet »ein
beeindruckendes Bild seines Landes, mit historischen und deutlich philo-
sophischen Bezügen. Mit Niveau. Und Gehalt«, hebt Picaper hervor.

Fünf Tage zuvor hat die britische Zeitung »The Economist« den deutschen Kanzler zwar als »Schönwetter-Kohl« bezeichnet, der seine »besten Jahre« möglicherweise bereits hinter sich habe, in ihm jedoch einen Staatsmann gesehen, der »wie Konrad Adenauer im Deutschland der fünfziger Jahre und Ronald Reagan bis letzten November in Amerika, die Stimmung in seinem Land reflektiert«. In der Bundesrepublik Deutschland ist es Fritz Ullrich Fack, der in der Frankfurter Allgemeinen Zeitung vom 23. Januar 1987 auf diese »Wende« aufmerksam macht. »Jahrelang haben sie ihn geschmäht«, schreibt er, »als ›Birne‹ verulkt und ihm ein angeblich unerschütterliches Talent zum ›Aussitzen‹ von Problemen vorgeworfen ... Jetzt plötzlich, es verschlägt einem fast den Atem, lesen wir's ganz anders. Man beginnt sich offenbar einzurichten, die Polemik war nutzlos ... Man hat ... offenkundig mit einigem Erstaunen renommierte ausländische Publikationen der letzten Zeit gelesen ..., die ein wesentlich differenzierteres Bild nicht nur der Republik, ihrer Befindlichkeit, ihrer wirtschaftlichen Gesundheit, ihres jugendlichen Elans und ihrer neuen Kulturbeflissenheit zeichnen, sondern die auch den Kanzler ganz anders abmalen, als das hierzulande bislang üblich war ... Auch der ›Tolpatsch der Nation‹ wird zurückgezogen – wie eine Art Gnadenerweis.«

Die Kampagnen haben nichts gefruchtet. Die Union geht am 25. Januar 1987 mit 44,3, die SPD mit 37 Prozent der Stimmen aus der Bundestagswahl hervor. Da Kohl die CDU/CSU-FDP Koalition fortsetzt, kann er mit der FDP, die 9,1 Prozent der Stimmen (0,8 Prozent mehr als die Grünen) erreicht hat, relativ sicher weiterregieren. »Ohne Risiko geht Helmut Kohl in die für heute anberaumte Kanzlerwahl«, stellt die SPD-nahe »Frankfurter Rundschau« am 11. März 1987 fest und folgert lapidar: »Aber was danach kommt, steht weiter in den Sternen.« Mit Strauß und Genscher hat Kohl in langwierigen Verhandlungen ein Arbeitsprogramm verabredet, das zunächst bis Ende 1990 gelten soll. 1982 hatte er seine erste Koalitionsregierung unter Zeitdruck bilden müssen. Jetzt läßt sich Zeit und plant einen angemessenen Spielraum für pragmatisches Handeln ein. Wer trotz aller anders gearteten Zeichen immer noch geglaubt hat, daß Strauß die Fäden gezogen und die Choralbücher geschrieben habe, aus denen Kohl nur zu singen brauche, muß spätestens jetzt erkennen, sich getäuscht zu haben. Kohl, der in der Phase sehr selten etwas »übers

Knie bricht«, ist seiner Strategie und Taktik gefolgt. Er hat seine Entscheidungen zunächst innerhalb der Partei, dann in der Fraktion und schließlich in Gesprächen mit dem Koalitionspartner vorbereitet, was ihn in den eigenen Reihen letztlich unangreifbar macht.

Die für viele naheliegende Frage »Was nun?« hat am 11. März auch Frederick Painton im »Hamburger Abendblatt« gestellt. Kohls salomonische Antwort: »Der Förster pflanzt einen Baum im Wissen, daß er selber nicht mehr da sein wird, wenn der Baum Schatten spenden kann. Er denkt in der Kontinuität von Generationen. Ich finde, daß wir vieles zu schnelllebig machen. Es wird zuviel aus der Hüfte geschossen, es wird zuviel unter den Aspekten des Tages und den Aspekten des Zeitgeistes entschieden.«

Die vom Wahlergebnis enttäuschte Opposition, die nicht warten will, sucht nach Argumenten, die ihr geeignet erscheinen, den Kanzler anzugreifen. Sie zieht Ereignisse an den Haaren herbei und bauscht sie zu gravierenden Affären staatspolitischen Ranges auf. Ende Juli 1987 beispielsweise, als Kohl sich in seinem Urlaubsort am Wolfgangsee befindet, fordert Hans-Jochen Vogel ihn öffentlich auf, Innenminister Friedrich Zimmermann zu entlassen, weil er sich im Zusammenhang mit der Aufnahme von vierzehn chilenischen Häftlingen nicht so geäußert hat, wie die Opposition es wünscht. Kohls Bemerkung, daß er dazu derzeit »keinen Kommentar« abgebe, stilisiert der Oppositionsführer nach dpa-Meldungen vom 28., 29. und 30. Juli sowohl zu einem Beleg für die Mißachtung der Menschenrechte[23] und die Unterstützung des berüchtigten Pinochet-Regimes in Chile als auch zu einer Pflichtverletzung, die einem »politischen Offenbarungseid« gleichkomme.

Daß Kohl in eben diesen Tagen vor einem rheinland-pfälzischen Untersuchungsausschuß im Sitzungssaal des Mainzer Landtages erklären muß, ob er als Ministerpräsident von Rheinland-Pfalz gewußt habe, daß beispielsweise die »Gesellschaft für Europäische Wirtschaftspolitik e. V.« und die »Staatsbürgerliche Vereinigung 1954« in den sechziger und siebziger Jahren als »Spendenwaschanlagen« gedient haben, werten die Gegner des Kanzlers im Vorfeld der Untersuchungen als willkommene Unterstützung. Doch Kohls Überlegenheit macht ihnen einen Strich durch die Rechnung. Wie enttäuscht sie sind, bekennt der »Vorwärts« vom 20. Juli 1985. »Der Kanzler kommt pünktlich«, berichtet Dirk Kurbjuweit und fährt fort: »Punkt zehn Uhr sitzt er auf dem Zeugenstuhl, wird belehrt, daß er ›gehalten ist, die Wahrheit zu sagen‹ … Er wirkt nervös … aber die Hände liegen ruhig auf dem Tisch. Nach der ersten Frage und Antwort ist das Wesentliche gesagt. War der Landesregierung zu Kohls Zeiten als Ministerpräsident in Rheinland-Pfalz bekannt, daß sogenannte Berufsverbände der Spendenbeschaffung für Parteien dienten? Kohls Antwort: ›Nein‹ – wie erwartet. Der Katalog der Fragen wird Punkt für Punkt abgehakt. Die SPD-Mitglieder des Ausschusses – und nur diese – bohren immer wieder nach Details. Das ist zwar ehrenhaft, doch zwecklos, und nicht immer von glücklicher Hand geleitet. Aber auch Otto Schily oder Dieter Spöri wären wohl an diesem Tag [an Kohl] abgeprallt.«

Daß Franz-Josef Strauß die Opposition durch eigene Querschüsse unterstützt, nimmt inzwischen kaum jemand mehr ernst. Form und Inhalt seiner Polemiken sind weder neu noch tatsächlich besorgniserregend. Gegenüber der »Bild«-Zeitung vom 11. August 1987 hat er alte Klischees aufgewärmt und doziert: »Probleme kann man nicht durch Aussitzen, Verschweigen und Ausschwitzen erledigen.« Anders verhält es sich mit den Irritationen, die aus den gezielten »Verlautbarungen«, links und rechts publizierten und diskutierten Mutmaßungen, Behauptungen und Gerüchten resultieren, daß Gerhard Stoltenberg bereitstehe, Kohl als Kanzler abzulösen. Doch die Basis, auf die Kohl sich stützen kann, ist so fest gefügt, daß er diesen Anfechtungen auf seine Weise widersteht. Die Öffentlichkeit hat erfahren, daß Kohls abwartendes Verhalten im Zusammenhang beispielsweise mit den von Reagan ausgelösten Diskussionen über SDI, mit der Einführung des Auto-Katalysators und mit der Senkung des Spitzensteuersatzes nicht nur kräfteschonende Politik bedeutete. Und sie kennt seine Maxime: »Wenn alle Welt von mir verlangt, etwas Bestimmtes zu tun, ist das für mich noch lange kein Grund, es zu tun. Ich muß selbst davon überzeugt sein.«

Nicht selten gebieten ihm die Umstände, das Amt und die Qualität der »Anträge«, bestimmte Vorwürfe zu ignorieren und über Provokationen und vorgeschützte Sachfragen schweigend hinwegzugehen. Ein Beispiel für viele: Am 23. Oktober 1987 wirft Volker Hauff, der stellvertretende Vorsitzende der SPD-Bundestagsfraktion, dem Kanzler im sozialdemokratischen »Pressedienst« vor, während des kurz zuvor stattgefundenen Staatsbesuches François Mitterrands in Aachen »zum wiederholten Male eine Chance« verspielt zu haben. Mutmaßungen, Unterstellungen und pure Spekulationen sollen den Vorwurf stützen. Es ist »nichts bekannt geworden darüber, ob Helmut Kohl am selben Tag François Mitterrand auf dieses deutsch-französische Problem [Festlegung der Grenzwerte für Radioaktivität in Lebensmitteln] auf europäischer Ebene angesprochen hat«, so lautet ein Indiz, das eine »Verurteilung« legitimieren soll, »Es ist auch nichts bekannt geworden darüber, ob Helmut Kohl ... Mitterrand auf die Konsequenz dieser Beschlüsse für den Warenaustausch an den Grenzen hingewiesen hat«, ein anderes. Die »Logik« spricht für sich. Kohl kennt die Substanz seiner Position. Was nicht wenige Beobachter bei ihm als Instinktlosigkeit, Naivität, Hilflosigkeit, Schwäche oder Arroganz der Macht auslegen, erweist sich in Wirklichkeit als pures Gegenteil. Seine Witterung und sein untrüglicher Instinkt für politische Entwicklungen suggerieren ihm meist zuverlässig, welcher Sensibilität es jeweils bedarf. Daß er im Umgang mit Freunden und Gegnern daher zuweilen spezifische Empfindsamkeiten vermissen lassen muß, paßt zwangsläufig ins Bild. Ebenso zwangsläufig ist, daß Kohls Strategie und Taktik der Opposition besondere Probleme bereitet. Hans-Jochen Vogel sieht sich zuweilen außerstande, auf traditionelle Weise konstruktive Oppositionsarbeit zu leisten. Er verteilt unter Bonner Journalisten Offene Briefe an den »sehr geehrten Herrn Bundeskanzler«, dem er auf diese Weise Vorschläge und Kritik zu unterbreiten versucht. Zusätzlich beantragt er im Deutschen Bundestag dann und wann eine »Aktuelle Stunde«, weil der Kanzler »auf seine Offenen Briefe nicht zu reagieren« pflegt, wie ihn die »Bonner Rundschau« vom 24. Februar 1988 sinngemäß zitiert.

Im September 1987 muß sich Kohl einer Situation stellen, deren Ergebnis ihn trotz seiner konsequenten Haltung die Sympathie vieler Anhänger kostet: Erich Honecker, der SED-Generalsekretär und Vorsitzende des Staatsrates der DDR, wird als »Staatsgast« in der Bundesrepublik Deutschland empfangen. Daß dem Kanzler die als Staatsakt inszenierte Begegnung nicht behagt, erfahren nicht nur seine nächsten Mitarbeiter und Vertrauten. Mit eisiger Miene empfängt er den Kommunisten und zeigt auch während aller Fernsehübertragungen demonstrativ, daß dieser Part der Pflichterfüllung ihm innerlich gegen den Strich geht. Honecker ist – allein innerhalb des vergangenen halben Jahres – andere Zusammenkünfte gewöhnt. Vor allem deutsche Sozialdemokraten haben ihn im Laufe der Zeit aus dem Abseits herausgeholt und seine deutschlandpolitischen Vorstellungen in ein Licht gerückt, das Kohl nicht hinzunehmen bereit ist. 1987 sind die SPD-Repräsentanten Hans-Jochen Vogel, Klaus von Dohnanyi und Oskar Lafontaine mit Honecker zusammengetroffen. Lafontaine im März, Vogel und Dohnanyi im Mai. Am 2. Juni 1987 schrieb die Ost-Berliner Zeitung:»Wie bereits bei den Treffen von Oskar Lafontaine am 12. März 1987 und Hans-Jochen Vogel am 15. Mai 1987 mit Erich Honecker im Berlin, bestand völlige Übereinstimmung darin«, daß»durch eine Politik der Verständigung« ein aktiver»Beitrag zur Entwicklung der Beziehungen zwischen beiden deutschen Staaten« geleistet werden solle. Die offizielle SED-Zeitung»Neues Deutschland« schrieb am 2. Juni 1987:»Erich Honecker und Klaus von Dohnanyi stimmen darin überein«, daß beide»deutsche Staaten . . . ihren aktiven Beitrag dazu« leisten sollten, Erich Honeckers Politik zu bestätigen.»Erich Honecker betonte«, so hieß es da,»die DDR werde ihre Politik der friedlichen Koexistenz gegenüber der BRD fortsetzen. Es müsse respektiert werden, daß es sich um zwei Staaten mit unterschiedlicher Gesellschaftsordnung und Bündniszugehörigkeit handele.« Die SPD-Repräsentanten»schmieren dem roten Wolf Teig um die Pfoten, von denen sie selbst gerissen werden«, schreibt der»Rheinische Merkur« am 4. September 1987 unmittelbar vor Honeckers Staatsbesuch in Bonn. Die SPD hat die in der Präambel des Grundgesetzes proklamierte Verpflichtung, die Einheit Deutschlands anzustreben und zu verwirklichen, längst abgeschrieben. Die innerdeutsche Politik ist für sie zum Selbstzweck geworden. Nach der Vorlage eines gemeinsamen Thesenpapiers von SPD und SED ist schwerlich möglich, Teilen der Sozialdemokratie weiterhin so etwas wie»Blauäugigkeit« zuzubilligen.

Helmut Kohl war am 6. Mai 1987 von der Ost-»Berliner Zeitung« gerügt worden, weil er während der 750-Jahrfeier Berlins in Berlin öffentlich erklärt hatte, daß Berlin *eine* Stadt sei, was weder die Exponenten des SED-Regimes noch die politische Führung der Sowjetunion akzeptieren konnten.[24] Was Kohl»dort zum besten gegeben hat«, schrieb die Zeitung,»läuft darauf hinaus, daß man in Bonn auf eine Politik der Vernunft verzichtet und, entgegen dem Geist der Zeit, dem Kurs der Konfrontation den Vorzug gibt. Durch den Mißbrauch der Berlin-Feierlichkeiten in Berlin (West) zur Bekräftigung der Bonner Politik auf Neufestlegung der europäischen Grenzen, durch seine Behauptung, die Bürger der DDR seien nicht frei, durch ihre Vereinnahmung als Bürger der BRD steigerte sich Kohl in die Rolle eines Politikers, der ... seine Kräfte maßlos überschätzt.«

Als der Bundeskanzler den protokollgemäß als »Seine Exzellenz« titulierten SED-Generalsekretär am 7. September 1987 zum gemeinsamen Essen in der Bad Godesberger »Redoute« als Gastgeber empfängt, muß Honecker sich öffentlich unmißverständliche Belehrungen und regelrechte Zurechtweisungen anhören. »Die Menschen in Deutschland«, sagt Kohl, »leiden unter der Trennung. Sie leiden an einer Mauer, die ihnen buchstäblich im Wege steht und die sie abstößt. Wenn wir abbauen, was Menschen trennt, tragen wir dem unüberhörbaren Verlangen der Deutschen Rechnung: Sie wollen zueinander kommen können, weil sie zusammengehören. Daher müssen Hindernisse jedweder Art abgeräumt werden. Die Menschen in Deutschland erwarten, daß nicht Barrieren aufgetürmt werden. Sie wollen, daß wir – gerade auch in diesen Tagen – neue Brücken bauen ... Künftige Generationen der Deutschen werden uns danach beurteilen, wie wir unter schwierigen Gegebenheiten mit den praktischen und moralischen Aufgaben fertig geworden sind, die uns die Teilung und die Sorge um den Frieden stellen.«

Honecker muß trotz des roten Teppichs, der im Innenhof des Kanzleramtes angetretenen Ehrenkompanie des Bonner Wachbataillons und der beiden Hymnen am Vormittag, zur Kenntnis nehmen, daß dieser Besuch nichts an den rechtlichen Grundlagen, politischen Bedingungen und politischen Zielen der Deutschlandpolitik Kohls ändern werde. »An den unterschiedlichen Auffassungen ... zu den grundsätzlichen Fragen, darunter zur nationalen Frage«, erklärt Kohl dem Gast unerbittlich, »kann und wird dieser Besuch nichts ändern. Für die Bundesregierung wiederhole ich: Die Präambel unseres Grundgesetzes steht nicht zur Disposition, weil sie unserer Überzeugung entspricht. Sie will das vereinte Europa, und sie fordert das gesamte deutsche Volk auf, in freier Selbstbestimmung die Einheit und Freiheit Deutschlands zu vollenden. Das ist unser Ziel. Wir stehen zu diesem Verfassungsauftrag, und wir haben keinen Zweifel, daß dies dem Wunsch und Willen, ja der Sehnsucht der Menschen in Deutschland entspricht.«[25]

Die nachträglichen Polemiken des SED-Politbüromitgliedes Werner Felfe im Neuen Deutschland vom 17. Dezember 1987 reflektieren

Wunschvorstellungen. »Die Tatsache«, so schreibt er nach Absprache mit Honecker, »daß das Staatsoberhaupt der DDR den internationalen Gepflogenheiten entsprechend mit Hymne, Staatsflagge und militärischem Zeremoniell in Bonn empfangen wurde, gibt wohl den Kommentatoren der Weltagenturen recht, daß sich damit ›der Realismus endgültig durchgesetzt hat‹. Träume sind Schäume. Das hat sich ein weiteres Mal erwiesen, besonders in bezug auf die Träumereien am Kamin über eine ›Wiedervereinigung‹. Das erkennen auch immer mehr die maßgeblichen politischen Kreise der BRD, der Kultur und des Geisteslebens. Die vom Genossen Erich Honecker betonte Wahrheit, daß sich Sozialismus und Kapitalismus ebensowenig vereinigen lassen wie Feuer und Wasser, ist nunmehr bereits überall ins politische Vokabular eingegangen.«

Die SED-Führung behauptet nach Honeckers Rückkehr aus der Bundesrepublik, daß sowohl durch das Protokoll als auch durch das Verhalten des Bundeskanzlers während der Bonn-Visite ihres Generalsekretärs nicht nur eine endgültige völkerrechtliche Anerkennung ihrer Auffassung demonstriert sei, sondern auch, daß eine neue Phase »in den bilateralen Beziehungen« zwischen den beiden deutschen Staaten« eingeleitet worden sei, für deren Wiedervereinigung es keinerlei Grundlagen gebe. Tatsächlich aber hat Kohl während des Honecker-Arbeitsbesuches keine seiner Auffassungen auch nur ansatzweise revidiert, was bereits seine Mimik und Körpersprache durchweg offenbar werden ließen. Wie er bei der Begrüßung am 7. September um 10 Uhr früh im Innenhof des Kanzleramtes, als die DDR-Hymne intoniert wurde, durch seine eisige Haltung den verlegenen Gast derart irritierte, daß er beim Erklingen des Preußischen Präsentiermarsches das Abschreiten der Ehrenkompanie nicht, wie in aller Welt üblich, von der Tête her beginnen wollte, sondern Anstalten machte, sich zuerst vor der Fahne zu verneigen, was bei derartigen Anlässen stets am Schluß zu geschehen hat, so verabschiedete der Kanzler ihn auch. Zwar wiederholte Kohl den von Pressefotografen und Kameraleuten gewünschten Händedruck noch einmal; aber dann drängte er Honecker zum Lift im Kanzleramt und entzog sich weiteren »Darstellungen«. Überschwenglichkeit sollte auch nicht einmal ansatzweise sichtbar werden.

Kohl hat – im Gegensatz zu den Behauptungen der DDR-Führung – unmißverständlich demonstriert, daß die deutsche Frage nach wie vor offen ist und auf der Tagesordnung bleibt. Um der Menschen in der DDR

willen ist er zu dem Meinungsaustausch mit Honecker bereit gewesen, wie
er bereits im Juli öffentlich erklärt hat. Zahlreiche politische Häftlinge
werden nach dem Honecker-Besuch aus DDR-Gefängnissen freigelassen.
Der Schießbefehl an der Grenze zur Bundesrepublik Deutschland wird –
zumindest vorübergehend – außer Kraft gesetzt. 1987 hat die Reisebewe-
gung von Ost nach West und zurück eine Bilanz erfahren, wie dies seit
dem Mauerbau von 1961 noch nicht der Fall gewesen ist. Fünf Millionen
DDR-Einwohner, eine Million mehr als 1986, haben in die Bundesrepublik reisen dürfen; nur 0,03 Prozent von ihnen kehren nicht wieder
zurück.[26] Über 500 Anträge auf Städte-Partnerschaften wurden registriert,
35 realisiert. Rund hundert Maßnahmen im Zusammenhang mit sportli-
chen Begegnungen, Jugend- und Kulturaustausch sind vereinbart und die
Rückführung von Kulturgütern in Gang gesetzt worden, die während des
Krieges verlagert worden waren.

Während die SPD-Führung das Ergebnis des Honecker-Besuches im
wesentlichen positiv würdigt[27], fordern Bundestagsabgeordnete der Grünen vom Kanzler, daß er endlich die DDR voll anerkenne und das in der
Präambel des Grundgesetzes postulierte Wiedervereinigungsgebot nicht
mehr als Verpflichtung ansehe.

Erich Honecker selbst, der seine Bonn-Visite öffentlich als Zenit seiner
politischen Karriere bezeichnet, ist seitdem bemüht, etwas von Kohls
internationalem Ansehen auf sich zu übertragen und sich als Politiker von
hohem Rang und Einfluß darzustellen. Am 16. Dezember 1987, drei
Monate nach seinem Empfang in Bonn, läßt er im Kanzleramt einen Brief
an Kohl in der Hoffnung übergeben, daß er ihn veröffentlichen lassen
werde. In Übereinstimmung mit seiner neuen Selbsteinschätzung hat er
darin geschrieben: »Das erfolgreiche Treffen zwischen Generalsekretär
Gorbatschow und Präsident Reagan vor wenigen Tagen in Washington ist
mir willkommener Anlaß, in Weiterführung unseres Dialoges . . . einige
Vorstellungen zu äußern. Zunächst möchte ich meiner Genugtuung darüber Ausdruck verleihen, daß es nicht zuletzt konkreten Beiträgen auch der
beiden deutschen Staaten zu danken ist, wenn das Abkommen über die
Beseitigung sowjetischer und amerikanischer Raketen mittlerer und kürzerer Reichweite zur Unterschriftsreife gebracht wurde . . . In diesem
Sinne hatten wir uns bereits während der Gespräche in Bonn . . . ausgesprochen. Gleiches gilt für erste verifizierbare Schritte auf dem Wege zu

einem umfassenden atomaren Teststopp. Mit großer Aufmerksamkeit verfolge ich Bemühungen Ihrer Regierung . . . Sie, Herr Bundeskanzler, sprachen darüber, ob die Deutsche Demokratische Republik und ihre Nachbarstaaten nicht auf die Modernisierung einiger Kurzstreckenwaffensysteme verzichten könnten. Ich darf Sie informieren, daß wir uns hierüber mit unseren Bündnispartnern konsultieren.«

Selbstbewußter als je zuvor Gleichrangigkeit im internationalen Rahmen vortäuschend und den Eindruck erweckend, daß Kohl sowohl den Status quo als auch die Deutschlandpolitik der SED-Führung akzeptiere, schreibt Honecker:»Die Deutsche Demokratische Republik und die Bundesrepublik Deutschland haben wiederholt ihr dringendes Interesse am baldigen Abschluß eines Vertrages über ein weltweites und verläßlich überprüfbares Verbot der Entwicklung, Herstellung, Lagerung und des Einsatzes chemischer Waffen bekundet . . . Es wäre gut, wenn Sie, Herr Bundeskanzler, Ihren Standpunkt . . . noch einmal überdenken würden.« Honecker schließt sein Schreiben mit der Feststellung:»Mit großem Interesse sehe ich . . . der Fortsetzung unseres Dialogs zu den Grundfragen unserer Zeit entgegen.«

Kohl kann das Jahr 1987 sowohl als Parteichef als auch als Kanzler mit der Gewißheit beenden, innerhalb der Union keinen Kontrahenten zu haben, der geeignet und in der Lage wäre, an seine Stelle zu treten. Und er kann als Regierungschef ebenso sicher sein, daß die FDP die Koalition nicht aufkündigen und womöglich in die Opposition gehen wird; es sei denn, sie wäre bereit, darin »umzukommen«.[28] Ähnlich sind die Karten für die CSU gemischt. »Königsmörder« haben auch zu der Zeit keine Chance. Kohl sitzt fest im Sattel. Die Wirtschaft floriert.[29]

Die SPD versucht zwar, Kohls Erfolge dadurch abzuwerten, daß sie sie als Ausflüsse der Ost- und Deutschlandpolitik der 1982 gescheiterten sozialliberalen Koalition darstellt, doch ihre Argumente spiegeln durchweg alte und abgegriffene Behauptungen oder Pauschalvorwürfe wider. »Alles in allem«, heißt es beispielsweise im »Service der SPD für Presse, Funk, TV« vom 11. Januar 1988, »die Bundesregierung steckt in einer tiefen Krise . . . Diese Koalition hat abgewirtschaftet« und beginnt das Jahr 1988 »mit einer umfassenden Konzeptionslosigkeit«. Unentwegter Streit in der Koalition und selbst innerhalb der Union, personelle Schwächen, »handwerkliche Fehler«, zunehmender »Realitätsverlust« und »ein chaotisches

Bild« in der Außenpolitik, werden von Hans-Jochen Vogel nach einer dpa-
Meldung vom 26. Januar 1988 als Ursachen »identifiziert«. Tenor und
Inhalt der Vorwürfe und Unterstellungen haben sich seit Jahren nicht
verändert, was bereits die – hier als Beispiele für viele zitierten – Presse-
Überschriften demonstrieren. »Führungsschwäche Kohls lähmt die Regierung«, hieß es beispielsweise im »Kölner Stadtanzeiger« vom 8. Juli
1985. »Das einzige Problem heißt Kohl. Krise der Bundesregierung als
Verfassungsorgan«, plakatierte der »Vorwärts« am 21. September 1985. »Die
Skandale der Regierung Kohl«, behauptete Vogel in der Neuen Ruhr-
Zeitung vom 15. Januar 1986, »beschädigen das Ansehen der Bundesrepublik und sind ein . . . Grund, diese Regierung abzulösen.« »Kohl führt
steuerpolitische Diskussion ins Chaos«, monierte der SPD-Bundestagsabgeordnete und Finanzexperte Joachim Poß nach einer dpa-Meldung
vom 20. Juli 1987. Zehn Tage später sprach Vogel von einer »Regierungs-
und Kanzlerkrise«. Im August 1987 warf er Kohl nicht nur »erschrek-
kende Kraftlosigkeit« vor, wie die »Frankfurter Allgemeine Zeitung« vom
12. des Monats berichtete, sondern meinte nach einer dpa-Meldung vom
26. August auch: Der »Kanzler wird zum Gespött gemacht«. Der Katalog
der Argumente, in denen meist nicht nur dem Tenor nach von einem
»beklagenswerten Zustand« der CDU oder der Bundesregierung die Rede
ist, verzeichnet nur wenige bemerkenswerte Kriterien.

Kohl stören solche Vorwürfe sowenig wie die stereotyp wiederholten und hämisch artikulierten Behauptungen, daß er sich wegweisend
als »Enkel Adenauers« bezeichnet habe. Daß die Urheber dieser sowohl politisch werbewirksamen wie zugleich auch für Herabwürdigungen
brauchbaren Feststellungen chinesische Medien waren, als Kohl sich vom
2. bis 14. September 1974 als rheinland-pfälzischer Ministerpräsident in
China aufhielt, hat Kohl weder jemals erklären noch kommentieren
lassen. Für die chinesischen Medien war Kohl 1974 nicht nur der politische Enkel des ersten Bundeskanzlers. Sie stellten ihn der Öffentlichkeit – offensichtlich infolge von Mißverständnissen – als leiblichen Enkel
Adenauers vor, was ihm angesichts der Tatsache, daß in China Familien-
traditionen höchsten Respekt genießen, große Sympathien eintrug.

Dennoch ist Kohl, der manchmal so dickfellig wirkt, nicht taub für
kritische Vorschläge, sobald sie Substanz und Qualität aufweisen. Und er
gibt nicht selten auch offen zu, sich geirrt und Fehler gemacht zu haben.

So sagt er beispielsweise am 13. Juni 1988 während des Bundesparteitages der CDU in Wiesbaden: »Ich habe auch Fehler gemacht in diesen eineinhalb Jahrzehnten gerade in diesem Amt..., aber ich habe versucht, mein Bestes zu tun. Und deswegen... wir ziehen weiter, egal, ob anonym oder offen dies oder jenes gesagt wird. Die Karawane zieht weiter.« Er hat sinngemäß wiederholt, was Helmut Schmidt am 3. Juni 1981 im Deutschen Bundestag unter dem Beifall der Koalitionsfraktionen gesagt hatte. Jetzt, im Sommer 1988, gelten offensichtlich jedoch andere Kriterien. Sighard Neckel beispielsweise meint in der SPD-nahen »Frankfurter Rundschau« vom 30. Juli: »Diese Machtformel wird gewählt, wenn einem das Wasser eigentlich bis zum Halse steht, die Selbst- und Fremdtäuschung über den noch verbleibenden Rest an Führerschaft daher um so unerläßlicher erscheint.« Entsprechend meint denn auch Hans-Jochen Vogel nach einem Bericht der »Abendzeitung« vom 6. August 1988: »Die Karawane bleibt stehen und die Hunde bellen weiter.« Andere Zeitungen indes, so beispielsweise die »Süddeutsche Zeitung« und die »Stuttgarter Zeitung« vom 6. August, erheben – auf einer dpa-Meldung fußend – Kohls Formulierung »zum Spruch des Jahres«.

Im Deutschen Bundestag reagiert Kohl auf Angriffe der Opposition meist souverän. Nachdem SPD-Chef Vogel beispielsweise am 24. Juni 1988 gesagt hat, daß die Kraft des Kanzlers »endgültig verbraucht und erschöpft« sei[30], antwortet Kohl ihm aus dem Stegreif:

»Ich kann den Kollegen Vogel sehr gut verstehen, daß er vor dem Ablauf des letzten Parlamentstages hier noch einmal vor allem seiner Fraktion deutlich machen will, was er erwartet, was er erhofft, was er sich erwünscht. Ich war ja sechs Jahre als Oppositionsführer jeweils vor der Sommerpause in der gleichen Lage; ich kann das alles nachempfinden.

(Heiterkeit und Beifall bei der CDU/CSU und der FDP)

Ich weiß auch, Herr Kollege Vogel, obwohl ich dieses Stilelement der Politik nie angewandt habe, daß Sie sich selber an jenen Katastrophengemälden berauschen können, die Sie uns von Zeit zu Zeit anbieten.

(Dr. Vogel [SPD]: Ach du lieber Gott!)

Ich habe mich aber nicht deswegen zu Wort gemeldet, denn zu den ganzen Vorwürfen ist wirklich nichts zu sagen.

(Heiterkeit und Beifall der CDU/CSU und der FDP – Lachen bei der
SPD – Roth [SPD]: Die können Sie ja einstecken!)
Es lohnt sich nicht. Wenn Sie nur einmal Ihre Ausführungen anläßlich
der Etatberatungen im vergangenen November und Ihre Prognosen zur
weltwirtschaftlichen Entwicklung nachläsen, wüßten Sie, wie abwegig
alle Ihre Thesen sind.
(Beifall bei der CDU/CSU und der FDP – Lachen bei der SPD)
Nichts, aber auch gar nichts von dem, was Sie prophezeit haben, ist
eingetreten.
(Kittelmann [CDU/CSU]: So ist es!)
Das ist es auch schon.«

Daß viele der Vorwürfe und Behauptungen der Opposition nicht gerade
tatsachengerechten Dokumentationscharakter haben und einander oft
sogar widersprechen, beweist Vogel am 24. Juni 1988 selbst in der 88.
Sitzung des Deutschen Bundestages, in der er einmal von seiner auf
Publizität bedachten Gewohnheit abweicht. »Wir Sozialdemokraten«,
sagt er da, ». . . anerkennen durchaus die Ansätze zur Erleichterung der
Schuldenlast der ärmsten Länder in Afrika«, und fährt fort: »Wir anerkennen auch, daß Sie, Herr Bundeskanzler, die ernsten Gefahren angesprochen haben, die sich aus der Zerstörung der Ozonschicht und einer
tiefgreifenden Veränderung des Klimas auf unserem Planeten ergeben . . .
Ebenso stimmen wir dem zu, was Sie heute morgen über den erfreulichen
Stand der deutsch-kanadischen Beziehungen gesagt haben. Wir sehen
auch – bei aller Sorge über andauernde Widersprüchlichkeiten, etwa auf
dem Felde der Agrarpolitik – Fortschritte im europäischen Einigungs-
prozeß und begrüßen sie. Wir begrüßen insbesondere, daß der Rat für
gegenseitige Wirtschaftshilfe und die Europäische Gemeinschaft ihre
Beziehungen durch eine inzwischen paraphierte gemeinsame Erklärung,
die Berlin einschließt, nunmehr normalisieren . . . Das kann der zweiten
Phase der Entspannungspolitik, für die wir konsequent eintreten, einen
zusätzlichen Impuls geben und das gemeinsame europäische Haus, in
dem wir – das dürfen wir nicht vergessen – ja nur einen Flügel bewohnen,
wohnlicher und zugänglicher machen.«[31]
In Februar 1988 hat Kohl in Washington – nach der gescheiterten
Gipfelkonferenz in Kopenhagen – als Ratspräsident der Europäischen

Gemeinschaft[32] Meinungsverschiedenheiten ausgeräumt, die der Allianz gefährlich hätten werden können. Er hat – von außenpolitischer Fortüne schier verwöhnt –, zwei unterschiedliche, außerordentlich bedeutsame Kompromisse mit den Verbündeten zu schließen vermocht, im Februar mit großer Energie und ebenso großer Diplomatie die Europäische Gemeinschaft in Brüssel vor der seit vier Jahren drohenden Zahlungsunfähigkeit bewahrt, dem Dutzend Regierungen in der Gemeinschaft wieder eine Zukunft eröffnet[33] und in Washington zusammen mit US-Präsident Reagan Konfliktstoffe im nordatlantischen Verteidigungsbündnis ausgeräumt. Die Regierungen in Brüssel, Paris, Rom, London, Den Haag, Kopenhagen, Athen, Dublin, Madrid, Lissabon und Luxemburg, bezeugen ihm ihren ungeschmälerten Respekt für seine unvorhersehbaren Erfolge als Ratspräsident der Gemeinschaft. Bei alledem sind – dank Kohl – die deutschen Interessen, die Verhinderung der Nachrüstung der in der Bundesrepublik Deutschland stationierten US-Kurzstreckenraketen, gewahrt geblieben. Im Deutschen Bundestag dankt Alfred Dregger dem Kanzler am 28. Februar 1988 unter dem Beifall der Koalitionsfraktionen mit den Worten: »Die unter Ihrem Vorsitz getroffenen Entscheidungen der Staats- und Regierungschefs haben der Europäischen Gemeinschaft eine Zukunftsperspektive gegeben. Für all das danken wir Ihnen. Wir beglückwünschen Sie, Ihren Außenminister, den Kollegen Genscher, und uns alle dazu.«

Einen wesentlichen Teil der Rahmenbedingungen für Kohls Politik bestimmen 1988 unter anderem der Preisverfall beim Erdöl, der Subventionsbedarf des deutschen Steinkohlenbergbaus, der Verfall des Dollars und die Schuldenkrise der Dritten Welt. Außenpolitisch steht er nicht unter Druck. Innenpolitisch allerdings sind die Karten für ihn nicht ganz so gut gemischt. Zwar lassen ihn unerwartet günstige Wirtschaftsdaten als »Kanzler im Glück« erscheinen, wie der »Spiegel« es am 12. September 1988 formulierte, doch das Glück ist nicht lupenrein. Während das Bruttosozialprodukt im ersten Halbjahr 1988 um 3,9 Prozent gestiegen ist und höhere Überweisungen von der Bundesbank zu erwarten sind, gibt es Querelen innerhalb der Koalition, die Hans-Jochen Vogel so aufbauscht, daß er meint, mit einer Vertrauensfrage im Bundestag gegebenenfalls einen Regierungswechsel erzwingen zu können. Daß das Verhältnis Kohl-Genscher gegenwärtig ein wenig abgekühlt erscheint, hat eigene Ursachen. Einerseits fehlt beiden die Zeit für einen ständigen Kontakt, anderseits hat sich gezeigt, daß sie besser zur Geltung kommen, wenn sie getrennt agieren.

Kohl, der sich auf seinen sicheren Instinkt verläßt, nimmt den Theaterdonner zwar nicht sonderlich ernst; aber noch vor seinem Sommerurlaub nutzt er die für ihn günstige Situation zur Bereinigung innerparteilicher Schwierigkeiten mit heimlich agierenden Kontrahenten, die gewöhnlich »aus den Büschen« auf ihn zu »schießen« pflegen, wenn sie meinen, daß er etwas versäume oder irgendwie erfolglos ist. Wer versucht hat, sich auf Kosten des im ersten Halbjahr 1988 besonders strapazierten Kanzlers unangemessen zu profilieren und Sonderinteressen geltend zu machen, wird zur Ordnung gerufen.

Als er sich im Juli, rund einen Monat nach dem CDU-Bundesparteitag in Wiesbaden, überraschend noch einmal den Medienvertretern stellt, unmittelbar bevor er nach Sankt Gilgen in Urlaub geht, wittern viele von ihnen »sensationelle« Neuigkeiten. Von der Ankündigung einer bevorstehenden Regierungsumbildung und von Kursänderungen ist die Rede. Doch nichts dergleichen geschieht. Kohl bestätigt, daß alles bleiben wird, wie es ist. Der Ärger mit der Steuerreform, mit den Diskussionen um das Flugbenzin und um die Gesundheits- und Rentenreform[34], bleiben zumindest vorerst weitere Alltagsthemen. Nichts deutet bei Kohls Auftritt darauf hin, daß er eine tatsächliche Krise oder gar Diskussionen um sein Amt befürchte. Im Gegenteil! Kurs und Zeitplan seiner Regierung sollen beibehalten werden.

Nach seiner Rückkehr vom Wolfgangsee, wo er sich gut erholt hat, widmet er sich intensiv einer Angelegenheit, die er zuvor vor allem aus zeitlichen Gründen vernachlässigen mußte. Er konnte nicht wie beispielsweise Margaret Thatcher in England, die gravierenden Reformen, die Steuer- und die Gesundheitsreform, selbst so herausstellen, wie es angesichts der Konsequenzen aus diesen Maßnahmen notwendig gewesen wäre. Die Konsequenzen sind nicht ausgeblieben. Die Bemühungen der jeweiligen Ressortverwalter, die Entscheidungen als unumgänglich zu interpretieren, haben nicht den Effekt erzielt, denen Erklärungen des Kanzlers beschieden gewesen wären. Die Bevölkerung ist – vor allem von den ehemaligen Kanzlern Brandt und Schmidt – daran gewöhnt, die Regierung vom Bundeskanzler werbewirksam »dargestellt« zu sehen.

Kohl, der solide »Bürgerkanzler«, der regiert und Bundestagswahlen gewinnt, ist überzeugt, daß nicht propagandistisch effektvoll dargebotene Floskeln und Versprechungen, sondern ausschließlich reale Leistungen der Regierung zählen, will weder »Medienkanzler« sein noch das darbieten, was die Angelsachsen »Performance« nennen. Angesichts der Tatsache, daß Konservative und Liberale vom Staat und von der Regierung weder Sinngebungstheorien noch Begeisterungsermunterungen erwarten, sondern ein Mindestmaß an Ordnung, vernünftige Rahmenbedingungen und Stabilität, verkörpert er als Regierungschef die Vorstellungen, die in der breiten Öffentlichkeit dominieren. Aufreibende und nutzlose politische Emphasen überläßt er den Linken und ihren Ideologen.

Kaum je zuvor hat eine Bundesregierung innerhalb von zwei Jahren so viel »auf die Beine gestellt« wie Kohl und sein Kabinett seit 1986. Die Reformen, die Sicherheitsgesetze, die Änderung des Betriebsverfassungsgesetzes, die Bereinigung des Verhältnisses zur Sowjetunion und das massive Engagement für Europa, sind nur einige der Leistungen, die diese Feststellung rechtfertigen. Was Kohls Regierung in der Zeit ankündigte, hat sie durchgesetzt. Hans-Jochen Vogels sarkastische Bemerkung vom 22. November 1988 im Deutschen Bundestag, daß »die wichtigsten Impulse für die positive wirtschaftliche Entwicklung vom Verfall der Ölpreise ausgingen«, von »einem Geschehen« also, »für das wohl noch nicht einmal Sie [Kohl] ein Verdienst in Anspruch nehmen wollen«, ändert nichts am Sachverhalt.

Kohls gelegentliche Gegner innerhalb der eigenen Reihen stehen wieder nahezu geschlossen hinter ihm. »CDU-Generalsekretär Heiner Geißler war, nicht lange ist es her«, schreibt der »Spiegel« am 12. September 1988, »immer dann zumindest verständnisvoller Zuhörer, wenn Parteifreunde den CDU-Regierungschef als faul, inkompetent und ungerecht beschimpften. ›Der kann's nicht‹, wurde zum geflügelten Geißler-Wort über Kohl.« Jetzt legt Geißler in der Präsidiumssitzung der CDU dar, wie er 1989 die Europa-Wahl gewinnen zu können hofft. Nicht seine eigenen Überlegungen, sondern Kohls Leistungen für den europäischen Binnenmarkt und sein »Gesamtwerk« sollen entsprechend herausgestellt werden. Die Gesundheitsreform und die Rentenreform »ziehen wir jetzt durch«, erklärt der Kanzler, der die Skeptiker innerhalb der eigenen Reihen rundum überzeugt und mit seinem Wort dafür einsteht, daß die Renten

sicher sind und die Gesundheitsreform »greift«. »Auch die Bundestagsab-
geordneten wickelte der Kanzler ein«, kommentierte der »Spiegel« in der
erwähnten Ausgabe und fuhr fort: »Zwar ist den flugbenzingeschädigten
Parlamentariern gar nicht wohl bei dem Gedanken, demnächst in ihren
Wahlkreisen – trotz der besseren Kassenlage des Bundes – höhere Steuern
und steigende Gesundheitskosten vertreten zu müssen ... Aber die
Abgeordneten jubelten dann ihrem Kanzler zu, als er ihnen versprach:
›Ich gewinne die Bundestagswahl 1990.‹«

Im Oktober 1988 besucht Kohl die Sowjetunion, wo er im Moskauer
Kreml mit Michail Gorbatschow verhandelt. Am 24. Oktober erklärt er
dort zum Unbehagen und Mißfallen der Oppositionsparteien in einer
öffentlichen Ansprache hinsichtlich seiner Hoffnungen und Bestrebungen, die Wiedervereinigung Deutschlands verwirklichen zu können: »Es
geht um Fortschritte für die Menschen, die sie ganz persönlich und
spürbar erleben können. Wir erwarten deshalb, daß das Wiener KSZE-
Folgetreffen ohne Verzug ein substantielles, ein ausgewogenes Schlußdo-
kument beschließt, das eindeutige Verbesserungen bringt. In diesem Prozeß, der die alten Wunden unseres Kontinents heilen und seine Menschen
zusammenführen soll, muß es auch für die Deutschen möglich werden,
die Teilung ihres Vaterlandes friedlich zu überwinden, so wie dies bei
Unterzeichnung des Moskauer Vertrags im ›Brief zur deutschen Einheit‹[35]
zum Ausdruck kam. Wir wissen, daß das Ziel der Einheit nur mit
Zustimmung der für Deutschland als Ganzes verantwortlichen Mächte zu
erreichen sein wird. Für uns sind Krieg und Gewalt kein Mittel der Politik.
Dennoch bleibt wahr: Diese Teilung ist widernatürlich. Und der Zusammenhalt der Deutschen ist eine geschichtliche, eine menschliche Realität,
an der auch die Politik nicht vorbei kann. Wir achten die bestehenden
Grenzen, doch wir wollen, daß alle Deutschen – wie alle Europäer – ihr
Schicksal frei wählen und in gemeinsamer Freiheit zueinanderfinden
können.«

Rund ein Jahr später beginnt diese Vision, die seit Mitte der sechziger
Jahre kontinuierlich Kohls politisches Handeln auszeichnet, Realität zu
werden. Alle diejenigen, die ihm realitätsfremd und voreingenommen
unterstellt haben, im Gegensatz etwa zu Adenauer und Brandt ein Kanzler
ohne Visionen zu sein, müssen sich spätestens seitdem eingestehen, sein
Bild kraß verzeichnet zu haben.

Nachdem im November 1988 nach Franz Josef Strauß' plötzlichem Tod der amtierende CSU-Landesgruppenchef Theo Waigel Parteivorsitzender der CSU geworden ist, kann der Kanzler davon ausgehen, daß es künftig nicht mehr irritierende Show-Kämpfe zwischen München und Bonn geben werde.[36] Die Opposition bereitet dem Regierungschef kaum ernsthafte Probleme. Die Sozialdemokraten sind, auch wenn sie sich unter Hans-Jochen Vogel konsolidiert haben, in eine Sackgasse geraten und wissen nicht recht, welchen Kurs sie in der Wirtschaftspolitik einschlagen sollen. Entscheidungen über eine Öffnung zur politischen Mitte gibt es bei ihnen sowenig wie klare Personaldefinitionen.

Helmut Kohl ist optimistisch, auch wenn das schlechte Bundestagswahlergebnis von 1987 an der Basis und unter der Bevölkerung ebenso nachwirkt wie CDU-Schlappen bei Landtagswahlen. Daß er auch jetzt über keinen Kanzlerbonus verfügt, belastet ihn nicht. Die Verhältnisse sprechen für ihn. Selbst seine politischen Gegner müssen zugeben, daß er derzeit stärker als je zuvor ist. Er kann sich leisten, Minister zu ernennen, ohne zuvor mit der Fraktion, mit der Partei und dem Generalsekretär Absprachen getroffen zu haben. Er geht »ins siebte Jahr seiner Kanzlerschaft, und vom Ende seiner Regierungszeit redet niemand mehr«, schreibt die »Zeit« vom 6. Januar 1989 unter der Überschrift »Ein Kanzler wie ein Eichenschrank«.

Schwierigkeiten gravierenden Charakters bahnen sich indes innerparteilich hinsichtlich der Beziehungen zwischen dem Parteivorsitzenden und dem Generalsekretär an. Zwar hat das Gespann niemals so reibungslos funktioniert, wie diejenigen meinen, denen unbekannt geblieben ist, daß es Differenzen beispielsweise bei der Besetzung von Führungspositionen im Konrad-Adenauer-Haus und hinsichtlich der Kanzlerkandidatur von 1980 gegeben hat; aber Kohl hat doch auf die Loyalität Heiner Geißlers zählen können. Jetzt jedoch wird allgemein offenbar, daß es die erforderliche Einheit an der Parteispitze nicht mehr gibt. Die Verbindung hat sichtlich unüberbrückbare Risse bekommen.

Der Generalsekretär, der sich in jüngster Zeit gelegentlich – wenn auch halb scherzhaft – als »Geschäftsführender Vorsitzender der CDU«[37] bezeichnet, scheint diesen Status tatsächlich anzustreben. Die in der Vergangenheit oft demonstrativ bekundete Loyalität und Solidarität ist einer Entfremdung gewichen, die in bestimmten Phasen einer Beziehung zu

gleichen beginnt, in der der herangewachsene Schüler seinem alten Lehrer
Lebensweisheiten aufzudrängen versucht. Geißler ist nicht der Typ, der
unentwegt »Sekretär« sein kann, ohne seine Mentalität und Charakterstruktur zu verraten, Kohl nicht der Mann, der sich legitime Macht-
positionen nehmen, abwendbare politische Entscheidungen aufzwingen
oder von Funktionsträgern seiner Partei öffentlich belehren läßt. »Die
Spannungen zwischen Adenauer-Haus und Kanzleramt sind notorisch«,
schreibt die »Frankfurter Allgemeine Zeitung« vom 23. August 1989 und
folgert: »Und Geißler – der Funktion nach der Dienende – hat wenig dazu
getan, diesen Zustand zu beenden oder wenigstens zu mildern. Im Gegenteil.«

Geißler, vom Naturell her eine streitbare und starke Führerpersönlich-
keit mit intellektuellen Ansprüchen, Ecken und Kanten, löckt zunehmend gegen den Stachel. Da er genau weiß, daß Kohl nicht nur Kanzler
und Parteivorsitzender in Personalunion bleiben, sondern sich auch die
ihm nach § 29 des Statuts der CDU eingeräumte alleinige Befugnis zum
Vorschlag des Generalsekretärs nicht nehmen lassen will[38], können einge-
weihte Beobachter seine Attacken gegen Kohl nur als gezielte Herausforderungen verstehen. So veröffentlicht die Wochenzeitung »Die Zeit« am
28. Oktober 1988 ein Interview mit Geißler, in dem der Generalsekretär
auf die Frage, ob er »noch einmal als Generalsekretär kandidieren« werde,
ohne weitere Differenzierung mit »Ja« geantwortet hat. Da statutsgemäß
niemand aus eigenem Ermessen für das 1967 geschaffene Amt kandidieren
kann, muß Kohl dies als gezielte Desavouierung seiner Machtbefugnisse
auffassen. Doch er weist Geißler noch nicht zurecht. Erst als dieser fünf
Tage später, am 2. November 1988, im Adenauer-Haus vom »National-
staat . . . in den Grenzen von 19XY« redet und damit einmal mehr öffentlich empfindlich provokatorisch auf sein Amtsverständnis aufmerksam
macht, zwingt Kohl ihn zur Räson. Geißler muß sich in einer Erklärung
zu den deutschlandpolitischen Rechtsstandpunkten der Union bekennen.

Kohls Geduld ist nahezu am Ende. Am 7. November 1988 schreibt er
Geißler einen Brief, in dem er ihm mitteilt, daß er überlege, ob er ihn beim
nächsten Bundesparteitag (im September 1989) noch einmal für die Wahl
zum Generalsekretär der CDU vorschlagen solle. Sein Fazit: Ändert sich
die Zusammenarbeit nicht in seinem Sinne, muß Geißler damit rechnen,
von seinem Parteiamt entbunden zu werden.

Die Warnung kann der Generalsekretär nicht mißverstehen. Kohl meint in einem von den Westfälischen Nachrichten am 24. Dezember 1988 veröffentlichten Interview zwar noch einmal beschwichtigend, daß Querelen um Ämter und Positionen »ein Problem der menschlichen Natur seit Adam und Eva« seien; aber dies heißt für ihn nicht, daß er bereit ist, auch weiterhin mit einem Generalsekretär zusammenzuarbeiten, von dem der Geißler-Vorgänger Bruno Heck nachträglich in der »Bonner Rundschau« vom 9. September 1989 sagt, daß er »in seiner Verantwortung gegenüber dem Vorsitzenden nicht immer von Loyalität getragen« gewesen sei. Programmierte Reibungen und laute Querelen, am Parteichef vorsätzlich vorbei inszenierte Erklärungen und Maßnahmen, müssen die Führungsqualität des Vorsitzenden zwangsläufig in Frage stellen. Kohl kann sich nicht leisten, den ihm von Geißler vor die Füße geworfenen Fehdehandschuh einfach liegen zu lassen. Täte er es, liefe er Gefahr, ohne Zwang nicht nur eine merkliche Dezimierung seiner Machtbefugnisse als Vorsitzender der CDU hinzunehmen, sondern zugleich auch seine Position als Bundeskanzler zu gefährden.

XII

»NUN IST ER DIE CDU«

Helmut Kohl, der erste Mann der CDU, sieht sich außerstande, die Auffassungen des zweiten Mannes der Partei, des Generalsekretärs, weiterhin zu akzeptieren und zu decken, soweit es dessen Legitimations- und Aufgabenverständnis hinsichtlich des von ihm seit 1977 ausgeübten Amtes betrifft. Heiner Geißler geht von der Vorstellung aus, daß sich die Inhalte der CDU »klar« von den Definitionen und Konzepten unterscheiden müssen, die von den Koalitionspartnern für richtig gehalten werden, was letztlich heißen muß, daß die Aufgabe des CDU-Generalsekretärs darin zu bestehen hat, stets Kontrastprogramme zu publizieren und sie als Parteiprofil auszuweisen. Quintessenz von Politik, wie er sie in seiner Funktion sieht, kann nicht in der Erfüllung der Erwartung liegen, die Geschlossenheit der Partei zu bewirken. Er ist überzeugt, daß der Generalsekretär seine politische Legitimation von der Partei erhält, so daß der Vorsitzende der CDU nicht beanspruchen dürfe, Anweisungen prinzipieller Art zu erteilen. Eine uneingeschränkte Unterstützung des Kanzlers, wie Kohl sie fordert, hält er mit seinem Selbstverständnis für unvereinbar.

Am 25. Mai 1983, während des ersten Bundesparteitages der CDU nach den März-Wahlen und des ersten Parteitags als Regierungspartei seit 1968, hatte Geißler noch erklärt, daß »die wichtigste Aufgabe« der Partei darin bestehe, »die Arbeit des Bundeskanzlers und die Arbeit der Regierung zu unterstützen«. Nun wähnt er sich verletzt und ist offenbar überzeugt, daß die seit zwanzig Jahren bestehende Freundschaft vom Kanzler ohne stichhaltige Ursachen und ohne Anlaß aufgekündigt worden ist. Daß Kohl, dem als Vorsitzendem der CDU satzungsgemäß das alleinige Vorschlagsrecht zusteht, nicht mit einem alten Streitgefährten brechen, sondern um der gemeinsamen Sache willen lediglich eine nüchterne

Personalentscheidung treffen muß, scheint ihm schwer verständlich. Er personalisiert den Sachverhalt einseitig und setzt sich bald öffentlich massiv mit Argumenten zur Wehr, die primär als Kritik am Führungsstil des Kanzlers und an den Mängeln der Unionspolitik erscheinen, wobei ihm ein von seinem Vorgänger Kurt Biedenkopf schon nach dem CDU-Einbruch bei den Berliner Wahlen[1] formuliertes Memorandum und eigene Analysen aus derselben Zeit die Kriterien liefern.

Biedenkopf hat in einer achtseitigen Analyse zum Sturm auf Kohl geblasen, dem er persönlich vorwirft, als Parteivorsitzender eine negative Bilanz vorlegen zu müssen. Nicht weniger eigenwillig und eigenständig als Geißler und ebensowenig wie dieser ein einfacher »Gefolgsmann«, sieht er sich durchweg auf Geißlers Seite und unterstützt ihn demonstrativ durch öffentliche Kritik an Kohl als Parteichef, dem er im gleichen Atemzug jedoch sowohl innenpolitische Erfolge als auch »beachtliche außen- und europapolitische Leistungen als Bundeskanzler« attestiert. In der Süddeutschen Zeitung vom 23. August 1989 stellt er beispielsweise fest: »Das Land ist in guter Verfassung. Von der CDU läßt sich das nicht behaupten. Sie hat in den letzten Jahren Schaden genommen.« Als verantwortliche Instanz identifiziert Biedenkopf den Parteivorsitzenden. »Kohls CDU-Bilanz ist erschreckend negativ«, schreibt er, »verkrustet, verbonzt, veraltet und verschuldet ist die Partei. Innerparteiliche Gegner, ›die hinter den Büschen lauern‹, verweigern nach Ansicht des Vorsitzenden die geschuldete Loyalität.«

Ähnlich wie Biedenkopf urteilt auch sein Nachfolger Geißler, der sich bemüht, beider »Bestandsaufnahmen« entsprechende Konsequenzen folgen zu lassen. Biedenkopfs Bemerkung vom 24. August 1989 im »Stern«, daß in der Partei »seit längerem Überlegungen zur Ämtertrennung angestellt« worden seien, trägt letztlich auch die offizielle Parole des von Kohl enttäuschten Generalsekretärs. Geißlers Plan: Halbierung der Macht Helmut Kohls. Er soll zunächst erst einmal auf sein Parteiamt als erster Vorsitzender der CDU verzichten, was angesichts der bekannten Losung Kohls, in jedem Fall sowohl das Amt des Kanzlers als auch das des Parteivorsitzenden in Personalunion beibehalten zu wollen, ein Problem aufwirft, wie es im November 1988 in Kohls Stammland Rheinland-Pfalz in Geißlers Gegenwart erstmals in der Bundesrepublik aufgetaucht und gelöst worden ist. Dort war der seit zwölf Jahren regierende Ministerpräsident Bernhard Vogel am 2. Dezember vom Amt des Regierungschefs zurückgetreten, nachdem sich am 11. November auf dem Koblenzer Parteitag der Landes-CDU 258 von 447 Delegierten[2] für den in Rheinland-Pfalz als Umweltminister fungierenden Herausforderer Hans-Otto Wilhelm als Parteivorsitzenden entschieden hatten.

In Koblenz hatte Geißler sich massiv hinter seinen Freund Bernhard Vogel gestellt und die Delegierten vor der Stimmabgabe gefragt, ob denn jemand ernsthaft annehmen könne, daß ein vom Volk und vom Landtag gewählter Ministerpräsident sein Amt weiterzuführen in der Lage sei, wenn seine Partei ihm das Vertrauen entzöge. Vogel, der zuvor erklärt hatte, daß er an beiden Ämtern festhielte, stand zu seinem Wort und trat zurück. Daß »ein langjähriger Ministerpräsident von seiner Partei abgewählt wurde, ohne daß diesem persönliche Verfehlungen oder gravierende politische Mißerfolge vorzuwerfen gewesen wären«, wie Peter Haungs 1989 in der Dezember-Nummer der »Zeitschrift für Parlamentsfragen« ausdrücklich hervorhob[3], war ein bis dahin einmaliger Vorgang.

Für Geißler jedenfalls gibt es 1989 damit ein bereits praktiziertes Modell, das gegebenenfalls abgewandelt werden kann. Zusammen mit seinem Führungsstab hat er im Februar, nach dem Verlust der Regierungsverantwortung in Berlin, ein Geheimpapier formuliert, in dem der Bundesregierung unter anderem vorgeworfen wird, daß über die Grundlinien ihrer Politik in großen Teilen der Bevölkerung Unklarheit herrsche, der Wertebezug für viele Wähler nicht erkennbar und die »Darstellung der Politik der Bundesregierung ... in den vergangenen Jahren nicht wesentlich verbessert« worden sei. Geißlers Stoßrichtung ist klar.

Nicht nur Kohl-Sympathisanten müssen erkennen, daß es dem Generalsekretär jetzt primär darum geht, den Kanzler und Parteivorsitzenden in äußerst schlechtem Licht erscheinen zu lassen. Daß dabei persönliche Animositäten eine wesentliche Rolle spielen, können Geißlers Dialektik und Sprachstil nicht verbergen. Da der Kanzler nicht gerade wenige Gegner hat, kann Geißler sicher sein, Sympathisanten und Mitstreiter zu finden, die er gar nicht erst eigens um ihre Hilfe zu bitten braucht. Zudem kann er davon ausgehen, in der Stunde der Not im Adenauer-Haus mehr als nur loyale Parteifreunde um sich zu haben. Durch eine hausinterne Verfügung stellt er in der Bundesgeschäftsstelle die Weichen. Er weist die leitenden Mitarbeiter an, seine Terminpläne, die er selbst ihnen gegenüber weitgehend geheimhält, nicht außerhalb der Parteizentrale bekannt werden zu lassen. Der Bundeskanzler und Parteivorsitzende soll unter keinen Umständen erfahren, wo der Generalsekretär sich aufhält, mit wem er konferiert, telefoniert und korrespondiert – und was er jeweils im Detail plant.

In der nächsten Phase seiner Konspiration sucht Geißler nahezu alle Spitzenvertreter der Union auf. Da er ihre jeweilige Geschichte, ihre Beziehungen zu Kohl, ihre persönlichen Wünsche, Vorstellungen und Probleme besser als jeder andere Funktionsträger der Union kennt, hat er ein relativ leichtes Spiel. Seine Argumente hinsichtlich einer Trennung des Amtes des Parteivorsitzenden von dem des Bundeskanzlers und dessen vermeintliche Überbelastung durch die Personalunion lassen sich komplikationslos als Ursache für bestimmte Mängel und Probleme darstellen. Kohl hingegen erscheint eine Ämtertrennung nicht akzeptabel, weil er auf die Unterstützung der Partei angewiesen ist. Daß die Trennung des Parteiamtes von dem des Staatsamtes dem Parteivorsitzenden größere Möglichkeiten zur Profilierung der Partei bietet, ist mit Recht umstritten. Dem in der Parteibasis fest verankerten Kohl, der prinzipiell mit einer »Mannschaft« führt, müssen derartige Überlegungen zwangsläufig abwegig erscheinen.

Da Kohl definitiv erklärt hat, unter keinen Umständen auf eines seiner beiden Ämter zu verzichten[4], ist Geißler überzeugt, ihn durch ein Votum des CDU-Präsidiums zum Rücktritt treiben zu können. Seine Zurückweisung des Kanzler-Angebots, ihm als Ersatz für den Posten des Generalsekretärs das Innenministerium zu übertragen, ist mehr als bloße Trotzreaktion. Er ist offensichtlich überzeugt, sowohl in der CDU-Führung als auch in der Basis der Partei so fest verankert zu sein, daß er es auf ein Duell mit dem Parteivorsitzenden ankommen lassen könne. Hilfstruppen auf höchster Ebene vermutet er genug zu finden.

Ernst Albrecht regiert in Niedersachsen mit nur einer Stimme Mehrheit. Er hat nichts zu verlieren, wenn er von Hannover nach Bonn wechselt. Darüber hinaus nagt in ihm die Erinnerung, 1980 von Kohl nicht als Kanzlerkandidat und 1983 nicht als Kandidat für das Amt des Bundespräsidenten durchgesetzt worden zu sein. Daß Albrecht reserviert auf die Erfolge und das strahlende Ansehen seines Kollegen Späth in Stuttgart blickt, darf Geißler als eine zusätzliche besondere Voraussetzung

auf seine Habenseite setzen, nachdem der niedersächsische Ministerpräsident sich nicht offen dazu entscheiden kann, selbst gegen Kohl
anzutreten. Geißler hält Albrecht zwar für einen im Regierungsgeschäft
erfahrenen, berechenbaren Mann mit Stehvermögen und Entscheidungsfreudigkeit; aber er kann ihn nicht dazu bringen, gegen Kohl den Hut in
den Ring zu werfen. Rita Süssmuth, die Bundestagspräsidentin, die dem
Kanzler einst von Geißler nachdrücklich empfohlen worden ist, verfügt in
der Öffentlichkeit zwar über ein bemerkenswertes Ansehen und gilt als
besonders charismatisch; aber es wird ihr von Kritikern auch unterstellt,
gern spontan zu reagieren und nicht sonderlich standfest zu sein. In ihren
öffentlichen Äußerungen hält sie nicht hinter dem Berg und läßt ahnen,
daß ihr die in sie gesetzten Erwartungen schmeicheln. Norbert Blüm,
eines der »Ziehkinder« des Kanzlers aus frühen Tagen, verhält sich un-
durchsichtig.

So bleibt Geißler letztlich Lothar Späth als Speerspitze gegen Kohl.
Von ihm lanciert, wird Späth bereits im Frühjahr 1989 öffentlich als
»Ersatzkanzler« aufgebaut, der von sich aus um Hilfstruppen werbe. Der
Öffentlichkeit wird zielgerichtet suggeriert, daß es nun an Späth liege,
Unbill abzuwenden. Richtungweisend heißt es in der »Zeit« vom 14. April
1989: »Um Erhards Nachfolge bewarben sich 1966 vor der Unionsfraktion
Eugen Gerstenmaier, Gerhard Schröder, Rainer Barzel und Kurt Georg
Kiesinger. Was immer man über jeden von ihnen denken mochte – alle
vier galten als Bewerber von Statur. Wenn heute außer Späth keiner mehr
genannt wird, dann ist auch dies ein Teil der alarmierenden Krise, in der
die Union steckt.«

Diejenigen indes, mit denen Geißlers Coup gegen Kohl zum Zuge
kommen soll, sind dieser Ansicht nicht. Sie fühlen sich falsch eingeschätzt
und nutzen die Ambitionen des Generalsekretärs insgeheim in ihrem
Sinne. Kohl soll zwar veranlaßt werden, sie mehr zu respektieren, Späth
jedoch eindeutig um seinen Nimbus gebracht werden. Der Artikel muß
ihr Selbstbewußtsein und ihre Selbsteinschätzung empfindlich treffen. »In
die ehrenvolle, aber alles andere als beneidenswerte Rolle eines Ersatz-
kanzlers«, hat Robert Leicht in der »Zeit« geschrieben, »ist Lothar Späth
durch schiere Subtraktion geraten. Ernst Albrecht, Walter Wallmann,
Gerhard Stoltenberg – sämtliche Unionspolitiker, denen vormals Kanz-
lerqualitäten in der Nachfolge Kohls zugeschrieben wurden, sind inzwi-

schen ausgemustert.« Spekulationen und Mutmaßungen jedweder Version beginnen die Runde zu machen. Leichts Formulierung, daß Späth nach den bevorstehenden Europawahlen im Juni oder beim CDU-Parteitag im September im Falle eines Scheiterns Helmut Kohls durch »Subtraktion« als einziger Unionspolitiker Nachfolgekanzler werden könne, nährt sie.

Am 28. März 1990 erinnert sich Späth: »Für mich gab es eine Phase, in der ich mich wirklich geärgert habe, daß Kohl beispielsweise während der steuerpolitischen Entwicklung vor meiner Landtagswahl dauernd dieser Kleinkrämerei der gesamten Finanzverwaltung nachgegeben hat und am Schluß auch damit einverstanden war, daß die Steuerreform selbst die Kriterien berücksichtigen sollte, die die Beamten im Grunde nur als ihre Meinung über ›Ungerechtigkeiten‹ skizziert hatten. Und diese Skala reichte vom Jahreswagen bis zur Quellensteuer. Aus dieser Zeit resultierte bei mir eine gewisse Enttäuschung, weil der Kanzler ja sah, wie ich kämpfen mußte.«

Geißler und seine »Mitstreiter« wußten, wie sehr Späth sich 1988 bemüht hatte, Argumente zu finden, die ihm nach seiner Meinung beim Wahlkampf in Baden-Württemberg Erfolge eintragen sollten. Sein Programm war, was Geißler und seinem Anhang offensichtlich entgegenkam, nicht frei von Oppositionscharakter gewesen. Auch Späth selbst sah sich in dieser Phase als Oppositioneller. Im März 1990 sagte er: »1988 war eine Situation entstanden, die mir großen Ärger aufbürdete und mich schließlich bewog, in diese Oppositionsrolle zu schlüpfen. Denn in Baden-Württemberg war in der Phase mit der Bonner Politik keine Wahl zu gewinnen. Hinzu kam: Im Januar hatten wir zum Beispiel Kompromisse in der Steuerreform vereinbart, so zum Beispiel im Zusammenhang mit dem Jahreswagen, der für die Facharbeiter von Daimler eine große Rolle spielte. Und da sagte Kohl dann: ›Gut, wir machen den Kompromiß mit.‹ Mitten im Wahlkampf wurde ihm eröffnet, daß die FDP nicht mitmache, weil vergessen worden sei, dies mit den Freien Demokraten abzusprechen. Damit kam ich in die Rolle, die sich nach der Wahl auch in der Öffentlichkeit immer mehr verfestigt hat. So etwas verselbständigt sich. 1989 sahen wir nach den Wahlen in Berlin und Hessen[5] wirklich nicht gut aus. Ich gehörte zwar zu denen, die das immer wieder kritisiert haben, aber ich habe – öffentlich im Mai – deutlich gesagt, daß ich nie gegen den Parteivorsitzenden und Bundeskanzler antrete.«

In den Ostertagen 1989 tragen – was der Presse rasch bekannt wird – Mitarbeiter der baden-württembergischen Landesvertretung in Bonn dem Kanzleramt zu, daß Geißler, Albrecht, Süssmuth und Späth Pläne schmieden, Kohl zu entmachten. Unmittelbar nach der Rückkehr aus dem Osterurlaub bildet er das Kabinett um: Stoltenberg wird Verteidigungsminister, Schäuble Innenminister.

Seinem sicheren Machtinstinkt folgend, fährt Kohl, um das Klima zu testen, im April zunächst zum Bezirkstag der südbadischen CDU – der ihn emphatisch feiert – und geht Ende des Monats dann nach Karlsruhe, wo der Landesparteitag der baden-württembergischen CDU stattfindet. Er ist zwar überzeugt, wie sich seine nächsten Mitarbeiter 1990 erinnerten, daß die Partei hinter ihm stehen würde, wenn zwischen ihm und Geißler entschieden werden müßte; aber er meint doch, daß es gut sei, dies auch durch seine unmittelbare Präsenz in Karlsruhe zu demonstrieren. Dort mahnt Späth die Delegierten in Anwesenheit des Kanzlers, »endlich mit dem Jammern« aufzuhören, und ruft sie auf: »Wir müssen selber wieder wissen, was wir wollen und wohin wir wollen, dann können wir dem Bürger auch wieder ein glaubwürdiges Bild bieten.« Er weist auf die Regierungserklärung Kohls vom 27. April hin und sagt nur, daß er ihm für »diesen Blick nach vorn« danke. Aufmerksamen Beobachtern fällt die karge »Danksagung« des für seine Offenheit gerühmten Ministerpräsidenten auf. So stellt beispielsweise die »FAZ« vom 29. April fest: »Weitere Worte des Lobes oder des Dankes für den Bonner Regierungschef enthielt Späths vorbereitete Rede nicht.« Späth, der nach den Wahlschlappen der CDU in Berlin und Frankfurt eine Wahlanalyse des Kohl-Kontrahenten Biedenkopf auf dem Tisch hat, hält sich betont zurück. Noch im Mai erklärt er dem Kolumnisten Mainhardt Graf Nayhauß, daß er »nie gegen Kohl antreten« würde. Mir gegenüber ergänzte er am 28. März 1990: »Warum hätte ich gegen den Parteivorsitzenden und Bundeskanzler antreten sollen? Das durchschnittliche Parteimitglied wäre doch dadurch in eine unerträgliche Zerreißprobe geraten.«

Kohl ist die Unruhe an der Basis nicht entgangen. Nicht nur Späths Bonner Leute haben geredet. Als Pater Streithofen am 3. Mai in Ratingen bei Düsseldorf im »Droste-Kreis« vor geladenen Gästen über die Lage der CDU referiert, spricht ihn ein CDU-Bundestagsabgeordneter an und erklärt: »Nach der Europawahl im Juni steht doch der Putsch bevor!« Am nächsten Tag ruft Streithofen den Abgeordneten an und fragt ihn, was er denn mit der Bemerkung gemeint habe – und auf wen er sich dabei berufe. Der Abgeordnete berichtet ihm, daß Rita Süssmuth ihm kürzlich im Bundestag auf seine Frage, ob die Gerüchte denn stimmten, geantwortet habe: »Warum nicht!«

Am 5. Juni 1989 fordert Kohl während einer Sitzung des CDU-Parteiausschusses massiv und energisch, endlich mit der Nörgelei und Miesmacherei aufzuhören und darauf zu verzichten, aus Profilierungssucht die eigene Person der Partei und dem »Ganzen« vorzuziehen. »Darüber kann es keinen Zweifel geben«, erklärt er, »daß es weder für den einzelnen – und hier spreche ich auch von mir – noch für die Partei auf Dauer zumutbar ist, daß einzelne sich in dieser Form fortdauernd selbst an die Rampe stellen und nicht an die Folgen denken.« Daß seine Kritik nicht zuletzt – und vor allem – auch Heiner Geißler treffen soll, ist nicht zu überhören. So moniert er während dieses »kleinen Parteitages«, daß nur sieben Prozent der CDU-Mitglieder jünger als 35 Jahre alt seien und in einigen Kreisverbänden »kein einziges Mitglied jünger als 25« wäre. Kein CDU-Mitglied der Bundestagsfraktion sei jünger als dreißig Jahre, die Präsenz von CDU-Mitgliedern in den Kirchen und Betrieben ebenso unzureichend wie die Beteiligung der Frauen in politischen Bereichen. Nach den Europawahlen vom 18. Juni, so signalisiert er, werde sich die Partei mit diesen Problemen auseinanderzusetzen haben.

Die Kritik trifft Geißler und die Parteizentrale im Adenauer-Haus, in dem Kohl seit einiger Zeit nicht gerade zahlreiche loyale »Freunde« zu haben scheint. Sie, die »Abtrünnigen«, wissen selbstverständlich, daß er seine »Pappenheimer« genau kennt, was wiederum bedingt, daß sie die vom Generalsekretär spätestens seit Anfang des Jahres vorangetriebene Geheimdiplomatie gegenüber dem Kanzleramt noch mehr zu differenzieren versuchen. Nachdem die Geißler-Sympathisantin Rita Süssmuth öffentlich im CDU-Pressedienst Defizite in der Frauenpolitik moniert hat, signalisiert der Kanzler das unaufschiebbare Ende des Burgfriedens. Während eines Telefongesprächs mit dem Parteisprecher Merschmeier erklärt er – nach Information des »Spiegel« – unter anderem: »Einer von euch muß doch Verstand haben, dazu hockt ihr doch da ... Ihr macht von morgens bis abends Dreck ... Man meint wirklich, ihr seid alle geisteskrank. Man meint gerade, ich bin von Verrückten umgeben ... Fahrt in die Südsee, auf die Fidschi-Inseln, das wäre für die Partei einigermaßen nützlich.«

Im Wahlkampf für die Europawahlen am 18. Juni 1989 »holzt« Geißler nicht nur gegen den Radikalismus von links und rechts, sondern auch gegen die SPD und verprellt durch seine überzogenen Kanonaden selbst liberale Parteifreunde, was Kohl nicht gleichgültig sein kann. Daß gravierende Wahlverluste der Union Wasser auf Geißlers Mühlen leiten würden, gilt weithin als logische Konsequenz.[6] Seine aggressiv unorthodox artikulierten Argumente sprechen für sich. Der Schriftsteller Mario Simmel, der in der SPD-Zeitung »Vorwärts« geschrieben hatte, daß er »zum Kotzen« fände, wie sich CDU und CSU im Zusammenhang mit den Rechtsradikalen verhielten, ist für ihn ein »Schmierfink im Dienste der SPD«, die er als Verräter an Freiheit und Demokratie bezeichnet. Konservative Unionsmitglieder, die ihm vorwerfen, rechte Wähler abzustoßen, linke jedoch nicht zu gewinnen, fragen sich, wohin er steuere. Selbst die mit Geißler sympathisierende und in seinem Sinne zu Aktionen gegen Kohl ermunternde Rita Süssmuth hält seinen Stil nicht für nutzbringend. Politische Freunde wie Elmar Pieroth, Heinrich Weiss, der ehemalige Vorsitzende des CDU-Wirtschaftsrates, und Hansheinz Hauser, der mittelständische Sprecher der Unionsfraktion im Bundestag, wenden sich offen von ihm ab. Die nationalkonservativen Wähler schockt er mit seiner spöttischen Bemerkung über »Deutschland in den Grenzen von 19XY«. Nicht wenige Kritiker verdächtigen ihn, vorsätzlich aus dem Ruder zu laufen und »es wohl nur Helmut Kohl zeigen« zu wollen. Für die Sozialdemokraten, die ihn mit der Union identifizieren müssen, wird er zu einem Gegner, mit dem eine gemeinsame Politik unmöglich erscheint. Willy Brandt nennt ihn den »schlimmsten Hetzer seit Goebbels«, Erhard Eppler »den perfidesten Politiker dieser Republik«.

Kohl dagegen kann zwei Wochen vor den Europawahlen während des NATO-Gipfels in Brüssel bemerkenswerte Punkte für sich buchen. International steht er jetzt, nach dem von ihm maßgeblich initiierten Kompromiß über die atomaren Kurzstreckenraketen, bei den anderen Staats- und Regierungschefs in höchstem Ansehen. Die Forderungen Margaret Thatchers, neue Atomraketen in die »Modernisierung« einzubeziehen, auf Verhandlungen mit dem Osten über diese Waffen zu verzichten und eine dritte Null-Lösung nach dem Abbau der atomaren Mittelstreckenraketen auszuschließen, sind ein für allemal abgeblockt. Zudem wird Kohls Einfluß auf US-Präsident Bush zugeschrieben, daß die USA – um der Sowjetunion entgegenzukommen – bereit sind, bei den bevorstehenden Verhandlungen in Wien über Abrüstungsabsichten nun auch über Flugzeugträger, Kampfhubschrauber und Truppenstärken zu sprechen und Truppenverminderungen in Europa anzubieten.

Unmittelbar vor der Europawahl bescheinigen ausländische Medien dem deutschen Kanzler besonderes diplomatisches Gespür und Geschick. »Die westdeutsche Regierung«, so schreibt beispielsweise Robert J. McCartney am 16. Juni 1989 in der »International Herald Tribune«, hat »diese Woche insofern einen schwierigen Seiltanz erfolgreich absolviert, als sie einerseits Michail S. Gorbatschow bei seinem richtungweisenden Besuch einen warmen Empfang bereitete, ohne andererseits die Angst der Amerikaner zu schüren, Bonn könne sich von der westlichen Allianz abwenden. Damit haben Prestige und Einfluß Westdeutschlands in den Ost-West-Beziehungen einen langersehnten großen Schritt vorwärts getan; die Rolle Westdeutschlands als die bedeutendste Macht Westeuropas ist weiter gefestigt ... Kohl legte auch die Bonner Bedenken im Hinblick auf die Berliner Mauer, die Teilung Deutschlands und die sowjetische Überlegenheit im Bereich der konventionellen Streitkräfte und der nuklearen Kurzstreckenraketen dar.«

Das Ergebnis der Europawahlen vom 18. Juni 1989: CDU/CSU 37,8; SPD 37,3; FDP 5,6; Grüne 8,4; Republikaner 7,1 Prozent. In Baden-Württemberg ist die CDU zwar mit 39,3 Prozent als Siegerin hervorgegangen, hat jedoch – im Vergleich zu den Europawahlen von 1984 – 11,6 Prozent verloren und damit mehr als jeder andere CDU-Landesverband eingebüßt. Beobachter schreiben diese Verluste unmittelbar nach der Wahl dem Konflikt zwischen Späth und dem Bundeskanzler zu. »Das ist das Risiko dessen, der sich mit der launischen Diva Politik einläßt«, sinniert beispielsweise Wulf Reimer in der Süddeutschen Zeitung vom 21. Juni und meint: »Bis zum vergangenen Sonntag konnte Lothar Späth in vollen Zügen den ihm vorauseilenden Ruf eines Reservekanzlers der Union genießen. Nun, nachdem die Europawahlen mit einem Einbruch der CDU im Südwesten endeten, während die Kohl-Partei im Bund mit einem blauen Auge davongekommen ist, muß der Stuttgarter Ministerpräsident das Odium des gestrauchelten Kronprinzen fürchten.«

Tatsächlich jedoch hat das Wahlergebnis Späth mehr genützt als geschadet.[7] Er ist die ihm aufgedrängte Rolle eines »Reservekanzlers« los, was Geißler und einige seiner »Mitverschwörer« allerdings nicht hindert, ihn dennoch insgeheim und gegen seinen Willen gegen Kohl auf den Schild zu heben. Hätte die baden-württembergische CDU bei den Europawahlen besser abgeschnitten als in den anderen Bundesländern, wäre die nicht nur aus dem Adenauer-Haus gesteuerte Kanzler-Ministerpräsident-Konfrontation vermutlich schon im Sommer mit Konsequenzen eskaliert, die während des Bremer Parteitages der CDU im September 1989 keine maßgebliche Rolle mehr spielen konnten.

Zu Beginn des Jahres 1989 hatten 62 Prozent der vom Allensbacher Institut für Demoskopie befragten Manager die Bundesregierung als »stark« bezeichnet. Anfang Juli, nach den öffentlichen Auseinandersetzungen der CDU-Führungsspitze, sind nur noch 32 Prozent dieser Auffassung. 65 Prozent meinen nun, daß die Regierung »schwach« sei. Kohl allerdings wollen 50 Prozent der Führungskräfte aus der Wirtschaft, Politik und Verwaltung, einem Kanzler Späth vorgezogen sehen, für den sich 37 Prozent entschieden haben.

Eigentlich hätten die Kohl-Kontrahenten und Geißler-Sympathisanten, die ganz offensichtlich andere Ziele als der Generalsekretär verfolgten, einen wesentlichen Aspekt ihrer Ambitionen verwirklicht sehen können. Das strahlende Image des sowohl in Deutschland als auch im Ausland besonders renommierten CDU-Ministerpräsidenten schien sichtlich lädiert. Doch die Dinge entwickelten sich anders, als sie sie – in Unterschätzung Kohls – vorausgesehen hatten. Späth »erholt« sich bald. Kohl erntete respektierlichen Beifall aus dem Ausland. »Helmut Kohl verließ Paris [nach dem Wirtschaftsgipfel vom 14. bis 16. Juli] mit einem Gefühl der Genugtuung«, kommentierte »Le Figaro« vom 17. Juli und fuhr fort: »Zu einer Zeit, in der in der Bundesrepublik seine Popularität einen Tiefpunkt erlebte, konnte er in Paris einen Prestigeerfolg verbuchen. Er war es, der seinen Partnern ein gemeinschaftlich erstelltes Hilfsprogramm für die Länder Osteuropas vorschlug. Wenn auch Jacques Delors für das Zustandekommen dieses Programms verantwortlich ist, so war es doch Kohl, der ihm die Idee eingab. Den Wünschen des Kanzlers kommt diese Koordinierung westlicher Bemühungen entgegen. Während der letzten Jahre praktizierte die deutsche Regierung eine sehr aktive Politik der

Öffnung nach Osten und ist heute ihren Partnern darin um einige Nasen-
längen voraus.«

Als Kohl vier Tage später mit seiner Frau nach Sankt Gilgen am
Wolfgangsee fährt, um dort – wie alljährlich – in einem gemieteten
Ferienhaus seinen Jahresurlaub zu verbringen, kann er sicher sein, daß
zumindest außenpolitische Probleme ihm die Muße nicht vergällen werden. Der »Schweizer Rundfunk« hat ihm am 27. Juni nach dem Madrider
EG-Gipfel bescheinigt, derjenige gewesen zu sein, der »die Kohlen ...
aus dem Feuer holte« und eine »womöglich verheerende zweite britisch-
französische Konfrontation in der Schlußrede verhindert« habe. Dies
und die bereits vor den Europawahlen publizierten Elogen unter anderem
in der spanischen Tageszeitung »El País« vom 11. Juni, Michail Gorbatschows Lob in einer ARD-Sendung vom 12. Juni, die respektvol-
len Herausstellungen im »Christian Science Monitor« vom 15. Juni, in
»Le Monde« und im »Figaro Magazine« vom 17. Juni, sind für den Kanzler
Polster und Sicherheit suggerierender Schutzwall zugleich.

Innenpolitisch und innerparteilich sieht Kohl die Situation nicht anders. Die stereotyp kolportierten Gerüchte über bevorstehende Regie-
rungsumbildungen, über neue Entscheidungen und Maßnahmen im Zusammenhang mit der Steuerreform, der Flugbenzin-Diskussion und der
Gesundheits- und Rentenreform, belasten ihn nicht sonderlich. Über
Hans-Jochen Vogels Drohung der letzten Tage, im Bundestag die Vertrauensfrage stellen und die Abwahl Kohls in die Wege leiten zu wollen,
macht er sich lustig und belehrt den Oppositionsführer auf dem Wege
über Zeitungsgespräche wie beispielsweise in der »Welt« vom 21. Juli, daß
das Grundgesetz einen derartigen Schritt gar nicht zulasse. »Viele haben
den Kanzler schon unterschätzt und haben sich korrigieren müssen«, hat
Joachim Neander in der »Welt« geschrieben und prophezeit: dieser Kanzler »wird möglicherweise auf sehr vielen Gebieten gegenüber seinen
Kritikern recht behalten«. Daß dies der Fall ist, erweist sich sehr bald.

Am 21. August 1989, unmittelbar nach seiner Rückkehr aus dem Urlaub
am Wolfgangsee, bestellt Kohl Heiner Geißler zu sich ins Kanzleramt
und eröffnet ihm, daß er ihn nicht wieder zum Generalsekretär vorschlagen werde, weil die nötige Vertrauensbasis nicht mehr vorhanden sei.
Überrascht konnte über diesen Schritt nur sein, wer bestimmte Tatsachen
ignoriert oder nicht gekannt hat. Selbst Hans-Jochen Vogel hatte den

Kanzler beispielsweise schon am 25. Februar 1988 im Bundestag süffisant vor dem Generalsekretär gewarnt: »Verlassen Sie sich darauf, Herr Bundeskanzler«, hatte er gesagt, »der nächste Schlag kommt bestimmt. Herr Geißler hier, Herr Strauß dort. Sie werden keine Ruhe bekommen. Wir können uns auf diese Herren verlassen.« Geißler, dem »Bild am Sonntag« am Tag vor Kohls Eröffnung noch attestiert hat, daß seine Position sicher sei, bittet den Kanzler, mit dem er sich duzt, sich den Schritt noch einmal zu überlegen. Er ist offensichtlich überzeugt, daß Kohl diesen Trennungsakt nicht riskieren werde. Doch Kohl will nicht mehr zurück. Ohne Absprache mit dem CDU-Präsidium erklärt er, daß er Geißler für das nach dem Vorsitzenden wichtigste Amt innerhalb der CDU nicht erneut vorschlagen werde – und nominiert nach öffentlichem Rätselraten über den Nachfolger[8] schließlich den erheblich jüngeren Volker Rühe. Da er nach der CDU-Satzung befugt ist, dem Parteitag einen Kandidaten seiner Wahl vorzuschlagen, tut er dies auf die ihm eigene Weise, auch wenn Lothar Späth später meint, daß »das nicht eigentlich Kohls Stil« sei.

Geißler, der für die Rückschläge der CDU in Berlin und Hessen meist soziale Defizite verantwortlich gemacht hat, obwohl seine Partei – und dies nicht zuletzt auch auf sein Drängen hin – zahlreiche aufwendige Errungenschaften wie beispielsweise das Erziehungsgeld und den Erziehungsurlaub beschlossen und durchgesetzt hat, ist von Kohl – für Außenstehende – brüsk aus seinem Amt entfernt worden. Ähnlich ist es kurz zuvor bereits dem Verteidigungsminister Rupert Scholz widerfahren, was einige Beobachter nun in ihrer Auffassung bestärkt, daß Kohl von seiner bisherigen Personalpolitik abgewichen sei und sein ursprüngliches Harmonieverständnis mit kalter Rücksichtslosigkeit vertauscht habe. Daß davon nicht tatsächlich die Rede sein kann, beweist Kohl bereits am nächsten Tag öffentlich, indem er Geißler freundlich würdigt, obwohl er dazu – zumindest aus seiner Perspektive – jüngere Geschehnisse schwerlich als Voraussetzung anführen kann.

In der CDU jedenfalls herrschen Verwirrung und Irritation. Von einer unüberbrückbaren Vertrauenskrise zwischen dem Parteivorsitzenden und der Partei ist die Rede. Der Sturz Kohls scheint für viele zumindest eingeleitet. Nach einer Umfrage der Deutschen Presse-Agentur vom 22. August monieren oder verurteilen die Funktionsträger der CDU-Landesverbände Nordrhein-Westfalen, Niedersachsen, Baden-Württemberg, Schleswig-Holstein und Hamburg die Ablösung Geißlers. Andere Verbandssprecher reagieren hinhaltend oder zweideutig. Doch Kohl, der die Basis sehr gut kennt und genau weiß, wie die Stimmungslage in den Verbänden ist – und wie sie spontan beeinflußt werden kann –, erweist sich als erratischer Block unter Kieselsteinen. Soviel Entscheidungsfreudigkeit und Führungsstärke haben selbst die wohlmeinendsten Beobachter nicht vermutet.

Kohl, dem nicht selten ungerechtfertigt vorgeworfen wird, Entscheidungen vornehmlich nach demoskopischen Vorgaben zu fällen, hat die zweifellos unpopuläre Maßnahme nicht nur getroffen, um seinen Status als Kanzler und Parteivorsitzender zu demonstrieren. Er will Harmonie in der Partei und Ruhe im Staat. Daß nach Erhebungen des Bielefelder Emnid-Instituts vom 22. bis 24. August zunächst 43 Prozent der befragten eintausend Bundesbürger Geißlers Entlassung bedauern, während lediglich 20 Prozent sie begrüßen, ist für Kohl keine Überraschung. Er hat diesen Aspekt nicht nur nüchtern einkalkuliert, sondern als Ergebnis seiner eigenen Positionseinschätzung auch für überwindbar gehalten.

Geißler, dessen Ansehen durch die Kontroversen in der breiten Öffentlichkeit rapide gewachsen ist[9], muß diesen emotional bedingten spontanen Imagezuwachs augenblicklich nutzen, wenn er seine Absicht durchsetzen will, die Machtfülle Kohls mit Hilfe des CDU-Präsidiums zumindest zu halbieren, zumal der CDU-Parteitag kurz vor der Tür steht.

Blüm, Späth und Frau Süssmuth erklären öffentlich, nicht mehr im Präsidium der CDU mitarbeiten zu wollen, wenn die Kompetenzen der sieben Kohl-Stellvertreter nicht klar festgelegt werden sollten. Blüm moniert die Art und Weise der Entlassung Geißlers, den er gern weiterhin im Amt sehen möchte. Rita Süssmuth treibt die Kritik an Kohl auf die Spitze und erklärt, daß das Präsidium angesichts der Geißler-Ablösung durch den Beschluß des Parteivorsitzenden völlig überflüssig sei. Ernst Albrecht ist ähnlicher Meinung. Eine neue Aktionseinheit, sagt er, könne es erst und nur geben, wenn dieser Konflikt ausgeräumt worden sei. Lothar Späth, der in der Zwischenzeit vor allem von einigen Funktionsinhabern der Jungen Union – neben Rita Süssmuth als Kandidatin für den CDU-Parteivorsitz – auf den Schild gehobene »Ersatzkanzler«, erinnert sich im März 1990: »Ich war überzeugt, auch nach vielen Gesprächen mit Parteifreunden des Präsidiums, daß Kohl quasi signalisiert hat, daß er Geißler behalten werde. Und als er ihn dann Knall auf Fall entließ, war ich wütend und enttäuscht und habe Geißler gleich in Schutz genommen und gesagt, daß man mit der Partei nicht so umgehen könne ... Es widersprach meinem Selbstverständnis als Präsidiumsmitglied ... daß quasi die Präsidiumsmitglieder einzeln zu Kohl gehen müssen und sagen: ›Behalt‹ den Geißler.‹«

Späth hat Kohl zuvor nicht selbst gefragt, wie er es mit Geißler halten wolle. Ihm ist lediglich von den als Kohl-Kontrahenten auftretenden Präsidiumsmitgliedern gesagt worden, daß der Kanzler die Beibehaltung Geißlers »signalisiert« habe, eine Sprachregelung, die ihn zumindest nachdenklich hätte stimmen müssen. Doch er hat den Versicherungen der Präsidiumsmitglieder vertraut und – von der eigenen Verärgerung geblendet – nicht durchschaut, daß eigentlich er es war, den einige seiner Präsidiumskollegen vor der Eskalierung des Unternehmens sichtlich demontieren wollten. »Ich habe«, sagte er, »Kohl nicht gefragt. Andere haben ihn gefragt. Die haben mir dann alle erzählt, daß Kohl Geißler behalte. Für mich war der Punkt damit erledigt. Und dann kam es doch anders, und da habe ich mich sehr kritisch geäußert, auch öffentlich. Auch Blüm hat dies getan, Albrecht und andere ebenso. Und daraus ist dann die Entwicklung eskaliert. Meine Position war: ›Die Sache muß im Präsidium ausdiskutiert werden.‹ Daraus erwuchs dann die Diskussion um Zuständigkeiten. Ich habe gefragt: ›Was sind wir für ein Verein im Präsidium, wenn solche Dinge ablaufen?‹ Insoweit war ich sicher derjenige, der am lautesten und am klarsten kritisiert hat, auch in der Öffentlichkeit.«

Geißler wird bestärkt, seine Aktion fortzusetzen. Die in der Öffentlichkeit als die auserwählten Kandidaten für das Kanzleramt und den Parteivorsitz herausgestellten Späth und Rita Süssmuth können nicht mehr zurück, ohne ihr Gesicht zu verlieren. Geißler dagegen, der nach seiner Ablösung ohne Parteiamt ist, braucht dieses Problem nicht zu tangieren. Späth, der meint, trotz seiner Loyalität gegenüber Kohl einem »Auftrag« der Mehrheit der Mitglieder des Präsidiums folgen zu müssen, gelangt angesichts der Äußerungen seiner Kollegen zu der Überzeugung, daß es nicht mehr um die Kanzlerschaft geht. »Es ging nur noch um den Parteivorsitz«, sinnierte er 1990 und ergänzte: »Meiner Meinung nach war alles zwischen verschiedenen Präsidiumsmitgliedern stark auf Rita Süssmuth abgestimmt.«

Späth, der von den Medien zum »Ersatzkanzler« hochstilisierte CDU-Exponent, hat die wichtigsten Details und Zusammenhänge immer nur aus zweiter und dritter Hand erfahren. Seine Neider, die ihn ins »offene Messer laufen« lassen wollen, haben leichtes Spiel mit ihm. »Als sie mich dann fragten«, sagte er, »ob ich für die Konfrontation mit Kohl zur Verfügung stünde, habe ich erklärt: ›Ich wies schon im Mai darauf hin, daß ich gegen Kohl nicht antrete, und ich bleibe dabei ... Wenn ihr die Amts- und Personaländerung jedoch ernsthaft durchsetzen wollt, wenn die Mehrheit des Präsidiums eindeutig dafür ist, dann ist das anders, als wenn ein paar Leute sagen, daß nun ein Gegenkandidat antreten müsse.‹ Wenn im Präsidium ein solches Mißtrauen ist, muß man sich da entweder zusammensetzen und es ausräumen, oder es muß einer antreten. Dann aber müssen die anderen sagen: ›Mir ist egal, wer von der Gruppe antritt, wir unterstützen ihn.‹[10] Und die dürfen dann nicht dem einen ins Ohr flüstern: ›Du solltest antreten‹ und dann Helmut Kohl anrufen und ihm dann sagen: ›Weißt du, ich habe das sofort abgeblockt, und du kannst dich auf mich verlassen.‹«

Doch schon vier Tage vor dem »Kleinen Parteitag« in Bonn hat Frau Süssmuth der Mut verlassen, auch wenn sie am 28. August wiederum erklärt, »auch weiterhin eine unbequeme Rita Süssmuth« bleiben zu wollen. Geißlers Absicht vom 24. August, von Rita Süssmuth die definitive Zusage zu bekommen, zur Bewerbung um den Parteivorsitz bereit zu sein, scheitert an der Inkonsequenz der Bundestagspräsidentin. Seinem daraus resultierenden Plan, nunmehr den baden-württembergischen Minister-präsidenten zur Bewerbung um beide Kohl-Ämter zu bewegen, begegnet Späth mit der Forderung, daß dann das Präsidium geschlossen und offen für ihn eintreten müsse. Doch Norbert Blüm erklärt sofort gegenüber Albrecht: »Nicht mit Späth!« Am 27. August teilt Albrecht sowohl Geißler als auch Späth, Frau Süssmuth und Blüm im Bonner Gästehaus der baden-württembergischen Landesvertretung mit, daß auch er nun nicht mehr zur Verfügung stehe. Am Abend desselben Tages, es ist ein Sonntag, ist schließlich auch Späth – nach der Auswertung der letzten Ereignisse – zu der Überzeugung gelangt, daß mit seiner Hilfe nicht mehr zu rechnen ist. Der nächste Tag kann für Kohl kein Debakel mehr bringen.

In dieser Phase, sagte Späth im März 1990, »ist furchtbar viel herumtelefoniert worden. Und Kohl, der natürlich nicht nur wußte, daß die CSU geschlossen hinter ihm steht, wenn er Geißler entläßt, sondern ganz offenbar auch – wovon ich ausging – laufend über die Vorgänge im Detail informiert wurde, hatte ein relativ einfaches Spiel. Zudem konnte Kohl sagen: ›Wer mir den Parteivorsitz nimmt, der muß auch sagen, daß er den Kanzler angreifen will‹, was natürlich die Auseinandersetzung in eine Ebene getrieben hätte, die niemand wollen konnte. Die Koalition ist auf Helmut Kohl aufgebaut, auf keinem anderen.«

Die »anderen« aber, außer Heiner Geißler natürlich, haben weder den Kanzler noch den Parteivorsitzenden tatsächlich »angreifen« wollen. Ernst Albrecht sucht ihn im August in seinem Ferien-Domizil am Wolfgangsee auf, als er zur Hochzeit seines Sohnes in die Steiermark fährt. Daß Kohl während der Begegnung kein verbindliches Wort über die bevorstehende Geißler-Ablösung verloren hat, spricht für sich. Und: Die »anderen« haben mit dem Kanzler telefoniert, ihn konsultiert und informiert. Bezeichnend für den Hintergrund erscheint nicht zuletzt auch das Verhalten der Bundestagspräsidentin, die mit Bernhard Vogel redete, der sowohl mit Kohl als auch mit Geißler befreundet ist. Einer »Einigung« steht schon Ende August nichts mehr im Wege, nachdem Späths Image sichtliche Risse bekommen hat.

Die sieben Stellvertreter Kohls einigen sich am 28. August während des »Kleinen Parteitages«, ihre Proteste gegen die Entlassung Geißlers aufzugeben. Sie fordern nur noch, künftig bei der Führung der Partei mehr berücksichtigt zu werden. Damit ist der »Putsch« so im Sande verlaufen, wie Kohl es vorausgesehen hat. »Die Parteiführung«, so kommentiert die »Süddeutsche Zeitung« vom 30. August pathetisch, »bäumt sich auf in all der Ohnmacht, zu der Kohl sie verurteilte.« Die konspirativen Kontakte zwischen Geißler und seinen renommierten »Alliierten« hatten zwar funktioniert, seine namenlosen Freunde in den Sozialausschüssen, in der Jungen Union und in der nicht zuletzt von Rita Süssmuth repräsentierten Frauen-Union auf ihre Weise »mitgemacht«, doch »Sieger« geblieben ist Kohl, der stets zumindest über die gravierendsten Umtriebe der Frondeure informiert gewesen ist und einige ihrer Exponenten – wie Albrecht und Blüm – durch persönliche Gespräche »umgekehrt« hat.

Geißler, der sich der Solidarität der Partei sicher wähnte und hoffte, Kohl nach einer verlorenen Europawahl im Juni und dem von ihm befürchteten Verlust des von der CDU regierten Landes Niedersachsen* stürzen zu können, hat sich verrechnet. Weder sind die Europawahlen für die CDU verlorengegangen, noch hat sich ihm die Basis für seine Aktion gegen Kohl zur Verfügung gestellt. Zwar gibt es in Baden-Württemberg, Nordrhein-Westfalen und Schleswig-Holstein noch einige wenige CDU-Mitglieder, die ihn stützen würden; aber die Basis bröckelt rapide. Den Schimpfereien folgen keine Taten. Ohne – oder gegen – Kohl, das wissen alle, gibt es keine Zukunft für die Partei. Eberhard Diepgen hat für die achtzehn Berliner Delegierten zum Parteitag die Parole ausgegeben: »Keine Diskussion über einen Gegenkandidaten!« Walter Wallmann verbreitet seine Überzeugung, daß der Parteitag dem Vorsitzenden und Kanzler in Bremen folgen werde. Selbst die Geißler-Sympathisanten Karl Heinrich Trageser und Otti Geschka, die Bevollmächtigte für Frauenangelegenheiten, sind zu der Überzeugung gelangt, daß das gestörte Verhältnis Kohl–Geißler nicht mehr zu reparieren sei. Sie attestieren Kohl, sein alleiniges Vorschlagsrecht wahrgenommen und wieder Ruhe in die Partei gebracht zu haben. Der 46jährige Oberstudienrat für Deutsch und Englisch und stellvertretende Fraktionsvorsitzende Volker Rühe, dem Kohls Interesse seit längerer Zeit gilt, wird verblüffend rasch als neuer Generalsekretär akzeptiert. Schon am 28. August, als Kohl mit großem Gefolge zur Präsidiumssitzung ins Konrad-Adenauer-Haus gekommen war, gab es kein »einziges böses Wort gegen Rühe«, wie die »Rheinpfalz« berichtete.

Kohl selbst, der am 28. August erklärt hat, daß er Geißler abgelöst habe, weil das Vertrauensverhältnis verlorengegangen sei, verläßt die Sitzung ohne blaue Flecken und nachhaltige Blessuren. Er ist der Sieger, dem letztlich attestiert worden ist, daß er richtig gehandelt habe. Nach einem Theaterdonner Blüms, den Kohl kommentarlos anhört, einer Artigkeit Walter Wallmanns, der sich beim schmunzelnden Kanzler dafür bedankt, im Zusammenhang mit der Geißler-Ablösung nicht um seine Meinung gefragt worden zu sein und der Erklärung Späths, daß er nur dann weiterhin im Präsidium mitarbeiten könne, wenn seinen Mitgliedern mehr Mitspracherechte eingeräumt werden würden, ist es zu Ende mit dem Mut der Rebellen. Auf die an Rita Süssmuth, Ernst Albrecht und Lothar Späth adressierte konkrete Frage des CDU-Schatzmeisters Walther Leisler Kiep,

* Zu dieser Wahlniederlage kam es tatsächlich im Mai 1990.

ob es denn nun eine Gegenkandidatur zu Kohl geben werde, kommt die Antwort:»Nein!« Der von Kohl gekürte Kandidat für das Amt des Generalsekretärs hat bereits zuvor öffentlich erklärt, daß es in Bremen keinen Gegenkandidaten für Kohl geben werde. Blüm hat Buße geübt, Rita Süssmuths Anhang erklärt, ja doch eigentlich »nur den Parteivorsitz« für sich reklamiert gehabt zu haben. Lothar Späth, inzwischen von denen im Stich gelassen, die ihn benutzten, steht nicht nur zu seinem erstmals im Mai gegebenen Wort,»nie gegen Kohl« anzutreten, sondern legt sich zugleich auch auf Kohl als Kanzlerkandidaten fest. Mit einer offenen Rebellion Ernst Albrechts, der in einem Interview der »Welt am Sonntag« vom 15. April 1990 selbst eingesteht, daß die »Kollegen . . . nie so genau« wüßten,»woran sie« mit ihm seien, haben Insider ohnehin nicht gerechnet. Die Mit-Frondeure mußten seine Einsicht akzeptieren, daß er mit einer Revolte gegen Kohl nur die Konservativen der CDU in Niedersachsen gegen sich aufbringen würde.

Nüchtern kommentiert »The Wall Street Journal« vom 30. August 1989:»Es wäre ein großer Fehler, wenn man den unverwüstlichen Helmut Kohl abschreiben würde. Der Bundeskanzler hat in dieser Woche abermals bewiesen, daß er die Machtpolitik beherrscht und daß er vor allem einen sicheren Überlebensinstinkt hat, auch wenn er kein Meister der Selbstdarstellung ist. Monatelang haben die Kritiker des Kanzlers das Ende vorhergesagt. Ironischerweise kamen die meisten Gerüchte aus der Parteizentrale. Daher hat Helmut Kohl den Mann gefeuert, der nach Aussagen von Parteikreisen die eigentliche Quelle der Gerüchte ist: Heiner Geißler.«

Kohl, dem der »Spiegel« am 11. September bescheinigt, sich durch geschickte Personalpolitik Freunde geschaffen zu haben, auf die er sich jetzt verlassen könne, ist mit einiger Gelassenheit zum 37. Parteitag der CDU nach Bremen gereist. Lothar Späth dagegen weiß bereits bei seinem Aufbruch nach Bremen, daß sich alles das, was Geißler seit Monaten betrieben hat, als »Hornberger Schießen« entpuppen werde. In Bremen ruft Kohl den Delegierten zu:»Wir dürfen nicht übereinander reden. Wir müssen miteinander reden.« Wie bereits am 28. August in Bonn, so erklärt er auch hier, daß es in letzter Zeit zwischen ihm und Geißler keine Einigkeit mehr gegeben habe, so daß grundsätzliche Konsequenzen notwendig gewesen seien. Ein Generalsekretär, sagt er, müsse seine Rolle ausfüllen, auch wenn dem Parteichef dabei manches unbequem sei. Absolute Übereinstimmung jedoch habe in der Auffassung zu bestehen, wie beide ihre Ämter auszufüllen hätten. »Diese Einigkeit hat in letzter Zeit nicht mehr bestanden«, stellt er fest und ergänzt: »Daraus habe ich die Konsequenzen gezogen.« Betont sachlich trägt er die Differenzen mit Geißler aus und erklärt, daß er bereit sei, sich der Kritik an seiner Entscheidung zu stellen. Zwar üben einige Delegierte an den Maßnahmen ihres Vorsitzenden im Zusammenhang mit der Geißler-Ablösung Kritik, doch Kohl kann den Kernvorwurf, durch die Entlassung des Generalsekretärs einem »Kanzler-Wahlverein« den Boden geebnet zu haben, ohne wesentlichen Aufwand als »Unsinn« zurückweisen.

Nicht nur Albrecht und Blüm fordern die Parteitagsteilnehmer unter dem Eindruck des Kohl-Auftritts und der spätestens seit August durch ihn initiierten Absprachergebnisse dazu auf, angesichts der bevorstehenden Kommunal- und Landtagswahlen Solidarität zu üben und persönliche Differenzen zurückzustellen. Kurt Biedenkopf, zuvor und danach unerbittlicher Kritiker Kohls, tritt am 12. September dafür ein, künftig nicht nur zurückzublicken, sondern vor allem die rechten »Antworten . . . auf die Zukunft« zu geben. Zwar moniert er, daß »die Stellung des Generalsekretärs« noch nicht ausreichend präzisiert worden sei, appelliert aber an die Delegierten, »den Satz zu realisieren, den Helmut Kohl 1983 auf dem Kölner Parteitag . . . vorgegeben« habe. Die »Partei muß«, so zitiert er Kohl, »auch in der Regierungsarbeit der Ort bleiben, wo die längerfristigen Fragen in der Umsetzung unserer Grundsätze auf die neue Wirklichkeit, in der wir leben, behandelt werden können.« Jetzt geht es Biedenkopf, der ebenfalls sein Gesicht wahren will, anders als zum Beginn des Jahres nicht mehr um Alternativ-Kandidaten für den Parteivorsitz, wie er der Hamburger Illustrierten »Stern« im Vorfeld des Parteitages bereits vier Wochen zuvor erklärt hat, sondern primär um strukturelle Fragen, von deren Beantwortung letztlich Personalentscheidungen abhängig gemacht werden müßten. Brutus will auch er nicht sein, und ein »Königsmörder«, das hat er längst begriffen, wird auch nicht gesucht.

Heiner Geißler verabschiedet sich am 11. September von den Delegierten des Parteitages mit den Worten »Meine sehr verehrten Damen und Herren, heute verabschiede ich mich von Ihnen nur als Ihr Generalsekretär, aber nicht als Heiner Geißler.« Laut Protokoll sagt er dann: »Meine

Auszug aus dem Protokoll des Bundesparteitages der CDU vom 11. bis 13. September 1989 in Bremen:

»*Bundeskanzler Dr. Helmut Kohl,* Vorsitzender der CDU: Meine sehr verehrten Damen und Herren! Liebe Freunde! Wir haben jetzt eine vielstündige, intensive Diskussion miteinander gehabt. Wer vorher die Frage stellte, ob wir eine diskutierende Partei seien, der kann sich aufgrund des Ablaufs dieser Diskussion die Antwort selbst geben. Für mich gehört dies ganz selbstverständlich zum Leben einer demokratischen Partei. Ich finde, es ist gänzlich unnötig, daß wir es unentwegt betonen: Wir sind eine offene, eine diskutierende Partei.

Liebe Freunde, ich habe natürlich auch viel Kritik gehört – das ist völlig in Ordnung –: Kritik, die für mich sehr gewichtig und nachdenkenswert ist, Kritik, die gelegentlich auch etwas leichtfertig war. Aber auch das gehört zum Wesen einer solchen Diskussion.

Daß wir eine diskutierende Partei sind, daß wir eine Volkspartei sind, liebe Freunde, hat auch etwas mit dem Helmut Kohl zu tun, der jetzt vor Ihnen steht. Denn als ich Parteivorsitzender wurde, war das überhaupt nicht der Stil unserer Partei. Deswegen will ich dem einen oder anderen, der sich an der Debatte beteiligt hat, doch sagen: Sie können mir eine Menge nachsagen, aber daß ich Diskussionen scheue, das können Sie mir beim besten Willen nicht nachsagen.

(Beifall)

Die CDU Deutschlands ist in den letzten beiden Jahrzehnten nicht zuletzt unter diesem Parteivorsitzenden eine diskutierende Partei geworden.

Was soll eigentlich die Besorgnis, wir würden ein ›Kanzlerwahlverein‹? Das waren wir vor 1969. Wir haben lange Zeit hindurch untereinander über dieses Thema diskutiert. Es war ein großes Thema meines Freundes Hermann Josef Dufhues; ich könnte noch andere nennen. Wir haben uns dann aufgemacht zu neuen Ufern, und ich bin hier zu Recht zitiert worden mit dem Ausspruch, es gehe darum, eine diskutierende Partei zu werden. Wir sind kein Kanzlerwahlverein. Lassen Sie sich doch diesen Unsinn nicht einreden!

(Zustimmung)

In keinem wichtigen Sachbereich ist dieser Beweis anzutreten. Liebe Freunde, Konformismus war nie meine Politik. Wenn ich die letzten sieben Jahre – meiner Amtszeit als Bundeskanzler – überblicke, kann ich nicht entdecken, daß ich mich feige, opportunistisch oder konformistisch weggeduckt hätte. Ein Teil unseres Problems – auch bei den Wahlniederlagen – ist doch die Tatsache, daß wir unseren Bürgern eher zuviel als zuwenig abverlangt haben: Das ist doch eine der Erfahrungen, die wir – und nicht zuletzt ich – in diesen Jahren gemacht haben.

(Zustimmung)

Wenn ich diese Jahre überblicke und jetzt die Mahnung höre, die Partei müsse in der Mitte bleiben, dann, liebe Freunde, frage ich mich: Wer in diesem Saal hat denn mehr als ich seine politische Existenz in ungezählten Situationen aufs Spiel gesetzt? Ich war genau fünf Monate Parteivorsitzender – 1973 –, als eine ungeheure Woge durch die Partei ging: Damals war paritätische Mitbestimmung die Forderung des Tages. Das wäre ein »Linksruck« gewesen.

Viele von Ihnen waren doch in Hamburg dabei, als ich Ihnen gesagt habe: Die Mehrheit kann das beschließen, aber Sie müssen sich gleichzeitig einen anderen Parteivorsitzenden suchen. – Ich bin in der Mitte geblieben, und ich brauche von niemandem Nachhilfeunterricht, was politische Mitte ist. Lassen Sie mich das hier auch einmal in aller Deutlichkeit angesichts dieser Debatte sagen.

(Beifall)

Liebe Freunde, da gab es eine andere Zeit: Ende 1979 bis hin zur Kanzlerkandidatur für die Bundestagswahl 1980. Da sind die Propheten von der anderen Seite gekommen. Sie kennen sie alle noch . . . Es gab leidenschaftliche Debatten, Abstimmungen in der Bundestagsfraktion. Da hieß es: Man muß die Partei nach rechts orientieren. – Wir haben das nicht getan. Wir haben Kurs gehalten . . . Übrigens: Damals, bei dieser so schwierigen Wahl, war manches für mich menschlich nicht so einfach zu ertragen . . . Lassen Sie sich von diesem oder jenem Magazin oder von sonst jemandem, der bei manchen von uns eine viel zu große Reputation hat – bei mir übrigens nicht –, doch nicht einreden, daß wir den Kurs der Union verändern.

(Zustimmung)

...Noch ein Wort zu Heiner Geißler: Das, was ich zu ihm persönlich zu sagen habe, habe ich gesagt. Liebe Freunde, ich muß Ihre Kritik ertragen. Ich akzeptiere sie in einigen Punkten, in anderen nicht. Ich akzeptiere die Auslegung unsere Satzung, die hier vorgenommen wurde, nicht. Das ist ganz und gar nicht der Sinn dieser Bestimmung. Ich habe meine Gründe genannt. Ich habe nicht die Absicht, weiter darüber zu sprechen, was sich für dieses Amt in einem speziellen Vertrauensverhältnis zwischen Heiner Geißler und mir entwickelt hat. Wie immer im Leben liegt die Schuld nicht nur auf einer Seite. Ich sage das bewußt auch an meine eigene Adresse.

Ich habe mich zu den vielen Dingen, die in der Öffentlichkeit herumgeisterten, nicht weiter geäußert. Ich sage nur: In dieser speziellen Aufgabenteilung zwischen dem Parteivorsitzenden und dem Generalsekretär – darum geht es – bin ich nach Nachdenken und auch nach schwierigen und bitteren Überlegungen zu dem Ergebnis gekommen, das ich dann öffentlich vorgetragen habe.

Meine Damen und Herren, ich habe dabei ehrlich gehandelt. Ich bin nicht vor Sie hingetreten und habe gesagt: Jetzt kehre ich ein Problem unter den Tisch. Ich hätte es mir viel leichter machen können, auch heute hier bei Ihnen. Ich habe das nicht gemacht. Deswegen bleibe ich bei meiner Entscheidung.

Ich bin dafür, daß Heiner Geißler in einer wichtigen Funktion in der Partei mitarbeitet: er ist ein guter Mann, und wir brauchen ihn. Aber, meine Damen und Herren – das füge ich hinzu, weil auch das gesagt worden ist –: Wir haben viele gute Leute, und ich bin der letzte, der das nicht bei jeder Gelegenheit herausstellt: Ich bin auch einer der ganz wenigen, liebe Freunde, die ihre Freunde in der Partei öffentlich zu loben pflegen. Das ist übrigens ein Beispiel, wo viele noch Nachholbedarf haben.

(Beifall)

Und, liebe Leute, ich bin natürlich für Teamarbeit. Was haben Sie eigentlich für eine Vorstellung von meinem Alltag, wenn Sie glauben, Sie müßten mir das vorschlagen? Ich bin um jeden froh, der Arbeit übernimmt, und zwar in allen Bereichen. Das gilt für die Bundesregierung wie auch – ganz selbstverständlich – im Amt des Parteivorsitzenden.«

Überzeugung, meine Kraft und mein Engagement werden auch in Zukunft unserer gemeinsamen großartigen Sache, der CDU, gehören. Ich bin, Helmut, erst seit 36 Jahren Mitglied der CDU. Sie ist meine politische Heimat. Über die richtige Politik und gute Ideen habe ich mit Ihnen allen viele Diskussionen geführt, und die daraus entstandenen Programme und Beschlüsse – auch zusammen mit Helmut Kohl und in seiner Verantwortung – haben unsere Partei vorangebracht. Wir haben in unzähligen Wahlauseinandersetzungen Seite an Seite gekämpft. Wir haben auch unterschiedliche Meinungen gehabt, das kann ja gar nicht anders sein. Ich habe mit Ihrer Hilfe und Ihrem Vertrauen in wichtigen Ämtern, die längste Zeit zusammen mit Helmut Kohl, als Landesminister, als Bundesminister, als Generalsekretär für unsere gemeinsame Sache gearbeitet. Dafür bin ich dankbar. Wir haben viel miteinander erreicht. Ich denke, mit Ihrem Vertrauen werde ich meine Arbeit fortsetzen. Danke schön.«

Helmut Kohl, dessen Macht die öffentlich als Putschisten und Frondeure namhaft gemachten Funktionsträger der CDU – von Geißler abgesehen – gar nicht haben beschneiden wollen, bleibt weiterhin unangefochten in seinen Ämtern. Am 12. September 1989 meldet seine Heimatzeitung »Die Rheinpfalz«: »Der CDU-Vorsitzende, Bundeskanzler Kohl, ist gestern abend auf dem Parteitag in Bremen für weitere zwei Jahre als Parteichef bestätigt worden. Kohl erhielt 571 von 738 abgegebenen Stimmen. 147 Delegierte stimmten gegen ihn.[11] Es gab 20 Enthaltungen. Dies ist das schlechteste Ergebnis seiner 16jährigen Amtszeit als CDU-Vorsitzender.« Kohl, dessen Verankerung in der Basis der CDU sich als erheblich stärker erwiesen hat, als manche Kontrahenten es glauben mochten, ist zwar nicht ganz an das Ergebnis seiner letzten Wahl herangekommen, doch damit kann er leben.

Der »Spiegel«, der noch kurz vor dem Parteitag geschrieben hatte, daß »Geißler und Lothar Späth . . . mit Sicherheit davon ausgehen« könnten, »daß der Wähler eine abrupte Trennung von Kohl« hinnehmen und »eine CDU ohne Kohl bei den kommenden Wahlen belohnt« werden würde, konnte seine Enttäuschung über Kohls Erfolg nicht verbergen. »Helmut Kohl, soeben mit gut 77 Prozent als CDU-Chef wiedergewählt«, hieß es in der Ausgabe vom 18. September, »thronte allein in der ersten Reihe des Podiums zu Bremen. . . . ein kurzer triumphierender Blick nach rechts unten. Blaß hockte dort Lothar Späth bei seinen baden-württembergischen

Delegierten; dem Möchtegern-Kanzler ohne Mumm und Mannen war gerade ... inoffiziell seine Abwahl aus dem Parteipräsidium mitgeteilt worden. Ein großer Sieg für Kohl: Nun ist er die CDU.« Lothar Späth, der streitbare Ministerpräsident, sagt am 11. September in Bremen: »Es gab in den letzten Wochen eine große Diskussion auch führender Politiker, auch von mir, über die Reaktion auf die Trennung von Helmut Kohl und Heiner Geißler. Ich habe heute bei der Rede von Helmut Kohl in die Reihen der Delegierten geschaut. Ich habe dieselben Delegierten bei der Rede von Heiner Geißler angeschaut. Nun ist mir klar, warum es soviel Betroffenheit gibt.« Er wiederholt noch einmal, was er die ganze Zeit hindurch gewollt hat: »Nachdenklichkeit, das Nachbohren, das Mahnen an die Partei, damit wir auch sicher sind, daß wir das Perspektivische der Partei richtig ausfüllen.« Die »Betroffenheit«, so sagt er, »ist im Präsidium ... im Parteivorstand ... [und] jetzt ... auf dem Parteitag ausdiskutiert« worden. Sein – mit Beifall quittiertes – Fazit: »Es kann so viel besser ausgeräumt werden, als wenn die einen sagen: Jeder Widerspruch ist eine Verletzung der Solidarität und Loyalität, und die anderen sagen: Wenn wir nicht eine große Streitkultur in der Union entwickeln, wird es auf den Parteitagen nichts. Ich glaube, der Weg, der heute gegangen wurde, ist richtig.« Er hat gerettet, was für ihn noch zu retten war.

Helmut Kohl ist in Bremen zwar kritisiert, jedoch weder zerzaust noch demontiert worden. Er bleibt der Hoffnungsträger der CDU.

XIII.

KANZLER DER DEUTSCHEN EINHEIT

»Bei unseren Nachbarn im Osten und Südosten«, hat Kohl am 27. April 1989 in einer Regierungserklärung im Bundestag gesagt, »bricht sich der Wille nach Menschenrechten, nach mehr Freiheit Bahn. Welches Volk könnte an diesem Fortschritt stärkeres Interesse haben als das unsere? Das Zerbröckeln jahrzehntelanger Verkrustungen in Europa schafft neue Hoffnung für die Einheit unseres Vaterlandes. Ich beklage, daß Teile der Opposition den jetzt bestehenden Zustand festschreiben möchten und sich in Wahrheit längst von der Präambel unseres Grundgesetzcs verabschiedet haben. Spätere Generationen werden dies unbegreiflich finden. Ich sage für mich, ich sage für die Bundesregierung und die Koalition: Unser Ziel bleibt ein freies und geeintes Deutschland in einem freien und geeinten Europa.« Noch drei Wochen zuvor hatte Oskar Lafontaine, der SPD-Kanzlerkandidat für die Bundestagswahlen von 1990, während des Bundeskongresses der Jungsozialisten vom 31. März bis 2. April 1989 in Osnabrück, beschwörend postuliert:»Die Kernfrage ist . . . Wie kann der Sozialismus seine ursprüngliche Idee wiederfinden, und wie kann er sie umsetzen in moderne Antworten auf die veränderte gesellschaftliche Entwicklung unserer Zeit?« Und am 3. Dezember, eine Woche nachdem Kohl sein Zehn-Punkte-Programm zur Wiedervereinigung proklamiert hat, das Lafontaine im»Presseservice der SPD« 745/89 in totaler Verkennung der weltpolitischen Situation und unter bestürzender Mißachtung der – seit Jahr und Tag durch demoskopische Untersuchungen ausgewiesenen – Bewußtseins- und Interessenlage der Bevölkerung als »großen diplomatischen Fehlschlag« bezeichnet, stellt er fest:»Erste Aufgabe der Deutschlandpolitik jetzt ist nicht die Diskussion über staatliche und vertragliche Zwischenschritte zu einer *eventuellen* deutschen Einheit.«

Am 2. Mai 1989 haben die Ungarn begonnen, die Grenzbefestigungen abzubauen und den Stacheldraht zu beseitigen. Fünf Tage danach sind in Leipzig mehr als hundert Demonstranten verhaftet worden, die gegen die Manipulation bei den Kommunalwahlen in der DDR protestierten. Das SED-Organ »Neues Deutschland« verteidigte am 5. Juni die blutige Niederschlagung der Demonstration auf dem »Platz des Himmlischen Friedens« in Peking. In Ost-Berlin, in Budapest und in Prag sind Bürger der DDR, die dem SED-Regime zu entkommen versuchten, in die Vertretungen der Bundesrepublik geflüchtet. Erich Honecker hat am 14. August öffentlich erklärt: »Den Sozialismus in seinem Lauf hält weder Ochs noch Esel auf.« Am 11. September haben die ungarischen Behörden die Grenzen für DDR-Flüchtlinge nach Österreich geöffnet, in der DDR aktive Oppositionelle die Bürgerbewegung »Neues Forum« ins Leben gerufen, dem am Tage danach eine Bewegung »Demokratie Jetzt« gefolgt ist.

In Leipzig sind am 18. September über hundert Personen nach dem montäglichen Friedensgebet in der Nikolaikirche festgenommen worden. Rund 6000 Menschen haben am 25. September in der sogenannten »Montagsdemonstration« Reise-, Meinungs- und Versammlungsfreiheit gefordert, 5500 DDR-Bürger Anfang Oktober aus Prag und rund 800 aus Warschau mit DDR-Sonderzügen in die Bundesrepublik einreisen dürfen. Tausende folgten am 3. Oktober. In Leipzig sind am 2. Oktober 20000 Demonstranten mit der Forderung nach Reformen auf die Straße gegangen. In Dresden, wo am 4. Oktober Züge mit den Flüchtlingen durchfuhren, hat die DDR-Polizei Wasserwerfer und Schlagstöcke gegen Bürger eingesetzt, die versucht haben, auf die Züge zu springen.

Am 7. Oktober, elf Tage bevor Erich Honecker zum Rücktritt gedrängt wurde, hat Michail Gorbatschow während der Feiern zum 40. Staatsjubiläum der DDR in Ost-Berlin gesagt: »Wer zu spät kommt, den bestraft das Leben.« Tausende Bürger der DDR sind demonstrierend auf die Straßen gegangen, mehr als tausend hat die DDR-Polizei zusammengeknüppelt und festgenommen. In Schwante bei Oranienburg haben 43 Personen die »Sozialdemokratische Partei in der DDR« gegründet, 70000 Menschen am 9. Oktober in Leipzig mit der Parole »Wir sind das Volk« demonstriert.

Massendemonstrationen und Forderungen nach Reformen und freien Wahlen beherrschten das Geschehen in Ost-Berlin, in Dresden und in Leipzig. Am 27. Oktober hat der DDR-Staatsrat unter der Regie des

Honecker-Nachfolgers Egon Krenz infolge des massiven Drucks des »Volkes« eine Amnestie für »Republikflüchtlinge« und Demonstranten beschlossen. Am 3. November verloren die maßgeblichen SED-Funktionsträger Kurt Hager, Erich Mielke, Hermann Axen, Alfred Neumann und Erich Mückenberger ihre Posten. Im Juni haben die Ungarn, im August die Polen, im November die Bevölkerung der DDR und der Tschechoslowakei die kommunistischen Diktatursysteme abgeschüttelt. Die europäische Nachkriegsordnung ist zusammengebrochen.

Am 8. November erklärt Helmut Kohl in der 173. Sitzung des Deutschen Bundestages im Rahmen des Regierungsberichtes der Bundesregierung zur Lage der Nation im geteilten Deutschland unter anderem: »Freie Selbstbestimmung für alle Deutschen – das war, ist und bleibt das Herzstück unserer Deutschlandpolitik. Freie Selbstbestimmung – das war, ist und bleibt auch der Wunsch, ja die Sehnsucht unserer Landsleute in der DDR. Wer von uns ist nicht angerührt und bewegt angesichts der Bilder der vielen hunderttausend friedlich versammelten Menschen in Berlin, in Leipzig oder in Dresden, in Schwerin, in Plauen und in anderen Städten der DDR? Sie rufen: ›Wir sind das Volk!‹, und ich bin sicher, ihre Rufe werden nicht mehr verhallen. Unsere Landsleute . . . schreiben damit vor den Augen der Welt ein neues Kapitel im Buch der Geschichte unseres Vaterlandes, dessen freiheitliche Traditionen weder durch Krieg noch durch Gewalt und Diktatur zerstört werden konnten.«

Nicht nur die Deutschen blicken jetzt auf ihn und fragen sich, was er wohl tun werde. Ist nun der Augenblick gekommen, den er seit nahezu dreißig Jahren immer wieder vor aller Welt rhetorisch heraufbeschworen hat? Er ist überzeugt, daß die Geschichte für die Deutschen eine glückliche Wende bereithält, und er ist ebenso überzeugt, daß sie ihr »Angebot« – zumindest in absehbarer Zeit – nicht noch einmal wiederholen wird. Er will die Chance nutzen und seine Vision vom staatlich geeinten Deutschland mit den Mitteln zu verwirklichen versuchen, die ihm als westdeutschem Regierungschef zu Gebote stehen. Die Weltpresse spekuliert vehement. Spätestens seit Mitte September, seit der Öffnung der ungarischen Grenzen für DDR-Flüchtlinge, ist die »deutsche Frage« nicht nur für die Deutschen das erregendste Thema der Zeit. Wie schwierig diese Phase für Helmut Kohl ist, und wie sehr er politischen Instinkt und Fingerspitzengefühl unter Beweis stellen muß, läßt sich bereits aus ausländischen

Medienkommentaren deutlich herauslesen. Der politisch links orientierte Pariser »Le Monde« hat beispielsweise gewarnt: »Die Lösung der ›deutschen Frage‹ ist nicht automatisch gleichbedeutend mit der Wiedervereinigung oder mit der ›Neuvereinigung‹. Die ›deutsche Frage‹ hat immer zwei Aspekte umfaßt: das Problem der Grenzen und den demokratischen Charakter des Regierungssystems. Diese zwei Bestandteile sind noch immer aktuell.« Der Londoner »Sunday Telegraph« ist noch ein Stück weitergegangen. »In Zentrum Berlins – wo die neue Regierung ihren Sitz nehmen wird«, hat er vielsagend geunkt, »steht noch ein Denkmal Friedrich des Großen zu Pferde, sein Arm zeigt ostwärts in Richtung Schlesien ... in einem wiedervereinigten Deutschland wird vieles geschehen, was in Bonn unvorstellbar ist.« Kaum anders klang der Tenor im »Daily Express«, der geschrieben hatte: »Wiedervereinigung ist für das deutsche Volk nicht mehr ein Traum. Sie bleibt dennoch ein Alpdruck für viele außerhalb Deutschlands, ob sie nun zur demokratischen oder zur kommunistischen Welt gehören.« Und der britische »The Economist«, um an dieser Stelle noch ein weiteres Beispiel anzuführen, »illustrierte« seine einseitige Bilanz mit konkreten Fakten eigener Art. »Füge die Bundesrepublik Deutschland und die DDR zusammen«, plakatierte er, »und du hast einen Staat mit 78 Millionen Menschen, über 660 000 von ihnen bewaffnet, und einem Bruttosozialprodukt von 1,4 Billionen Dollar, rund die Hälfte des japanischen. Das kann Nachbarn wie den Polen ganz schön Angst einjagen.«

Polnische Beobachter, obwohl weitaus unmittelbarer als ihre Kollegen in den USA, in England, Frankreich und Italien betroffen, hatten zurückhaltender reagiert. »Die Änderung der Gesellschaftsordnung in Polen, das Nationalitätenproblem in der Sowjetunion und die Lage in der DDR bewirken, daß man immer ... häufiger über eine Wiedervereinigung Deutschlands spricht«, so hatte beispielsweise das Warschauer Blatt »Polityka« geschrieben und prophezeit: »Diese Frage wird sehr bald auch unser Außenministerium beschäftigen. Bevor wir in einem Europa der souveränen Nationen aufatmen können, werden wir noch oft den Atem anhalten müssen.« Anders artikulierte die »New York Times« ihren Kommentar. »Mit dem heutigen Strom Tausender freiheitsuchender Ostdeutscher über die ungarische Grenze nach Österreich und Westdeutschland«, hieß es da, »wurde die ›deutsche Frage‹, der Traum einer deutschen Wiedervereinigung zum Leben erweckt.« Entsprechend klang, was im römischen »Messaggero« stand. »Der Exodus belegt den Anspruch der Menschen auf Menschenrechte und Selbstbestimmung, aber vor allem kennzeichnet er für Europa die Existenz der deutschen Frage«, hatte er festgestellt und gefolgert: »Wir sind Zeuge des Scheiterns des Kommunismus, aber auch einer Veränderung der Teilung im Nachkriegseuropa, festgeschrieben in Jalta.« Nicht anders sahen einige Londoner Blätter die politische Lage. So hatte der »Daily Telegraph« postuliert: »Die deutsche Wiedervereinigung steht wieder auf der internationalen Tagesordnung. So, wie sich das sowjetische Reich auflöst, dringen die Völker unter seiner Herrschaft auf Selbstbestimmung ... Die Logik ist unausweichlich: Sollte Moskau sich dafür entscheiden, zuzusehen, wie die Deutsche Demokratische Republik zusammenbricht und Demokratie Wurzeln schlägt, verschwindet die Begründung für einen zweiten deutschen Staat.«

Die Meinungen der deutschen Medien sind ebenso gespalten. In der DDR hat der wegen seiner demagogischen Kommentare als »Sudel-Ede« berüchtigte SED-Fernsehkommentator Eduard von Schnitzler nach den Massendemonstrationen in Leipzig in der Juni-Ausgabe des SED-Organs »Freie Welt« Nr. 13/1989 geschrieben: »Jeder hat das Recht, seine Wohnung so einzurichten, wie es ihm paßt. Keiner hat am Schloß der Wohnungstür des Nachbarn herumzuspielen. Keiner darf sich in das Leben des anderen einmischen ... Warum entfesselt man gerade jetzt eine hysterische Wiedervereinigungskampagne – wie in den kältesten Zeiten des kalten Krieges? Abgesehen davon, daß von einer ›Wiedervereinigung‹ zum alten ›Reich‹ Bismarckscher Prägung keine Rede sein kann, wenn man Bonns westliche Freunde beim Wort nimmt: ›Wiedervereinigung‹ schreiben alle, ernsthaft will sie keiner. Wie auch sollte heute ein einheitliches Deutschlands aussehen? Kapitalistisch, wie die BRD? Oder sozialistisch, wie die Deutsche Demokratische Republik? Das steht ja wohl nicht auf der Tagesordnung unseres Jahrhunderts. Im Gegenteil.« Daß die unübersehbaren Tatsachen eine gänzlich andere Sprache reden, hat Schnitzler ignoriert. Als die Offenbacher Forschungsgesellschaft »Marsplan« am 8. und 9. Dezember 1989 an zehn deutsch-deutschen Grenzübergängen eine demoskopische Umfrage veranstaltet, erklären 80,7 Prozent, »in einem Menschen der Bundesrepublik Deutschland in erster Linie einen Deutschen« zu sehen. Nach einer in der DDR unmittelbar vom

Infas-Institut vorgenommenen Befragung plädieren 91,7 Prozent für die Einführung der Marktwirtschaft. 88 Prozent der in der Bundesrepublik zur gleichen Zeit vom Wickert-Institut interviewten Deutschen und 64 Prozent der in der DDR befragten Erwachsenen wünschen die Wiedervereinigung.[1] Bei den mehr als 49jährigen sind es 82 Prozent, bei den 30- bis 49jährigen 44 Prozent und bei den bis 30 Jahre alten DDR-Bürgern – trotz der unter ihnen verbreiteten Angst vor negativen Folgen – 68 Prozent.

Unmißverständlich hat beispielsweise das kommunistische FDJ-Organ »Junge Welt« seine Leser am 24. September 1989 vor Abweichungen von den kodifizierten kommunistischen Prinzipien und stereotyp wiederholten SED-Auffassungen gewarnt. »Staatsfeindlich handelt«, so hieß es jeweils ausdrücklich, wer unter anderem »gesellschaftliche Verhältnisse restaurieren will«, »wer ›Die Mauer muß weg‹ ruft«, »wer Absichten hegt«, das »sozialistische Eigentum an den Produktionsmitteln« zu annullieren, »wer Reformen zur Wiederherstellung kapitalistischer Produktionsverhältnisse anstrebt« und wer eine »Opposition nach westlichem Vorbild« einzuführen trachtet. In keiner Veröffentlichung beispielsweise des Neuen Deutschland, der Ost-»Berliner Zeitung«, der »Schweriner Volkszeitung«, der Märkischen Volksstimme oder der »Volksstimme« ist jemals auch nur eine Abschwächung publiziert worden.

Wie sehr die Diskrepanz zwischen den Behauptungen der SED-Führung und der Wirklichkeit war, bezeugten nicht zuletzt auch die Ergebnisse der später als »Kohl-Wahlen« apostrophierten Volkskammerwahlen vom 18. März 1990. Bei einer Wahlbeteiligung von 93,4 Prozent entschieden sich 40,8 Prozent der Wähler für die CDU, 21,9 Prozent für die SPD, 16,4 Prozent für die SED-PDS, 6,4 Prozent für die DSU, 5,3 Prozent für den Bund Freier Demokraten, 2,9 Prozent für das Bündnis 90, 2,2 Prozent für die Bauernpartei und 0,9 Prozent für den Demokratischen Aufbruch. Und am 17. Juli 1990 stimmten 269 Abgeordnete der Volkskammer für die Annullierung des »Sozialismus«-Begriffes aus der DDR-Verfassung. Nur 83 votierten dagegen. 4 enthielten sich der Stimme. Bei der Volkskammer-Abstimmung vom 21. Juni über die Annahme oder Ablehnung des Staatsvertrages votierten 302 Abgeordnete für die Annahme. 82 der insgesamt 88 zählenden Mandatsträger der PDS und des »Bündnis 90« stimmten dagegen. Ein Abgeordneter enthielt sich der Stimme.

In der Bundesrepublik Deutschland gilt bis Ende November 1989 die Ablehnung der Kohl-Vision als einer der wesentlichen Aspekte des Programms der politischen Opposition und der Medien, die ihr nahestehen. Exemplarisch für ihre durchweg uniform formulierte Auffassung sind öffentliche Auslassungen des niedersächsischen Sozialdemokraten Gerhard Schröder, den die Juni-Ausgabe des Deutschland Journals wie folgt zitiert: »Nach 40 Jahren Bundesrepublik sollte man eine neue Generation in Deutschland nicht über die Chancen einer Wiedervereinigung belügen. Es gibt sie nicht.« In Übereinstimmung nicht nur mit Oskar Lafontaine, Erhard Eppler, Egon Bahr und zahlreichen anderen maßgeblichen Repräsentanten seiner Partei, hat er während des Wahlkampfes für die Niedersachsenwahlen im Mai 1990 im Sinne auch der SED-Führung erklärt: »Die Chance, die wir haben, Einheit als historische Möglichkeit zu bewahren, besteht ausschließlich darin, die territoriale Trennung, die nach dem Zweiten Weltkrieg entstanden ist, zu akzeptieren.«

Doch die turbulent verlaufenden Ereignisse im Ostblock – und vor allem in der DDR – zwingen viele oppositionelle Politiker schlagartig zu Kursänderungen bis um 180 Grad.

Allerdings sind es auch in dieser Situation keineswegs nur Politiker und Journalisten, die sich dem Kanzler verbal in den Weg stellen. Der deutsche Historiker Joseph Foschepoth beispielsweise, um wenigstens einen Geisteswissenschaftler zu nennen, der nicht nur für sich allein spricht, ist der absonderlichen Auffassung, daß der im Westen relativ einhellig interpretierte Terminus »Selbstbestimmungsrecht« eine »typisch deutsche Floskel«, einen »typisch deutschen Wahn« darstelle. Eine Wiedervereinigung, so prophezeit er weltfremd selbst in den Tagen noch, in denen ihre unmittelbare Vorbereitung wachen Sinnes nicht mehr ignoriert werden kann, werde es nicht geben. Kohl, der derartige Interpretationen gewöhnlich dahin zu verweisen pflegt, wo sie hingehören, hat keine Mühe, am 19. Dezember 1989 der ihm emphatisch zujubelnden Dresdner Bevölkerung deutlich zu machen, wie er diesen »typisch deutschen Wahn« sieht, den Funktionsträger des SED-Regimes zur Unkenntlichkeit verhunzt und ins krasse Gegenteil verkehrt haben. »Aber, liebe Freunde«, sagt er, »dieses Selbstbestimmungsrecht macht für die Deutschen nur einen Sinn, wenn wir auch die Sicherheitsbedürfnisse der anderen nicht aus den Augen lassen. Wir wollen in eine Welt hinein, die mehr Frieden und Freiheit hat, die mehr Miteinander und nicht mehr Gegeneinander sieht. Das Haus Deutschland, unser Haus, muß unter einem europäischen Dach gebaut werden ... Nie wieder Krieg, nie wieder Gewalt.« Nur Beckmesser können dem Kanzler in dieser Phase etwas ankreiden. Selbst der vom findigen Volksmund in der DDR mit dem neuen Titel »Wendehals«* versehene »Spiegel«-Herausgeber Augstein attestiert ihm im »Spiegel« vom 25. Dezember 1989: »Helmut Kohl hat seine Sache in Dresden gut gemacht.« Er hat – laut Augstein – kein Porzellan zerschlagen.

Kaum, daß Kohls Maßnahmen zu »greifen« beginnen, präsentieren sich einstige Kontrahenten als »Konkurrenten« hinsichtlich des Anspruchs, stets die Wiedervereinigung im Blick gehabt zu haben. Sie nehmen wahrheitswidrig Kohls unbestreitbare Leistungen für sich in Anspruch und hoffen, daß die Bevölkerung es ihnen glauben werde. Einige von ihnen, die eine Wiedervereinigung Deutschlands noch im Spätherbst 1989 öffentlich als »Schimäre« oder »Lebenslüge« diffamiert haben, wechseln angesichts der erdrückenden Ereignisse ihre öffentlich bekannten Standorte. Plötzlich beginnen sie nicht nur davon zu reden, daß »zusammenwachse, was zusammengehöre«, sondern behaupten auch, daß sie »schon immer« für die staatliche Vereinigung der Bundesrepublik Deutschland mit der DDR eingetreten seien.

Nur eigentlich Willy Brandt, dem großen alten Mann der SPD, gelingt es auch jetzt, einigermaßen glaubwürdig zu bleiben. Die Tatsache, daß er es gewesen ist, der den von Adenauer in die westliche Völkerfamilie integrierten Teil Deutschlands mit dem Osten versöhnt hat, schlägt nun noch einmal positiv für ihn zu Buche.[2] Nahezu alle anderen Sozialdemokraten müssen sich angesichts des unübersehbaren und bis dahin von ihnen entweder als »utopisch«, »revanchistisch«, »weltfremd« oder »reaktionär« diffamierten, von Kohl jedoch stets als unausweichliches politisches Ziel proklamierten Ereignisse gefallen lassen, als »Wendehälse« markiert zu werden.

Der beklemmende Versuch des sozialdemokratischen Bundestagsabgeordneten Jürgen Schmude, die »Wendehälse« seiner Partei in der »Zeit« vom 9. März 1990 vor »Diffamierungen« in Schutz zu nehmen, erweist sich nicht nur als durchsichtig, sondern letztlich auch als kläglich. Keines

---

* Die Wortschöpfung wird Christa Wolf zugeschrieben.

Kommentars bedarf beispielsweise seine Feststellung: »Erhard Eppler gab in seiner Rede vor dem Bundestag zum 17. Juni 1989 verbreitete Erfahrungen aus vielen Jahren wieder, als er sehr negative Empfindungen unserer Nachbarn bei dem Wort ›Wiedervereinigung‹ schilderte. ›Nicht Vergangenes restaurieren, sondern Neues schaffen wollen, und zwar gemeinsam mit unseren Nachbarn‹, war Epplers Folgerung. In die gleiche Richtung dachte Willy Brandt, als er, auch in leidvoller Erinnerung an jahrzehntelangen politischen Mißbrauch der Wiedervereinigungshoffnungen, von einer Lebenslüge sprach, mit der endlich Schluß sein müßte.« Schmudes Ansehen als Präses der Evangelischen Kirche in Deutschland hat in diesem Zusammenhang wenig genützt. Sein Versuch, die deutschlandpolitischen Richtlinien der SPD und die entsprechenden Äußerungen seiner Genossen nicht nur zu rechtfertigen, sondern für Propagandazwecke auch in einem neuen Licht erscheinen zu lassen, bleibt trotz der zur Unterstützung seiner Interpretation verwendeten Zitatauszüge beispielsweise von Alfred Dregger, Franz Josef Strauß, Heinrich Windelen und Dorothee Wilms mehr als nur vordergründig. Seine hilflos dürftige Bilanz: »Was noch bleibt an Problemen auf dem Wege zur Einheit Deutschlands, ist lösbar geworden. Deutschlandpolitik hat eine Grundlage bekommen, mit der man vor einem Jahr nicht rechnen konnte, mit der man auch nicht rechnen durfte. Es wäre blankes Abenteuertum gewesen, die DDR-Bürger zur Beseitigung ihres politischen Systems durch Massendemonstrationen aufzurufen. Jetzt darf man wollen und kann erreichen, was vor Jahresfrist undenkbar schien, was damals anzustreben unverantwortlich gewesen wäre. Und da ist es nur natürlich, daß sich der seit vielen Jahren bewiesene und bewährte Grundkonsens in der Deutschlandpolitik erneut auswirkt. Alle streben die Einheit an, und sie tun es durchaus in der Konsequenz ihrer früheren Politik, auch wenn deren Wege unterschiedlich waren.«

Die Opposition, der seit Anbeginn selbstverständlich sein mußte, daß sie nicht mit Verfechtern der Wiedervereinigung identifiziert werden könnte, hat unter dem Druck der Geschehnisse hektisch nach Vehikeln gesucht, die ihr geeignet erschienen, gegebenenfalls die Phase der Umkehrung ihrer Wertvorstellungen möglichst ohne totalen Gesichtsverlust überstehen und zusätzlich auch Kohls Ansehens- und Popularitätszuwachs boykottieren zu können. Ein – im Grunde relativ nebensächliches – Ereignis bietet ihnen schließlich die Möglichkeit, den Kanzler effektvoll anzugreifen und ihn trotz aller gerade in diesen Tagen außergewöhnlichen Erfolge als realitätsfremden Politiker erscheinen zu lassen. Er wird als »Elefant im Porzellanladen« bezeichnet, der instinktlos mit seinem Amt und seiner Macht umgehe. Die Tatsachen, die ihn ohne eigenes Verschulden in diese Situation hineingezogen haben, wiegen in der einseitig informierten Öffentlichkeit wenig. Im Juli hat ihn Alfons Nossol, der katholische Bischof von Oppeln, im Hinblick auf seinen für November angesagten Besuch in Polen gebeten, an einer deutschsprachigen Messe auf dem seit 1921 sowohl von Polen als auch von Deutschen mit einander widersprechenden historischen Hypotheken belasteten Annaberg in Oberschlesien teilzunehmen. Im Mai 1921 hatten deutsche Freiwillige nach der schweren polnischen Abstimmungsniederlage vom 20. März, bei der sich sechzig Prozent der Wähler für den Verbleib Oberschlesiens beim Deutschen Reich entschieden, den von Polen widerrechtlich besetzten Annaberg nach blutigen Kämpfen erobert. Das von Deutschen später auf dem Annaberg errichtete Siegesmal wurde von den Polen nach 1945 zerstört und durch ein eigenes Denkmal ersetzt.

Daß die Teilnahme des deutschen Regierungschefs an einer deutschen Messe auf dem Annaberg einen großen Symbolwert haben muß, liegt auf der Hand. Kohl, der privat, »als Katholik und Christ«, wie er sagt, der Einladung des Bischofs folgen will, wird im November augenblicklich zum Mittelpunkt konträr geführter Debatten. Während eine Seite in seiner Absicht, an der Messe teilzunehmen, den Versuch erblickt, »revanchistische« Motivationen anzufachen, sehen ihre Kontrahenten das Gegenteil darin. Polnische Kritiker, vor allem aus den Reihen der auf die Popularität des polnischen Ministerpräsidenten Mazowiecki neidischen Kommunisten, unterstellen Kohl, die Messe lediglich als Vorwand für insgeheim beabsichtigte Besprechungen mit maßgeblichen offiziellen Vertretern der deutschen Minderheiten nutzen zu wollen, was niemals Kohls Absicht gewesen ist. Sachlich abwägende Beobachter dagegen verfechten die Auffassung, daß der Kanzler ein Signal »der Versöhnung zwischen beiden Ländern, sowie zwischen den Angehörigen der deutschen Minderheit und den Polen« setzen will, wie er sich schließlich selbst ausdrückt.

Schlecht oder falsch »verkaufte« Informationen, Mißverständnisse und Voreingenommenheiten haben den diskutierten Annaberg-Besuch hüben und drüben zu einem Streit ausufern lassen, in dem nicht historische

Fakten und gegenwärtige politische Kriterien, sondern Emotionen dominieren. Kohl, der hier nicht »Recht« haben, sondern signalhaft harmonisieren will, verzichtet schließlich angesichts der Situation darauf, während seines Polen-Besuches vom 9. bis 14. November zum Annaberg zu gehen. Nach Telefonaten mit Mazowiecki hat er sich entschieden, an einer Messe auf dem einstigen Kreisauer Gutshof des im Zusammenhang mit dem Stauffenberg-Attentat vom 20. Juli 1944 hingerichteten Grafen Helmuth James von Moltke teilzunehmen. Daß diese Entscheidung wiederum Kontroversen auslösen muß, resultiert aus anderen Voraussetzungen. Während die Repräsentanten der Schlesischen Landsmannschaft Kohls Programmwechsel als Kniefall vor dem polnischen Nationalismus und »bittere Enttäuschung« werten, umarmen der bis dahin äußerst zurückhaltend und skeptisch reagierende polnische Katholik Mazowiecki und Kohl einander in Gegenwart von mehr als 7000 Gottesdienstbesuchern vor dem Holzaltar vor dem zerfallenen Moltke-Schloß in Kreisau zum Friedensgruß. Mazowiecki, dem Kohl einen Brief mit der Aufschlüsselung der bis dahin an Polen geleisteten Hilfen und einer Erläuterung der Hermes-Bürgschaften in Höhe von drei Milliarden Mark bis 1992 übergeben hat, erklärt am Abend: »Herr Bundeskanzler, wir haben in Ihrer Person einen Freund gefunden.« Und ein Solidarność-Abgeordneter trifft mit seiner Bemerkung: »Mit Kreisau ist die Grenzfrage erledigt«, im Grunde das, was Kohl (auch schon im Zusammenhang mit dem geplanten Annaberg-Besuch) bezweckt hat.

Da Kohl sich am 8. November, als das SED-Politbüro geschlossen zurücktritt, und am 9. November, als die nun von Hans Modrow geführte DDR-Regierung Reisefreiheit für die mitteldeutsche Bevölkerung ankündigt, in Polen befindet, im Deutschen Bundestag jedoch am 9. November eine Regierungserklärung abgegeben werden soll, hat er einen seiner engsten Vertrauten, den Kanzleramtschef Rudolf Seiters, vor seinem Flug nach Warschau beauftragt, sie vorzutragen. Seiters, der mit dem Regierungschef telefonisch in Verbindung steht und ihn über die wichtigsten Ereignisse in Deutschland jeweils unmittelbar informiert, erklärt am 9. November 1989 – unter mehrfachem Beifall aller Fraktionen – unter anderem: »Ich möchte eine kurze Erklärung der Bundesregierung abgeben und vorweg sagen, daß dies Tage und Wochen sind, die die Gefühle der Menschen hier und im anderen Teil Deutschlands zutiefst bewegen. Ich habe gerade mit dem Bundeskanzler telefoniert. Lassen Sie mich folgendes sagen: Die vorläufige Freigabe von Besuchsreisen und Ausreisen aus der DDR ist ein Schritt von überragender Bedeutung. Damit wird praktisch erstmals Freizügigkeit für die Deutschen in der DDR hergestellt. Mauer und Grenze in Deutschland werden damit durchlässiger. Die Bundesregierung hofft, daß diese Entscheidung der DDR-Führung einen Schritt in Richtung auf eine echte Liberalisierung in der DDR darstellt. Das Ziel muß bleiben – ich denke, das ist unsere gemeinsame Auffassung, ich sage dies bewußt an dieser Stelle –, die Verhältnisse im anderen Teil Deutschlands so zu entwickeln, daß die Menschen, die dort ihre Heimat haben, für sich die Perspektive auf eine lebenswerte Zukunft sehen.«

Dann wiederholt er die Regierungserklärung Kohls, in der es unter anderem heißt:»Ich erkläre gegenüber der neuen DDR-Regierung meine Bereitschaft, einen Weg des Wandels zu stützen, wenn sie zu Reformen bereit ist. Kosmetische Korrekturen genügen nicht. Wir wollen nicht unhaltbar gewordene Zustände stabilisieren. Aber wir sind zu umfassender Hilfe bereit, wenn eine grundlegende Reform der politischen und wirtschaftlichen Verhältnisse in der DDR verbindlich festgelegt wird. Die SED muß auf ihr Machtmonopol verzichten, muß unabhängige Parteien zulassen und freie Wahlen verbindlich zusagen. Unter dieser Voraussetzung ... bin ich auch bereit, über eine völlig neue Dimension unserer wirtschaftlichen Hilfe zu sprechen ... es sind historische Prozesse, die wir erleben, in Ungarn, in Polen, aber jetzt auch in der DDR. Darüber müssen wir uns auch in der eigenen Bevölkerung im klaren sein. Die Chancen und Perspektiven, die sich hier auf friedliche Weise eröffnen, erfordern ein ganz hohes Maß an Solidarität. ... Wir, die frei gewählten Abgeordneten des Deutschen Bundestages, sollten gemeinsam an unsere Bevölkerung appellieren, diese Solidarität in einer historischen Stunde auch unter Beweis zu stellen.«

Als nach Rudolf Seiters (und Hans-Jochen Vogel, Alfred Dregger und dem Grünen Lippelt) der FDP-Fraktionsvorsitzende Wolfgang Mischnick spricht und in seiner Rede feststellt, daß das Ziel»Freie Wahlen in der DDR« laute, was für die DDR-Bevölkerung bedeuten müsse:»Bleibt daheim! Verlaßt die Heimat nicht!«, erheben sich plötzlich die Abgeordneten und singen die dritte Strophe der Nationalhymne. Der Stenographische Bericht des Deutschen Bundestages protokolliert über die Situation:

»*Vizepräsidentin Renger:* Meine Damen und Herren, es fällt schwer, jetzt einfach wieder in die Tagesordnung einzutreten.

(Zurufe von der CDU/CSU: Schluß machen!)

– Nein, ich glaube nicht, daß wir Schluß machen werden.

(Erneute Zurufe: Schluß!)

Die Frage war, ob diese angefangene Beratung noch zu Ende geführt werden kann. Meine Damen und Herren, es kommen von allen Seiten unterschiedliche Meinungen herauf. Ich bin der Meinung – und ich sehe an Ihren Gesichtern, daß Sie mir zustimmen –, daß dieser Tag es eigentlich erfordert, nicht in diesen Beratungen fortzufahren.

(Beifall)

– Herr Jahn möchte zur Geschäftsordnung sprechen.

Jahn (Marburg) (SPD): Frau Präsidentin! Meine Damen und Herren! Ich glaube, nach diesem Teil unserer heutigen Sitzung ist die Rückkehr zur Tagesordnung, wie wir sie ursprünglich vorgesehen hatten, nicht gut vorstellbar.

(Beifall)

Ich beantrage, die nicht behandelten Punkte abzusetzen und die heutige Sitzung zu schließen.

(Beifall)

Vizepräsidentin Renger: Das Haus ist damit einverstanden. Meine Damen und Herren, mit diesem großen Ereignis ist dieser Sitzungstag heute geschlossen.«

Seiters ruft den Kanzler in Warschau an und schildert ihm das Ereignis. Kohl unterbricht seine Verhandlungen und fliegt sofort von Warschau nach Hamburg und von dort nach Berlin, wo er – mit Willy Brandt – zur Bevölkerung redet. Danach fliegt er nach Bonn und von da aus schließlich wieder nach Warschau, um seine Besprechungen mit Mazowiecki fortzusetzen und erfolgreich abzuschließen. Was Helmut Schmidt während seines letzten offiziellen Polen-Besuches im Jahre 1977 nicht möglich war, hat Kohl erreicht. In Warschau wird ein Goethe-Institut errichtet, ein Jugendaustausch nach deutsch-französischem Vorbild eingeleitet. Ein Netzwerk von Abkommen, die alle Bereiche des politischen, wirtschaftlichen und kulturellen Lebens umfassen, beginnt sich auszuwirken.

»On the high wire above the Fatherland« (»Auf dem hohen Seil über

dem Vaterland«), hat David Marsh nach Kohls Rückkehr aus Polen seine
Analyse der Geschehnisse in der »Financial Times« vom 18. November
1989 überschrieben und festgestellt: »Helmut Kohl, der gerne mit un-
bezweifelbaren Tatsachen und unerschütterlichen Überzeugungen arbeitet . . . sieht sich der Aufgabe gegenüber, seine Nachbarn im Westen und
Osten davon überzeugen zu müssen, daß Deutschland weiterhin stabil
und mit dem Westen eng verbunden bleiben wird, und dies zu einer Zeit,
da sich auf der politischen Landkarte Mitteleuropas die tiefgreifendsten
Umwälzungen seit 1945 vollziehen . . . Für George Bush, Michail Gorbatschow, François Mitterrand und Margaret Thatcher ist Helmut Kohl
im Moment der wichtigste Mann in Europa.« Während Lafontaine am
3. Dezember im »Presseservice der SPD« behauptet, daß Kohls Zehn-
Punkte-Programm »geeignet« sei, »Mißtrauen in der DDR, in den europäischen Staaten, den Vereinigten Staaten und in der Sowjetunion her-
vorzurufen«, ist Kohl dabei, die von ihm so oft erwähnte Gunst der
historischen Stunde zu nutzen. Hinweise, wie Mitterrand sie beispielsweise am 22. November vor Abgeordneten des Europaparlaments – unter
sorgfältiger Ausklammerung der Frage der deutschen Wiedervereinigung –
formuliert und mit der Feststellung verbunden hat, daß »der Aufbau
Europas mit den Ereignissen im Osten Schritt halten« müsse, beantwortet
er unmittelbar und in Mitterrands Gegenwart mit seiner Maxime: »Die
deutsche Einheit kann nur vollzogen werden, wenn es mit der Einigung
Europas vorwärtsgeht. Dies sind zwei Seiten ein und derselben Medaille.«
George Bush sieht in Kohl jetzt den Staatsmann, der in Europa neben
Gorbatschow nicht nur die entscheidenden politischen Karten in der
Hand habe, sondern sie auch angemessen auszuspielen wisse. »Helmut
Kohl«, schreibt der »Guardian« vom 24. November, ist »der Verbündete«,
mit dem Bush vor allen anderen immer »zuerst spricht«.

Kohl ist überzeugt, daß jetzt, nachdem am 22. November auch auf der
Leipziger Montagsdemonstration erstmals unüberhörbar die Forderung
nach Wiedervereinigung laut geworden ist, seine Stunde gekommen sei.
Die »Wir sind ein Volk«-Rufe der Demonstranten und ihre Losung
»Deutschland einig Vaterland«, haben ihn in seiner Zielverfolgung beflü-
gelt, seine Deutschlandpolitik jedoch nicht von überstürzter Eile oder
Hast bestimmen lassen. Dies ist die historische Sternstunde Helmut
Kohls, der im Herbst 1966 prophezeit hat, daß nicht geschäftsmäßige

Diplomatie, sondern gravierende Unruhe in der Politik an der Schwelle der deutschen Wiedervereinigung stehen müsse. Er ergreift den vielzitierten Zipfel des Mantels der Geschichte im rechten Augenblick und handelt verantwortungsvoll risikobereit, kühl und kühn. Obwohl er sich nicht auf souveräne Rechte berufen kann, ordnet er Maßnahmen an, die er nur durchsetzen kann, wenn die internationale Politik in ihm eine unumstößliche Potenz sieht. So auf sich allein gestellt, trifft er Entscheidungen, die ihm niemand abnehmen kann – und ihn letztlich als großen Staatsmann ausweisen.

Am 23. November 1989, es ist ein Donnerstag, ruft Kohl am Abend von seinen engsten Beratern unter anderem Seiters, Schäuble und Teltschik zu sich in den Kanzler-Bungalow und erklärt ihnen, daß nun sofort maßgeblich gehandelt werden müsse. Mit Karl Otto Pöhl, dem Präsidenten der Bundesbank, spricht er später und veranlaßt ihn, im Hinblick auf die inzwischen angestrebte Währungs-, Wirtschafts- und Sozialunion[3] Hans Tietmeyer, ein Mitglied des Direktoriums der Bundesbank, für einige Monate für Verhandlungen mit Finanzfachleuten aus der DDR freizustellen.

Am Abend des 23. November leitet er seinen Plan mit der Feststellung ein, daß die Steuereinnahmen des Bundes, der Länder und der Gemeinden, die mittelfristigen Vorausberechnungen erheblich übersteigen[4], das Bruttosozialprodukt niemals zuvor so günstig wie derzeit gewesen sei und die Wiedervereinigung jetzt ohne Steuererhöhungen vorgenommen werden könne. Es sei nun nötig, so erklärt er, »den stärksten Aktivposten, den wir haben«, die Deutsche Mark, ins Spiel zu bringen.

Dann referiert er, was ihm vorschwebt. Es ist ein von ihm bereits differenziert entwickeltes persönliches Programm, das er zuvor weder mit dem Kabinett, mit der Fraktion oder mit Parteistellen abgesprochen hat. »Bis Montag«, sagt er, bitte er die von ihm vorgetragenen Ideen in ein operatives Konzept umgesetzt zu sehen. Nachdem ihm am Montag, dem 27. November, im Kanzleramt ein entsprechendes »Papier« vorgelegt worden ist, überarbeitet er es noch einmal und trägt den Beteiligten auf, über den Inhalt absolutes Schweigen zu bewahren. Zwar wittern Bonner Medienvertreter »etwas Sensationelles«, nachdem Seiters und Teltschik sie am 27. November zu einem »Briefing« ins Kanzleramt eingeladen haben; aber was es geben werde, erfahren sie nicht.

Am nächsten Tag wartet Kohl dann während der zweiten Beratung des Bundeshaushaltsgesetzes im Deutschen Bundestag – für alle Teilnehmer unerwartet – mit einem Zehn-Punkte-Programm zur Erlangung der deutschen staatlichen Einheit auf. Er leitet es mit der vom SPD-Vorsitzenden Vogel mit »Sehr gut!« quittierten Feststellung ein: »Der Weg zur deutschen Einheit, das wissen wir alle, ist nicht vom grünen Tisch oder mit einem Terminkalender in der Hand zu planen. Abstrakte Modelle kann man vielleicht polemisch verwenden, aber sie helfen nicht weiter. Aber wir können, wenn wir wollen, schon heute jene Etappen vorbereiten, die zu diesem Ziel hinführen.«

Kohls Programm, das »konföderative Strukturen zwischen beiden Staaten in Deutschland«⁵ vorsieht und die »Wiedervereinigung« zum Ziel hat, nimmt vorweg, was Modrow als Vorsitzender des DDR-Ministerrates – allerdings mit völlig anderer Zielsetzung – ansatzweise zur Diskussion gestellt hat. Mit ruhiger Überlegenheit wendet der Kanzler sich angesichts der durchweg überraschten Bundestagsabgeordneten und übrigen Teilnehmer der Sitzung an die westlichen Verbündeten, benutzt ihre Formulierungen und fordert sie auf, ihrer Verpflichtung nachzukommen, die Teilung Deutschlands zu überwinden.

»Wir sind beeindruckt vom lebendigen und vom ungebrochenen Freiheitswillen, der die Menschen in Leipzig und in vielen . . . anderen Städten bewegt«, sagt er und fährt fort: »Sie wissen, was sie wollen: Sie wollen ihre Zukunft selbst bestimmen, im ursprünglichen Sinne des Wortes. Wir werden dabei jede Entscheidung, die die Menschen in der DDR in freier Selbstbestimmung treffen, selbstverständlich respektieren . . . es eröffnen sich Chancen für die Überwindung der Teilung Europas und damit auch unseres Vaterlandes. Die Deutschen, die jetzt im Geist der Freiheit wieder zusammenfinden, werden niemals eine Bedrohung sein. Vielmehr werden sie – davon bin ich überzeugt – ein Gewinn für das immer mehr zusammenwachsende Europa sein. Der Aufbruch, den wir heute erleben, ist zunächst das Verdienst der Menschen, die ihren Freiheitswillen so eindrucksvoll demonstrieren. Er ist aber auch das Ergebnis von politischen Entwicklungen der vergangenen Jahre. Auch wir in der Bundesrepublik . . . haben mit unserer Politik dazu ganz maßgeblich beigetragen . . . wir sind uns bewußt, daß sich auf dem Weg zur deutschen Einheit viele schwierige Fragen stellen . . . Die Verknüpfung der deutschen Frage mit der gesamteuropäischen Entwicklung und den West-Ost-Beziehungen . . . ermöglicht eine organische Entwicklung, die den Interessen der Beteiligten Rechnung trägt und – dies ist unser Ziel – einer friedlichen und freiheitlichen Entwicklung in Europa den Weg bahnt.«

Mit seiner Feststellung: »Der KSZE-Prozeß[6] ist und bleibt Herzstück dieser gesamteuropäischen Architektur«, hat Kohl augenblicklich die SPD-Abgeordneten für sein Zehn-Punkte-Programm gewonnen. Spontan versichert ihm der Abgeordnete Karsten Voigt im Namen der SPD-Fraktion, daß er, der Kanzler, der uneingeschränkten Unterstützung der Sozialdemokraten sicher sein könne. »Herr Bundeskanzler«, sagt Voigt, »Sie sind mit den zehn Punkten . . . in vielen Begriffen – Politik der kleinen Schritte, KSZE – auf uns zugegangen. In einer solchen Situation, vor solchen Herausforderungen werden wir Sozialdemokraten auch nicht davor zurückscheuen, auf Sie zuzugehen.«

Um die Westmächte nicht zu verprellen, zitiert Kohl die Kernsätze aus dem unbestrittenen Harmel-Bericht[7] der NATO: »Gültige und stabile Regierung in Europa ist nicht möglich ohne eine Lösung der Deutschlandfrage, die den Kern der gegenwärtigen Spannungen in Europa bildet. Jede derartige Regelung muß die unnatürlichen Schranken zwischen Ost- und Westeuropa beseitigen, die sich in der Teilung Deutschlands am deutlichsten und grausamsten offenbaren.« Gorbatschow erinnert er an die im Juni gemeinsam unterzeichnete Erklärung über die Prinzipien, die das gemeinsame europäische Haus bestimmen sollen. Weder die Sowjetunion noch die Westmächte können ihm vorwerfen, den bestehenden Konsens zu verletzen. Dennoch hat er sowohl im Ausland als auch in der Bundesrepublik Deutschland, wo sich – bis auf die Abgeordneten der Grünen – zunächst der Bundestag geschlossen hinter ihn stellt, erhebliche Klippen zu überwinden und weiterhin staatsmännische Weitsicht und Fähigkeiten zu beweisen.

Staatspräsident François Mitterrand beispielsweise sieht sich trotz seiner klar fixierten Vorstellungen hinsichtlich des Status quo nicht spontan bereit oder in der Lage, offen und eindeutig das von Kohl präsentierte deutsche Einheitsstreben zu unterstützen. Erst als die Berliner Mauer nicht nur durchlässig, sondern ansatzweise auch bereits niedergerissen wurde, erklärt Mitterrand: »Ich habe keine Angst vor der Wiedervereinigung.« Bald danach, während der EG-Gipfelkonferenz Anfang Dezember 1989 in

Straßburg, bemüht er sich, das von Kohl repräsentierte deutsche Vereinigungsstreben – trotz des zwischen ihm und Kohl zuvor vereinbarten Zieles, die deutsche Einheit, wie Kohl am 10. Mai 1990 vor dem Bundestag erklärt, »als Katalysator« zur Beschleunigung »der Integration Europas auf dem Wege zur Europäischen Union« einzuplanen, hinhaltend einzugrenzen. »Frankreich ist für das Selbstbestimmungsrecht der Deutschen«, erklärt er und fährt fort: »doch nicht jetzt. Vielmehr liegt es in der Verantwortung der Siegermächte, die Sicherheitsstrukturen in Europa zu wahren, jetzt nicht die Frage der Grenzen aufzuwerfen. Gemeint sind damit auch die Grenzen zwischen beiden Teilen Deutschlands.« Nicht mehr soll gelten, was Jean-Michel Dumond 1984 als Vertreter der französischen Botschaft versichert hatte: »Die Wahrung der Rechte und Verantwortlichkeiten der Alliierten gegenüber ... dem gesamten Deutschland zielt in erster Linie darauf ab, die deutsche Frage offenzuhalten und als rechtliche Grundlage für eine Wiedervereinigung zu dienen, die – das muß ich nicht nochmals wiederholen – das langfristige Ziel der französischen Regierung ist.«

Mitterrand beeilt sich jetzt dagegen, Kohl auf die europäische Wirtschafts- und Währungsunion festzulegen und mit den von ihm mobilisierten Vertretern der anderen Siegermächte des Zweiten Weltkrieges die seit 1971 nicht mehr tatsächlich praktizierte Vier-Mächte-Verantwortung für Berlin ins Leben zu rufen. Unisono mit Gorbatschow fordert er, die Unverletzbarkeit der Grenzen durch eine neuerliche Konferenz der 35 KSZE-Staaten zu garantieren. Am 6. Dezember erklärt er Gorbatschow in Kiew, daß die »zwei souveränen deutschen Staaten« weiterhin unverändert zu bestehen hätten. Schon zuvor hat er in einer gemeinsamen Pressekonferenz die alte Waffenbrüderschaft heraufbeschworen und gesagt: »Rußland und Frankreich haben durch die Jahrhunderte als ausgleichende Kraft in schweren Augenblicken der Geschichte gedient«, was »Libération« von einer »Achse Paris-Moskau« spekulieren ließ, die an die Stelle der »zerbrechlich gewordenen deutsch-französischen Verhältnisse« treten würde. Am 10. Dezember 1989, zwölf Tage nach Kohls Verkündung des Zehn-Punkte-Programms, weist Mitterrand im Rahmen eines Interviews im französischen Fernsehen darauf hin, daß Kohls Deutschland-Konzept Kettenreaktionen nach sich ziehen könnte, wobei er Pommern, Schlesien, das ostpreußische Masuren, »das Stückchen Ostpreußen, das russisch geworden ist«, das zwischen Ungarn und Rumänien liegende Siebenbürgen und die sowjetische Moldau-Republik als eventuelle deutsche Gebietsansprüche ausdrücklich aufzählt. Zwar läßt er die Franzosen wissen, daß Frankreich mit seiner »so großen Geschichte« keine » Minderwertigkeitskomplexe« zu haben brauche; aber er betont zugleich auch: »Unsere deutschen Freunde müssen dem Umstand Rechnung tragen, daß es einen Weltkrieg gegeben hat.« Eine Woche danach versichert er dem US-Präsidenten Bush auf dem französischen Teil der Karibik-Insel Saint Martin, daß er die Absicht habe, jede Art von deutscher Einheit aktiv und engagiert hinauszuzögern.[8]

Nachdem Kohl Mitterrands DDR-Visite am 19. Dezember durch einen eigenen und in der DDR begeistert gefeierten DDR-Besuch diplomatisch geschickt abzuwerten vermocht hat, äußert Mitterrand reserviert: »Herr Kohl ist ein deutscher Patriot, aber zwangsläufig hat er Reflexe, die ich nicht teile.« Gegenüber dem amtierenden Staatsratsvorsitzenden Manfred Gerlach hat er am 20. Dezember unter dem ausdrücklichen Hinweis auf »diese beiden deutschen Staaten« gesagt: »Sie können auf die Solidarität Frankreichs mit der Deutschen Demokratischen Republik rechnen.« Vor rund tausend Studenten stellt er am 21. Dezember in der Leipziger Universität fest, daß es zwei deutsche Staaten mit »souveräner Existenz« gebe. Die deutsche Einheit gehe zwar, wie er im Sinne Kohls zugibt, »zunächst die Deutschen« an; doch die Nachbarn hätten über deren »Stabilität [zu] wachen«. Hellhörig versichert »Libération« danach, daß Mitterrand die Entstehung eines »Vierten Reiches« im Herzen Europas nicht einfach hinnehmen wolle. Am 22. Dezember fliegt Mitterrand, zweieinhalb Stunden vor der Öffnung der Mauer am Brandenburger Tor, aus Berlin nach Paris zurück. Der Triumphator heißt: Helmut Kohl.

Eduard Schewardnadse, den Kohl am 28. November ebenso überrascht und irritiert hat wie Michail Gorbatschow, François Mitterrand, Margaret Thatcher und deren Außenminister, läßt sowohl die Deutschen als auch die Westmächte auf die Stellungnahmen der Sowjetunion warten. Erst am 19. Dezember lanciert er Gorbatschows Vorstellungen auf dem Wege über Fragen an einen Journalisten der »Bild«-Zeitung effektvoll in die breite Öffentlichkeit. Als wären ihm sowohl die Vorstellungen Gorbatschows als auch Helmut Kohls Erwartungen und Ziele im Zusammenhang mit der deutschen Frage fremd, sinniert er unter anderem über mögliche

Folgen für die Sicherheit Europas im Falle einer deutschen Wiedervereinigung. Er fragt, ob ein staatlich geeintes Deutschland bereit sein werde, die bestehenden Grenzen in Europa anzuerkennen. Daß er die sowjetische Besorgnis über ein Gesamtdeutschland in der NATO artikuliert und die Frage aufwirft, ob der angestrebte Staat entweder zur Entmilitarisierung oder zur Neutralität bereit sein werde, ist logisch und vorauszusehen gewesen. Angesichts der Konsequenzen der kontinuierlichen Deutschlandpolitik Kohls und der spezifischen Probleme in der UdSSR teilt er bereits am 23. Mai 1990 in Genf seinem deutschen Kollegen Genscher mit, daß die Sowjetunion inzwischen bereit sei, die von Kohl angestrebte Mitgliedschaft Gesamtdeutschlands in einer veränderten NATO zu akzeptieren.

Zwei Tage später, am 25. Mai, versichert Kohl in einer Rede vor der Abrüstungskonferenz der Interparlamentarischen Union, daß die NATO »verändert«, ihre militärische Komponente »zunehmend an Gewicht verlieren« und die politische Rolle »immer mehr in den Vordergrund treten« werde. Er geht davon aus, daß die Nuklearwaffen künftig nicht mehr – wie bislang – als strategische Basis für lückenlose nukleare Einsatzoptionen dienen, sondern im Rahmen eines europäischen Sicherheitssystems lediglich – im Umfang stark reduzierte – Grundlage für eine nukleare Rückversicherung sein werden. Aus dieser Sicht fordert er, »gesamteuropäische Institutionen im Rahmen der KSZE zu schaffen« und die bisher gehegte Abschreckungsstrategie durch ein kooperatives Ost-West-Sicherheitssystem zu ersetzen.

Daß es ein Ausscheiden Deutschlands aus der NATO mit ihm als Bundeskanzler nicht geben werde, wiederholt er am 16. Juni 1990 noch einmal: »Mit uns und mit mir«, sagt er, »ist eine Isolierung, Neutralisierung oder Separierung Deutschlands nicht zu machen.« Für den engagierten Europapolitiker Helmut Kohl erscheint nicht zuletzt auch unvertretbar, die kleineren Staaten wie Belgien, die Niederlande, Luxemburg, Dänemark und Portugal womöglich ohne wirksamen Schutz der NATO zu lassen.

Zwar sind bis zu Kohls Ankündigung des Staatsvertrages am 10. Mai 1990 auch einige weitere Fragen Schewardnadses vom 19. Dezember 1989 – wie beispielsweise die Problematik der »militärischen Präsenz der vier Siegermächte«, die künftige Rolle Deutschlands im Helsinki-Prozeß und die geplante Position der »beiden deutschen Staaten ... bei einer Wiedervereinigung« hinsichtlich der Beachtung der »Interessen anderer europäischer Staaten« – zügig und kontinuierlich im Sinne des deutschen Kanzlers gelöst worden, doch Ende 1989 sind Kohls Zielplanung und Zuversicht nahezu singuläre Größen. Kohl sieht sich von außen gleichermaßen mit Ermunterungen und skeptischen Warnungen konfrontiert, auch wenn sie nicht immer so eindeutig wie beispielsweise von Gennadi Gerassimow, dem Sprecher des sowjetischen Außenministeriums, formuliert werden. Er warnt Kohl und dessen Regierung definitiv: »Verantwortungsvolle Politiker machen keine Propaganda für ein wiedervereinigtes Deutschland, weder für ein heutiges noch für ein künftiges.«*

Angesichts der anfänglichen Reaktionen der Staats- und Regierungschefs Frankreichs, Großbritanniens und der Sowjetunion auf Kohls Zehn-Punkte-Programm klingt der gegen Kohl gerichtete Vorwurf Oskar Lafontaines vom 3. Dezember 1989, sich einen »großen diplomatischen Fehlschlag« geleistet zu haben, verblüffend ahnungslos und politisch weltfremd. »Der Bundeskanzler wäre gut beraten gewesen«, hat er für den »Presseservice der SPD« geschrieben, »vor einer solchen Erklärung die notwendigen Abstimmungsprozesse und Vorklärungen in Europa, den USA und in der Sowjetunion vorzunehmen. Er wäre ebenso gut beraten gewesen, den Menschen in der DDR das Recht zu belassen, über ihre Zukunft selbst zu bestimmen.«

Seit Ende November 1989 ist die Entwicklung nicht mehr aufzuhalten. Die Menschen in der DDR bestimmen ihr Tempo. In Ost-Berlin tagt seit dem 7. Dezember – nach polnischem und ungarischem Vorbild – ein »Runder Tisch«. Funktionsträger der SED diskutieren unter dem Druck der Geschehnisse mit Vertretern der früheren »Blockparteien«, mit den inzwischen etablierten oppositionellen Gruppen und mit Kirchenleuten. Nachdem der Honecker-Nachfolger Egon Krenz[9] sein Amt als Staatsratsvorsitzender am 6. Dezember niedergelegt hat und sein SED-Genosse Gregor Gysi am 9. Dezember auf dem vorgezogenen Sonderparteitag der SED zum neuen Vorsitzenden gewählt worden ist, steht die Staatspartei unmittelbar vor ihrer politischen Bankrotterklärung. Am 17. Dezember distanziert sie sich öffentlich von ihrer stalinistischen Vergangenheit,

---

* Gorbatschows Berater Vadim Sagladin reagierte auf Kohls Plan lapidar: »Ich war darüber verwundert.«

ändert ihren Namen in »Partei des Demokratischen Sozialismus« (PDS) und fordert – im Gegensatz zum Demokratischen Aufbruch (DA) in Leipzig – den Fortbestand der Eigenstaatlichkeit der DDR. Zwei Tage danach trifft Kohl den seit dem 13. November als DDR-Regierungschef amtierenden SED-PDS-Exponenten Hans Modrow in Dresden, wo er mit ihm über eine deutsch-deutsche Vertragsgemeinschaft verhandelt. Am 22. Dezember wird das Brandenburger Tor in Berlin geöffnet, am 24. Dezember die Visumspflicht für Bundesbürger für Reisen in die DDR aufgehoben.

Ende Januar 1990 kann Kohl zur Kenntnis nehmen, daß die Bevölkerung Westeuropas, die Franzosen, Briten, Italiener, Spanier, Niederländer und Schweden, in deren Augen er inzwischen endgültig zum wichtigsten europäischen Staatsmann avanciert ist, ihm und seiner Politik vertrauen. 68 Prozent der Franzosen und 62 Prozent der Briten haben nach aufwendigen Befragungen des Allensbacher Instituts für Demoskopie, das mehr als 6200 Westeuropäer befragte, nichts gegen eine Wiedervereinigung Deutschlands einzuwenden. Waren zwei Jahre nach Helmut Schmidts Ablösung noch 25 Prozent der Franzosen und 26 Prozent der Briten gegen den Zusammenschluß der Bundesrepublik mit der DDR, sind es jetzt nur noch 16 beziehungsweise 23 Prozent. 56 Prozent der Niederländer und Schweden und knapp 50 Prozent der Italiener geben an, die Deutschen zu »mögen«. Die vielbeschworene Angst vor den Deutschen und dem »Machtfaktor Gesamt-Deutschland«, der das internationale Gleichgewicht stören könnte, gehört – zunächst in Westeuropa – der Vergangenheit an.

Am 30. Januar 1990 ist Modrow in Moskau, wo Gorbatschow ihm erklärt, daß er der Vereinigung der beiden Staaten zustimme. Zwei Tage später stellt er seinen Dreistufen-Plan für den »Weg zur deutschen Einheit« vor, den Kohl nicht akzeptiert.[10] Seit Beginn der Entwicklung verficht er die Auffassung, daß die Einheit Deutschlands ausschließlich nach den Richtlinien des Artikels 23 des Grundgesetzes[11] zu realisieren sei. Am 5. Februar trifft er sich in West-Berlin mit den Vorsitzenden der DDR-Parteien CDU, DSU und DA und vereinbart mit ihnen, ein Wahlbündnis »Allianz für Deutschland« ins Lebens zu rufen.

Der Kanzler läßt die Entwicklung bis zur rechten Stunde reifen. Dann reist er – zusammen mit Hans-Dietrich Genscher – zu einem »Blitzbesuch« nach Moskau, wo er sich am 10. Februar 1990 mit Gorbatschow trifft und unter vier Augen mehr als vier Stunden lang über die deutsche Frage verhandelt. Sowjetisch-deutsche Gegensätze hat er bereits im Oktober 1988 in ungewöhnlich langen Gesprächen mit Gorbatschow in Moskau und im Juni 1989 während des Gorbatschow-Besuches in der Bundesrepublik ausgeräumt. Horst Teltschik, als Kanzlerberater Zeuge der Zusammenkunft vom 10. Februar 1990, schildert sie als »freundschaftlich, ja warmherzig«. Das Ergebnis ist eine gravierende historische Zäsur. Noch in Moskau stellt Kohl sich den Medien und erklärt sichtlich bewegt: »Ich habe heute abend an alle Deutschen eine einzige Botschaft zu übermitteln. Generalsekretär Gorbatschow und ich stimmen darin überein, daß es das alleinige Recht des deutschen Vokes ist, die Entscheidung zu treffen, ob es in einem Staat zusammenleben will . . . Dies ist ein guter Tag für Deutschland und ein glücklicher Tag für mich persönlich.« Gorbatschow hat den Deutschen die Entscheidung überlassen, »in welchen Fristen, mit welchem Tempo und unter welchen Bedingungen sie diese Einheit verwirklichen werden«, wie die sowjetische Nachrichtenagentur TASS am 11. Februar 1990 meldet.

Obwohl Kohl in Modrow lediglich eine Erscheinung sieht, die spätestens nach den DDR-März-Wahlen aus dem Amt entlassen werde[12], empfängt er ihn am 13. Februar in Bonn, wo er zunächst Bundesminister Rudolf Seiters mit ihm verhandeln läßt. Modrows Forderung, 15 Milliarden DM von Bonn zu bekommen, beantwortet Seiters nicht. Er nimmt sie lediglich zur Kenntnis. Kohl vereinbart mit Modrow, eine Expertenkommission zur Vorbereitung der von ihm nach ausführlichen Gesprächen mit den Bundesbank-Direktoriumsmitgliedern Pöhl und Tietmeyer vorgeschlagenen Währungsunion bilden zu lassen. Er will so schnell wie möglich weitere Erleichterungen für die vorwärtsdrängende Bevölkerung der DDR auf den Weg gebracht sehen, wo Mitte Februar als sicher gilt, daß die vor der »Revolution« 2,3 Millionen Mitglieder zählende SED als nunmehrige PDS nur noch 700 000 »Genossen« zählt. Daß er es ist, auf den sich die Hoffnungen der DDR-Bevölkerung konzentrieren, ist kaum zu übersehen. Modrow kann seine demonstrativ zur Schau getragene Enttäuschung über den rapiden Niedergang seiner Partei und des von ihr zu verantwortenden Katastrophenregimes nicht mehr verbergen. Nach seinem Bonn-Besuch beeilt er sich, SED-Funktionsträger, Stasi-Mitglieder und Stasi-Zuträger noch rasch durch mehr als fragwürdige Maßnahmen vor Rechtsverfolgung zu schützen. Am 22. Februar, neun Tage nach seinem Treffen mit dem Bundeskanzler, veranlaßt er in Ost-Berlin eine – ab 1. März geltende – »Verordnung zur Arbeit mit Personalunterlagen«, in der es unter anderem heißt: »Die Leiter der Organe und Betriebe haben zu gewährleisten, daß dem Werktätigen auf Ersuchen Einsicht in seine Personalunterlage zu gewähren ist . . . Sie sind berechtigt, nicht mehr aktuelle Dokumente und Unterlagen aus den Personalunterlagen zu entfernen.« Urkundenfälschung und Urkundenunterdrückung ist damit in der DDR staatlich legitimiert. Angehörige des einstigen Staatssicherheitsdienstes finden Unterschlupf und werden mit hohen Bezügen und Renten ausgestattet.

Mit Problemen eigener Art ist der deutsche Kanzler von der britischen Regierung konfrontiert worden, nachdem er sein Zehn-Punkte-Programm proklamiert hatte. Königin Elizabeth II. hatte 1978, als die deutsche Frage noch nicht auf den Tagesplänen der Politiker und Staatsmänner stand, erklärt: »Meine Regierung und mein Volk stehen hinter Ihnen. Meine in Berlin stationierten Soldaten und Flieger verkörpern die Verpflichtung Großbritanniens, Ihre Freiheit so lange zu verteidigen, wie es notwendig sein wird: bis die Teilung Europas – und Ihrer Stadt – überwunden werden kann.« Ihre Premierministerin Margaret Thatcher sieht es im Dezember 1989 anders. »Das geht alles zu schnell«, sagt sie und fährt fort: »Man kann jetzt nur langsam, Schritt für Schritt, weitergehen. Es kommt zunächst mal darauf an, daß echte freie Wahlen in der DDR stattfinden.«[13]

George Bush hat sich in kurzer Zeit von Helmut Kohl überzeugen lassen, daß in dieser Stunde der Geschichte Visionen erforderlich seien. Mitte März 1990 bekennt er sich während seiner Verhandlungen mit der britischen Premierministerin Thatcher demonstrativ zur Einheit Deutschlands – und erklärt, daß es an der Zeit sei, den Deutschen auch die Massenmorde an den Juden während des NS-Regimes nicht länger vorzuhalten. Unmißverständlich stellt er fest: »Ein geeintes Deutschland sollte volle Kontrolle über sein gesamtes Territorium haben, ohne jedwede neuen diskriminierenden Beschränkungen der deutschen Souveränität.«

Manchen Beobachter hat Kohls Formulierung aufgeschreckt, daß er in der Wiedervereinigung eine »Fortschreibung der deutschen Geschichte« sehe. Zwar erweist sich die zunächst häufig gestellte Frage, welche »Geschichte« er denn wohl meine, angesichts der von ihm seit jeher eindeutig interpretierten Vorstellungen als überflüssig; aber diese Frage wird sowohl im Inland als auch im Ausland diskutiert. Doch diese Unsicherheit währt nicht lange. Bereits am 4. Dezember stellt George F. Will in der »International Herald Tribune« fest: »... was sich im Moment abspielt, ist doch eigentlich recht beruhigend. Wir alle ... sind Zeugen des Triumphs der vierzigjährigen Freiheitstradition in Westdeutschland über die Ostdeutschland aufgezwungene politische Katastrophe. Kohl ... nutzt diesen Moment, um dem Ende der Nachkriegszeit näherzukommen ... Wenn die Zukunft Europas den Produzenten und nicht den Kriegern gehört, wird diese Zukunft möglicherweise von und für Deutschland bestimmt sein.«

Will bescheinigt dem deutschen Kanzler, lediglich nach Rechten – wie beispielsweise dem Recht auf Selbstbestimmung – zu streben, die »nach dem offiziellen rechtlichen Credo des Westens unveräußerlich sind«, und zitiert »The Economist« mit der Feststellung: »Natürlich wird der Vorstand des europäischen Hauses Deutschland sein. Wer sonst? ... ein großes Deutschland muß nicht bedrohlich erscheinen.« Allerdings ist dies sowenig die einhellige Auffassung aller ausländischen Medien, wie die gegenteiligen Kommentare deckungsgleich sind. Die Anzahl der Kritiker, die von Kohl eine öffentliche Erklärung zur polnischen Westgrenze erwarten, ist erdrückend. Bis Anfang März fallen unter anderem »Libération«, »The Independent«, »Financial Times«, »The Washington Post«, »La France«, die Wiener »AZ«, die Züricher »Weltwoche« und die »Baseler Zeitung« über ihn in einer Weise her, die gelegentlich schwerlich als redlich bezeichnet werden kann. Da ist vom »tolpatschigen Kurvenredner« die Rede, von Begriffsstutzigkeit, von verpaßten Gelegenheiten, vom »vorgezogenen Wahlkampf« und, wie die Züricher »Weltwoche« schreibt, von einem Kanzler, der »mit derselben brutalen Tolpatschigkeit«, wie »die deutsche Fußballmaschine Siege« ertrotze, alles überrolle, »schnörkellos, rücksichtslos, gedankenlos«.

Deutsche Medien kolportieren Wünsche der Opposition und stilisieren die in der Koalition zur Zeit nicht gerade als Harmonie zu bezeichnende Atmosphäre zum Zeichen für ein wahrscheinliches Ende der Koalition. Kohl läßt sich jedoch weder drängen noch zu »vorgeschriebenen« Äußerungen verleiten.[14] Selbstbewußt und von der Richtigkeit seines Handelns überzeugt, veranlaßt er die Koalitionsfraktionen am Vormittag des 6. März, einen Koalitions-Entschließungsantrag für den Bundestag zu formulieren und unmittelbar zu publizieren. Angesichts der Autorität des Kanzlers nehmen Abgeordnete der Freien Demokraten ihre öffentlich vorgetragenen Vorbehalte augenblicklich zurück. Der Antrag, der deutlich Kohls Handschrift widerspiegelt, nimmt auch den Sozialdemokraten den Wind aus den Segeln. Sein Text:

»Der Deutsche Bundestag schlägt unter Bezugnahme auf seine Erklärung vom 8. November 1989 vor, daß die beiden freigewählten deutschen Parlamente und Regierungen möglichst bald nach den Wahlen in der DDR eine gleichlautende Erklärung abgeben, die in ihrem Kern folgendes beinhaltet:
›Das polnische Volk soll wissen, daß sein Recht, in sicheren Grenzen zu leben, von uns Deutschen weder jetzt noch in Zukunft durch Gebietsansprüche in Frage gestellt wird.‹
Ziel dieser Erklärung ist es, entsprechend den Prinzipien der KSZE-Schlußakte mit Blick auf die deutsche Einheit die Unverletzlichkeit der Grenzen gegenüber Polen als unverzichtbare Grundlage des friedlichen Zusammenlebens in Europa zu bekräftigen.
In diesem Sinne soll die Grenzfrage in einem Vertrag zwischen einer gesamtdeutschen Regierung und der polnischen Regierung geregelt werden, der die Aussöhnung zwischen beiden Völkern besiegelt.
Der Verzicht Polens auf Reparationen gegenüber Deutschland vom 23. August 1953 und die gemeinsame Erklärung von Ministerpräsident Tadeusz Mazowiecki und Bundeskanzler Helmut Kohl vom 10. November 1989 bleiben auch für das vereinte Deutschland gültig.«

Erst am 18. Juni 1990, als die publizistischen Gängeleien aufgehört haben und Kohl der Überzeugung ist, daß die weitere Entwicklung von seinem Wort abhängt, initiiert er einen Entschließungsentwurf zur Frage der polnischen Westgrenze. »Die Zeit ist dafür reif«, erklärt er am 21. Juni[15] vor dem Deutschen Bundestag. Ausgeklammert, wie von bestimmten Beobachtern im In- und Ausland stereotyp behauptet wird, hat er dieses Problem niemals. Daß die Wiederherstellung der staatlichen deutschen Einheit von der Anerkennung der polnischen Westgrenze abhängig gemacht werden würde, hat er sowenig ignoriert wie seine politischen Gegner, die ihn zu übereilten Schritten zu drängen versuchten. Als er –

nach gefeierten Wahlreden unter anderem in Erfurt, Chemnitz, Magde-
burg, Rostock und Cottbus – am 14. März in Leipzig vor mehr als
300000 Menschen spricht, sagt er beispielsweise: »Es wird kein viertes
Reich geben. Wir haben aus der Geschichte gelernt. Aber wir wünschen
uns, daß unsere Freunde im Ausland auch begreifen, was es heißt, nach
über vierzig Jahren der Trennung die Chancen zu haben, den Weg in die
Zukunft gemeinsam gehen zu können. Der Weg ist jetzt frei. Wir haben
zu sprechen mit den Vereinigten Staaten, mit der Sowjetuinon, mit
Frankreich und Großbritannien. Wir haben zu sprechen mit denen, die in
der Grenzfrage betroffen sind wie die Polen, aber wir haben vor allem auch
zu sagen, wir, die Deutschen, wünschen jetzt, daß dieser Weg zu Einheit
kommt. Es ist unsere gemeinsame Chance.«
     Angesichts der unübersehbaren Menschenmenge, die ihn vier Tage vor
den Wahlen sehen und hören will, hat er seine mit Schreibmaschine
geschriebenen Stichwort-Notizen für seine Rede spontan nicht nur stel-
lenweise geändert, sondern auch handschriftlich erheblich ergänzt. Em-
phatischer Jubel und »Helmut, Helmut«-Rufe beherrschen die Menge,
nachdem er seine Rede mit dem Versprechen beendet hat: »Wir wollen,
daß die Menschen hier glücklich werden, in Sachsen und überall in der
DDR, daß niemand seine Heimat verläßt, weil er an der Zukunft zweifelt.
Jeder muß wissen: Wir haben gemeinsam eine gute Zukunft. Das ist die
Botschaft, die ich Ihnen an diesem Abend für die Zukunft zurufen
möchte: Wir sind stolz auf unsere Heimat, Sie auf Ihre Heimatstadt
Leipzig, auf das hoffentlich bald wieder stehende Land Sachsen, auf unser
deutsches Vaterland und auf eine gemeinsame europäische Zukunft. Das
wird unser Weg sein, den wir nun gemeinsam wollen . . . helfen wir uns
gegenseitig, und helfen Sie auch mir auf diesem Weg. Gott segne unser
Vaterland.«
     Überall in der DDR wird er wie ein Triumphator empfangen. Über die
Veranstaltungen in Rostock schreibt die »Süddeutsche Zeitung« vom
12. März 1990: »Eine jubelnde und jauchzende Menge füllt den Versamm-
lungsplatz vor der Fischereihofbastei von Rostock. Die Menschen toben
in tumultöser Emphase. Wogende Fahnen in Schwarz-Rot-Gold. Marsch-
musik. ›Helmut-Helmut-Helmut‹-Rufe. Ihr rauschhafter Begeisterungs-
taumel macht es Kohl fast unmöglich, sich durchzudrängen zum Redner-
podest, obwohl an die tausend Ordner aufgeboten sind, dem Kanzler

14.) Aufruf nationale Solidarität

Woran ... Ziele Generation
1. Generation in Frieden

alle Chancen — anpacken

Erfahrung der Älteren

90er Jahre — Rückblick auf Jahrhundert
alle Chancen — für freie — friedliche Zukunft
Verständnis für Ängste — große Herausforderung
Aber alle Chancen —
Hinweis Aufbau — Generation
(Wir und die Kinder — Enkel

Wir schaffen es ...

Gemeinsam — Mein Engagement ...
für deutsche Einheit in Freiheit
Wohlstand — Soziale Gerechtigkeit — Sicherheit
Unsere Vision
Heimat — Deutsches Vaterland — Europa Ziel

14. März 1990: Notizen Helmut Kohls für seine Rede in Leipzig.

zwischen miteinander verknoteten Schiffstauen eine Gasse freizuhalten. Als Kohl sein Ziel endlich erreicht, ist die rechte Hand zerkratzt und blutig. Kohl sieht ergriffen aus und glücklich.«[16]
Vier Wochen später, am 12. April, wird die erste frei gewählte Regierung in der Geschichte der DDR vereidigt. Lothar de Maizière, der Vorsitzende der DDR-CDU, einstige Berufsmusiker und spätere Rechtsanwalt, wird Ministerpräsident einer von der CDU, der DSU, dem Demokratischen Aufbruch, der SPD und den Liberalen gebildeten Großen Koalition.
Am 10. Mai 1990, fünf Wochen nach seinem 60. Geburtstag, kann Helmut Kohl vor dem Deutschen Bundestag feststellen:»Nach intensiven Verhandlungen haben wir uns mit der Regierung der DDR über wesentliche Eckwerte der Währungsunion geeinigt ... Zum 2. Juli werden die Bundesrepublik Deutschland und die DDR eine Währungs-, Wirtschafts- und Sozialunion verwirklichen. Für die Menschen in Deutschland wird die Einheit damit in entscheidenden Bereichen erlebbare Wirklichkeit ... Die Regierung der DDR und die Bundesregierung werden einen Staatsvertrag zur Einführung der Währungs-, Wirtschafts- und Sozialunion schließen ... Nach Inkrafttreten des Staatsvertrages wird ... die Mark der DDR auf D-Mark umgestellt, und zwar bei Löhnen, Gehältern, Stipendien, Mieten, Pachten und Renten sowie anderen wiederkehrenden Versorgungszahlungen ... Das Rentensystem in der DDR wird dem Rentensystem in der Bundesrepublik Deutschland angepaßt ... Ich appelliere an alle Beteiligten, jetzt in nationaler Solidarität zusammenzustehen[17] ... Am Ende eines Jahrhunderts ... bietet sich uns Deutschen eine einzigartige Chance – die Chance, ›in freier Selbstbestimmung die Einheit und Freiheit Deutschlands zu vollenden‹ und ›in einem vereinten Europa dem Frieden der Welt zu dienen‹. So ist es uns durch unser Grundgesetz aufgetragen. Schaffen wir das vereinte Deutschland und das vereinte Europa – als gemeinsame Heimat für unsere junge Generation.«
Am 18. Mai unterzeichnen in Bonn die Finanzminister Theo Waigel für die Bundesrepublik und Walter Rombach für die DDR den 33 Seiten – mit 38 Artikeln und 9 Anlagen – umfassenden »Vertrag über die Schaffung einer Währungs-, Wirtschafts- und Sozialunion«, mit dessen Annahme durch die Parlamente die erste Stufe der Wiedervereinigung markiert wird.

Wie sämtliche Aspekte des Zehn-Punkte-Programms, so gehen auch entscheidende Kriterien des Staatsvertrages auf persönliche Entscheidungen und Anstöße Kohls zurück. Nicht nur die Geldumtauschregelung, die Landwirtschaft und der Umweltschutz, mit dem er sich von 1959 bis 1969 als Referent des Chemieverbandes beruflich befaßt hat, als noch niemand an derartige Probleme dachte, haben bei der Formulierung des Vertrages in ihm einen engagierten Befürworter gehabt. Die Eigentumserklärung und die Programmpunkte der Sozialunion, die spezifische Probleme der Arbeitslosigkeit, der Renten-, Kranken- und Unfallversicherungen vorsorglich regeln, Kleinverdienern Zuschüsse für die Sozialbeiträge garantieren und Tarifautonomie und Mitbestimmung gewährleisten, tragen seine persönliche Handschrift. Angesichts der sich überstürzenden Ereignisse, die ebenso rasches Handeln erforderten, hat er auf schnelle Hilfen gedrängt. Man könne doch einem Mann, der 1949 aus sowjetischer Gefangenschaft zurückgekehrt sei und seitdem unter den von der SED geschaffenen Verhältnissen hat arbeiten und leben müssen, meinte er beispielsweise während einer Morgen-Lage im Kanzleramt, nicht mit der Feststellung vertrösten: »Warte noch ein paar Jahre. Dann werden sich die Verhältnisse gebessert haben.«

In der DDR blühen – nach den Zeiten der unübersehbaren Unsicherheiten – Hoffnungen auf. Zuversicht beginnt sich Bahn zu brechen. Am 19. Mai, einen Tag nach der Vertragsunterzeichnung, schreibt die DDR-Zeitung »Neue Zeit« unter anderem: »Ganz wesentlich ist . . ., daß nach einer Zeit der Unsicherheiten und ständigen neuen Diskussionen nun endlich wenigstens auf dem wichtigsten, dem ökonomischen Feld, Ordnung geschaffen ist. Kein Mensch kann, auch in den historischsten Epochen nicht, andauernd mit dem Gefühl leben, daß ›die Zeit aus den Fugen ist‹ und nichts mehr an seinem Platze. Nun kann Bewegung, so muß man hoffen, wieder kontinuierlicher verlaufen, kann wirtschaftlicher Aufschwung auf der Basis geordneter Verhältnisse in Angriff genommen werden. Und dies verknüpft sich auch mit der Hoffnung, daß die Menschen in beiden Teilen unseres noch getrennten Landes den Blick wieder ein wenig vom währungspolitischen Tellerrand erheben und die europäische und globale Dimension in das Blickfeld gerät.«

Daß die SPD, die einen »Runden Tisch« und Mitspracherechte gefordert hat, den Vertrag kritisiert und »Nachbesserungsvorschläge« geltend macht[18], hält Kohl für eine selbstverständliche Handlungsweise der Opposition. Insgeheim ist längst auch die politische Linke davon überzeugt, daß Deutschland in Kohl einen Kanzler von historischer Größe besitzt. Selbst die am linken Rand des linken Spektrums angesiedelte Zeitung »taz«, die ihn ständig blindwütig diffamiert hat, gibt dies zu, nachdem der Staatsvertrag und die Einheit Deutschlands unter Dach und Fach sind. »Die deutsche Einheit«, schreibt beispielsweise Klaus Hartung in der »taz« vom 22. Juni 1990, »hat die Vordenker überrollt und das Nachdenken zum Hinterherdenken gemacht. Die abgefahrenen Züge kommen an, pünktlich. Der Staatsvertrag ist verabschiedet . . . Die Proteste gegen den Tempomacher Kohl werden schal. Die Stunde der Einheit – die Stunde der linken Melancholie? Die Stunde der tiefen Bedrückung einer schweigenden, wartenden, mißtrauischen Mehrheit? Und Kohl selbst . . . das routinemäßige Objekt linker Verachtung – ist nicht seine Politik erfolgreich bis in unsere alltägliche Existenz hinein? Hat er nicht . . . alle Verfechter eines besonders vorbildlichen, besonders demokratischen, besonders multikulturellen Deutschlands als Kleingärtner ihrer Utopismen beschämt? Soll Kohl angelastet werden, daß jetzt eine hadernde Mehrheit der Deutschen, begleitet vom Mißmut des ideellen Gesamtsozialarbeiters, die Schwelle einer neuen Zeit überschreitet? . . . Es genügt«, Kohls »wirkliche Erfolge zu sehen. Zeit zur Abbitte also. Kohl ist zur historischen Größe geworden.«

Im Ausland wird erleichtert registriert, daß der deutsche Kanzler sich bei seiner Wiedervereinigungspolitik um internationale Absicherungen in Washington, Moskau, Paris und London bemüht und immer nicht nur Deutschland, sondern Europa im Auge hat. Daß ihm dabei stets gelingt, was er anvisiert, ruft zuweilen Irritationen hervor, Staunen und Nachdenklichkeit. Mitte Juli 1990 kann er eine Bilanz als Staatsmann ziehen, die noch ein Jahr zuvor mit Sicherheit als pure Illusion bezeichnet worden wäre. Die Londoner »Times« spricht von Kohls »größtem politischem Bravourstück«. In Ost und West sind die Medien ob des epochalen historischen Ereignisses des Ruhmes voll. In der DDR entscheiden sich 83 Prozent der von Infratest befragten CDU/DA/DSU-Anhänger für ihn als »Wunschkanzler«; selbst 15 Prozent der SPD-Sympathisanten votieren für ihn.

Nach zweitägigen Gesprächen mit Michail Gorbatschow in Moskau und in dessen Heimatort Schelesnowodsk im Kaukasus, in die der sowjetische Staatspräsident ihn als ersten ausländischen Regierungschef eingeladen hat, ist nicht zuletzt durch Kohls persönliches Engagement, durch seine staatsmännische Tatkraft und Gorbatschows Einsicht ein Teil der Vision verwirklicht worden[19], die seit Mitte der sechziger Jahre kontinuierlich Ziel und Mittelpunkt seiner politischen Vorstellungen gewesen ist. Ausdrücklich attestiert Gorbatschow ihm am 16. Juli:»Herr Bundeskanzler, Sie haben auf unserem Treffen diese Idee in erster Linie entwickelt!« Das vereinte Deutschland, das noch 1990 seine »volle und uneingeschränkte Souveränität« erhält, wird – wie zuvor die Bundesrepublik Deutschland – von den einstigen Siegermächten unangefochtenes Mitglied der NATO und kann frei über Bündniszugehörigkeiten entscheiden.

Am 16. Juli erklärt Kohl in Schelesnowodsk unter anderem:»Die Einigung Deutschlands umfaßt die Bundesrepublik, die DDR und Berlin. Wenn die Einigung vollzogen wird, werden die Viermächterechte und Verantwortlichkeiten vollständig abgelöst . . . Solange sowjetische Truppen noch auf dem *ehemaligen* DDR-Territorium stationiert bleiben, werden die NATO-Strukturen nicht auf diesen Teil Deutschlands ausgedehnt . . . Die Bundesregierung erklärt sich bereit . . . die Streitkräfte eines geeinten Deutschlands innerhalb von drei bis vier Jahren . . . zu reduzieren. Ein geeintes Deutschland wird auf Herstellung, Besitz und Verfügung über ABC-Waffen verzichten und Mitglied des Nicht-Weitergabe-Vertrages bleiben.«

Kohl, der sein epochales »Bravourstück«, die Wiedererlangung der vollen Souveränität Deutschlands – ohne nachträgliche »Rechnung« seitens der Sowjetunion, im historischen Kontext sieht und weiß, daß die »vollbrachte Tat« staatsmännische Klugheit, Weitsicht und Größe auch im nachhinein verlangt, wenn sie dereinst als historische Zäsur in der Geschichte bestehen soll, reagiert sofort. Er erklärt, daß deutsche Weltmachtträume ebenso der Vergangenheit angehören wie mögliche Spekulationen auf ein »zweites Rapallo«, das der westlichen Allianz empfindlich schaden würde. »Wir glauben«, so kommentiert US-Präsident Bush, der dem deutschen Kanzler voll vertraut, das Kohl-Gorbatschow-»Bündnis« denn auch richtig, »daß diese Lösung im besten Interesse aller Länder in Europa ist, einschließlich der Sowjetunion.« Kohl hat zielstrebig das Einheitsverlangen der Deutschen in der DDR in der Gemeinschaft der

Völker abgesichert und die Zustimmung des Westens für die Wiedervereinigung ebenso erreicht, wie er das von Gorbatschow noch 1989 strikt
als »unrealistisch« eingestufte Einverständnis der Sowjetunion erwirkte.
Kohls Erklärungen, daß von deutschem Boden niemals wieder Furcht
und Schrecken ausgehen dürften, basieren nicht zuletzt auf der Kenntnis
der Geschichte, in der die deutschen nationalen Interessen überwiegend
militärischer Natur waren, was die Nachbarn veranlaßte, Bündnisse und
Koalitionen gegen das Reich zu schließen. Denkmuster, wie sie bis 1945
herrschten, sind ihm ebenso fremd wie der Fehler der einstigen deutschen
Staatsmänner und Politiker, die sich auf die Verwirklichung der Einheit
konzentrierten, ohne dabei Strategien für den Umgang mit der erreichten
Einheit entwickelt zu haben.[20] Helmut Kohl geht davon aus, daß die
deutsche Geographie stets mit den politischen Anforderungen in Ein-
klang zu bringen sei, die die Stabilität Europas garantieren, dessen Einigung er mit überzeugender Energie vorangebracht hat. Nicht zuletzt daher
wurde ihm möglich, die hinsichtlich des Zeitpunktes zuvor nicht planbare
deutsche Einheit zu verwirklichen.

Vorwürfen, die Wiedervereinigung zu schnell oder gar überhastet betrieben zu haben,[21] ist er stets tatsachengerecht mit der Feststellung
entgegengetreten, daß nicht er, sondern die Bevölkerung der DDR das
Tempo bestimmt habe. Seine Hinweise auf die Wahrscheinlichkeit, daß
die Geschichte den Deutschen in zumindest absehbarer Zeit eine Chance
wie 1989/90 nicht noch einmal bieten würde, so daß augenblicklich
engagiert gehandelt werden müßte, sprechen nicht dagegen. Im Gegenteil! Daß er Deutschland davor bewahren wollte, durch zögerndes Handeln womöglich von anderen Staaten mit ausgeweiteten Vorbedingungen
für die Wiedervereinigung konfrontiert zu werden, wie dies beispielsweise
am 22. Juli 1990 während des Berliner Treffens der Außenminister James
Baker, Roland Dumas, Eduard Schewardnadse, Douglas Hurd, Hans-
Dietrich Genscher und Markus Meckel seitens der Sowjetunion[22] geschehen ist, sagte er nicht. Und er deutete öffentlich auch nicht an, daß
Deutschland sich deshalb womöglich von eben jenen Ländern abwenden
könnte. Ins Kalkül gezogen jedenfalls hat er auch dies.

Bismarck war 56 Jahre alt, als die Deutschen ihn als Gründer des
geeinten (Klein-)Deutschen Reiches zu feiern begannen. Helmut Kohl
hat die Signale für die Verwirklichung der Einheit Deutschlands als

59jähriger gestellt und die Chancen genutzt, die die Geschichte ihm als Kanzler der Deutschen bot. Bis November 1989 konnten Beobachter in aller Welt über die Frage spekulieren, welches Datum dereinst den Zenit seiner Karriere als Politiker und Staatsmann ausweisen würde. Die Prophezeiung des »Spiegel« vom 12. März 1990, das Kohl »als Kanzler der Einheit auch dann in die Geschichtsbücher« käme, »wenn die erst im Lauf der nächsten Jahre . . . erfolgen sollte«, ist durch Kohls zielgerichtetes Handeln und die Ereignisse überraschend schnell sichere Gewißheit geworden. Seine Feststellung vom 18. Juni 1990, daß die Wiedervereinigung noch 1990 käme, konnte niemand mehr ernsthaft als Spekulation bezeichnen. Auf seinem Blatt in der Geschichte wird unter anderem hervorgehoben sein: Alle Kanzler des Kaiserreiches nach Bismarck, der Weimarer Republik und der Bundesrepublik Deutschland bis einschließlich Helmut Schmidt haben den jeweiligen Status quo staatlich begrenzter deutscher Territorien politisch-statisch verwaltet. Nur auf Bismarck und Kohl gehen Entscheidungen und Entwicklungen zurück, die der von ihnen gravierend beeinflußten Geschichte weit über den nationalen Rahmen hinausgehende Impulse gegeben haben. Und auch dies wird dort stehen: Kohl, mit dessen Namen spätestens seit 1990 für alle Deutschen der Begriff der Freiheit ebenso verbunden ist wie die Postulierung ihrer prinzipiellen Friedfertigkeit gegenüber ihren Nachbarn, hat – im Gegensatz zum »Eisernen Kanzler« – zur Erreichung seiner Ziele keine Kriege gebraucht. Er hat auf die historische Stunde zu warten gewußt und sie für Deutschland zu nutzen verstanden. Daß er, anders als Otto von Bismarck, nicht nur ein geeintes Deutschland, sondern darüber hinaus stets auch ein in Frieden und Freiheit geeintes Europa angestrebt und mitbewirkt hat, ist ein weiterer Aspekt, den die Geschichte dereinst als Identifizierungssignet mit ihm verbinden wird.

Nur wenigen Menschen gönnt die Geschichte, zu ihren Lebzeiten den Platz zu sehen, den sie für sie reserviert hat. Helmut Kohl ist einer von ihnen.

ANMERKUNGEN

I. Anstelle eines Vorworts

1 Die West-Alliierten intervenierten trotz ihrer Ablehnung der sowjetischen Politik und unmittelbaren Maßnahmen nicht, und sie taten es auch nicht, als die Sowjetunion bereits einen Monat nach der Potsdamer Konferenz damit begann, aus ihrer Besatzungszone in Deutschland so etwas wie eine Kolonie zu machen, obwohl nach den gemeinsamen Vereinbarungen in den jeweiligen Besatzungszonen sämtliche gesamtdeutschen Anliegen vom Kontrollrat beschlossen werden sollten und das Potsdamer Abkommen die gleiche Behandlung der Deutschen in allen Besatzungszonen vorschrieb. Stalin ließ die Sowjetzone – trotz des zunächst schlecht und recht funktionierenden und immer auf Einstimmigkeit angewiescnen Kontrollrats – seit Juli 1945 bis »aufs Blut« ausplündern, doch auch in den Westzonen war es neben der materiellen Unterstützung der Siegermächte nur die Gewißheit, den Krieg endlich hinter sich zu haben, die der Bevölkerung die Kraft gab, diese Zeit zu überstehen.

2 Die Ruhrindustrie und der Bergbau, während der Verhandlungen der Siegermächte ein Thema, das gewöhnlich die Sowjets anschnitten, lagen darnieder. Sehr viele Zechenanlagen waren schon vor Kriegsende nicht mehr intakt, Wetterschächte, Förderanlagen, Maschinen und Waschkauen zerschlagen und Gruben nicht betriebssicher. 48 000 Bergarbeiterhäuser hatte der Krieg zu ungefähr 60 Prozent zerstört, 188 000 beschädigt und jede dritte Bergmannswohnung vernichtet. Von den noch vorhandenen 315 858 Bergmannswohnungen konnten nur 33 870 bewohnt werden. Zwar hatte die Förderung in den im Kriege einigermaßen verschont gebliebenen südlichen Randzechen des Ruhrgebietes sofort wieder begonnen, doch die Monatsleistung betrug im Juli 1945 nur 68 000 Tonnen Steinkohlen. Eine Industrie war mit diesen geringen Mitteln nicht aufzubauen. Nicht einmal für den eigenen Bedarf reichten die Steinkohlen aus. Bergbaufremde – und darüber hinaus meistens alte oder durch die Gefangenschaft körperlich ruinierte – Männer fuhren in die Gruben ein. Viele verschwanden nach ihren ersten Erfahrungen wieder. 65 bis 70 Prozent der tätigen Bergleute waren über 40 Jahre alt, die Lebensmittelzuteilungen unzureichend. Während das Durchschnittsgewicht der Bergleute im Jahre 1941 rund 70 kg betragen hatte, waren es 1945 nur 59,5 kg.

3 Behördliche Verbindungen zwischen den deutschen Stellen außerhalb der eigenen Besatzungszonen kamen nur schleppend zustande. Deutschen Behörden war nicht möglich, amtlich mit deutschen Dienststellen zu verkehren und Einfluß auf bestimmte Geschehnisse zu nehmen, die in den von anderen Besatzungsmächten besetzten Territorien vor sich gingen. Männer, die frühzeitig aus der Kriegsgefangenschaft entlassen wurden, sahen sich vornehmlich Frauen, alten Männern und Jugendlichen gegenüber, die versuchten, in individuellem Rahmen wieder »normale Verhältnisse« zu schaffen. Nicht jeder konnte wieder dort anknüpfen, wo er einmal zwangsweise hatte aufhören müssen. Ungezählte Arbeitsplätze waren vernichtet und »Entnazifizierungs«-Vorschriften von den Alliierten erlassen worden.

4 Die kurz vor Kriegsschluß unter seinen Befehl gestellte Friesenheimer Volkssturmeinheit, mit der er in hoffnungsloser Lage Ludwigshafen verteidigen helfen sollte, schickte er – trotz der seitens eines Standgerichts zu erwartenden Konsequenzen – kurzerhand nach Hause.

5 Feindflugzeuge hatten allein über dem Gelände der seit 1865 in Ludwigshafen existierenden Badischen Anilin- und Soda-Fabrik (BASF) 65 Angriffe geführt und rund 7000 Spreng- und 40000 Brandbomben abgeworfen.

6 Bereits während der Teheran-Konferenz vom 28. November bis 1. Dezember 1943 hatte Stalin den US-Präsidenten Franklin D. Roosevelt und den britischen Premier Churchill erfolglos gedrängt, einer von ihm geforderten Verschiebung der Grenzen der Sowjetunion nach Westen (auf Kosten Polens) zuzustimmen. Anfang Februar 1945 in Jalta hielten sich die Außenminister der USA und Großbritanniens an die Weigerung ihrer Staatschefs, Stalins Vorstellungen nachzugeben. In einem Memorandum empfahl die US-Delegation: »Wir sollten uns nachdrücklich den Bestrebungen widersetzen, die polnische Grenze bis an die Oder-Neiße-Linie vorzuschieben.« Doch Stalin setzte kurz danach beim Treffen der sogenannten »Großen Drei« im Schloß »Liwadija« in Jalta durch, daß »Polen bedeutenden Gebietszuwachs im Norden und Westen erhalten muß« und daß »die endgültige Festlegung der Westgrenze Polens danach bis zur Friedenskonferenz zurückzustellen« sei. Auf der Potsdamer Konferenz wurde dann entschieden, daß »bis zur endgültigen Festlegung der Westgrenze Polens die früher deutschen Gebiete« östlich von Oder und Lausitzer Neiße mit dem Gebiet um Swinemünde – ohne den von der Sowjetunion beanspruchten Nordteil Ostpreußens – »unter die Verwaltung des polnischen Staates kommen« sollten.

7 Für den Papst hatten sich 67%, für Gorbatschow 51% und für Kohl 47% der Befragten entschieden.

8 Vgl. u.a. »US News & World Report« vom 11. 12. 1989, »International Herald Tribune« vom 30. 5. und 1. 6. 1989, George Bushs Äußerung vom 30. 5. 1989 im ZDF (»Bundeskanzler Kohl hat unser volles Vertrauen«), Gorbatschows Erklärung vom 12. 6. 1989 in der ARD (»Ich habe großes Vertrauen zu Kohl«), »Christian Science Monitor« vom 16. 11. 1989, »Guardian« vom 24. 11. 1989, »Times« vom 29. 11. 1989, »Washington Post« vom 30. 11. 1989.

9 So unter anderem »Die Zeit« vom 2. 1. und 22. 12. 1989, »Der Spiegel« vom
25. 12. 1989, die Frankfurter »Neue Presse« vom 30. 12. 1989, der Bonner
»General-Anzeiger« vom 30. 12. 1989, die »Aachener Volkszeitung« vom 30. 12.
1989, die »Welt am Sonntag« vom 31. 12. 1989, die »Bonner Rundschau« vom
2. 1. 1990 und der »Mannheimer Morgen« vom 11. 1. 1990.

10 Wie Presseberichte und Protokolle ausweisen, hat Helmut Kohl die staatliche
Wiedervereinigung Deutschlands bereits als Fraktionsvorsitzender der CDU
von Rheinland-Pfalz öffentlich gefordert. So erklärte er nach einem Bericht des
»Pfälzer Tageblatts« vom 23. Oktober 1966 beispielsweise, daß er für ein
Europa eintrete, »das zu beiden Seiten Deutschlands eine Heimat hat . . .
niemand [besitzt] ein Patentrezept, das die Wiedervereinigung Deutschlands
im Gefolge« hat. »Nur eine schöpferische Unruhe der deutschen Politik« kann
»diese Frage vorantreiben«. Dr. Kohl, so schrieb die Zeitung, »fordert die
demokratischen Parteien im freien Teil Deutschlands auf, eine einheitliche
Grundauffassung in der Frage der deutschen Wiedervereinigung zu erarbei-
ten«.
Entsprechende Forderungen erhob Kohl spätestens seitdem immer erneut.
In seiner ersten Regierungserklärung als Ministerpräsident von Rheinland-
Pfalz sagte er am 20. Mai 1969: »Die Landesregierung hat . . . besonderen Anlaß,
eine Politik zu unterstützen, die möglichst bald die gewaltsame Teilung unseres
Vaterlandes beendet.«
Kontinuierlich wiederholte Kohl in seinen sämtlichen Berichten »Zur Lage
der Nation im geteilten Deutschland« (die SPD-Regierungen hatten die seit
Konrad Adenauer verwendete Formulierung »im geteilten Deutschland« aus
den Regierungserklärungen getilgt) seit dem 13. Oktober 1982 – im Gegensatz
zu oppositionellen deutschen Politikern, die nationale Verantwortung systematisch als Nationalismus diffamieren –, daß die Wiedervereinigung Deutschlands eines der wesentlichsten Ziele seiner Politik sei. So erklärte er, um hier
nur einige Beispiele anzuführen,
– am 13. Oktober 1982: »Die deutsche Nation ist geblieben, und sie wird
fortbestehen . . . wir alle können die Einheit der Nation nicht erzwingen;
aber für uns alle gilt die Präambel des Grundgesetzes: Das gesamte Deutsche Volk bleibt aufgefordert, in freier Selbstbestimmung die Einheit und
Freiheit Deutschlands zu vollenden.«
– am 23. Juni 1983: »Wir Deutsche finden uns mit der Teilung unseres
Vaterlandes nicht ab . . . Wir werden den Auftrag des Grundgesetzes
zielstrebig und beharrlich . . . verfolgen . . . Wir resignieren nicht, denn wir
wissen die Geschichte auf unserer Seite.«
– am 15. März 1984: »Der nationale Auftrag bleibt gültig und erfüllbar: in
einem vereinten Europa in freier Selbstbestimmung die Einheit und Freiheit
Deutschlands zu vollenden . . . Die deutsche Frage bleibt offen: Das gilt
politisch ebenso wie in rechtlicher Hinsicht.«
– am 27. Februar 1985: »Deutschland ist geteilt, ungeteilt aber ist der Wille des
deutschen Volkes zur Einheit in Freiheit.«

– am 18. März 1987: »Uns leitet der Verfassungsauftrag, in einem vereinten Europa in freier Selbstbestimmung die Einheit und Freiheit Deutschlands zu vollenden ... Die Einheit der Nation soll und muß sich ... erfüllen. Diese Einheit gründet nicht zuletzt in der gemeinsamen Geschichte.«

– am 27. April 1989, rund ein halbes Jahr vor der Öffnung der Berliner Mauer und zahlreicher Übergangsstellen an den Grenzen der DDR zur Bundesrepublik Deutschland, stellte er im Bundestag fest: Wir konnten »bei allen Gegensätzen und bei allen Rückschlägen – viel für den Zusammenhalt der Deutschen und die Einheit der Nation tun«.

Unmißverständlich erinnerte er die einstigen Siegermächte am 1. September 1989 an ihre Erklärungen, Versicherungen und Verpflichtungen hinsichtlich ihrer Deutschland-Politik. »Die Spaltung Deutschlands und Europas«, sagte er in seiner Regierungserklärung zum 50. Jahrestag des Beginns des Zweiten Weltkrieges, »läßt sich durch den Zweiten Weltkrieg zum Teil erklären, jedoch in keiner Weise rechtfertigen.«

II. »Die Gnade der späten Geburt«

1 Selbst noch nach der Herabsetzung der von Deutschland zu zahlenden Leistungen durch den Young-Plan vom 7. Juni 1929 hätte das Reich in Raten bis 1988 34,5 Milliarden Mark als Reparationszahlungen aufbringen müssen.

2 »Die amerikanische Regierung«, erklärte der US-Präsident Herbert Clark Hoover richtungweisend, »schlägt einen einjährigen Aufschub aller Zahlungen auf Schulden der Regierungen, Reparationen und Wiederaufbauschulden vor, und zwar sowohl bezüglich des Kapitals wie der Zinsen, ausgenommen natürlich Schuldverpflichtungen der Regierungen, die sich in Privathänden befinden. Vorbehaltlich der Zustimmung des Kongresses ist die amerikanische Regierung bereit zu einem Aufschub aller ihr seitens fremder Regierungen geschuldeten Zahlungen während des am 1. Juli 1931 beginnenden Etatjahres, unter der Bedingung, daß die wichtigeren Gläubigerstaaten ebenfalls alle ihre geschuldeten Zahlungen auf Regierungsschulden für ein Jahr aufschieben.«

3 Angesichts der rapide zunehmenden Arbeitslosenzahlen von 3,05 Millionen im Februar 1929 auf mehr als 4 Millionen im Jahre 1930 hatte die Regierung vor der unausweichlichen Alternative gestanden, entweder die Beiträge für die Arbeitslosenversicherung um 0,5 Prozent zu erhöhen oder aber die Sozialversicherung zu reduzieren. Während der sozialdemokratische Reichsfinanzminister Rudolf Hilferding eine von den Arbeitgebern und Arbeitnehmern zu gleichen Teilen von je ⅛ Prozent zu tragende Erhöhung der Beitragszahlung zur Arbeitslosenversicherung forderte, lehnte die nach Stresemanns Tod (im Oktober 1929) rasch unter den Einfluß ihres großindustriellen und den

Deutschnationalen nahestehenden Flügels geratene Koalitionspartei DVP
dies ab. Sie weigerte sich und forderte, die Zuschüsse des Reiches an die
Reichsanstalt für Arbeitsvermittlung in ihrem Sinne zu begrenzen, womit die
SPD nicht einverstanden war.

4 Am 13. und 26. April, 5., 7. und 22. Mai, 9. Juni, 12. Juli und 28. August 1922.
Vgl. auch Anhang 1.

5 Die Produktionsstätten wurden 1865 aus Mannheim (daher weiterhin: »Badi-
sche . . .«) nach Ludwigshafen verlegt.

6 Kohl hatte von der »Gnade der späten Geburt« bereits lange zuvor gesprochen, wie beispielsweise die »Frankfurter Allgemeine Zeitung« vom 17. Juni
1978 berichtete, doch erst die Äußerung in Jerusalem rief die Kritiker und
Beckmesser massiv auf den Plan.

7 Fünf von ihnen starben im Alter von weniger als zwei Jahren.

8 Sein – am 6. Januar 1930 verstorbener – Schwiegervater Peter Josef Schnur
hatte es 1890 gebaut. Anna Maria, geborene Hoecker, die Schwiegermutter,
hinterließ es 1932 ihrer mit Johann Kaspar Kohl verheirateten Tochter.

9 So hatten viele Bauern seit Frühjahr 1933 staatliche Zuschüsse und Darlehen
für Instandsetzungsarbeiten und zum Ausbau von Ställen und Silos erhalten,
weil die Regierung die Agrarimporte reduzieren und die eigene Landwirtschaft
fördern wollte; aber die bereits vor 1933 eingeleiteten Zentralisierungs- und
Kapitalisierungstendenzen in der Landwirtschaft in Form der 1932 begonnenen überlokalen Milchverwertungsgenossenschaft hatten den Steuergelder
registrierenden Beamten Kohl rasch erkennen lassen, daß Kleinbauern durch
die von den Nationalsozialisten engagiert geförderten Maßnahmen und Institutionen nicht profitieren konnten. Daß der Milchviehbestand zurückging,
war nur eine der gravierenden Folgen. Beschlagnahmungen und Verurteilungen bedrückten die kleinen Bauern, die nicht mehr berechtigt waren, die von
ihren Kühen produzierte Milch auf dem freien Markt zu verkaufen. Die
Erklärung des pfälzischen Landesbauernführers, daß er Bauern, die den Vor-
schriften und »bäuerlichen Grundpflichten« nicht nachkämen, einer ruinösen
Bestrafung zuführen würde, stand drohend über ihnen. Auch das am 29. September 1933 verkündete »Reichserbhofgesetz« nützte nur denen, die bis dahin finanziell einigermaßen über die Runden gekommen waren. Wer weniger als 7,5 Hektar Nutzfläche besaß, was im Weinbauernland Pfalz sehr häufig
der Fall war, profitierte nicht von dem Gesetz. Seit Frühjahr 1934 stieg die
Arbeitslosenzahl wieder an, so daß nicht alle Angehörigen der ländlichen
Bevölkerung, die in den Städten, im Wegebau oder in den Wäldern arbeiteten,
nachdem die Höfe durch Aufteilungen zu klein geworden waren und die
bäuerliche Produktion nicht ausreichte, sämtliche Familienmitglieder zu er-
nähren, auf staatliche Hilfen angewiesen waren. Zwangsläufig gerieten zahlreiche Bauern in Zahlungsschwierigkeiten verschiedenster Art. Ein Teil der
ländlichen Kommunen war bald nicht mehr in der Lage, ihren Rechtsverbind-
lichkeiten finanzieller Art nachzukommen. Klagen über »schlechte Steuermo-
ral« gehörten zur Tagesordnung. Gerichtsvollzieher kehrten von ihren Amts-

handlungen bei Bauern sehr oft erfolglos zurück, weil bei den Steuerschuldnern entweder »nichts zu holen« war oder die Vollstreckungsbedingungen Pfändungen unmöglich machten. Der Handel und das Handwerk, die vorwiegend von der Landwirtschaft profitierten, gerieten in finanzielle Schwierigkeiten, obwohl es infolge der staatlichen Hilfen für die Bauern so aussah, als befände sich die Landwirtschaft auf dem Wege zu den von der nationalsozialistischen Propaganda heraufbeschworenen »neuen Ufern«. Die Handwerkerorganisationen mußten nicht nur den baldigen Verlust der angestammten Gewerbefreiheit, sondern auch bestimmter »traditioneller« Einnahmen befürchten. Viele Arbeitnehmer versuchten die Arbeit auf dem Lande aufzugeben und in die Städte zu gehen, da es ihnen infolge der unzureichenden Löhne und Wohnungsprobleme nur schwer möglich war, Ehen zu schließen und Familien zu gründen, was zur Folge hatte, daß auffällig viele Mägde uneheliche Kinder bekamen, für die der Staat sorgen mußte, weil die Väter, sehr oft Knechte, durchschnittlich weniger als 15 Mark im Monat verdienten.

10 Ehewilligen jungen Leuten wurde vom Staat, der die Zahl der Eheschließungen und die Geburtenziffern erhöhen wollte, ein Ehestandsdarlehen gewährt, was 1933 zu rapide ansteigenden Heiraten führte. Hatte es 1932 im ganzen Reich 597 941 Eheschlüsse gegeben, waren es 1933 718 467. Doch die Nachteile überwogen die angepriesenen Vorteile. Ehestandsdarlehen bekamen Paare nämlich nur dann, wenn die Braut oder Ehefrau in den beiden Jahren vor der Heirat höchstens 6 Monate in einem Arbeitsverhältnis gestanden hatte und sich bei der Darlehensbeantragung verpflichtete, erst nach der Tilgung des Gesamtdarlehens wieder gegen Entgelt zu arbeiten. Diese Bestimmung wurde intern jedoch bald wieder revidiert, weil die Textilindustrie, die Bekleidungsindustrie, die papierverarbeitenden Unternehmen und auch die »traditionsgemäß« relativ viele Frauen beschäftigende optische Industrie nur schwer auf Frauenarbeit verzichten konnten. Gänzlich aufgehoben wurde die Koppelung von Ehestandsdarlehen mit einem Beschäftigungsverbot im Oktober 1937. Seit dem 27. April 1934 (Juristinnen seit 1936) wurden Beamtinnen nach der Entgegennahme der Darlehen entlassen, wenn ihre Familien sie zu unterhalten in der Lage waren. Ausnahmen bildeten vor allem Volksschullehrerinnen. Da die Darlehen lediglich mit einem Prozent getilgt werden konnten, war es Ehefrauen frühestens erst wieder Jahre nach der Heirat möglich, Arbeitsverhältnisse einzugehen. Daß keineswegs arme und hilfsbedürftige Paare die üblichen Empfänger der Darlehen waren, zeigen die Statistiken. So nahmen es beispielsweise im Jahre 1937 nur 23 von 1287 selbständigen Landwirtinnen in Anspruch, während es von 191 Hochschullehrern 23 taten. Seit 1938 hatten die Ehepaare, die das Darlehen erhielten, »Strafsteuersätze« zu zahlen, wenn sie innerhalb von fünf Jahren kinderlos geblieben waren. Von 33 950 im Jahre 1937 heiratenden Verkäuferinnen nahmen 15 284, von 121 939 Arbeiterinnen 36 270, von 30 060 Stenotypistinnen und Kontoristinnen 11 376 und von 16 510 Mägden 5702 das Ehestandsdarlehen in Anspruch. 179 653 von insgesamt 702 303 heiratenden Brautpaaren des Jahres 1937 waren als Empfänger registriert.

11 Unter dem Eindruck der Unruhe, die die vorgesehene Neuordnung innerhalb der Arbeiterschaft auslöste, wurden die Kriegswirtschafts-Verordnungen im Laufe des Herbstes 1939 und des ersten Halbjahres 1940 durch Änderungsbestimmungen wieder weitgehend aufgehoben.

III. »Ich werde einmal der erste Mann in diesem Lande«

1 An den Wahlen beteiligten sich rund 25 Millionen von 31 Millionen stimmberechtigten Bundesdeutschen. Nur die 1,5 Millionen kommunistischer Stimmen, die abgegeben wurden, konnten als Votum gegen die staatliche Neuordnung bezeichnet werden, so daß rund 23 Millionen Wähler die Schaffung der Bundesrepublik Deutschland billigten.
2 In einer vor rund 250 in- und ausländischen Journalisten abgegebenen Presseerklärung der Bundesregierung vom 8. Juli 1949 hieß es lapidar unter anderem: Bonn wird »einstweilen Bundeshauptstadt – falls der Bundestag nicht anders entscheidet«.
3 Am 8. Mai 1988 im Fernsehen (Südwest 3) auf ähnliche frühe Äußerungen angesprochen, sagte Kohl selbst allerdings:»Nein . . . so weit habe ich natürlich nicht gedacht . . . Das ist eine Fama, die . . . über jeden, der . . . zu einem bestimmten Erfolg gelangt ist, dann verbreitet wird.« Angesichts der vorliegenden Berichte von Zeitzeugen hat Kohl im Mai 1988, zu der Zeit bereits nahezu sechs Jahre Bundeskanzler, offensichtlich zwischen »erster Mann im Lande« (Ministerpräsident von Rheinland-Pfalz) und Bundeskanzler differenzieren wollen.

IV. Rüstkammer Alma mater

1 Bis 1951 wurden 255 zum Tode verurteilte Angeklagte in Landsberg am Lech gehenkt.
2 Eingriffe der Kirchen in die praktische Politik will er nicht akzeptieren. Über das »C« im Namen seiner Partei sagt er:»Wir müssen uns . . . bewußt bleiben, daß keine politische Partei, die handlungsfähig bleiben will, ihr Programm mit dem Christentum schlechthin identisch sehen kann noch darf. Auch lassen sich nicht aus christlichen Glaubensprämissen eindeutige ordnungspolitische Lösungen in einem ausschließlichen Sinne ableiten. Das schließt nicht aus, daß es politische Positionen gibt, die mit dem ›C‹ unvereinbar sind.«

V. Immer der Jüngste

1 Daß von sozialdemokratischer Seite bislang kein Anstoß kam, eine angemessene Schumacher-Biographie zu schreiben, erscheint angesichts der Vorstellungen Schumachers verständlich. Die Biographien sowohl von Fred Wesemann (1952) als auch von Heinrich L. Ritzel (1972) sind weder SPD-konform
noch auch nur einigermaßen zulänglich.

2 Das sowjetische Angebot vom 10. März 1952 dagegen, in beiden Teilen
Deutschlands unter bestimmten Voraussetzungen freie Wahlen zuzulassen,
den Deutschen einen Friedensvertrag zu geben und unter der Bedingung der
Neutralität Deutschlands die Wiedervereinigung einzuleiten, wurde von Anbeginn vornehmlich als politischer Propagandacoup interpretiert und daher
unter den Studenten kaum nachhaltig diskutiert.

3 Brechts zweiter Offener Brief – im »Neuen Deutschland« vom 23. Juni 1953 – an
Ulbricht, der noch drastischer als die erste spontane Reaktion offenbar werden
läßt, wie weit Literaten und Dichter zuweilen von der Realität entfernt sein
können, hatte unter anderem folgenden Wortlaut: »Ich habe am Morgen des
17. Juni, als es klar wurde, daß die Demonstrationen der Arbeiter zu kriegerischen Zwecken mißbraucht wurden, meine Verbundenheit mit der Sozialistischen Einheitspartei ausgedrückt. Ich hoffe jetzt, daß die Provokateure isoliert
und ihre Verbindungsnetze zerstört werden, die Arbeiter aber, die in berechtigter Unzufriedenheit demonstriert haben, nicht mit den Provokateuren auf eine
Stufe gestellt werden, damit nicht die so nötige große Aussprache über die
allseitig gemachten Fehler von vornherein gestört wird.«

4 1964 waren es 750 Mark. Fraktionsvorsitzende erhielten 1961 zusätzlich
400 und 1961 600 Mark.

5 Unmittelbaren und für jedermann sichtbaren Dank für besondere Gefolgstreue erfuhren unter anderem Willibald Hilf, den Kohl zum Staatssekretär
ernannte, Hanns Schreiner (er wurde am 21. Mai 1969 Abteilungsleiter für
Presse und politische Planung in der Staatskanzlei und Sprecher der Kohl-
Regierung), Ferdinand Stark (er avancierte zum Personal- und Verwaltungschef) und Waldemar Schreckenberger, der zum Ministerialrat für Gesetzgebung berufen wurde.

6 Kohl hatte vor, den an der Pädagogischen Hochschule in Worms lehrenden
Gerhard Schreb zum Kultusminister und Bernhard Vogel zum Sozialminister
ernennen zu lassen. Da Schreb vier Wochen vor der geplanten Ernennung
durch einen Verkehrsunfall ums Leben kam, mußte Kohl umdisponieren.

7 Gaddum wurde 1969 nach der Wahl Kohls zum Nachfolger Altmeiers Fraktionsvorsitzender der CDU im Landtag.

8 Von den insgesamt 100 Landtagsabgeordneten nahmen 96 an der Wahl teil.
4 SPD-Abgeordnete waren nicht anwesend. 38 Abgeordnete stimmten gegen
Kohl. Ein Abgeordneter enthielt sich der Stimme.

VI. *Der erste Mann im Lande*

1 Im Mai 1973 trat Barzel als Fraktionsvorsitzender zurück (Strauß und Dregger forderten auch seinen Rücktritt vom Parteivorsitz, wozu Barzel zu dem Zeitpunkt noch nicht bereit war). Kurt Georg Kiesinger übernahm das Amt des Fraktionsverwesers, bis Karl Carstens von der Fraktion zum neuen Vorsitzenden gewählt wurde. Der Spiegel (27/73) spekulierte bereits zu der Zeit über Kohl als Nachfolger Barzels (auch als Vorsitzender der CDU, was Kohl dann am 12. Juni 1973 wurde).»Im Januar dieses Jahres«, schrieb das Magazin, »forderte ihn Helmut Kohl zum Kampf um den CDU-Vorsitz heraus. Ungeniert konfrontierte ihn der Mainzer Ministerpräsident mit Wahlanalysen, die vor allem der Person des Gescheiterten die Schuld an der Niederlage« anlasteten.

2 Nach Kohls Wahl zum Bundeskanzler führte der Ludwigshafener SPD-Oberbürgermeister Werner Ludwig anläßlich der ersten öffentlichen Rede des Kanzlers außerhalb des Bundestags Mitte Oktober 1982 die vom Orchester des Ludwigshafener Max-Planck-Gymnasiums im Kammersaal des Pfalzbaus umrahmte Gratulationscour an, an der sich Vertreter der CDU, SPD und FDP, der in Ludwigshafen ansässigen Firmen und Unternehmen, der Banken, des Sportbundes, des Schwimmverbandes und anderer Institutionen, Verbände und Vereine beteiligten.

3 Am 31. Juli 1973 entschied das Bundesverfassungsgericht,»daß das Deutsche Reich den Zusammenbruch 1945 überdauert hat und weder mit der Kapitulation noch durch Ausübung fremder Staatsgewalt in Deutschland durch die alliierten Okkupationsmächte noch später untergegangen ist . . . Das Deutsche Reich existiert fort . . . besitzt nach wie vor Rechtsfähigkeit, ist allerdings als Gesamtstaat mangels Organisation . . . selbst nicht handlungsfähig . . . Mit der Errichtung der Bundesrepublik Deutschland wurde . . . ein Teil Deutschlands neu organisiert . . . Die Bundesrepublik . . . ist also nicht ›Deutsches Reich‹.«

4 Seit 21. Juni 1973 in Kraft, regelt der Vertrag die Beziehungen zwischen der DDR und der Bundesrepublik Deutschland nach folgenden Prinzipien: Gewaltverzicht; Unterschiedliche Auffassungen zur nationalen Frage; Verpflichtung zur Entwicklung»normaler gutnachbarlicher Beziehungen«; Gleichberechtigung; Ziele und Prinzipien der Charta der Vereinten Nationen; Unverletzlichkeit der Grenzen; Förderung der Zusammenarbeit in Europa, Unterstützung des Rüstungsabbaus; Souveränität in inneren und äußeren Angelegenheiten; Bereitschaft zur Zusammenarbeit auf verschiedenen Gebieten; Austausch von»Ständigen Vertretungen« und Unberührtheit früher abgeschlossener oder sie betreffender Verträge.

5 Den Sozialdemokraten widersprach Kohl lediglich hinsichtlich der von ihnen vorgetragenen Auffassung, daß die von ihm angekündigte und seit längerer Zeit als notwendig diskutierte Verwaltungsreform in ihrem Entwurf nicht gerade eine besondere»geistige Leistung« dokumentiere. Kohl kündigte unter

anderem Schulreformen, die Reform der juristischen Ausbildung, der perso-
nellen Ausstattung der Gerichte, des gesamten Bildungssystems, der Ausbildung der Beamten und Angestellten, der Verwaltung und des Strafvollzugs an.

6 Dazu führte er im Laufe seiner Regierungserklärung ferner aus: »Unabdingbare
Voraussetzung für lebendige und funktionsfähige Demokratie ist die dauernde
Verständigung zwischen Bürger und Staat, Regierung und Öffentlichkeit. Der
Bürger braucht mehr Einblick in die Arbeit der Regierung, des Parlaments, der
Verwaltung und der Rechtsprechung. In allen staatlichen Bereichen und auf
allen Ebenen muß die Öffentlichkeit gesucht werden. Die internen Kontrollen
des Staats sind kein Ersatz für die Kritik durch die Öffentlichkeit. Das setzt
voraus, daß die Repräsentanten des Staats durch Sprache und Stil dem Bürger
verständlich sind. Der Bürger muß die Gewißheit haben, daß nichts ihm
vorenthalten und nichts verborgen wird. Diese Landesregierung wird daher
bereitwillig und mit besonderer Aufgeschlossenheit die wichtige Aufgabe der
Presse unterstützen, aktuell und umfassend zu informieren sowie frei und
vorurteilslos, zustimmend wie kritisch zu kommentieren.«

7 In ungefährer Übereinstimmung mit den Forderungen der SPD will er »im
Interesse der Schüler« einen fruchtbaren »Wettbewerb zwischen Hauptschule,
Realschule und Gymnasium« auslösen und programmiert: »Vordringliche
Aufgaben sind in diesem Schulbereich der rasche Ausbau der Hauptschule, die
verstärkte Förderung der Sonderschulen, die Einführung eines qualifizierten
Abschlusses der Realschule sowie der weitere Ausbau unserer Gymnasien,
wobei eine weitere Reform der gymnasialen Oberstufe ansteht.«

8 Alles dies wurde »in Gang gesetzt«, als es beispielsweise in Bayern (nach dem
Stand von Ende 1968) noch 5562 Volksschulen in 7487 Gebäuden gab. Rund
100 Millionen Mark (mehr als die Hälfte zur Zeit des Kultusministers Ludwig
Huber) hatte das Land seit 1958 für die Förderung der Zwergschulen ausgegeben.

9 Die FDP schlug eine Dreiteilung des Bezirks mit den Schwerpunkten Saarbrücken, Stuttgart und Frankfurt vor.

10 Gagern hatte in einer Flugschrift (»Ein deutscher Edelmann an seine Landsleute«) die Schaffung eines gemeinsamen Heeres aller deutschen Staaten
gefordert und Goethe (zu der Zeit Staatsrat am Hofe des Herzogs Carl August
von Sachsen-Weimar) als »Weltweisen« bezeichnet, von dem er - erfolglos -
hoffte, daß er die Deutschen zur Solidarität aufrufen würde.

11 Der CDU-Chef hatte in Washington beim Finanzminister William Simon -
wie in den USA allgemein üblich - im Vorzimmer rund eine halbe Stunde und
im Weißen Haus ebenfalls etwa 25 Minuten lang warten müssen. Die Hoffnungen der Kohl-Gegner hatten sich dennoch nicht erfüllt. US-Präsident
Ford, dem Helmut Schmidt in Bonn nicht gerade ein respektvolles Bild von
Kohl vermittelt hatte, konferierte trotz des verspätet begonnenen Gesprä-
ches - wie zuvor vereinbart - eine volle Stunde mit Kohl. Dessen Kommentar
nach der Rückkehr aus den USA traf den rechten Sachverhalt: »Die Art und
Weise, wie ich hier empfangen wurde, gab mir keineswegs den Eindruck, ein

Mann zu sein, der in der Isolierung lebt, sondern vielmehr jemand zu sein, der in der Patt-Situation lebt.«

12 Gerhard Stoltenberg, der zunächst Ambitionen gehegt hatte, selbst Kanzlerkandidat der Union zu werden, war nach der Saarbrücker Entscheidung, an der er nicht teilnehmen konnte, nach einem Gespräch mit Biedenkopf schließlich auch für Kohl eingetreten.

13 Als der »Spiegel« im Mai 1973 (20/73) Richard Stücklen, den Vorsitzenden der CSU-Landesgruppe, in einem Interview fragte, ob die CSU die Absicht habe, »die Fraktionsgemeinschaft aufzukündigen«, antwortete er durchsichtig: »Die CSU, die Landesgruppe ... sieht keinen Anlaß, die Fraktionsgemeinschaft aufzukündigen ... Wenn es bei der CDU Abgeordnete geben sollte, die derartige Gedanken haben, dann ist das eine Sache, die die CDU zu verantworten hat. Man sollte nicht mit dem Feuer spielen.« Und Wolfgang Vogt, ein CDU-Mitglied der Sozialausschüsse, erklärte gleichzeitig: »Integration ist eine schöne Sache, aber für das politische Geschäft reicht sie nicht aus. Ich würde eine Spaltung nicht begrüßen, aber ich müßte die Entscheidung der CDU hinnehmen ... (und) darin einen Gewinn für die CDU sehen.«

14 1979 wurde der seit 1976 amtierende Bundestagspräsident Karl Carstens zum Bundespräsidenten gewählt.

15 Seine ursprüngliche Absicht, den von ihm 1971 berufenen Finanzminister Johann-Wilhelm Gaddum, seinen »heimlichen« Kronprinzen, zum »Duell« gegen Vogel um seine Nachfolge antreten zu lassen, hatte Kohl zugunsten des Kultusministers Bernhard Vogel aufgegeben, den die Partei und die Fraktion bevorzugten.

VII. Neuland Bonn

1 So entschied er als Kanzler (zum späteren Nutzen für die Regierung) beispielsweise gegen vorliegende Befragungsergebnisse im Zusammenhang mit dem NATO-Nachrüstungsbeschluß, bei der Einführung des bleifreien Benzins und des Katalysator-Autos, bei der Änderung des § 116 im Arbeitsförderungsgesetz, bei der Volkszählung und beim Milliardenkredit an die DDR.

2 Ungefähr den gleichen Wert erzielte Kohl (erstmals seit Januar 1984 wieder) rund fünfzehn Jahre später. Im Februar 1990 wies das ZDF-Politbarometer der Mannheimer Forschungsgruppe Wahlen für ihn plus 1,3 und für den SPD-Vorsitzenden Hans-Jochen Vogel plus 0,9 aus.

3 Im April/Mai 1977 entschieden sich nach Ergebnissen des Allensbacher Instituts 54 % für die Union, 37 % für die SPD und 7 % für die FDP. Getas (Bremen) registrierte entsprechend 49, 41, 8, Infas (Bonn) 51, 41, 7 und Infratest 53, 37, 8 Prozent.

4 Einen der Höhepunkte bildete die Koalitionskrise Anfang 1978 im Zusammenhang mit einer Grenzschutzaffäre sowie einem Regierungsbericht über Fahndungspannen im Fall Schleyer und der damit verbundenen lauten Diskussion um die Ablösung des von Helmut Schmidt seit längerer Zeit beargwöhnten FDP-Innenministers Werner Maihofer, den seine – inzwischen von ihm abgefallenen – Freunde als Symbolfigur des »historischen Bündnisses« zwischen Sozial- und Freidemokraten gefeiert hatten. Nur mit Mühe gelang es dem SPD-Vorsitzenden Willy Brandt und dem SPD-Fraktionsvorsitzenden Herbert Wehner, den Zerfall der Koalition abzufangen.

5 So konnte er sich Ende Mai 1978 im Bundestag – mit Blick auf Kohl – die selbstgefällige Feststellung leisten: »Ich habe um meine Statur keine Sorge, die ist in der ganzen Welt anerkannt, fragen Sie mal Herrn Andreotti, fragen Sie mal Herrn Trudeau.«

6 Seit jeher neigt Kohl beharrlich dazu, manche seiner vermeintlichen »Fehler« nicht aufzugeben, was ihn unnötig der Kritik aussetzt, ihm oft aber auch – nicht nur in der öffentlichen Meinung – erst recht nützt.

7 Im sechsten Jahr der Schmidt-Regierung beunruhigte eine Ost-West-Krise (mit dem Boykott der Moskauer Olympischen Spiele als einem ihrer weltweit diskutierten äußeren Anzeichen) nicht nur die Deutschen. Anfang 1980 wuchs in Bonn von Tag zu Tag die Sorge, daß Europa sich nicht aus dem Sog der von SPD und FDP als unberechenbar und riskant titulierten Politik der USA würde befreien (und die Entspannung wenigstens in der Alten Welt retten) können. Willy Brandt sah sein Lebenswerk, die Aussöhnung mit dem Osten, bereits in Gefahr.

VIII. Im Fegefeuer

1 Nicht ohne Besorgnis hatte die SPD-Führung Anfang Februar 1976 zur Kenntnis genommen, was vom Bremer Institut für Motivforschung »Getas« festgestellt worden war: CDU-Sympathisanten waren von Helmut Schmidt weniger ansprechbar als SPD-Sympathisanten von Helmut Kohl. Der Abstand eines CDU-Sympathisanten zu Schmidt betrug auf einer Proportionsskala 3,08, der Abstand eines SPD-Sympathisanten zu Kohl jedoch nur 2,53.

2 Die Vokabeln »staatszerstörend« und »Risikofaktor« verschwanden nicht mehr aus den SPD-Vorwürfen gegen die Union. Herbert Wehner beispielsweise gebrauchte sie nach Angaben des »Rheinischen Merkur« am 14. November 1981 und Hans-Jochen Vogel am 8. März 1990 im Bundestag.

3 Um die Mehrheitsverhältnisse im Bundesrat zu erhalten, sollten sich die Union und die FDP nach Abschluß der Bündnisse von Fall zu Fall einigen.

4 Damit reagierte die FDP auf den von Kohl immer wiederholten Vorwurf, daß

sich die Freien Demokraten in der »babylonischen Gefangenschaft der SPD« befänden.

5 Im Wahlkampf hatte Kohl auf rund 35 Wahlveranstaltungen gesprochen.

6 Kohl verwies auf die Situation unmittelbar vor den Bundestagswahlen von 1976. Da hatte der Kanzler die Rentenfrage als eigentlich nur nebensächliche Angelegenheit bezeichnet, sie gleich nach der Wahl jedoch als großes Problem dargestellt, das schließlich sogar die Koalition zu sprengen drohte.

7 Die SALT-Abkommen (I: 1972, II: 1979) zwischen den USA und der Sowjetunion schrieben begrenzte Größenordnungen für unterschiedliche Kategorien von Raketensystemen fest. Die Abschreckungstheorie wurde davon jedoch nicht betroffen. Sie blieb voll erhalten.

8 Der westfälische Landesvorsitzende Kurt Biedenkopf hatte noch in der ersten Januar-Hälfte 1979 in einem Memorandum die Trennung von Partei- und Fraktionsvorsitz gefordert.

9 Unbekannte Täter hatten in einem zehn Meter neben dem Rednerpodium stehenden Blumenkübel eine selbstgebastelte Bombe versteckt. Sie wurde von der Polizei und einem Feuerwerker bei der routinemäßigen Kontrolle entdeckt und mit Hilfe eines Polizeiroboters unschädlich gemacht.

10 Anfänglich hatte auch er Kohl unterschätzt. So erklärte er beispielsweise am 3. Oktober 1978 öffentlich: »Kohls Tage als Kanzlerkandidat sind gezählt.«

IX. »Keine Lösung ohne Kohl«

1 Ein Interview, das Rainer Barzel der Illustrierten »Stern« im September 1978 gegeben und darin nicht nur Helmut Kohl kritisiert, sondern auch eine eigene Kanzlerkandidatur keineswegs völlig ausgeschlossen hatte, war von der CDU-Führung lediglich mit Verwunderung aufgenommen worden. 1979 war das nur noch »Vergangenheit«. Unmittelbar nach den Bundestagswahlen im Oktober 1980 gehörte auch Barzel zu den Führungspersönlichkeiten der CDU, die von Kohl gefördert wurden.

2 In Bayern hatten sich 58 Prozent für Strauß und 42 für Albrecht entschieden.

3 Geschickt nutzte Kohl das nordrhein-westfälische Wahldebakel zu seinen Gunsten. Bereits am Tage nach der verlorenen Wahl mußte der einstige Strauß-Helfer Biedenkopf zur Präsidiums- und Vorstandssitzung in Bonn erscheinen und sich von ihm in die Pflicht nehmen lassen.

4 Gegenüber der »Westfälischen Rundschau« vom 1. Mai 1980 hat er im Sinne seiner Feststellungen schon Ende Februar erklärt: »Was die Reise angeht, muß ich fragen: Nützt sie oder schadet sie? Und da bin ich unter den gegebenen Umständen (Afghanistan) der Überzeugung, daß eine Reise des Bundeskanzlers in der jetzigen Situation schädlich ist.«

5 Kohls kompromißlose Warnung vom Februar 1980 im römischen Sportpalast gegenüber der italienischen »Schwesterpartei« Democrazia Cristiana, sich nicht auf engere Kontakte mit den Kommunisten einzulassen, war in Moskau nicht überhört worden.

6 Neben der Bundestagswahl fanden 1980 in Baden-Württemberg, im Saarland und in Nordrhein-Westfalen Landtagswahlen statt, die von der CDU als besonders wichtig bezeichnet wurden. In Baden-Württemberg ging es um die Verteidigung der absoluten Mehrheit, im Saarland um eine CDU-FDP-Koalition und in Nordrhein-Westfalen um die Tatsache, daß es sich um das größte Bundesland handelte, in dem (nach Unions-Auffassung) auf die Dauer nur wie in Bonn (von der Koalition oder von der Struktur her) regiert werden könnte.

7 Noch Anfang Juni 1978 hatte er auf die Frage der »Neuen Osnabrücker Zeitung«, ob er in bevorstehende »Gespräche mit der CSU mit dem Anspruch des Kanzlerkandidaten« gehe, unter dem Hinweis darauf, daß er 1976 18 Millionen Menschen für die Union gewonnen habe, wie selbstverständlich geantwortet: »... das ist völlig unstreitig«.

8 In einer öffentlichen Laudatio zum fünfzigsten Geburtstag Kohls, den er wegen seiner pfälzischen Herkunft scherzhaft als eigentlich »fast ein Bayer« und damit zugleich als seinen »Untertan« bezeichnete, meinte er wohlwollend, daß Kohl verstünde, »in Volkstümlichkeit zu baden«.

9 Um das »Kontinuum der Abschreckung« zu erhalten, beschloß die NATO (»NATO-Doppelbeschluß«) im Dezember 1979 als Antwort auf die von der Sowjetunion produzierten mobilen SS20-Raketen (mit Reichweiten bis zu 4000 km) eine Nachrüstung mit Pershing-II-Raketen (mit Reichweiten von 1600 bis 2000 km), die ab 1983 in Europa stationiert werden sollten, falls es nicht zu befriedigenden Ergebnissen bei kommenden Abrüstungsverhandlungen mit der Sowjetunion kommen würde.

10 Helmut Schmidt hatte anläßlich einer Gedenksendung über den 20. Juli 1944 im Fernsehen gesagt: »Wir haben mit Strauß nicht das Problem, das andere haben«, was Kohl im Dezember 1979 im Bundestag zum Anlaß nahm, Schmidt engagiert zu attackieren. Er warf ihm (allerdings in kleinerem Kreis) vor, den Eindruck eines Widerstandskämpfers erweckt zu haben, der ihm angesichts seines Lebenslaufes zur Zeit des NS-Regimes keineswegs zukäme.

11 Anzahl der Bundestagsabgeordneten der CDU/CSU, SPD und FDP nach den jeweiligen Bundestagswahlen von 1949 bis 1980: 1949 = 139, 131, 52; 1953 = 243, 151, 48; 1957 = 270, 169, 41; 1961 = 242, 190, 67; 1965 = 245, 202, 49; 1969 = 242, 227, 30; 1972 = 225, 230, 41; 1976 = 243, 214, 39; 1980 = 226, 218, 53.

X. *Auf dem Weg ins Kanzleramt*

1 Helmut Kohl verfügte seit Jahren über differenzierte Erfahrungen im Zusammenhang vor allem mit deutschland- und bundespolitischen Programmkonzeptionen und mit Fragen der Ost- und Europapolitik und Marktwirtschaft. Bereits im Dezember 1969 war er Vorsitzender einer 87-köpfigen CDU-Programmkommission.

2 Bundeswirtschaftsminister Otto Graf Lambsdorff, auf den Unionspolitiker besondere Hoffnungen setzten, erklärte Anfang September 1981 im »Spiegel« zwar, daß eine CDU/CSU-FDP-Koalition unter den gegenwärtigen Umständen »ziemlich weit entfernt« sei; aber er bekannte zugleich auch, einen Bruch mit der SPD einkalkuliert zu haben.

3 Heiner Geißler hatte beispielsweise Kohls Verdikt »Volksfront« vom 10. Oktober im Zusammenhang mit der aus vielschichtigen Gruppierungen zusammengesetzten »Friedensbewegung« zum Anlaß genommen, gegenüber der bislang politisch »lammfrommen« Jungen Union anzudeuten (von Biedenkopf und Späth später unterstützt), daß in der CDU künftig durchaus kontrovers diskutiert werde.

4 Diese 190 Millionen Mark sollten von den Ortskrankenkassen zusätzlich aufgebracht werden. Während die SPD diesen Betrag über einen Finanzausgleich von den Ersatzkassen mittragen zu lassen forderte, verlangte die FDP, daß die Ortskrankenkassen zunächst einmal versuchen sollten, mit der Erhöhung »fertig« zu werden. Eine Einigung kam nicht zustande.

5 Im Koalitionsvertrag, den die CDU/CSU und die FDP am 28. 9. 1982 schlossen, wurde unter anderem vereinbart, Einsparungen beim Kindergeld, bei der Ausbildungsförderung und beim Öffentlichen Dienst vorzunehmen. Ferner sollten der Beginn der Rentenerhöhung verschoben, von Höherverdienenden eine Zwangsanleihe erhoben und das Mietrecht liberalisiert werden. Die Definition des Verhältnisses zur Nato und zu den Abrüstungsgesprächen gehörte zwangsläufig zu den knapp behandelten aktuellen außenpolitischen Aspekten.

6 Im August 1982 sagten Hamburger, Kieler und Münchener Konjunkturforscher als Jahresdurchschnitt für 1983 2,1 Millionen Arbeitslose voraus, die Bundesregierung dagegen 1,78 Millionen.

7 Die Vorlage der bereits im August vorhandenen Ergebnisse war für den 25. Oktober festgesetzt.

8 Die Bundesregierung ging in ihrem Haushaltsansatz für 1983 dagegen im Juli 1982 von 3 Prozent Wirtschaftswachstum aus.

9 Artikel 68 des Grundgesetzes: »Findet ein Antrag des Bundeskanzlers, ihm das Vertrauen auszusprechen, nicht die Zustimmung der Mehrheit der Mitglieder des Bundestages, so kann der Bundespräsident auf Vorschlag des Bundeskanzlers binnen 21 Tagen den Bundestag auflösen. Das Recht zur Auflösung erlischt, sobald der Bundestag mit der Mehrheit seiner Mitglieder einen anderen Bundeskanzler wählt.«

10 Kohl wurde mit 256 von 495 Stimmen zum Bundeskanzler gewählt. 235 Abgeordnete stimmten gegen ihn, 4 enthielten sich der Stimme. Bei der vorausgegangenen Probeabstimmung der neuen Koalitionspartner hatten 18 Abgeordnete gegen ihn votiert. Rein rechnerisch waren es bei der offiziellen Abstimmung 23.

XI. Bundeskanzler

1 In einer Rede vom 2. April 1989 auf dem Bundeskongreß der Jungsozialisten in Osnabrück meinte er, ohne die Bibel zu nennen: »Was du dem geringsten deiner Brüder tust; das hast du mir getan.‹ So steht es in einem berühmten Buch.«

2 Artikel 65 des Grundgesetzes: »Der Bundeskanzler bestimmt die Richtlinien der Politik und trägt dafür die Verantwortung. Innerhalb dieser Richtlinien leitet jeder Bundesminister seinen Geschäftsbereich selbständig und unter eigener Verantwortung. Über Meinungsverschiedenheiten zwischen den Bundesministern entscheidet die Bundesregierung. Der Bundeskanzler leitet ihre Geschäfte nach einer von der Bundesregierung beschlossenen und vom Bundespräsidenten genehmigten Geschäftsordnung.«

3 Nach der Bundestagswahl vom 6. März 1983 trat Peter Boenisch an Stolzes Stelle.

4 Dregger forderte als erster im »Regierungslager« die Beseitigung der atomaren Rohrartillerie, unter anderem mit der Begründung, sie könne nicht der Abschreckung dienen, sondern sei allenfalls »selbstabschreckend«.

5 Sein von ihm im Januar 1989 auf der Wehrkundetagung vorgestelltes und danach im Rahmen von Koalitionsgesprächen und weiteren Diskussionen mit militärischen Instanzen der NATO in Brüssel als »die deutsche Position« bezeichnetes Modell für ein im Bündnis durchzusetzendes »Waffenmix«, in dem die luftgestützten atomaren Systeme kürzerer Reichweite gegenüber den landgestützen Systemen – nach erfolgreichen Verhandlungen zwischen den USA und der Sowjetunion – Vorrang haben sollten, wurde im Mai 1989 vom NATO-Gipfel in Brüssel weitgehend übernommen.

6 Schreckenberger, Ludwigshafener Schulkamerad Kohls und Verwaltungsjurist, leitete das Bundeskanzleramt von 1982 bis 1984.

7 Jenninger übernahm das Amt, nachdem Rainer Barzel Ende Oktober im Zusammenhang mit Vorwürfen zurückgetreten war, auf Umwegen über ein Frankfurter Anwaltsbüro vom Flick-Konzern unrechtmäßig 1,7 Millionen Mark bekommen zu haben.

8 Zur Zeit der sozialliberalen Koalition gehörten die Sympathien deutlich dem Zivildienst, was die Einsatzfähigkeit der Truppe spürbar reduzierte.

9 Schon Ende Mai 1983, nach seiner Teilnahme am Weltwirtschaftsgipfel in Williamsburg in den USA, verhandelt Kohl in Moskau im Beisein Hans-Dietrich Genschers mit dem gesundheitlich angeschlagenen sowjetischen Staats- und Parteichef Jurij Andropow, dem er ohne Umschweife erklärt, daß er die Teilung Deutschlands nicht als Dauerzustand ansehe. Daß die Sowjets Kohl dennoch für einen Kanzler halten, dem sie hinsichtlich seiner Friedensversicherungen trauen können, spricht für Kohls Diplomatie.

10 Zwar sahen nicht wenige ausländische Medienvertreter in Kohl schon 1982/83 einen Kanzler, der mehr leiste und klüger sei, »als seine Landsleute es erwartet hatten«, wie beispielsweise Flora Lewis sich in der »International Herald Tribune« vom 30. Juli 1983 ausdrückte; aber auch sie griffen nicht selten auf alte Klischees zurück, weil sie davon ausgingen, daß die Deutschen ihren Kanzler doch besser als sie kennen müßten. Einer, der Kohl seit Anbeginn so richtig einschätzte, daß er sich später nicht gezwungen sah, seine Urteile zu revidieren, war der Franzose Jean-Paul Picaper von der französischen Tageszeitung »Le Figaro«.

11 Am 1. Februar 1984 teilte Wörner dem General schriftlich mit, daß er den Bundespräsidenten gebeten habe, die von ihm (Wörner) erwirkte Versetzung in den einstweiligen Ruhestand aufzuheben und ihn (Kießling) »erneut zu ernennen und dadurch die Entschließung vom 19.12.1983 aufzuheben«. Kießlings schriftliche Reaktion vom selben Tage: »Nach allen Vorgängen, die ich in den letzten Wochen erleben mußte, werden Sie verstehen, daß ich zunächst von dem, was mir angetan worden ist, Abstand gewinnen und meine Gesundheit wiederherstellen muß. Ich halte es aber für ausgeschlossen, daß ein General, der diese Wochen hat über sich ergehen lassen müssen, in der Lage sein kann, seine Aufgaben als Vertreter der SACEUR mit der notwenigen inneren und äußeren Kraft nachzugehen, wie dies erforderlich ist. Im Interesse der Bundesrepublik Deutschland und der Bundeswehr bitte ich Sie deshalb ... mich zum 31.2.1984 in den einstweiligen Ruhestand zu versetzen.«

12 Hans-Jochen Vogel, der die Argumente der SPD artikulierte, warf Kohl primär vor, aus Angst vor Strauß als Bundesminister eine »sachwidrige« Entscheidung getroffen zu haben.

13 Mitterrand und Kohl hatten einander kurz zuvor auf einem französischen Heldenfriedhof bei Verdun symbolisch die Hände gereicht.

14 1968 war Richard von Weizsäcker auf Betreiben Helmut Kohls, der zu der Zeit als Vorsitzender der CDU-Fraktion im rheinland-pfälzischen Landtag fungierte, vor der Wahl des Bundespräsidenten parteiintern als Kandidat gegen Gerhard Schröder angetreten und hatte verloren. Schröder unterlag dann gegen den SPD-Kandidaten Gustav Heinemann.

15 14 Prozent sahen dem Jahr mit Befürchtungen entgegen, 22 Prozent mit Skepsis; 9 Prozent konnten sich nicht entscheiden.

16 Zu der Zeit rangierte Stoltenberg allerdings besonders hoch in der Gunst der Bevölkerung. Kohl befand sich im Politbarometer gleichauf mit Oppositionsführer Vogel.

17 Die SPD erhielt 32,4, die FDP 8,5 Prozent. Auf die AL entfielen 10,6 Prozent.
18 Kohl wurde von 93,5 Prozent der Delegierten als Parteichef bestätigt.
19 Willy Brandt warnte seine Genossen vor der Unterschätzung Kohls bereits, als der noch Oppositionsführer in Bonn war. Wilhelm Dröscher, der sozialdemokratische Landsmann Kohls, schrieb dem SPD-Parteivorstand in jener Phase in einem Brief:»Ihr nehmt den Kohl zu leicht. Der ist viel gefährlicher, als Ihr Euch das vorstellt.«
20 Vogels Kritik an Kohl erwies sich oft als recht absonderlich. So forderte er Kohl beispielsweise nach einer dpa-Meldung vom 26. März 1985 auf, sich öffentlich zu»entschuldigen«, weil er vor Fernsehkameras 300 Mark für die Hungernden in Afrika gespendet habe, ohne darauf hinzuweisen, daß es sich dabei»um das Geld der Steuerzahler« handele. In Wahrheit hatte Kohl die 300 Mark aus eigener Tasche bezahlt.
21 Helmut Kohls Verhältnis zur Problematik der NS-Judenpolitik drückt eine Feststellung präzise und unmißverständlich aus, die er am 28. Oktober 1985 anläßlich der Internationalen Historikertagung des Leo-Baeck-Instituts in Berlin traf:»Wir schämen uns als Deutsche«, sagte er,»weil die NS-Verbrechen im deutschen Namen geschahen. Wir schämen uns als Menschen – Deutsche oder nicht –, daß menschliche Schwächen solche Greueltaten ermöglicht haben, daß Menschen überhaupt zu so etwas fähig waren ... Aus den historischen Abläufen erkennen wir aber auch, daß der einzelne sehr wohl schuldig werden kann, nicht aber das ganze Volk.«
22 Vorbild für deutsche Karikaturisten, die Helmut Kohls Kopf in Birnenform darstellten, waren sicherlich nicht Daumier-Karikaturen, sondern die Zeichnungen des französischen Karikaturisten Philipon, der den französischen Bürgerkönig Louis Philippe (1773-1850) als Birne karikierte. Die Kohl-Karikaturisten waren keineswegs originell. In den sechziger Jahren verglich beispielsweise der Journalist Sebastian Haffner Friedrich Ebert mit einer Birne.
23 Ende Juni 1986 hatte die SPD-Führung Helmut Kohl im Zusammenhang mit der Südafrika-Politik der Bundesregierung (beispielsweise im»Service der SPD für Presse, Funk, TV« vom 29. Juni) öffentlich unterstellt,»der zuverlässigste Fürsprecher und Verbündete des Apartheidregimes« zu sein und»die Glaubwürdigkeit des deutschen Eintretens für die Wahrnehmung der Menschenrechte« zu zerstören.
24 Gennadi Gerassimow, der Leiter der Hauptabteilung Information des sowjetischen Außenministeriums, kritisierte Kohl, weil er über ein einheitliches Berlin geredet habe. Der Regierende Bürgermeister Eberhard Diepgen, der »die Phrasen« über die Einheit der Stadt ebenfalls wiederholt hatte, wie die Ost-»Berliner Zeitung« vom 6. Mai 1987 berichtete, wurde von Hans Walter, dem Bürgermeister des Ost-Berliner Bezirks Pankow, aufgefordert, die zuvor an ihn gerichtete Einladung zu einer Feier in Pankow nicht wahrzunehmen. Er wurde ausgeladen, weil er durch angebliche»verleumderische Ausfälle gegen die DDR« den»Boden für Gemeinsames« verlassen habe, wie die Ost-Berliner »Tribüne« am 7. Mai 1987 schrieb.

25 Am 4. September 1987 hatte Eduard Neumaier noch im »Rheinischen Merkur« geschrieben: »Das Thema Einheit und Nation – es ist und kann nicht Gesprächsgegenstand zwischen Bundeskanzler Kohl und SED-Chef Honekker sein. Die Umstände lassen es nicht zu.«

26 Kohl hob die Verbesserungen im Reiseverkehr als eine der wesentlichen Vereinbarungen hervor und bezeichnete den Abbau der Selbstschußanlagen und Minen an den Grenzen und die Aufhebung des Schießbefehls als überfällig.

27 Hans-Jochen Vogel, der sich beispielsweise im Mai 1985 mit Honecker getroffen, mit ihm über Reiseerleichterungen gesprochen und danach die Bundesregierung angegriffen hatte, weil sie die Praxis des SED-Regimes anprangerte, konnte Kohl jetzt schwerlich kritisieren.

28 Die in Hamburg mühevoll zustande gekommene SPD-FDP-Koalition brauchte Kohl nicht als Warnsignal für »Bonn« zu sehen.

29 Am 28. Februar 1988 gab selbst Hans-Jochen Vogel auf der Meisterfeier in Düsseldorf zu: »Die Bundesrepublik ist kein Armenhaus. Unser Bruttosozialprodukt ist von 1982 bis 1986 bei im wesentlichen stabilen Preisen um über 350 Milliarden DM gestiegen.«

30 Ungefähr gleichlautend erklärte Vogel am 22. November 1988 im Bundestag: »Sie, Herr Bundeskanzler, und Ihre Partei haben ihren Vertrauenskredit im Bund und in den meisten Ländern nahezu aufgebraucht . . . Auch deshalb rückt der Tag näher, an dem die Rollen in diesem Hause neu verteilt werden.«

31 Am 22. November 1988 sagte Vogel im Bundestag: »Dennoch bleibt – ich betone das – die erfreuliche Tatsache, daß unser Jahresbruttosozialprodukt seit Beginn dieses Jahrzehnts um 400 Milliarden DM gestiegen ist. Selbst wenn man die gesparten Ölpreismilliarden berücksichtigt, ist das eine eindrucksvolle Leistung, zu der unsere gesamte Volkswirtschaft fast ohne Ausnahme beigetragen hat und die Respekt verdient.«

32 Im Vorfeld des Brüsseler Gipfels, in dem es unter anderem um Agrarpolitik und um die Planung des europäischen Binnenmarktes bis 1992 gegangen war, hatte Kohl erklärt, daß er als Präsident zwar ausgleichend wirken müsse, als Bundeskanzler jedoch alles »Menschenmögliche« tun werde, um eine »vernünftige Linie« zu finden, ohne dabei die Probleme der deutschen Agrarpolitik aus den Augen zu verlieren.

33 »Brüssel schwimmt wieder im Geld«, registrierte »Die Zeit« vom 24. Juni 1988 und fuhr fort: »Der Haushalt wurde von 72 auf 90 Milliarden Mark erhöht, die europäische Laune ist entsprechend gestiegen . . . Ehre wem Ehre gebührt: Auch die weitverbreitete Europa-Skepsis an der deutschen Heimatfront vermag Kohls Erfolg in der Gemeinschaft nicht zu schmälern.«

34 Im Zusammenhang mit der Steuer- und der Gesundheitsreform galt für die Opposition (nach einer Erklärung Vogels im »Service der SPD für Presse, Funk, TV« vom 16. Oktober 1988) einseitig, daß die Steuerreform »Steuergeschenke für hohe und höchste Einkommen« bedeute und die »Gesundheitsreform . . . fast nur die Versicherten und die Kranken« belasten würde.

35 Am 12. August 1970 hatte die Bundesregierung der sowjetischen Regierung und am 21. Dezember 1972 der Regierung der DDR einen »Brief zur deutschen Einheit« übergeben lassen. In letzterem hieß es: »Im Zusammenhang mit der heutigen Unterzeichnung des Vertrages über die Grundlagen der Beziehungen zwischen der Bundesrepublik Deutschland und der Deutschen Demokratischen Republik beehrt sich die Regierung der Bundesrepublik Deutschland festzustellen, daß dieser Vertrag nicht im Widerspruch zu den politischen Zielen der Bundesrepublik Deutschland steht, auf einen Zustand des Friedens in Europa hinzuwirken, in dem das deutsche Volk in freier Selbstbestimmung seine Einheit wiedererlangt.«

36 Auch der ungefähr gleichzeitige Vorsitzenden-Wechsel bei der FDP (von Martin Bangemann zu Otto Graf Lambsdorff) ließ die Koalition handlungsfähiger werden.

37 Die Idee »Geschäftsführender Vorsitzender« war nicht neu. Josef-Hermann Dufhues hatte 1967 die Institution eines Generalsekretärs entwickelt. Diese Funktion übten vor Geißler Bruno Heck, Konrad Kraske und Kurt Biedenkopf aus.

38 Von den Delegierten der Bundesparteitage werden gewählt: Der Bundesvorsitzende, seine sieben Stellvertreter, der Bundesschatzmeister und zwanzig Mitglieder des Bundesvorstandes. Der Generalsekretär wird nach § 29 (2) der Satzung der CDU »auf Vorschlag des Vorsitzenden« gewählt.

XII. »Nun ist er die CDU«

1 Bei den Wahlen vom 29. Januar 1989 zum Berliner Abgeordnetenhaus erhielten die CDU 37,7 (1985 = 46,4), die SPD 37,3 (32,4), die FDP 3,9 (8,5), die Alternative Liste (AL) 11,8 (10,6) und die Republikaner 7,5 Prozent der Stimmen.

2 Eine Stimme war ungültig, 2 Delegierte enthielten sich ihrer Stimme.

3 Bernhard Vogel sagte dazu im März 1990: »Ich habe es als Landesvorsitzender der CDU gegenüber dem Bundesvorsitzenden der CDU als selbstverständliche Pflicht empfunden, daß wir in einer besonderen Loyalität zu Helmut Kohl standen. Genauso war mir die Loyalität der Landesregierung zur Bundesregierung jederzeit eine Selbstverständlichkeit, erst recht, nachdem mein Vorgänger als Ministerpräsident Bundeskanzler geworden war. Ich hätte nie für möglich gehalten, daß man auf einem Landesparteitag der CDU, wie das dann 1988 in Koblenz geschah, einem rheinland-pfälzischen Parteivorsitzenden und Ministerpräsidenten die absolute Loyalität gegenüber Bundesvorsitzendem und Bundeskanzler vorwerfen würde.«

4 Vorsitzende ihrer Partei waren vor Kohl die Bundeskanzler Adenauer, Kiesin-

ger und Brandt. Helmut Schmidt war es nicht. In den Bundesländern Baden-Württemberg ist Ministerpräsident Späth Landesvorsitzender, in Hessen Ministerpräsident Walter Wallmann. Der Berliner Regierende Bürgermeister Eberhard Diepgen war es während seiner Amtsausübung bis Anfang 1989.

5 Bei den Gemeinde- und Kreiswahlen in Hessen vom 12. März 1989 erhielten die CDU 34 (1985 = 41,1), die SPD 44,8 (43,7), die Grünen 9,1 (7,1) und die FDP 4,9 (5,3) Prozent der Stimmen.

6 Bezeichnend die Formulierung im »Spiegel« vom 10. April 1989: »Am Wahltag (18. Juni) wird über Kohls Zukunft entschieden.«

7 Zudem hat Baden-Württemberg seine führende Rolle als »Zahlmeister der Nation« im Finanzausgleich an Hessen abtreten müssen, was dem Stuttgarter Ministerpräsidenten zwangsläufig entgegenkommen mußte.

8 In der Öffentlichkeit wurden als Geißler-Nachfolger unter anderem ins Spiel gebracht: Prof. Gertrud Höhler, der Berliner CDU-Landes- und Fraktionsvorsitzende Eberhard Diepgen, der Hanseat Hartmut Perschau und der Baden-Württemberger Anton Pfeiffer.

9 Während Geißler zuvor lediglich von durchschnittlich 35 bis 38 Prozent der befragten Bundesbürger eine »wichtige Rolle« zugestanden wurde, waren es jetzt plötzlich 66 Prozent, die ihm ein wichtiges Amt wünschten.

10 Späth wollte »keine Art Zählkandidatur«, wie er am 28. März 1990 erklärt. »Damals gab es die ›intelligenten Leute‹«, berichtet er, »die gesagt haben, daß jetzt einer antreten soll. Wenn er verliert, dann ist er eben, wie Kohl 1971 in Saarbrücken, der ›Designierte‹. In Saarbrücken habe ich Helmut Kohl näher kennengelernt, und ich habe für ihn gegen Barzel gestimmt, während mein Landesvorsitzender Hans Filbinger für Barzel eintrat. Jetzt, 1989, habe ich gesagt: ›Die Wiederholungen eines solchen Vorganges wird es für mich nicht geben. Ich bin der Meinung, daß es hier auf die Entscheidung der Mehrheit innerhalb des Präsidiums ankommt.‹«

11 Kohl erhielt 77,37 Prozent der Stimmen. Für Lothar Späth hatten bei der Wahl der Kohl-Stellvertreter von 731 Delegierten lediglich 357 (47,5 Prozent) gestimmt, so daß er aus dem CDU-Präsidium ausscheiden mußte. Auf Volker Rühe entfielen 84,18, auf Geißler 57,18, auf Töpfer 94,83, auf Schäuble 93,31, auf Diepgen 90,63 und auf Hanna-Renate Laurien 87,83 Prozent der Delegierten-Stimmen.

XIII. Kanzler der deutschen Einheit

1 Nach einer zwischen dem 14. und 19. Februar 1990 vom Allensbacher Institut für Demoskopie veranstalteten repräsentativen Befragung von Bundesbürgern über 16 Jahre plädierten 69 Prozent für die Wiedervereinigung. 11 Prozent

waren dagegen. 20 Prozent votierten unentschieden. Von den 16-29jährigen waren 57 Prozent für die Wiedervereinigung, von den 29-45jährigen 64 Prozent, von den 45-59jährigen 76 Prozent und von den über 60jährigen 80 Prozent.

2 Außerordentlich instinktsicher und geschickt verstand Brandt sich beispielsweise am 10. November 1989 in Berlin um den Kern dieses Aspekts herumzuwinden. »Nichts wird wieder so, wie es einmal war«, sagte er und fuhr fort: »Dazu gehört, daß auch wir im Westen nicht an mehr oder weniger schönen Parolen von gestern gemessen werden, sondern an dem, was wir heute und morgen zu tun, zu leisten bereit und in der Lage sind, geistig und materiell. Ich hoffe, die Schubladen sind nicht leer, was das Geistige angeht. Ich hoffe, die Kassen geben einiges her . . . Die Bereitschaft, nicht zu erhobenem Zeigefinger, sondern zur Solidarität, zum Ausgleich, zum neuen Beginn, wird auf die Probe gestellt. Es gilt jetzt, neu zusammenzurücken, den Kopf klar zu behalten und so gut wie möglich das zu tun, was unseren deutschen Interessen ebenso entspricht wie unserer Pflicht gegenüber Europa.«

3 Schon am 23. Oktober 1966 hat Kohl, zu der Zeit CDU-Fraktionsvorsitzender im Mainzer Landtag, von den demokratischen Parteien in der Bundesrepublik gefordert, Konzepte für eine Wiedervereinigung in Freiheit zu entwickeln.

4 Allein beim Bund waren es über acht Milliarden DM zusätzlich.

5 Im Punkt 5 seines Programms erklärte Kohl, daß »konföderative Strukturen« mit »dem Ziel« zu entwickeln seien, eine »Föderation . . . eine bundesstaatliche Ordnung in Deutschland zu schaffen«. Das »setzt aber«, wie er betonte, »eine demokratisch legitimierte Regierung in der DDR voraus.«

6 Die von der im Juli 1973 von den Außenministern der 35 Teilnehmerstaaten in Helsinki eröffnete »Konferenz für Sicherheit und Zusammenarbeit in Europa« (KSZE), deren Schlußakte die Staats- und Regierungschefs der europäischen Staaten (außer Albanien) und Nordamerikas am 1. August 1975 unterzeichneten, entwickelte Richtlinien für Grenzgarantien in Europa, für bessere Wirtschaftsbeziehungen und für menschliche Erleichterungen in Europa (Ausreisen, Familienzusammenführungen, Tourismus, Informationsaustausch). Die Schlußakte enthält vier sogenannte Körbe: 1. Fragen der Sicherheit in Europa, 2. Zusammenarbeit in den Bereichen der Wirtschaft, der Wissenschaft und der Technik sowie der Umwelt, 3. Zusammenarbeit in humanitären und anderen Fragen, 4. Folgemaßnahmen zur Durchführung der Beschlüsse der Konferenz.

7 Pierre Harmel, der einstige belgische Premierminister, hatte 1967 eine Kommission zur Konzipierung von Orientierungshilfen für die Länder der Allianz geleitet, der Staatschefs mehrerer NATO-Länder angehörten.

8 Bush war zu der Zeit dafür, »keine besonderen Visionen« gutzuheißen. Sein Vorgänger Ronald Reagan hatte dagegen erklärt: »Ich denke, ich werde dem Glauben Ausdruck verleihen, den wir alle hegen, daß es ein wiedervereinigtes Deutschland geben [wird] und daß die Mauer weg sollte.«

9 Am 28. November 1989 hatte Krenz erklärt: »Man kann über alles reden; aber eine Einheit Deutschlands steht nicht auf der Tagesordnung.«

10 Modrows Plan: Bildung eines gemeinsamen parlamentarischen Ausschusses und gemeinsamer Exekutivorgane, volle Neutralität Deutschlands, Entlassung der ehemals beiden deutschen Staaten sowohl aus der NATO als auch aus dem Warschauer Pakt und Abschluß eines Friedensvertrages mit den einstigen Siegermächten.

11 Artikel 23:»Dieses Grundgesetz gilt zunächst im Gebiete der Länder Baden, Bayern, Bremen, Groß-Berlin, Hamburg, Hessen, Niedersachsen, Nordrhein-Westfalen, Rheinland-Pfalz, Schleswig-Holstein, Württemberg-Baden und Württemberg Hohenzollern. In anderen Teilen Deutschlands ist es nach deren Beitritt in Kraft zu setzen.«

12 So sagte Kohl beispielsweise in einem von der »Bild«-Zeitung vom 8. März 1990 veröffentlichen Interview über Modrow und Gysi:»In zehn Tagen wird in der DDR gewählt. Dann gehört die Amtszeit Modrows der Vergangenheit an. Ich finde nicht so wesentlich, was Modrow jetzt sagt . . . Modrow kandidiert jetzt noch für die Nachfolgeorganisation der SED. Und wenn sie seinen Partei-freund, den PDS-Vorsitzenden Gysi, hören, dann wissen Sie, diese Leute haben nichts dazugelernt. Sie haben den Bankrott der DDR zu verantworten. Aber jetzt tun sie, als hätten sie mit der Vergangenheit nichts zu tun.«

13 Noch Ende April 1990 äußerte sich Margaret Thatcher anläßlich der Beratung der zwölf EG-Staats- bzw. Regierungschefs in Dublin zurückhaltend über die von Kohl und Mitterrand im Zusammenhang mit der Wiederherstellung der deutschen Einheit gemeinsam vorgeschlagene Vertragsausarbeitung für neue EG-Verträge bis Anfang 1993.

14 Kritiker wurden auf eine Erklärung des Kanzlers verwiesen, der am 17. Januar 1990 in einer Rede vor dem Französischen Institut für Internationale Bezie-hungen in Paris gesagt hatte:»Die Deutschen wollen eine dauerhafte Aussöh-nung mit ihrem polnischen Nachbarn, und dazu gehört auch, daß die Polen die Gewißheit haben müssen, in sicheren Grenzen zu leben.«

15 Am 21. Juni beschlossen der Deutsche Bundestag und die Volkskammer der DDR einen gleichlautenden Entschließungsantrag.

16 Während Kohl und seine unmittelbare Umgebung bereits am 16. März 1990 fest überzeugt waren, daß die DDR-CDU mit großem Abstand als Sieger aus den Wahlen hervorgehen würde, zeigten sich die Regierungschefs in Moskau, Paris und London nach den Wahlen vom 18. März überrascht. Wjatscheslaw Daschitschew, einer der Deutschlandexperten Gorbatschows, der einen Sieg der SPD erwartet hatte, gab schließlich betroffen zu, daß Gorbatschow nicht genügend Zeit gehabt habe, sich mit den Ereignissen in der DDR auseinander-zusetzen. Roland Dumas, Frankreichs Außenminister, sah sein insgeheim gehegtes »Programm« durcheinandergebracht. Er hatte ebenfalls mit einem SPD-Sieg gerechnet, der nach seiner Meinung Frankreich die Möglichkeit geboten hätte, ein Gegengewicht gegen den machtbewußten Kanzler in die Hand zu bekommen.

17 Im Tenor mit Kohls Erklärung übereinstimmend, erklärte die Sozialdemokra-tin Annemarie Renger, die Vizepräsidentin des Deutschen Bundestages, in

ihrem »Appell für baldige gesamtdeutsche Wahlen« (»Welt am Sonntag« vom 17. Juni 1990): »Jetzt darf nicht kleinlicher Krämergeist, sondern jetzt muß Solidarität mit den Menschen im anderen Teil Deutschlands vorherrschen. Das Zusammenwachsen, das mit dem 9. November 1989 seinen Anfang genommen hat, wird über die Währungs-, Wirtschafts-, Sozial- und Umweltunion in den kommenden Monaten für alle sichtbar werden.«

18 Die SPD, die davon ausging, daß sich die Ablösung der DDR-Planwirtschaft durch die Marktwirtschaft infolge der in der DDR fehlenden Infrastrukturen wie eine »Schocktherapie« auswirken und Massenarbeitslosigkeit auslösen würde, warf Kohl unter anderem vor, die Wiedervereinigung zu einer Art Privatanliegen gemacht zu haben. Vogel konstatierte am 21. Juni im Bundestag, daß die staatliche Einheit nun nach Artikel 23 des Grundgesetzes im Sinne Kohls vollzogen werden würde, woran »nichts mehr« geändert werden könnte. Doch er erklärte als Oppositionsführer auch: »Die SPD bekennt sich in beiden Teilen unseres Landes zur deutschen Einheit ... Wir wollen die Einheit um der Menschen willen.«

19 Kohl und Gorbatschow kamen dabei die vorausgegangen Gipfelkonferenzen und die Festellung der NATO entgegen, daß die Sowjetunion in der Allianz nicht mehr einen Gegner zu fürchten brauche, sondern sie als Partner betrachten könne.

20 Bezeichnend dafür beispielsweise ist eine Erklärung Bismarcks, der rasch erkannte, daß das von ihm geschaffene Deutsche Reich ein kunstvolles Gebilde ohne Garantie für eine sichere kontinuierliche Zukunft war. »Um das deutsche Volk«, stellte er 1878 fest, »ist mir nicht bange, der Klumpen ist zu groß, als daß er zerrieben werden könnte. Die einzelnen Teile werden sich wohl immer wieder in irgendeiner Form zusammenfinden.«

21 So beschlossen beispielsweise die Grünen im Bundestag und die DDR-Fraktion Bündnis 90/Grüne in der Volkskammer während ihrer 12. Bundesversammlung vom 8. bis 10. Juni 1990 in Dortmund: »Der überstürzte Vereinigungsprozeß, wie ihn die Regierung Kohl betreibt ... Die chaotische Schnellvereinigung wird derzeit aus Gründen des reinen Machterhalts vorangetrieben. Ein überstürzter gesamtdeutscher Wahltermin soll eine bankrotte Politik und Bundesregierung retten ... wir lehnen jeden Vereinigungsprozeß, der über die Köpfe und den erklärten Willen der Menschen in der DDR und BRD hinweggeht und dabei große ökologische und soziale Risiken einkalkuliert, ab ... Wir ... werden gegen diesen Staatsvertrag stimmen. Wir betrachten ihn als ein Dokument der Einverleibung und des bloßen Anschlusses der DDR an die BRD.«

22 Schewardnadse verlangte unter anderem, daß das vereinigte Deutschland für eine Übergangszeit von fünf Jahren alle bisherigen völkerrechtlichen Verträge der Teilstaaten einhalten solle, was heißt, daß der westliche Teil Mitglied der NATO und der östliche Teil Mitglied des Warschauer Paktes bliebe.

ANHANG I

Mitgliederstruktur der ersten vier Ortsgruppen der NSDAP:

Beruf	Ältere Liste bis 29. Mai 1920 (675 Mitglieder)	Rosenheim (1922, 320 Mitglieder)	Passau (1922, 83 Mitglieder)	Landshut (1922, 222 Mitglieder)	Mannheim (1922, 178 Mitglieder)
Facharbeiter und Handwerker. Darunter Geschäftsinhaber:	27 %	33,1 %	18 %	33,7 %	24,1 %
Akademische Berufe:	8,5 %	7,8 %	2,4 %	7,2 %	7,8 %
Beamte und Angestellte. Darunter Akademiker:	14,6 %	22,8 %	50,6 %	31,5 %	20,2 %
Soldaten und Offiziere:	5,2 %	1,5 %	3,6 %	0,9 %	0,5 %
Kaufleute. Darunter Geschäftsinhaber:	13,3 %	15,6 %	10,8 %	10,3 %	29,8 %
Geschäftsinhaber:	3,2 %	5,9 %	2,6 %	5,8 %	2,2 %
Studenten:	7,2 %	4 %	–	–	3,3 %
Ungelernte Arbeiter:	2,9 %	4,7 %	2,4 %	1,8 %	2,8 %
Landwirte:	–	0,6 %	–	3,6 %	0,5 %
Frauen, Schüler und Mitglieder, die ungenaue Angaben machten:	18,2 %	4 %	9,6 %	5,2 %	8,8 %

ANHANG 2

(Mit freundlicher Genehmigung des »Spiegel«)

Nach Feststellungen des Emnid-Instituts, das sich 1976 über mehrere Monate hinweg mit den politischen Ansichten von SPD und CDU/CSU-Wählern befaßte, mutmaßten die über ihre »Idealvorstellungen« befragten Wähler über ihre jeweiligen Kanzlerkandidaten:

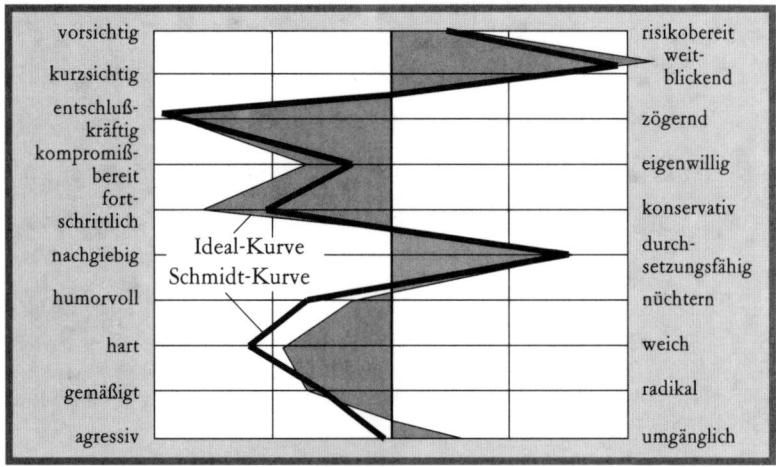

Urteile von SPD-Wählern über ihren Kanzlerkandidaten Helmut Schmidt

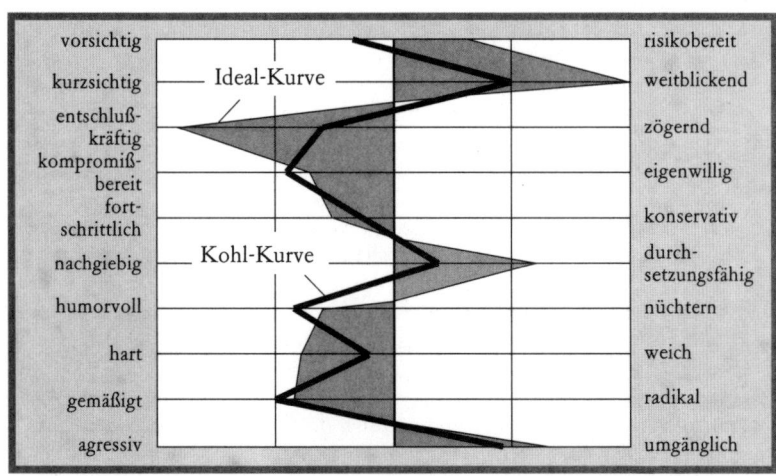

Urteile von CDU/CSU-Wählern über den Kanzlerkandidaten der Union

ANHANG 3

ZEHN-PUNKTE-PROGRAMM ZUR ÜBERWINDUNG DER TEILUNG DEUTSCHLANDS UND EUROPAS

Auszug aus der Rede von Bundeskanzler Helmut Kohl am 28. November 1989 vor dem Deutschen Bundestag.

Der Weg zur deutschen Einheit, das wissen wir alle, ist nicht vom »grünen Tisch« oder mit einem Terminkalender in der Hand zu planen. Abstrakte Modelle kann man vielleicht polemisch verwenden, aber sie helfen nicht weiter. Aber wir können, wenn wir nur wollen, schon heute jene Etappen vorbereiten, die zu diesem Ziel hinführen. Ich möchte diese Ziele an Hand eines Zehn-Punkte-Programms erläutern:

Erstens: Zunächst sind Sofortmaßnahmen erforderlich, die sich aus den Ereignissen der letzten Wochen ergeben, insbesondere durch die Fluchtbewegung und die neue Dimension des Reiseverkehrs.

Die Bundesregierung ist zu sofortiger konkreter Hilfe dort bereit, wo diese Hilfe jetzt benötigt wird. Wir werden im humanitären Bereich und auch bei der medizinischen Versorgung helfen, soweit dies gewünscht wird und auch nützlich ist.

Wir wissen auch, daß das Begrüßungsgeld, das wir für jeden Besucher aus der DDR einmal jährlich zahlen, keine Lösung für die Finanzierung von Reisen sein kann. Letztlich muß die DDR selbst ihre Reisenden mit den nötigen Devisen ausstatten.

Wir sind aber bereit, für eine Übergangszeit einen Beitrag zu einem Devisenfonds zu leisten. Voraussetzung dafür ist allerdings, daß der Mindestumtausch bei Reisen in die DDR entfällt, Einreisen dorthin erheblich erleichtert werden und die DDR einen eigenen substantiellen Beitrag zu einem solchen Fonds leistet.

Unser Ziel ist und bleibt ein möglichst ungehinderter Reiseverkehr in beide Richtungen.

Zweitens: Die Bundesregierung wird wie bisher die Zusammenarbeit mit der DDR in allen Bereichen fortsetzen, die den Menschen auf beiden Seiten unmittelbar zugute kommt. Das gilt insbesondere für die wirtschaftliche, wissenschaftlich-technologische und kulturelle Zusammenarbeit. Besonders wichtig ist eine Intensivierung der Zusammenarbeit im Bereich des Umweltschutzes. Hier kann schon in aller Kürze, wie immer sonst die Entwicklung sein mag, über neue Projekte entschieden werden.

Das gleiche gilt – der Bundespostminister hat die entsprechenden Gespräche eingeleitet – für einen möglichst baldigen umfassenden Ausbau der Fernsprechverbindungen mit der DDR und des Telefonnetzes der DDR.

Über den Ausbau der Eisenbahnstrecke Hannover–Berlin wird weiter verhandelt. Ich bin allerdings der Auffassung, daß dies zu wenig ist und daß wir angesichts der jetzt eingetretenen Entwicklung uns einmal sehr grundsätzlich über die Verkehrs- und Eisenbahnlinien in der DDR und in der Bundesrepublik Deutschland unterhalten müssen.

Vierzig Jahre Trennung bedeuten ja auch, daß sich die Verkehrswege zum Teil erheblich auseinanderentwickelt haben. Das gilt nicht nur für die Grenzübergänge, sondern beispielsweise auch für die traditionelle Linienführung der Verkehrswege in Mitteleuropa, für die Ost-West-Verbindungen.

Es ist nicht einzusehen, weshalb die klassische Route Moskau–Warschau–Berlin–Paris, die ja immer über Köln führte und zu allen Zeiten große Bedeutung hatte, im Zeitalter schneller Züge und am Vorabend des Ausbaus eines entsprechenden europäischen Verkehrswesens nicht mit eingebracht werden sollte.

Drittens: Ich habe angeboten, unsere Hilfe und unsere Zusammenarbeit umfassend auszuweiten, wenn ein grundlegender Wandel des politischen und wirtschaftlichen Systems in der DDR verbindlich beschlossen und unumkehrbar in Gang gesetzt wird. »Unumkehrbar« heißt für uns und vor allem für mich, daß sich die DDR-Staatsführung mit den Oppositionsgruppen auf eine Verfassungsänderung und auf ein neues Wahlgesetz verständigt.

Wir unterstützen die Forderung nach freien, gleichen und geheimen Wahlen in der DDR unter Beteiligung unabhängiger, das heißt selbstverständlich auch nichtsozialistischer, Parteien. Das Machtmonopol der SED muß aufgehoben werden.

Die geforderte Einführung rechtsstaatlicher Verhältnisse bedeutet vor allem die Abschaffung des politischen Strafrechts und als Konsequenz die sofortige Freilassung aller politischen Gefangenen.

Herr Präsident, meine Damen und Herren, wirtschaftliche Hilfe kann nur dann wirksam werden, wenn grundlegende Reformen des Wirtschaftssystems erfolgen. Dies zeigen die Erfahrungen mit allen RGW-Staaten – mit Belehrungen von unserer Seite hat das nichts zu tun. Die bürokratische Planwirtschaft muß abgebaut werden.

Wir wollen nicht unhaltbar gewordene Zustände stabilisieren. Wir wissen: Wirtschaftlichen Aufschwung kann es nur geben, wenn sich die DDR für westliche Investitionen öffnet, wenn sie marktwirtschaftliche Bedingungen schafft und privatwirtschaftliche Betätigungen ermöglicht. Wer in diesem Zusammenhang den Vorwurf der Bevormundung erhebt, den verstehe ich nicht.

In Ungarn und in Polen gibt es jeden Tag Beispiele dafür, an denen sich doch die DDR – ebenfalls Mitgliedstaat der RGW – ohne weiteres orientieren kann.

Unser und mein dringender Wunsch ist es, daß es möglichst rasch zu einer solchen Gesetzgebung kommt. Denn es wäre für uns ein wenig erfreulicher Zustand, wenn – was ich ebenfalls wünsche – Privatkapital aus der Bundesrepublik Deutschland in Polen und noch mehr – die Dinge entwickeln sich sehr erfreulich – in Ungarn investiert würde und mitten in Deutschland diese Investitionen ausbleiben. Wir wollen, daß möglichst viele derartige Investitionen von möglichst zahlreichen Unternehmen getätigt werden.

Ich will es noch einmal klar unterstreichen: Dies sind keine Vorbedingungen, sondern das ist schlicht und einfach die sachliche Voraussetzung, damit Hilfe überhaupt greifen kann. Im übrigen kann kein Zweifel daran bestehen, daß dies auch die Menschen in der DDR wollen. Sie wollen wirtschaftliche Freiheit, und sie wollen damit die Früchte ihrer Arbeit endlich ernten und mehr Wohlstand gewinnen.

Wenn ich heute die Diskussion zu diesem Thema – der künftigen Wirtschaftsordnung in der DDR – innerhalb der SED selbst verfolge – wir werden es in ein paar Tagen auf dem Parteitag der SED vor aller Öffentlichkeit erleben können –, dann kann ich beim besten Willen nicht erkennen, daß derjenige, der das hier ausspricht, sich in die inneren Angelegenheiten der DDR einmischt. Ich finde das ziemlich absurd.

Viertens: Ministerpräsident Modrow hat in seiner Regierungserklärung von einer Vertragsgemeinschaft gesprochen. Wir sind bereit, diesen Gedanken aufzugreifen. Denn die Nähe und der besondere Charakter der Beziehungen zwischen den beiden Staaten in Deutschland erfordern ein immer dichteres Netz von Vereinbarungen in allen Bereichen und auf allen Ebenen.

Diese Zusammenarbeit wird zunehmend auch gemeinsame Institutionen erfordern. Bereits bestehende Kommissionen könnten neue Aufgaben erhalten, weitere könnten gebildet werden. Ich denke dabei insbesondere an die Bereiche Wirtschaft, Verkehr, Umweltschutz, Wissenschaft und Technik, Gesundheit und Kultur.

Ich brauche nicht zu betonen, daß bei all dem, was jetzt zu geschehen hat, für uns Berlin voll einbezogen bleiben muß. Das war, ist und bleibt unsere Politik.

Fünftens: Wir sind aber auch bereit, noch einen entscheidenden Schritt weiterzugehen, nämlich konföderative Strukturen zwischen beiden Staaten in Deutschland zu entwickeln mit dem Ziel, eine Föderation, das heißt eine bundesstaatliche Ordnung, in Deutschland zu schaffen. Das setzt aber eine demokratisch legitimierte Regierung in der DDR zwingend voraus.

Dabei könnten wir uns nach schon bald freien Wahlen folgende Institutionen vorstellen:
- einen gemeinsamen Regierungsausschuß zur ständigen Konsultation und politischen Abstimmung,
- gemeinsame Fachausschüsse,
- ein gemeinsames parlamentarisches Gremium

- und manches andere mehr angesichts einer völlig neuen Entwicklung.
Die bisherige Politik gegenüber der DDR mußte sich angesichts der Verhältnisse
im wesentlichen auf kleine Schritte beschränken, mit denen wir vor allem versuchten, die Folgen der Teilung für die Menschen zu mildern und das Bewußtsein für
die Einheit der Nation wachzuhalten und zu schärfen. Wenn uns künftig eine
demokratisch legitimierte, das heißt frei gewählte Regierung als Partner gegenübersteht, eröffnen sich völlig neue Perspektiven.
Stufenweise können neue Formen institutioneller Zusammenarbeit entstehen
und ausgeweitet werden. Herr Präsident, meine Damen und Herren, ein solches
Zusammenwachsen liegt in der Kontinuität der deutschen Geschichte. Staatliche
Organisation in Deutschland hieß in unserer Geschichte fast immer auch Konfö-
deration und Föderation. Wir können doch auf diese historischen Erfahrungen
zurückgreifen.
Wie ein wiedervereinigtes Deutschland schließlich aussehen wird, daß weiß
heute niemand. Daß aber die Einheit kommen wird, wenn die Menschen in
Deutschland sie wollen, dessen bin ich sicher.

Sechstens: Die Entwicklung der innerdeutschen Beziehungen bleibt eingebettet in
den gesamteuropäischen Prozeß, das heißt immer auch in die West-Ost-Beziehungen. Die künftige Architektur Deutschlands muß sich einfügen in die künftige
Architektur Gesamteuropas. Hierfür hat der Westen mit seinem Konzept der
dauerhaften und gerechten europäischen Friedensordnung Schrittmacherdienste
geleistet.
Generalsekretär Gorbatschow und ich sprechen in der Gemeinsamen Erklärung vom Juni dieses Jahres, die ich bereits zitiert habe, von den Bauelementen
eines »gemeinsamen europäischen Hauses«. Ich nenne beispielhaft dafür:
- Die uneingeschränkte Achtung der Integrität und der Sicherheit jedes Staates.
  Jeder Staat hat das Recht, das eigene politische und soziale System frei zu
  wählen.
- Die uneingeschränkte Achtung der Grundsätze und Normen des Völkerrechts,
  insbesondere Achtung des Selbstbestimmungsrechts der Völker.
- Die Verwirklichung der Menschenrechte.
- Die Achtung und Pflege der geschichtlich gewachsenen Kulturen der Völker
  Europas.
Mit alledem wollen wir – so haben es Generalsekretär Gorbatschow und ich
festgeschrieben – an die geschichtlich gewachsenen europäischen Traditionen
anknüpfen und zur Überwindung der Trennung Europas beitragen.

Siebtens: Die Anziehungs- und Ausstrahlungskraft der Europäischen Gemeinschaft
ist und bleibt eine entscheidende Konstante der gesamteuropäischen Entwicklung. Wir wollen und müssen sie weiter stärken.
Die Europäische Gemeinschaft ist jetzt gefordert, mit Offenheit und Flexibilität
auf die reformorientierten Staaten Mittel-, Ost- und Südosteuropas zuzugehen.
Dies haben die Staats- und Regierungschefs der EG-Mitgliedstaaten kürzlich bei

ihrem Treffen in Paris ja auch so festgestellt. Hierbei ist die DDR selbstverständlich
eingeschlossen:
   Die Bundesregierung befürwortet deshalb den baldigen Abschluß eines
Handels- und Kooperationsabkommens mit der DDR, das den Zugang der DDR
zum Gemeinsamen Markt erweitert, auch was die Perspektive 1992 betrifft.
   Wir können uns für die Zukunft sehr wohl bestimmte Formen der Assoziie-
rung vorstellen, die die Volkswirtschaften der reformorientierten Staaten Mittel-
und Südosteuropas an die EG heranführen und damit das wirtschaftliche und
soziale Gefälle auf unserem Kontinent abbauen helfen. Das ist eine der ganz
wichtigen Fragen, wenn das Europa von morgen ein gemeinsames Europa sein
soll.
   Herr Präsident, meine Damen und Herren, den Prozeß der Wiedergewinnung
der deutschen Einheit verstehen wir immer auch als europäisches Anliegen. Er
muß deshalb auch im Zusammenhang mit der europäischen Integration gesehen
werden. Ich will es ganz einfach so formulieren: Die EG darf nicht an der Elbe
enden, sondern muß die Offenheit auch nach Osten wahren.
   Nur in diesem Sinne – wir haben das Europa der Zwölf immer nur als einen Teil
und nicht als das Ganze verstanden – kann die Europäische Gemeinschaft Grundlage einer wirklich umfassenden europäischen Einigung werden. Nur in diesem
Sinne wahrt, behauptet und entwickelt sie die Identität aller Europäer. Diese
Identität, meine Damen und Herren, ist nicht nur in der kulturellen Vielfalt
Europas, sondern auch und vor allem in den Grundwerten von Freiheit, Demokratie, Menschenrechten und Selbstbestimmung begründet.
   Soweit die Staaten Mittel- und Südosteuropas die erforderlichen Voraussetzungen erfüllen, würden wir es auch begrüßen, wenn sie dem Europarat und insbesondere auch der Konvention zum Schutze der Menschenrechte und Grundfreiheiten
beiträten.

Achtens: Der KSZE-Prozeß ist ein Herzstück dieser gesamteuropäischen Architektur. Wir wollen ihn vorantreiben und die bevorstehenden Foren nutzen:
– die Menschenrechtskonferenzen in Kopenhagen 1990 und in Moskau 1991,
– die Konferenz über wirtschaftliche Zusammenarbeit in Bonn 1990,
– das Symposion über das kulturelle Erbe in Krakau 1991 und
– nicht zuletzt das nächste Folgetreffen in Helsinki.
Dort sollten wir auch über neue institutionelle Formen der gesamteuropäischen
Zusammenarbeit nachdenken. Wir könnten uns eine gemeinsame Institution zur
Koordinierung der West-Ost-Wirtschaftszusammenarbeit sowie die Einrichtung
eines gesamteuropäischen Umweltrates sehr gut vorstellen.

Neuntens: Die Überwindung der Trennung Europas und der Teilung Deutschlands
erfordern weitreichende und zügige Schritte in der Abrüstung und Rüstungskontrolle. Abrüstung und Rüstungskontrolle müssen mit der politischen Entwicklung
Schritt halten und, wenn notwendig, beschleunigt werden.
   Dies gilt im besonderen für die Wiener Verhandlungen über den Abbau

konventioneller Streitkräfte in Europa und für die Vereinbarung vertrauensbildender Maßnahmen ebenso wie für das weltweite Verbot chemischer Waffen, das, wie ich hoffe, 1990 kommen wird. Dies erfordert auch, daß auch die Nuklearpotentiale der Großmächte auf das strategisch erforderliche Minimum reduziert werden können.

Das bevorstehende Treffen zwischen Präsident Bush und Generalsekretär Gorbatschow bietet eine gute Gelegenheit, den jetzt laufenden Verhandlungsrunden neue Schubkraft zu geben.

Wir bemühen uns – auch in zweiseitigen Gesprächen mit den Staaten des Warschauer Paktes einschließlich der DDR –, diesen Prozeß zu unterstützen.

Zehntens: Mit dieser umfassenden Politik wirken wir auf einen Zustand des Friedens in Europa hin, in dem das deutsche Volk in freier Selbstbestimmung seine Einheit wiedererlangen kann. Die Wiedervereinigung, das heißt die Wiedergewinnung der staatlichen Einheit Deutschlands, bleibt das politische Ziel der Bundesregierung.

Wir sind dankbar, daß wir in der Erklärung des Brüsseler NATO-Gipfels vom Mai dieses Jahres dafür erneut die Unterstützung unserer Freunde und Partner gefunden haben.

Meine Damen und Herren, wir sind uns bewußt, daß sich auf dem Weg zur deutschen Einheit viele schwierige Fragen stellen, auf die korrekterweise heute niemand eine abschließende Antwort geben kann. Dazu gehört vor allem auch – ich betone das – die ebenso schwierige wie entscheidende Frage übergreifender Sicherheitsstrukturen in Europa.

Die Verknüpfung der deutschen Frage mit der gesamteuropäischen Entwicklung und den West-Ost-Beziehungen – wie ich sie eben in zehn Punkten erläuterte – ermöglicht eine organische Entwicklung, die den Interessen aller Beteiligten Rechnung trägt und – dies ist unser Ziel – einer friedlichen und freiheitlichen Entwicklung in Europa den Weg bahnt.

Nur miteinander und in einem Klima des wechselseitigen Vertrauens können wir die Teilung Europas, die immer auch die Teilung Deutschlands ist, friedlich überwinden.

Das heißt, wir brauchen auf allen Seiten Besonnenheit, Vernunft und Augenmaß, damit die jetzt begonnene – so hoffnungsvolle – Entwicklung stetig und friedlich weiterverläuft.

Was diesen Prozeß stören könnte, sind nicht Reformen, sondern deren Verweigerung. Nicht Freiheit schafft Instabilität, sondern deren Unterdrückung. Jeder gelungene Reformschritt bedeutet für ganz Europa ein Mehr an Stabilität und einen Zugewinn an Freiheit und Sicherheit.

Herr Präsident, meine Damen und Herren, in wenigen Wochen beginnt das letzte Jahrzehnt dieses Jahrhunderts, ein Jahrhundert, das so viel Elend, Blut und Leid sah.

Es gibt heute viele hoffnungsvolle Zeichen dafür, daß die neunziger Jahre die Chancen für mehr Frieden und mehr Freiheit in Europa und in Deutschland in sich tragen. Es kommt dabei – jeder spürt dies – entscheidend auch auf unseren, den deutschen Beitrag an. Wir alle sollten uns dieser Herausforderung der Geschichte stellen.

DATEN – FAKTEN – MEDIENURTEILE

3. April 1930	Helmut Josef Michael Kohl in Ludwigshafen am Rhein geboren.
1936 bis 1940	Besuch der Volksschule in Ludwigshafen-Friesenheim.
1940 bis 1944	Besuch der Oberrealschule in Ludwigshafen.
Dezember 1944 bis Mai 1945	Kinderlandverschickung in Erbach im Odenwald und in Berchtesgaden.
August bis November 1945	Landwirtschaftslehrling in Düllstadt.
1945 bis 1950	Oberrealschule in Ludwigshafen.
1946	Mitglied der CDU.
1947	Mitbegründer der Jungen Union in Ludwigshafen.
Juni 1950	Abitur.
1950 bis 1951	Studium an der Universität Frankfurt.
1951 bis 1958	Studium an der Universität Heidelberg.
1956 bis 1958	Wissenschaftlicher Mitarbeiter am Alfred-Weber-Institut der Universität Heidelberg.
1954 bis 1961	Stellvertretender Landesvorsitzender der Jungen Union Rheinland-Pfalz.
1955 bis 1966	Mitglied des Landesvorstandes der CDU Rheinland-Pfalz.
1958	Promotion zum Dr. phil.
1958 bis 1959	Direktionsassistent in der Ludwigshafener Eisengießerei Mock

1959 bis 1963	Vorsitzender des CDU-Kreisverbandes Ludwigshafen.
1959 bis 1969	Referent im Verband der Chemischen Industrie. Initiiert Umweltschutz (Luft und Wasser).
1959 bis 1976	Mitglied der CDU-Landtagsfraktion von Rheinland-Pfalz.
1960	Heirat mit Hannelore Renner.
1960 bis 1970	Stadtrat in Ludwigshafen.
1960 bis 1968	Vorsitzender der CDU-Stadtratsfraktion.
1961 bis 1963	Stellvertrender Vorsitzender der CDU-Landtagsfraktion in Mainz.
Mai 1963	Fraktionsvorsitzender der CDU im Landtag von Rheinland-Pfalz.
1963 bis 1967	Vorsitzender des CDU-Bezirksverbandes Pfalz.
1966 bis 1974	Vorsitzender des Landesverbandes Rheinland-Pfalz.
1966	Mitglied des Bundesvorstandes der CDU.
Mai 1969	Beendigung der Referententätigkeit im Verband der Chemischen Industrie.
Mai 1969	Ministerpräsident von Rheinland-Pfalz.
1969 bis 1973	Stellvertrender Bundesvorsitzender der CDU.
Juni 1973	Bundesvorsitzender der CDU.
Juni 1975	Nominierung zum Kanzlerkandidaten der CDU/CSU.
1975	Mannheimer Erklärung über die Neue Soziale Frage.
Oktober 1976	Unions-Kanzlerkandidat bei der Bundestagswahl, bei der sich 48,6 Prozent der Wähler für die CDU/CSU entscheiden.
Dezember 1976	Rücktritt vom Amt des Ministerpräsidenten von Rheinland-Pfalz und Übersiedelung nach Bonn.
14. Dezember 1976	Mitglied des Deutschen Bundestages.
15. Dezember 1976	Vorsitzender der CDU/CSU-Bundestagsfraktion.
März 1977	Wiederwahl zum Bundesvorsitzenden der CDU auf dem 25. Bundesparteitag in Düsseldorf.

März 1979	Bestätigung als Bundesvorsitzender der CDU auf dem 26. Bundesparteitag in Kiel.
7. Oktober 1980	Erneute Bestätigung als Oppositionsführer durch die Bundestagsfraktion.
9. März 1981	Auf dem 29. Bundesparteitag in Mannheim wieder zum Bundesvorsitzenden der CDU gewählt.
1. Oktober 1982	Bundeskanzler der Bundesrepublik Deutschland.
6. März 1983	Bestätigung seiner Regierung durch den Unions-Sieg bei den Bundestagswahlen.
25. Mai 1983	Neuerliche Wahl zum Parteivorsitzenden der CDU während des CDU-Parteitages in Köln. Bis 1990 ununterbrochen Parteivorsitzender.
Medienurteile von Oktober 1982 bis Juli 1990	»Kohl ist Kanzler. Das Unvorstellbare, schier Unglaubliche ist geschehen . . . Helmut Schmidt . . . ist gestürzt worden« (SPD-Pressedienst ppp vom 1. Oktober 1982) »Das Vaterland kreißte und gebar Herrn Dr. Kohl« (Vorwärts vom 7. Oktober 1982) »Kohl erntet Lob für seine Diplomatie« (The Times vom 21. Juni 1983) »Ein verbündeter Kanzler, mit dem gerechnet werden muß« (International Herald Tribune vom 30. Juli 1983) »Ein Urtalent setzt sich durch« (Rheinischer Merkur/Christ und Welt vom 7. Oktober 1983) »Ein Jahr nach der Bundestagswahl hat Kanzler Kohl der Bonner Politik seinen Stempel aufgedrückt« (Deutsches Allgemeines Sonntagsblatt vom 18. März 1984) »Der Boom hebt Kohls Ansehen. Ein neues Wunder in Westdeutschland« (The Times vom 15. Januar 1985) »Alle Macht liegt beim Kanzler« (Süddeutsche Zeitung vom 22. März 1985) »CDU diskutiert Kohl-Nachfolge« (Vorwärts vom 8. Juni 1985)

»Tägliche Medien-Schelte für Kohl« (Bonner
Rundschau vom 22. Juni 1985)
»Das eigentliche Problem heißt Kohl. Krise der
Bundesregierung . . .« (Vorwärts vom 21. Sep-
tember 1985)
»Ein zäher Kanzler« (L'Express vom 25. Oktober
1985)
»Bonn das neue Wunder. Als Kanzler des Wie-
deraufschwungs ist Helmut Kohl auch der Mann
an der Spitze des ureigenen Deutschlands«
(L'Express vom 14. März 1986)
»Helmut Kohl steht nicht bloß fest, er steht auch
richtig . . . Er hat seine Partei im Griff« (Der
Spiegel vom 12. Mai 1986)
Die »Wende liegt darin, daß Kohl weder Ver-
harmlosung noch Relativierung sucht, sondern
das, was Ranke meinte: Sagen, wie es gewesen
ist« (Die Welt vom 21. November 1986)
»Der wesentlichste Pluspunkt des westdeutschen
Kanzlers besteht darin, daß er, wie . . . Ronald
Reagan bis letzten November in Amerika, die
Stimmung in seinem Land reflektiert« (The Eco-
nomist vom 17. Januar 1987)
»Ohne Risiko geht Helmut Kohl in die für heute
anberaumte Kanzlerwahl« (Frankfurter Rund-
schau vom 11. März 1987)
»Er weiß sich im Sattel, wer könnte ihn werfen«
(Süddeutsche Zeitung vom 18. August 1987)
»Endlich wieder ein Pilot im Flugzeug« (Die Zeit
vom 24. Juni 1988)
»Der Kanzler im Glück. Unerwartet günstige
Wirtschaftsdaten . . . halten seine Kritiker von
Aufstandsversuchen ab« (Der Spiegel vom 12.
September 1988)
»Helmut Kohl, ein Meister der Machtpolitik«
(Stuttgarter Zeitung vom 23. Dezember 1988)

»Ein Kanzler wie ein Eichenschrank ... Viele stoßen sich an ihm, doch keiner kann ihn verrücken« (Die Zeit vom 6. Januar 1989)

4. April 1989   Erklärung zum 40. Jahrestag der Gründung der NATO: »Unser Ziel ist die Schaffung einer gerechten und dauerhaften Friedensordnung in einem ungeteilten Europa.«

27. April 1989   Regierungserklärung zum Arbeitsprogramm der Bundesregierung: »Unser Ziel bleibt ein freies und geeintes Deutschland in einem freien und geeinten Europa.«

18. November 1989   Die »Financial Times«: »Für George Bush, Michail Gorbatschow, François Mitterand und Margaret Thatcher ist Helmut Kohl gegenwärtig der wichtigste Mann in Europa.«

23. November 1989   Konzipierung seines Zehn-Punkte-Programms zur Wiedervereinigung Deutschlands.

28. November 1989   Verkündung des Zehn-Punkte-Programms im Deutschen Bundestag.

11. Dezember 1989   »US News & World Report« über Kohl: »Helmut Kohls Schultern sehen breit genug aus. Doch die Beanspruchungen, die die Auflösung Osteuropas für diesen großen Politiker darstellen, sind konzentriert und kompliziert, daß man es ihm verzeihen könnte, wenn er ein wenig absacken würde: Seine Herkulesaufgabe besteht darin, mit einem Kontinent im Übergang fertig zu werden ... Die USA haben ihn zur westlichen Schlüsselfigur in Europa ausersehen, Moskau hat ihn im Blick, um die Destabilisierung des Kontinents zu verhindern. Osteuropäer fordern seine Hilfe, und Westeuropäer wollen, daß er ihr Team führt.«

14. Dezember 1989   Beschluß des Deutschen Bundestages, das von Helmut Kohl vorgeschlagene »Haus der Geschichte« nach eigenständigem Gesetz zu errich-

	ten. Seit dem 17. März 1990: selbständige rechtsfähige Stiftung des öffentlichen Rechts.
19. Dezember 1989	Verhandlungen mit dem vorübergehenden DDR-Ministerpräsidenten Hans Modrow in Dresden über eine deutsch-deutsche Vertragsgemeinschaft.
Februar 1990	Initiator des DDR-Wahlbündnisses »Allianz für Deutschland« (CDU, DSU und Demokratischer Aufbruch) für die DDR-Volkskammer-Wahlen am 18. März 1990. Vereinbart in Bonn mit Modrow die Bildung einer Expertenkommission zur Vorbereitung der maßgeblich von ihm vorbereiteten Währungsunion.
12. April 1990	»Der Spiegel«: Kohl kommt »als Kanzler der Einheit auch dann in die Geschichtsbücher . . . wenn die erst im Lauf der nächsten Jahre . . . erfolgen sollte«.
10. Mai 1990	Im Deutschen Bundestag Ankündigung des von Kohl maßgeblich beeinflußten Staatsvertrages zur Währungs-, Wirtschafts- und Sozialunion, der am
18. Mai 1990	als erste Stufe der Wiedervereinigung Deutschlands als »Vertrag über die Schaffung einer Währungs-, Wirtschafts- und Sozialunion« von Bundesfinanzminister Theo Waigel für die Bundesrepublik Deutschland und Walter Rombach für die DDR in Bonn unterzeichnet wird.
21. Juni 1990	Annahme des Staatsvertrages durch den Deutschen Bundestag und durch die Volkskammer der DDR.
1. Juli 1990	Einzige deutsche Währung: Deutsche Mark (DM).
16. Juli 1990	Helmut Kohl verkündet in der Sowjetunion nach Gesprächen mit Michail Gorbatschow in Moskau und in Gorbatschows Heimat Scheles-

nowodsk im Kaukasus, einige seiner wesentlichsten Ziele erreicht zu haben: Das vereinte
Deutschland erhält noch 1990 »volle und uneingeschränkte Souveränität«, darf Mitglied der
NATO sein und frei über Bündniszugehörigkeiten entscheiden.

Gorbatschow erklärt: »Ich halte diese Begegnungen für eine der größten, der wichtigsten
Begegnung, die in unserer Zeit stattgefunden
haben.«

QUELLEN- UND LITERATURHINWEISE

Die in diesem Buch dargestellten Details und Zusammenhänge hätte ich schwerlich so differenziert nachvollziehen können, wenn mir nicht die uneigennützige Unterstützung durch die hier genannten Damen und Herren zuteil geworden wäre. An dieser Stelle danke ich: Bundeskanzler Dr. Helmut Kohl und Hannelore Kohl, Ministerialdirektor Dr. Eduard Ackermann, Ministerialdirektor Prof. Dr. Wolfgang Bergsdorf, Bundeskanzler a. D. Willy Brandt, Dr. Günter Buchstab, Fraktionsvorsitzender der CDU/CSU im Deutschen Bundestag Dr. Alfred Dregger, Prof. Dr. Walter Peter Fuchs, Ina Hämmer-Pappe, Staatsminister a. D. Heinrich Holkenbrink, General a. D. Dr. Günter Kießling, Erna Knoll, Bundesminister a. D. Dr. Erich Mende, Egon W. Scherer, Oberstudiendirektor Günther Schmich, Bundesminister Dr. Rudolf Seiters, Ministerpräsident Lothar Späth, Dominikanerpater Dr. Basilius Streithofen, Karl Thorwirt, SPD-Fraktionsvorsitzender im rheinland-pfälzischen Landtag, Ministerpräsident a. D. Dr. Bernhard Vogel, Juliane Weber und Ministerialdirigent Manfred Zach.

Der Forschung allgemein zur Verfügung stehende Dokumente, Akten, stenographische Berichte und Protokolle anderer Art, werden gewöhnlich entweder differenziert oder stichwortartig dort genannt, wo sie als Quellen gedient haben (in bestimmten Fällen – wie bei stenographischen Berichten des Deutschen Bundestages – wird lediglich das jeweilige Datum ausgewiesen). Gleiches geschieht mit Unterlagen, die nicht jedermann zugänglich sind. Bei persönlichen Auskünften und Zeugenberichten werden sowohl die Namen und Gesprächsdaten als auch die jeweiligen Funktionen der Chronisten angegeben. Deutsche und ausländische Zeitungen und Medienberichte anderer Art sind durch Titel und Daten ausgewiesen, ebenso Autoren, Bücher und Zeitschriften.

Publikationen von Helmut Kohl (Auswahl):
Kohl, Kaufmann, Moldt: Die Auswahl der Bundestagskandidaten 1957 in zwei Bundesländern. Köln 1961.

Helmut Kohl: Die CDU, Porträt einer Volkspartei, 1981.

Helmut Kohl: Familienpolitik von morgen. Familienbund der dt. Katholiken. Bamberg 1976.

Helmut Kohl: 25 Jahre Grundgesetz, Festakt in der Paulskirche, Beitrag Kohl: Das Grundgesetz – Verfassung der Freiheit. Frankfurt 1974.

Helmut Kohl: Hausputz hinter den Fassaden, Praktikable Reformen in Deutschland, Texte und Themen. Osnabrück 1971.

Helmut Kohl: Zwischen Ideologie und Pragmatismus, Aspekte und Ansichten zu Grundfragen der Politik. Bonn 1973.

Helmut Kohl/F. J. Strauß: Der sowjetische Überfall auf Afghanistan, Reden vor dem Bundestag am 17. 1. 1980. Bonn 1980. CDU-Geschäftsstelle.

Helmut Kohl (Hrsg.): Konrad Adenauer 1876–1976, mit einem Artikel von Helmut Kohl. Stuttgart 1976.

Helmut Kohl (Hrsg.): Der neue Realismus, Außenpolitik zwischen Iran und Afghanistan. Stuttgart 1980.

Buch- und Zeitschriftenbeiträge über Helmut Kohl:
Appel, Reinhard (Hrsg.): Helmut Kohl im Spiegel seiner Macht. Bonn 1990.

Fehrenbach, Oskar: Helmut Kohl – wer sonst? Über die Alternativen deutscher Politik. München 1990.

Filmer, Werner und Heribert Schwan: Helmut Kohl. Düsseldorf 1985.

Hackel, Wolfgang: Die Auswahl des politischen Nachwuchses in der Bundesrepublik Deutschland. Stuttgart 1978.

Haungs, Peter: Helmut Kohl. In: Persönlichkeit und Politik in der Bundesrepublik Deutschland. Politische Porträts. Hrsg.: Walther L. Bernecker u. Volker Dotterweich. Bd. 2 Göttingen 1982.

Heissler D.: Helmut Kohl, Der Weg zur Wende. Husum 1983.

Hermann, Frank: Helmut Kohl. Vom Kurfürst zum Kanzler. Person, Politik, Programm. Stuttgart 1976.

Herrmann, Ludolf: Halbzeit für Kohl. Der Wechsel und die Wende – eine politische Bilanz. In: Die Politische Meinung, Sonderdruck aus Fragen der Zeit Nr. 218 und 219, 1985.

Herrmann, Ludolf: Kanzler und Kanzlerkandidat. Vom Helmut Schmidt zu Helmut Kohl. In: Die Politische Meinung, Jg. 21, 1976, H. 166.

Herrmann, Ludolf: Die Neue Zuversicht – Über den Erfolg der politischen Erneuerung. Stuttgart 1986.

Hofmann, Klaus: Helmut Kohl. Kanzler des Vertrauens. Eine politische Biographie. Stuttgart 1984.

Ironimus (d. i. Gustav Peichel): Der schwarze Riese. Helmut Kohl in der Karikatur. Wien 1976.

Kohl, Helmut: Katholisch, liberal, patriotisch. In: Mein Elternhaus. Ein deutsches Familienalbum. Hg. von Rudolf Pörtner. Düsseldorf 1984.

Helmut Kohl. Bundeskanzler der Bundesrepublik Deutschland. Bonn 1982–1985 (Sonderdienst. Inter Nationes B-82 – B-85).

Krause-Burger, Sibylle: Wer uns jetzt regiert. Die Bonner Szene nach der Wende. Stuttgart 1984.

Mahlitz, Hans-Jürgen: Die Deutschen und ihr Mann des Jahres. In: Deutschland-Magazin, H. 2/1990.

Müller, Konrad R. und Peter Scholl-Latour: Helmut Kohl. Bergisch-Gladbach 1990.

Radunski, Peter: Die CDU und ihre Vorsitzenden. In: CDU im Bild. 30 Jahre Politik für Deutschland. Stuttgart 1975.

Reuther, Helmut: Bonner Zitatenschatz. Frankfurt/Main 1984.

Schell, Manfred: Die Kanzlermacher. Mainz, 2. Auflage 1986.

Schönbohm, Wulf: CDU. Porträt einer Partei. München, Wien 1979.

Vogel, Bernhard (Hrsg.): Das Phänomen. Helmut Kohl im Urteil der Presse 1960–1990. Stuttgart 1990.

Wiedemeyer, Wolfgang: Helmut Kohl. Porträt eines deutschen Politikers. Eine biographische Dokumentation. Bad Honnef 1975.

Zirngibl, Willy: Gefragt: Helmut Kohl. Bonn 1972.

PERSONENREGISTER

Werner Maser

Friedrich Ebert

Der erste deutsche Reichspräsident
Eine politische
Biographie

Mit 37 Abbildungen
Ullstein Taschenbuch 34724

Dem renommierten Historiker Werner Maser gelingt es mit dieser Biographie, das eher negative Bild des ersten deutschen Reichspräsidenten zu korrigieren und Eberts Größe darzustellen. Er zeichnet das Porträt eines großen Patrioten und Staatsmannes, dem die Einheit der Nation – nach dem Zusammenbruch der Monarchie – zu verdanken ist.

Ullstein

Willy Brandt

Erinnerungen

524 Seiten, 40 Tafelseiten,
Leinen

»Dies ist nicht der abgeklärte Lebensbericht eines Mannes, dem Streit und
Leidenschaft im milden Licht der Altersweisheit verschwimmen. Willy
Brandts Memoiren sind die Bilanz eines politischen Lebens, voller Selbstgewißheit, manchmal hochfahrend, manchmal selbstkritisch. Sie sind
auch eine bittere Abrechnung, mit falschen Freunden mehr als mit politischen Gegnern.«

Frankfurter Allgemeine Zeitung

Propyläen

Hans von Herwarth

Von Adenauer zu Brandt

Erinnerungen

360 Seiten,
16 Seiten Abbildungen,
gebunden

Erlebte Zeitgeschichte voller Pointen und Anekdoten: In seinen Erinnerungen schildert Hans von Herwarth die Höhepunkte seiner diplomatischen Laufbahn, die zugleich Höhepunkt der Bonner Diplomatie waren – von Adenauer bis Brandt.

Propyläen

Werner Maser

Das Regime

Alltag in Deutschland
1933–1945

Etwa 450 Seiten, 11 Fotos
Leinen, DM 39,80
ISBN 3-320-01732-2

In seinem Buch »Das Regime« führt der Autor chronologisch durch
die zwölf Jahre des Dritten Reiches. Dabei entsteht nicht nur eine
Geschichte der Macht und ihrer Ausübung, der Leser wird in den
Alltag der Menschen versetzt, die unter und mit ihr leben mußten.
In 30jähriger Forschungsarbeit hat der bekannte Hitler-Forscher
sowohl SD- und Gestapoakten, Dokumente des US-Document-Centers,
des Nationalarchivs Washington, des Bundesarchivs Koblenz und
weiterer Archive als auch ungezählte Feldpostbriefe und Tagebücher
vieler Deutscher sowie persönliche Angaben und Nachlässe von
unmittelbaren Mitarbeitern Hitlers ausgewertet.
Hitlers Testamente von 1938 und 1945 wurden der Dietz-Ausgabe
als Anhang beigegeben.

Dietz Verlag Berlin GmbH
Wallstraße 76–79 · Berlin · 1020